Cultivating calm
Communities
through
conciliatory
Pre-litigation
Mediation

诉前调解 心安社区

四川省成都市温江区人民法院 —— 编 著

社会科学文献出版社
SOCIAL SCIENCES ACADEMIC PRESS (CHINA)

编辑委员会

序　一

习近平总书记在中央全面依法治国工作会议上深刻指出："法治建设既要抓末端、治已病，更要抓前端、治未病。我国国情决定了我们不能成为'诉讼大国'。我国有十四亿人口，大大小小的事都要打官司，那必然不堪重负！要推动更多法治力量向引导和疏导端用力，完善预防性法律制度，坚持和发展新时代'枫桥经验'，完善社会矛盾纠纷多元预防调处化解综合机制，更加重视基层基础工作，充分发挥共建共治共享在基层的作用，推进市域社会治理现代化，促进社会和谐稳定。"①

近年来，全国法院贯彻落实习近平总书记关于坚持和发展新时代"枫桥经验"的重要指示精神，在党委领导下坚持把非诉讼纠纷解决机制挺在前面。2016 年以来，成都市中级人民法院要求辖区内 22 个基层法院结合当地实际进行多元解纷、诉前调解等工作的探索，构建纠纷多元化解大格局，增强实质解纷效能，主动将解纷工作向基层延伸。成都市温江区人民法院（以下简称温江区法院或温江法院）创新构建"诉前调解　心安社区"机制，正是把非诉讼纠纷解决机制挺在前面的重要体现。

诉前调解具有程序高效便捷、节约成本更省心、保护隐私不公开、化解矛盾促和谐、调解结果有保障等优势。深化诉前调解工作不应仅仅停留在化解诉讼前端的纠纷，更要在深化诉前调解机制前延后伸的全链条调解保障基础上，推进调解资源优化配置，为群众提供更加快捷、高效的化解纠纷渠道。温江区法院围绕温江"心安之区"建设格局，在党委领导下，联合区委社治委、区检察院、区公安分局、区司法局等部门，构建了"诉

---

① 习近平：《坚定不移走中国特色社会主义法治道路，为全面建设社会主义现代化国家提供有力法治保障》，《求是》2021 年第 5 期。

1

前调解　心安社区"法治保障体系。一方面，"诉前调解　心安社区"机制既拓展了社区法律服务圈，又强化了司法保障供应链，能够近距离满足基层社区群众的多元解纷需求；另一方面，"诉前调解　心安社区"机制能够起到基层矛盾纠纷分流处置的作用，抓牢源头性疏导、实质性化解、综合性治理三个纠纷诉前调解的发力点，以法治方式推动实现社会治理现代化，从而节约宝贵的司法资源，让法院能够专注、高质量地办理诉讼案件，构建基层社会治理新格局。

本书是温江区法院"诉前调解　心安社区"机制建设过程的全景记录与成果展示，既囊括了调解实践中的典型案例，又涵盖了独特的制度机制建设经验，还涉及丰富的调解机制理论探索，无论是对于学术研究还是实务工作，均具备指引和参考价值。

2024年伊始，西南民族大学案例研究中心启动"诉前调解　心安社区"机制的调研工作，莫皓博士带领案例研究团队，先后深入温江区11个社区以及温江区法院"诉前调解　心安社区"工作室、立案庭（诉讼服务中心）、民一庭、民二庭等，通过现场调研采写，收集社区调解案例、诉前调解案例、诉中调解案例等。

在案例素材采集过程中，团队积极捕捉各层次调解工作实践，收集基层治理的智慧，不仅切身感受到各综合治理主体功能聚合之后产生的"化学反应"，如整合诉前调解力量主动回应群众在解决纠纷过程中的痛点难点，从治已病到治未病，为群众提供前置化解服务，最大限度减少人民损失；更是见证了法院充分发挥司法引领、规范和保障作用，如加大对调解工作的指导力度，支持和规范职能部门、调解组织和社会力量在法治轨道上参与社会治理。案例调研、收集、采写、整理和评析对于以基层治理实践推进多元解纷理论研究的深化无疑具有重大意义。

案例最终整理为五个类型，分别是社区调解案例、诉前调解案例、诉中调解案例、诉讼裁判案例和重整清算案例。本书在成稿付梓之前，历经案例收集、分类、提炼、解析以及修订等多个步骤。千锤百炼淬成钢，最终呈现在读者面前的这本书蕴含了温江区法院每一位诉前调解践行者的心血和付出。

格致日新，继往开来。期待未来温江区法院"诉前调解　心安社区"建设以深化司法服务保障赋能基层治理工作，共建以法治建设为核心，以社会治理为支撑，以城市安全为基石的守规则、护安宁、共和谐的充满善治良序的法治社会，唱响共建共治共享的基层治理最强"和声"，让"心安之处是吾乡"的归属感由梦想照进现实。

值此书出版之际，以序为贺！

周洪波

二〇二四年八月

序二 诉前调解的深耕者

——一群讲述案例的人

　　成都市温江区地处"天府之国"腹地，境内有岷江干流金马河及其支流江安河、杨柳河、清水河，可谓"面锦城而负玉垒，枕岷江而跨金马"，"江水至此而温"。受到岷江水滋养的温江，相传为鱼凫故都，南北朝西魏建县，至今已有1400多年历史。

　　近年来，成都市两级法院在党委领导下，坚持和发展新时代"枫桥经验"，落实"抓前端、治未病"，充分吸纳各类型各层次治理方式优势，创新开展纠纷诉前调解工作，先后诞生了"五老调解""无讼社区""智慧司法便利店"等司法改革创新品牌，基层法院深度融入基层社会治理，推动矛盾纠纷非诉讼多元化解机制和平台建设，作用和效果明显。①成都市温江区人民法院提出蕴含以人民为中心的"善守善作善治"治理理念，注重源头发力，以推动"心安社区"建设为抓手，创新纠纷诉前调解实践方式，在基层社会治理领域产生了积极而广泛的影响。

　　2021年，中央全面深化改革委员会第十八次会议强调，要把非诉讼纠纷解决机制挺在前面，推动更多法治力量向引导和疏导端用力，加强矛盾纠纷源头预防、前端化解、关口把控，完善预防性法律制度，从源头上减少诉讼增量。②顶层设计催生鲜活的司法实践，笔者作为一名基层法院院长，投身司法实践39年，深刻感受到必须要从源头治理纠纷，减少讼累，有效促进基层矛盾纠纷诉前化解、社会和谐稳定发展。当一群志同道合的人聚集在一起朝着同一个目标努力时，力量是巨大的。从群众中来、到群

---

① 全书治理成效数据来源于温江区法院审管办（研究室）。
② 《完整准确全面贯彻新发展理念　发挥改革在构建新发展格局中关键作用》，2021年2月20日，人民网，http://jhsjk.people.cn/article/32032267。

众中去，也正是我们基层法院工作的出发点和落脚点。

　　成都市温江区建设"诉前调解　心安社区"（也称"心安社区"），是在地方党委的领导下，坚持以人民为中心的司法理念，根据区域社会矛盾发展态势和治理实际进行的基层治理实践探索。2022 年 4 月，温江区委政法委等 6 部门联合制定并印发《关于"建社区法律服务圈　强司法保障供应链　为'心安社区'建设提供法治保障"实施意见》，同步出台《"心安社区"建设工作考评办法》《关于进一步提升"心安社区"智慧建设水平的实施方案》《关于进一步加强诉调对接工作　深化"心安社区"建设实施意见》等配套机制。温江区金马街道友福社区试点挂牌运行"心安社区"一站式调解首个可视化阵地，"心安社区"建设工作进入实质化运行阶段。两年来，"心安社区"的"9+3+N"阵地建设逐渐完善，回头看有许多令人感动的案例故事，低头看有一串串坚定的脚印，抬头看有了清晰的远方和愿景。温江区法院先后于 2022 年 4 月和 2023 年 9 月两次向成都中院报告"心安社区"工作运行情况，获肯定性批示，成都中院提出"社区是基层社会治理的基本单元，是各类物业、邻里、家事等纠纷的常发地。温江区法院以推动'心安社区'建设为抓手，深化社区纠纷治理的思考谋划和举措，要持续总结和深化推广"。

　　案例，是人们生产生活中所经历的典型而富有意义的事件陈述，是生动有价值的实践结果。本书主要从案例的视角来讲述多元解纷的故事，阐述了"心安社区"矛盾纠纷源头预防、前端化解、关口把控、扩面增效的实践经验。"心安社区"调解案例分为五类，分别是社区调解案例、诉前调解案例、诉中调解案例、诉讼裁判案例、重整清算案例等。从五类案例数量和体例上看，调解层次呈现梯形结构，与社会治理的"社区调解优先，诉前调解过滤，法院诉讼断后"的"递进式"矛盾纠纷三个关口防线和分层漏斗式过滤体系相结合、相呼应，而专业化的律师调解和法院的裁判是最后的分流和兜底。

　　社区调解案例。社区容纳万家灯火，承载了家长里短最基本的法治保障需求，能从源头第一时间发现矛盾纠纷并在群众家门口高效便捷化解，对于减少纠纷化解的成本、防止"民转刑"等矛盾纠纷升级至关重要，社区调解阵地无疑发挥了第一道防线作用。2022 年以来，温江区法院在柳城街道大学城社区、金马街道友福社区等 9 个社区打造"心安社区"一站式调解阵地，成功调解各类纠纷 1278 件。社区调解案例呈现了以人民调解为主体的多元调解组织和队伍的"八仙过海、各显神通"，调解案例精彩纷呈，生动诠释了基层矛盾纠纷化解的智慧和力量。

诉前调解案例。推进诉讼与非诉讼矛盾纠纷化解的实质对接、实现诉非衔接双向联动，是推动矛盾纠纷化解、防止升级为诉讼的关键一环。在温江区委政法委的领导下，温江区法院引入线上线下全方位的专业化调解队伍作为诉前调解的主力军。2022 年，温江区法院诉前调解成功案件 2808 件，诉前调解成功率 72.82%；2023 年，诉前调解成功案件数量增加到 7430 件，诉前调解成功率也提升到 93.85%；2024 年 1~7 月，诉前调解成功案件 7052 件，诉前调解成功分流率达 55.98%。诉前调解工作取得新实效。2024 年 1~7 月，温江区法院新收民事一审案件 6498 件，同比下降 4.68%，其中新收房屋买卖合同纠纷案件数量同比下降 84.86%、物业服务合同纠纷案件数量同比下降 51.87%、建设工程分包合同纠纷案件数量同比下降 36.26%，在房屋买卖、物业、建设工程等重点领域纠纷治理成效显著，受到当事人的好评。

诉中调解案例。诉中调解是诉前调解的接续发力。近年来，成都市两级法院创新推进民事庭审优质化改革，通过优化庭前程序、庭审程序及相关延伸，努力实现庭前程序更实、庭审水平更高的目的。诉中调解案例介绍了成都市两级法院民事庭审优质化改革背景下，在法院公开庭审前，通过庭前会议以"疗愈型审判"思维方式"把脉问诊"实质化解矛盾纠纷的典型案例。庭前会议阶段，诉辩双方当事人充分行使和履行诉讼权利和义务，在举证责任分配、司法鉴定结果等诉讼程序的基础上，引导双方当事人进行庭前和解减少诉讼成本，并促进双方及时履行义务，实现实质解纷。2022 年以来，温江区法院诉中调解、撤诉案件 11353 件，调解、撤诉案件占比 47.24%。

诉讼裁判案例。裁判案例是活的法律，可以为群众提供行为引领、树立行为规则，是诉前调解的有力支撑。经过研究考量，我们把温江区法院诉讼裁判案例纳入本书，就是要发挥司法裁判的教育、评价、指引、示范功能价值，通过法官的辨法析理，规范当事人行为，弘扬社会主义核心价值观。同时，诉讼裁判案例提供裁判要旨，明确裁判规则，提供裁判方法，促进"类案同调"，使当事人和社会公众对类似案件的裁判结果有固定预期和明确参照。我们深度挖掘、选取的诉讼裁判案例，均为近年来温江区法院在各类案件审理中具有典型性、有影响力的案例。例如，"杨某等诉王某、周某妨碍老旧小区加装电梯案"入选2021年度全省法院十大典型案例，"江某高空抛物案"是高空抛物罪入刑后四川省首例案件。

重整清算案例。本书还收录了部分重整清算案例，以期为类似案件的处理提供借鉴。

2022年以来，温江区法院微信公众平台讲述了"诉前调解 心安社区"心安和谐故事33期，获人民群众拍手称赞，温江区法院的治理经验获20余家国家、省级主流媒体认可推广。

"民之所忧，我必念之；民之所盼，我必行之。"①

在本书的编撰过程中，我们得到了各方的帮助。在此，感谢温江区委政法委的领导和同志多次召集相关镇街和部门研讨和推进调解案例；感谢成都中院立案一庭、成都中院研究室对诉前调解工作和调解案例收集的精心指导；感谢西南民族大学案例研究中心的大力支持，尤其感谢莫皓博士团队的老师和同学们深入社区进行调研和深度挖掘；感谢成都师范学院美术学院创始人萧继东教授对"诉前调解"系列书法作品创作的大力支持。同时，感谢温江区法院积极融入基层社会治理工作的同志们，正是因为他们在诉前调解工作中坚持不懈的努力和总结，本书才能最终成稿付梓。

余 涛

二〇二四年八月于温江

---

① 《习近平谈治国理政》第4卷，外文出版社，2022，第65页。

目　录

第四编　制度机制

第一编

社会治理

深化诉前调解催生有根司法保障供应链

——以成都市温江区"诉前调解　心安社区"建设为例

余 涛 钟 灵[*]

摘　要： 习近平总书记强调："基层强则国家强，基层安则天下安，必须抓好基层治理现代化这项基础性工作。"[①] 基层治理是国家治理体系的重要内容，也是国家治理能力现代化的最终承载者和重要彰显者。党的十九届四中全会强调，健全"党组织领导的自治、法治、德治相结合"的城乡基层治理体系，构建基层社会治理的新格局。党的十九届五中全会提出"基层治理水平明显提高"的战略目标，"十四五"规划和2035年远景目标纲要以及《乡村振兴促进法》，使党中央关于全面推进乡村振兴、健全城乡基层社会治理体系等决策部署，通过法定程序成为国家意志、国家法律。党的十九届六中全会指出，"建设共建共治共享的社会治理制度，建设人人有责、人人尽责、人人享有的社会治理共同体"[②]。党的二十大报告对完善社会治理体系作出重大部署，强调要"健全共建共治共享的社会治理制度，提升社会治理效能。在社会基层坚持和发展新时代'枫桥经验'，健全城乡社区治理体系"[③]。基层人民法院作为国家审判机关，既处在践行司法为民的最前沿，也处在化解矛盾纠纷的第一线，是社会治理中不可或缺的主体，对于维护和保障基层社会和谐稳定的重要性不言而喻。以成都市温江区为

[*] 余涛，成都市温江区人民法院党组书记、院长；钟灵，成都市温江区人民法院政治部（督察室）副主任。
[①] 《习近平关于城市工作论述摘编》，中央文献出版社，2023，第161页。
[②] 《中共中央关于党的百年奋斗重大成就和历史经验的决议》，人民出版社，2022，第54页。
[③] 习近平：《高举中国特色社会主义伟大旗帜　为全面建设社会主义现代化国家而团结奋斗——在中国共产党第二十次全国代表大会上的报告》，人民出版社，2022，第54页。

例，区级相关部门根据区域社会矛盾发展态势和治理实际，合力探索创新以法律服务建圈强链理念变革基层社会治理的新模式。

关键词：法律服务建圈强链　共担共享　社会基层治理　成都市温江区

一　成都市温江区"诉前调解　心安社区"建设总体样貌

"善除害者察其本，善理疾者绝其源。"（《策林一·兴五福销六极》）注重基层治理，是中华文明的优秀传承，也是历来制治的不懈追求。当前，我国正处于实现中华民族伟大复兴的关键时期，仍面临诸多矛盾叠加、风险隐患增加的严峻挑战。新时代基层社会治理的形势任务发生很大变化，基层社会治理正朝着高效化、精准化的方向转型发展。基层治理理念的传承和创新实践，在化解社会矛盾和维护社会秩序等社会治理重大问题中发挥着越来越重要的作用。

以成都市温江区为例，该区地处天府之国腹地，是4000多年前古蜀鱼凫王国发祥地，其"善守善作善治"的治理理念延续至今。近年来，温江区深入贯彻落实《中共中央　国务院关于加强基层治理体系和治理能力现代化建设的意见》，以人民为中心创新基层治理，加强基层治理体系和治理能力现代化建设，完善全域覆盖、多方多元参与、共担共享共赢的社会矛盾纠纷预防化解体系。特别是区第十五次党代会鲜明提出将奋力建设温暖如家、共担共享的"心安之区"作为一项重要发展目标。2022年，在温江区委的领导下，在区委政法委的总牵头、区法院的强力推动下，区委社治委、区法院、区检察院、区公安分局、区司法局等单位根据区域社会矛盾发展态势和治理实际，合力探索创新以法律服务建圈强链理念变革基层社会治理模式，共建共治温江区基层社会治理品牌——"诉前调解　心安社区"，探索出一条以社区全链法治服务保障为抓手，强基固本、关口前移、纵向延伸、横向联动的基层治理法治新路径，构筑起"前端化解"法治防线、社区发展治理幸福高线和社会综合治理安全底线。

二　"诉前调解　心安社区"建设初衷：立足新时代基层法院担当使命，延伸司法服务保障触角

（一）满足人民群众对美好生活期待的根本需求

以增进群众福祉为出发点和落脚点。社区容纳万家灯火，承载了家长

里短的法治保障需求。基层法院通过推动建强社区法律服务圈，可形成前端化解群众纠纷全覆盖的法律服务体系，切实提升群众的司法获得感。

深入践行司法为民理念。公正司法关系群众切身利益和社会公平正义。在"心安社区"法治保障体系构建中，不仅致力于前端解纷，更强化审执工作的提质增效，让人民群众在每一个司法案件中感受到公平正义。

（二）解决居民生活多元需求社会治理新问题的实际需要

立足涉居住类纠纷的前端化解定点观察情况。随着城市化和产业化的推进，原有的农村社区转型为城市社区，生活、生产方式的改变带来不少新问题，各类矛盾纠纷呈现集中爆发趋势。温江区人民法院 2019～2021 年的统计数据显示，新收涉居住类纠纷案件数量增幅超过 150%，其中服务合同纠纷案件数量上升 226.42%，特别是物业服务合同纠纷案件数量上升 170.92%。诉讼是社会矛盾传导至司法层面的表现，本质上就是社会治理的问题，上述数据客观反映了新时期社区治理的系列新问题。同时，该类纠纷案件数量上升幅度大，调撤率高，进入诉讼程序的比例高。因此，切实提升纠纷化解率、将矛盾纠纷止于街道社区，必须加快催生基层治理的有根性。

从盘活温江区现有优质解纷资源出发。前期经过调研发现，温江区现有优质解纷资源十分丰富。截至 2022 年 5 月，全区 9 个镇（街）全部设立了公共法律服务站，且实现了"一村一法律服务"，有人民调解员 845 名，调解委员会 124 个（含 95 个村社和 9 个行业专业调解委员会），但调研发现，兼职人民调解员数量多但履职较随意，专职人民调解员紧缺，网格员、五老乡贤等基层人员的调解作用未有效发挥。

（三）司法助力温江区城市高质量发展的必由之路

2021 年 10 月，温江区第十五次党代会提出，全区未来五年要奋力建设"希望之区""心安之区""大美之区"。其中，"心安之区"旨在让法治与公正成为市民最托底的依赖，让呵护与安全成为对市民最真情的告白，让责任与分享成为市民最广泛的价值认同。

在基层治理实践中，基层法院既是纠纷解决机制运行的重要推动者，又是基层法治的有力保障者，还是推进基层治理法治化的中坚力量。为不断满足人民群众日益增长的司法需求，温江区法院深入贯彻落实习近平法治思想，充分运用法治思维和法治方式，立足审判职能，坚持阵地靠前，主动融入社会治理大格局，积极助推该区基层治理体系和治理能力现代化。2022年3月，温江区人民法院主动融入全区"心安之区"建设格局，联合区委社治委、区检察院、区公安分局、区司法局等部门，启动构建"心安社区"法治保障体系建设，以建社区法律服务圈、强司法保障供应链，让基层社区群众感受到公平正义。

三　"诉前调解　心安社区"建设路径：绘制建圈强链"1+3全景蓝图"，积极回应基层社会治理司法需求

（一）整合"前端化解、法律服务"各类资源，建强"家门口"的社区法律服务圈

统筹协调，合力搭建纵横联通的社区法律服务圈框架。要建设公益、高效、便捷、专业的社区法律服务圈，就要推动形成"党政主抓、群众自治、法治保障、智慧支撑"大格局，加强法院与公安、检察、司法等部门的通力协作，借助公证、律师等行业的力量，线下通过打造镇、社区两级公共法律服务工作站、社区巡回法庭、警务室、检察官工作室等，线上通过公共法律服务热线平台、"和合智解"e调解平台等联合筑实社区法律服务圈。同时积极开拓法律服务新类型，扎实开展法律咨询、法律援助、人民调解、社区矫正、安置帮教等服务事项，实现社区法律服务提档升级。

自治强基，充实建圈主体，画好市域社会共治"同心圆"。社区治，百姓安。"心安社区"建设传承"枫桥经验"以人民为中心的社会治理核心要义，激活居民自治细胞，绘好共治"同心圆"。激发自治创新，推出无讼公约、社区自治公约，在教化社区居民、调解邻里纠纷、维护公共秩序等方面发挥重要的引导职能。实施立德—育德—弘德工程，为社会治理探索建立社区道德信用评价体系，推出"好家风好家训""五好家庭"系列评选活动，调动居民参与基层治理工作的积极性，与政府治理、法治保障形成良性互动。

（二）抓住"多元解纷、基层治理"工作主线，推动司法保障供应链现代化

突出重点，强化"一站式"诉讼服务保障链。制定完善法院诉讼保障

"提醒服务"措施，健全诉讼服务的全链条运行机制，为企业、群众提供精准高效的诉讼服务。设立民事财产保全中心，搭建"1+2"前后台相链接的一站式财产保全工作机制，为群众提供更加高效、便利、快捷的诉讼保全服务。建立小额诉讼调度中心，形成"一心六点"的小额诉讼立审执一体化办案架构，采取"集中调度、分段集约、分工协作"模式，确保办案流程衔接通畅，提升执行合同质效，助力打造稳定公平可及的营商环境。

多元配合，健全分层递进的线下多元解纷链。指导村（社区）发挥"两委"主体作用和基层人民调解委员会作用，健全"五老乡贤"调解机制，完善村（居）民议事会、村（居）务监督委员会制度，畅通群众参与纠纷预防和化解渠道。培育发展城乡社区服务类社会组织，积极发挥功能型社会组织作用，推动社会组织参与"前端解纷"和法治志愿服务。推进行业规范自治，重点培育发展住房物业、婚姻家庭、劳动人事等行业协会商会类社会组织，加快组建和发展行业调解队伍，推动自主化解行业内纠纷。

智慧赋能，数字化再造线上社会末梢治理链。建设"心安社区"，初衷是让基层群众享受到便捷高效、低成本甚至零成本的纠纷解决服务，信息化建设则成为打通服务群众"最后一公里"的手段。紧盯社区、村组这一市域治理能力现代化的末梢，健全"呼叫响应"纠纷化解平台，整合"大联动·微治理"、综治视联网等，推进"互联网+多元化解"。开展未成年人保护工作站建设，结合电子诉讼等平台功能的完善，确保"一站式"司法便民功能切实发挥。

四 "诉前调解 心安社区"具体实践：紧扣整体工作布局，创新以法律服务建圈强链理念变革基层社会治理的温江区模式

锚定目标，打造"913"可视化、规范化、标准化项目。2022年4月，温江区委政法委、区委社治委、区法院、区检察院、区公安分局、区司法局等6部门联合印发《关于"建社区法律服务圈 强司法保障供应链 为'心安社区'建设提供法治保障"实施意见》，明确"诉前调解 心安社区"建设总体布局涵盖9个社区、1个街道办、3个行业调解组织，以点到面、分层分类推进"心安社区"司法保障建设工作；确立"建设'七无''七有''八好'社区"1个基本目标，坚持1个基本原则，同时聚焦健全前端化解机制、提升市域社会治理现代化水平、打造稳定公平可及的营商

环境、振兴美丽北林乡村 4 个方面，明确制定出 43 项工作任务。

同步整合多元共治力量，完善配套保障。区委政法委等 6 部门同步出台《"心安社区"建设工作考评办法》《关于进一步提升"心安社区"智慧建设水平的实施方案》《关于进一步加强诉调对接工作 深化"心安社区"建设实施意见》等配套机制，一是为"诉前调解　心安社区"平台强化构建多元主体参与、多种方法运用、激发多种资源互动的多元化纠纷调解体系提供了有力的制度保证，为鼓励和引导当事人优先选择非诉讼方式解决纠纷提供了快捷有效的平台；二是通过科学设置考评指标和权重，聚力解决心安社区建设工作推进中的短板和突出问题，助力"心安社区"顺畅运行。

强基固本，催生基层治理的有机"根系"。优化社区服务供给最突出的做法就是推动治理力量的不断下沉，让更多新鲜血液注入协管共管队伍中。例如在推进温江区社区物业精细管理工作中，社治委、法院、公安、住建局部门共同构建社区物业服务"一站式"保障机制和纠纷联动化解机制，住建局创新推动在 7 个社区设置物管科，推动实现为社区群众提供家门口服务。2022 年 1～9 月，物业纠纷同比下降 19.61%，这也是 2020～2022 年的首次下降。

2022 年 7 月，"诉前调解　心安社区"首个可视化阵地在温江区金马街道友福社区挂牌运行，其余 8 个社区试点阵地打造稳步推进，可视可感的社区服务网络加速成形，法治服务的"根系"逐渐延伸到社会治理每一个角落，"基层善治"不断打通"最后一公里"。

横向联动，落实矛盾纠纷前端化解。为了能从源头上第一时间发现并化解社区矛盾纠纷，"诉前调解　心安社区"平台实质运行确立了三步工作法：一是进行资源整合，以"'豌豆荚'未成年人保护法官工作室·温江站""亮晶晶温江启航·未成年人检察工作室""公共法律服务工作室""巡回法庭"等为纽带载体，共同开展法治宣传活动；二是建立"矛盾纠纷化解"微信群，群内成员包括驻点法庭法官、司法所工作人员、网格员、人民调解员、社区干部等成员，通过网格员、社区干部及时反馈群众诉求及问题，及时沟通交流，将矛盾纠纷处早处小；三是安排社区、司法所驻点定点开展人民调解工作，现场提供法律咨询，提高纠纷化解效能。2022 年 1～10 月，全区矛盾纠纷多元化解组织共计排查受理矛盾纠纷 13434 件，成功化解 13205 件，成功率达 98.3%。

制度机制和方法的建立健全，确保"诉前调解 心安社区"机制更好地为老百姓服务，全面提升城乡社区治理水平。2022 年 1~10 月，全区 9 个试点社区"诉前调解 心安社区"人民调解案件数量同比上升 61%。"诉前调解 心安社区"入驻的"豌豆荚·蓉城少家——温江法院护航工作站"联合开展青少年心理健康辅导 5 次，回访当事人 28 人次，开展社区精准普法工作 16 次，覆盖社区居民 6000 人。

纵向衔接，提升纠纷实质化解效果。如果说依托"诉前调解 心安社区"平台充分发挥社会各方力量协同作用，推动重点群体、重点行业矛盾纠纷预防化解是创新前端化解矛盾纠纷有效载体的基石，那么推进诉讼与非诉讼实质对接、畅通诉非衔接双向联动、提高自动履行率则是矛盾纠纷化解的关键一环。

对此，在温江区委政法委的指导下，温江区法院、区司法局等部门依据工作职能和工作实际，完善诉调对接机制，对委派调解案件类型、范围，案件分流机制、案件对接机制、调解流程、调解协议效力确认形式等内容都进行了进一步明确，打通了诉非对接渠道。温江区法院还在"诉前调解 心安社区"增设集"调、立、审、执"多功能于一体的"司法确认工作站"，完善以机关司法确认中心为中心、以 9 个司法确认工作站运行为依托的非诉衔接便捷体系，选派由资深法官担任法治指导员轮流"坐堂"值班，实现当事人调解登记、签署调解协议、申请司法确认到领取司法确认书全流程"一站式"办理，及时通过专人衔接流转审查调解协议，督促当事人当场兑付，推进就地高效解纷、就地履行，提升"快调即付"，确保纠纷实质化解效果。截至 2022 年 10 月底，9 个试点"诉前调解 心安社区"阵地司法确认工作共接收民商事司法确认案件 169 件，自动履行率达 58.57%。

基层治理新"枫"景

王　杰　孙　怡　周冰洁[*]

作为新时代人民法庭，成都市温江区人民法院永宁人民法庭（成都医学城人民法庭）（下称"永宁法庭"）传承历史文脉，主动融入基层社会治理，以善治良序创构城市温暖底色。

近年来，永宁法庭立足成都医学城产业园区驻地优势，打造产业园功能性法庭，不仅能为辖区群众提供"一站式"诉讼服务，还从知识产权司法保护、助力低效工业用地企业提质增效等方面为产业园区高质量发展赋能护航。

一　靠前服务，搭建社区多元解纷"连心桥"

社区容纳万家灯火，是"家长里短"矛盾纠纷的易发地。为实现"小事不出社区，矛盾不上交"，温江区法院与区检察院、区公安分局、区司法局等部门强化工作联动，在温江区 9 个镇（街）建立"诉前调解　心安社区"，搭建"家门口"社区法律服务圈。永宁法庭因地处成都医学城产业园区内，成为深化社区前端解纷工作的前沿阵地。

"今天我来杏林社区，把拖欠的物业费交了。"温江区永宁街道杏林社区的陈大爷蹬着三轮车找到"诉前调解　心安社区"阵地驻点法官孙怡，主动支付物业管理费、垃圾清运费等费用。孙怡是陈大爷与某物业公司纠纷案件的承办法官，她考虑到陈大爷年事已高，往返法庭不便，遂选择在杏林社区的"诉前调解　心安社区"阵地调解该案。经过孙怡法官耐心释法明理，陈大爷和物业公司最终达成了调解协议，孙怡法官当场对调解协

---

*　王杰，成都市温江区人民法院永宁人民法庭（成都医学城人民法庭）庭长；孙怡，成都市温江区人民法院天府人民法庭庭长；周冰洁，成都市温江区人民法院审管办（研究室）一级科员。

议进行了司法确认。第二天，陈大爷便带着现金前来履行义务，案件取得"快调即付"效果。

2022 年 7 月永宁法庭"诉前调解　心安社区"机制实质化运行至今，驻点社区法官、社区检察官、社区律师共同指导调解物业、婚姻家事等纠纷案件 552 件。2023 年 1~9 月，永宁法庭"诉前调解　心安社区"通过住建、妇联等行业调解组织联动化解建设工程、婚姻家事等各类矛盾纠纷案件 211 件，同比上升 64.84%；永宁法庭受理物业纠纷案件 289 件，同比下降 19.61%，这也是 2021~2023 年该类案件受理数量的首次下降。

二　破产审判，让低效工业用地焕发新活力

"积极盘活低效工业用地，促进土地集约利用，推动经济社会高质量发展。近年来，永宁法庭积极融入温江区'重点低效工业用地企业提质增效攻坚行动'，把握'破产审判'这一优化法治化营商环境的关键变量，打造'鱼凫·破产重生'工作室，依法适用破产审判程序，释放土地生产要素资源，促进生产资源再配置。"永宁法庭有关负责同志介绍道：2015 年至今，成都医学城产业园区某企业因无主营业务收入，生产经营活动陷入基本停滞状态。如何积极盘活低效工业用地，充分利用企业闲置资产？永宁法庭的法官们聚在一起，研究商讨出几套解决方案，最终确定依法适用破产重整程序办理该案。

2021 年 1 月，永宁法庭裁定受理了上述企业的破产清算申请；2022 年 6 月，永宁法庭裁定宣告该企业破产，并依托"府院联动"机制，及时解决房产税等的征收问题，简化破产财产的过户手续。同时，永宁法庭通过项目投资推介，积极推进 7 家竞买人参与该企业主要资产的网络拍卖。最终，四川某食品公司以 5934 万元价格竞价成交，价格溢价约 40%，资产处置释放了低效工业土地 70 余亩。该案取得了良好法律效果、政治效果和社会效果。

2022 年以来，永宁法庭开展低效工业用地企业"执转破"案件指导、预重整制度引导 30 余次，审理破产清算、破产重整及破产债权确认等案件 73 件，通过破产程序、执行程序释放园区内某汽车公司、某服饰公司等 3 家企业低效工业用地共计 166.8 亩。

三　护航创新，助力园区企业高质量发展

永宁法庭二楼设有"鱼凫·知识产权保护特邀律师调解工作室"，自2022年挂牌以来，该工作室已为成都医学城产业园区6家知名制药企业提供知识产权专项咨询28件次，内容涉及企业核心利益的商标审查规则及虚假宣传法律风险分析与防范等方面。

"近年来，成都医学城产业园区已形成了具有较强竞争力的产业集群，经济发展也已进入创新驱动阶段，园区内企业对知识产权诉前保护的需求不断增大。"永宁法庭法官雷雨介绍道。

2023年2月，成都医学城产业园区内某火锅食品企业负责人来到永宁法庭，称其公司商标被人仿冒，想要咨询如何通过诉讼程序维护合法权益。雷雨法官遂与"鱼凫·知识产权保护特邀律师调解工作室"特邀调解员进入该企业详细了解情况。经查实，另一家食品公司已对与该企业产品相似的30余类火锅调料申请了注册商标，雷雨与知识产权专业律师遂围绕商标审查规则和司法救济的多种途径向该企业提出建议，后该企业在商标公告期内向主管部门提起了商标异议。目前，近似商标申请已被撤销，该企业的合法权益得到了有效保障。

2022年以来，永宁法庭实质运行"诉源治理·中医药司法保护中心""鱼凫·知识产权保护特邀律师调解工作室""中医药知识产权咨询评估工作室"，已通过知识产权诉非衔接机制化解知识产权纠纷21件。

"下一步，永宁法庭将继续发挥人民法庭立足基层、贴近群众的优势，持续推进'枫桥式人民法庭'建设，健全普惠式全维度解纷机制，为法治化营商环境保驾护航，为推动区域经济高质量发展提供更加有力的司法保障。"温江区人民法院院长余涛说。

"诉前调解　心安社区"揭牌运行

袁毅婷　何　丹*

2022年7月11日，成都市温江区"诉前调解　心安社区"揭牌仪式在温江区金马街道友福社区举行，成都市中院党组成员、副院长徐东琪，温江区委常委、政法委书记路红星，成都市中院立案一庭庭长陈军等领导到会指导，区委政法委、镇街党（工）委主要负责同志，区委政法委、区委社治委，区法院、区检察院、区公安分局、区司法局分管负责同志，以及相关社区分管负责同志参加揭牌仪式。

揭牌仪式由温江区委政法委常务副书记陈晓林主持，温江区委常委、政法委书记路红星发表致辞，温江法院党组书记、院长余涛对"诉前调解　心安社区"建设运行情况做了详细介绍。随后，时任成都市中院党组成员、副院长徐东琪和温江区委常委、政法委书记路红星共同为"诉前调解　心安社区"揭牌，这标志着在党委领导下，温江区首个有创新有温度的多元解纷机制可视化阵地落成运行。

徐东琪副院长指出，温江法院在区委、区政府及区委政法委、区委社治委的领导、指导和支持下，积极会同区级有关部门深化平安温江建设和城乡社区发展治理、社会治安综合治理的结合融合，合力助推、探索创建市域社会治理现代化试点由"党建引领、双线融合"发展到"党建引领、三线融合"，持续擦亮多元解纷"成都品牌"。对下一步工作，徐东琪副院长提出三点建议。一是高标准运行。要坚持实质化运行，以先进的理念、宽广的视野、前瞻的思维，深耕多元解纷"1+3"全景蓝图，拓展可视化阵地、延伸多元解纷覆盖范围、完善司法供应链全方面保障、严格诉前调解流程管控、完善多元解纷合理考评机制，确保多元解纷各项举措落到实处。

---

*　袁毅婷，成都市温江区人民法院书记员；何丹，成都市温江区人民法院书记员。

二是高质量服务基层治理。要精准对接区域基层社会治理目标和发展需求，完善"党委领导、政府负责、民主协商、社会协同、公众参与、法治保障、科技支撑"的体制机制，抓好部门联动"治未病"，把多元解纷的"规划图"变成"施工图"，把"时间表"变成"计程表"，积极服务基层治理。三是高要求推进改革创新。要扎实耕作温江社区多元解纷品牌这块"试验田"，统筹知识产权、金融、劳动争议多元化解机制，积极探索孵化体现时代特征、更加具有示范意义的温江多元解纷新模式，创造出更多实践成果、制度成果、理论成果，为区域法治建设注入更加强劲的司法动能。

揭牌仪式结束后，与会领导、同志还现场参观"诉前调解　心安社区"建设运行情况，听取温江法院"诉前调解　心安社区"多元调解典型案例介绍。

"诉前调解　心安社区"是在温江区委的领导和成都市中院指导下，由区委政法委总牵头，以法律服务建圈强链理念变革基层社会治理模式，推动区委社治委、区法院、区检察院、区公安分局、区司法局等单位的社区自治链、多元解纷链、司法裁判链等职能链深度融合，提升新时代基层社会治理体系现代化、法治化水平和加速推进共建共治的温江基层社会治理品牌。

除金马街道友福社区外，温江区还将在天府街道天府家园社区、柳城街道大学城社区等8个社区设立"诉前调解　心安社区"可视化阵地，以点到面、分层分类推进"诉前调解　心安社区"司法保障建设工作，让老百姓在"家门口"就能解决矛盾纠纷，推动基层治理共建共治共享。2022年1~6月，全区"诉前调解　心安社区"运行中，司法确认和人民调解案件数量同比上升57%和66%。物业、住建、妇联3个行业调解组织联动化解物业、婚姻家事等各类矛盾纠纷175件，调解成功率达89.16%。"'豌豆荚'未成年人保护法官工作室·温江站"等普法宣传载体开展"百案六进"精准普法工作17次，覆盖社区居民6000人。

下一步，温江法院将在区委的坚强领导、市中院指导支持和区委政法委的安排部署下，与区委社治委、区检察院、区公安分局、区司法局等单位紧密协作，紧扣温江"心安之区"发展目标，完善"1143"工作运行布局，继续打造"913"可视化、规范化、标准化司法改革项目，以点带面做优实质运行，提升"诉前调解　心安社区"运行治理效果，构筑起多元解纷法治防线、社区发展治理幸福高线和社会综合治理安全底线。

打造"诉前调解 心安社区" 探索基层治理新路径

王朝辉 郝 飞*

"今天来社区,主要是想找孙法官把拖欠的物业费交了。"72 岁的陈大爷蹬着三轮车来到成都市温江区"诉前调解 心安社区"所在地——金马街道的友福社区找到驻点法官孙怡,准备缴纳他拖欠了两年的物业费。此前,经过"诉前调解 心安社区"驻点法庭法官的耐心沟通,陈大爷终于解开了和物业公司的心结。

在鱼凫故地成都市温江区,像陈大爷这样的新市民数量庞大,从家庭矛盾到邻里纠纷,从物业服务到劳务纠纷,他们遇到的民生问题在社区就能得到有效解决、积极化解,避免小事变大、矛盾激化,这同时也给城市决策者和管理者们带来了新的思路。这些成绩的取得,得益于温江区近年来在基层治理领域的深耕和不断探索。

在温江区委的领导下,由区委政法委牵头,根据区域社会矛盾发展态势和治理实际,探索创新以法律服务建圈强链理念变革基层社会治理模式,推动区委社治委、区法院、区检察院、区公安分局、区司法局等单位的社区自治链、多元解纷链、司法裁判链等职能链的深度融合,共建共治温江基层社会治理品牌——"诉前调解 心安社区",探索一条以社区全链法治服务保障为抓手,强基固本、关口前移、纵向延伸、横向联动的基层治理法治新路径,以实现"心安社区""八无""七有""八好"为目标,构筑起多元解纷法治防线、社区发展治理幸福高线和社会综合治理安全底线。

一 强基固本,催生基层治理的有机"根系"

社区容纳万家灯火,承载了家长里短的法治保障需求。随着城市化和

---

* 王朝辉,成都市温江区人民法院员额法官;郝飞,四川法治报社记者。

产业化的推进，原有的农村社区转型为城市社区，生活、生产方式的改变带来不少新问题，各类矛盾集中爆发。温江区法院 2019 年至 2021 年的统计数据显示，新收涉居住类纠纷案件数量增幅超过 150%，其中，服务合同纠纷案件数量上升 226.42%，特别是物业服务合同纠纷案件数量上升 170.92%。

据了解，为切实提升纠纷化解率，将矛盾纠纷止于街道社区，加快催生基层治理的有根性，2021 年 7 月，在温江区委政法委的指导下，区委社治委、区法院、区检察院、区公安分局、区司法局等单位共同谋划推动形成"党政主抓、群众自治、法治保障、智慧支撑"的多元解纷大格局。聚焦绘制"1+3 全景蓝图"，重点搭建 1 个"家门口"社区法律服务圈，即社治委、法院、检察、公安、司法行政等部门的职能融合、通力协作，充分借助公证、律师等行业力量，线下打造社区巡回法庭，线上扩展"和合智解"e 调解平台应用，助力提档升级法律咨询、法律援助、人民调解、社区矫正、安置帮教等社区法律服务。同时，各部门定点观察共治社区新问题，遵循"多元解纷、基层治理"主线，重点关注社区未成年人、老年人、农民工等群体，精准建强"一站式"诉讼保障链、分层递进线下多元解纷链、数字化再造社会末梢治理链等 3 条供应链以精准对接保障目标要求，推进社会治理重心下沉，共同做优做实社区法律服务工作，做好法治服务衔接。

优化社区服务供给最突出的做法就是推动治理力量不断下沉，让更多新鲜血液注入协管共管队伍中。例如，在推进社区物业精细管理工作中，区社治委、区法院、区公安分局、区住建局等部门共同构建社区物业服务"一站式"保障机制和纠纷联动化解机制，住建局创新推动在 7 个社区设置物管科，为社区群众提供家门口服务。2022 年 1 至 9 月，物业纠纷同比下降 19.61%。

2022 年 7 月 11 日，"诉前调解　心安社区"首个可视化阵地在金马街道友福社区挂牌运行，天府街道天府家园社区、柳城街道大学城社区等 8 个社区试点阵地打造稳步推进，可视可感的社区服务网络加速成形，法治服务的"根系"逐渐延伸到社会治理的每一个角落，"基层善治"不断打通"最后一公里"。

二　横向联动，落实矛盾纠纷前端化解

前期经过调研发现，温江区现有优质解纷资源十分丰富。截至 2022 年

5月，温江区有9个镇（街）全部设立了公共法律服务站，且实现了"一村一法律服务"，有人民调解员845名，调解委员会124个（含95个村社和9个行业专业调解委员会）。经调研发现，兼职人民调解员数量多但履职较随意，专职人民调解员紧缺，网格员、"五老乡贤"等基层人员的调解作用未有效发挥。

温江区委政法委强化统筹协调、督促指导，整合多元共治力量，完善配套保障，以点带面做优实质运行，统筹召开工作协调会4次、推进会2次。2022年4月19日，区委政法委、区委社治委、区法院、区检察院、区公安分局、区司法局等6个部门联合印发《关于"建社区法律服务圈 强司法保障供应链 为'心安社区'建设提供法治保障"实施意见》《加强人民调解员队伍建设的实施意见》，同步出台《"心安社区"建设工作考评办法》《关于进一步提升"心安社区"智慧建设水平的实施方案》《关于进一步加强诉调对接工作 深化"心安社区"建设实施意见》等配套机制，为"诉前调解 心安社区"平台强化构建多元主体参与、多种方法运用、激发多种资源互动的多元化纠纷调解体系提供了有力的制度保证，为鼓励和引导当事人优先选择非诉讼方式解决纠纷提供了快捷有效的平台。

为能从源头上第一时间发现并化解社区矛盾纠纷，"诉前调解 心安社区"平台实质运行确立了三步工作法：一是进行资源整合，以"'豌豆荚'未成年人保护法官工作室·温江站""亮晶晶温江启航·未成年人检察工作室""公共法律服务工作室""巡回法庭"等为纽带载体，共同开展法治宣传活动；二是建立"矛盾纠纷化解"微信群，群内成员包括驻点法庭法官、司法所工作人员、网格员、人民调解员、社区干部等成员，通过网格员、社区干部及时反馈群众诉求及问题，及时沟通交流，将矛盾纠纷处早处小；三是安排社区、司法所驻点定点开展人民调解工作，现场提供法律咨询，提高纠纷化解效能。2022年1至9月，全区矛盾纠纷多元化解组织共计排查受理矛盾纠纷案件13434件，成功化解13205件，成功率达98.3%。

制度机制和方法的建立健全，确保"诉前调解 心安社区"机制更加迅速便捷地为老百姓服务，全面提升城乡社区治理水平。2022年1至7月，温江全区9个试点"诉前调解 心安社区"人民调解案件数量同比上升61%。"诉前调解 心安社区"入驻的"豌豆荚·蓉城少家——温江法院护航工作站"联合开展青少年心理健康辅导5次，回访当事人28人次，开展社区精准普法工作 16 次，覆盖社区居民 6000 人。

三　纵向衔接，提升纠纷实质化解效果

如果说依托"诉前调解　心安社区"平台充分发挥社会各方力量协同作用，推动重点群体、重点行业矛盾纠纷预防化解是创新前端化解矛盾纠纷有效载体的基石，那么推进诉讼与非诉讼实质对接、畅通诉非衔接双向联动、提高自动履行率则是矛盾纠纷化解的关键一环。

在温江区委政法委的指导下，区法院、区司法局等部门依据工作职能和工作实际，完善诉调对接机制，对委派调解案件类型、范围以及案件分流机制、案件对接机制、调解流程、调解协议效力确认形式等内容都进行了进一步明确，打通了诉非对接渠道。

温江区法院还在"诉前调解　心安社区"增设集"调、立、审、执"多功能于一体的"司法确认工作站"，完善以机关司法确认中心为中心、以9个司法确认工作站运行为依托的非诉衔接便捷体系，驻点由民事法官轮流"坐堂"值班，实现当事人调解登记、签署调解协议、申请司法确认到领取司法确认书全流程"一站式"办理，及时通过专人衔接流转审查调解协议，督促当事人当场兑付，推进就地高效解纷、就地履行，提升"快调即付"，确保纠纷实质化解效果。截至 2022 年 9 月底，9 个试点"诉前调解　心安社区"阵地司法确认工作共接收民商事司法确认案件 169 件，一小时办结率达 52.17%，自动履行率达 58.57%。

此外，为进一步激发工作效能，区委政法委加快将"诉前调解　心安社区"建设纳入区委政法委、区委社治委、区司法局目标考核，根据工作实际制定"心安社区"建设工作考评办法。考核指标体系由三级指标构成：一级指标包括实现"心安社区""八无""七有""八好"；二级指标体系主要涉及健全多元解纷机制、深入推进矛盾纠纷前端化解、提升市域社会治理现代化水平、加快打造稳定公平可及的营商环境、振兴北林美丽乡村；三级指标体系主要涉及 43 项工作措施情况。通过科学设置考评指标和权重，聚力解决"心安社区"建设工作推进中的短板和突出问题，助力"心安社区"顺畅运行。

"群众的期盼在哪里，法治保障就到哪里。"温江区委常委、政法委书记路红星提出：守住为民惠民的初心，肩负善治善为的担当，把稳深度治

理的脉搏，温江区将认真贯彻党的二十大关于推进国家安全体系和能力现代化工作要求，健全共建共治共享的社会治理制度，提升社会治理效能紧扣"心安之区"发展目标，以法治建设为核心，以社会治理为支撑，以城市安全为基石，推动共建共治共享，让百万温江人真切收获"心安之处是吾乡"的归属感！

心安小社区书写治理大文章

何　丹[*]

"吾心安处是吾乡。"普通人的"心安"，连接的是社区高效能治理、社会安全稳定等具象元素。法院如何从社区治理小处着眼，积极在社会高效治理中挥就浓墨重彩的一笔，写好基层社会治理这篇"大文章"？温江法院的答卷是具体的：贯彻落实市中院"高效能建设年"主题实践活动要求，以"诉前调解　心安社区"建设为抓手，建社区法律服务圈、强司法保障供应链，以共担共享创新社会治理，以善治良序创构城市温暖底色，为"心安美好"作出法院的生动注解。

一　融聚心安，联动力量划大桨

在党委领导下，温江法院与区委社治委、区检察院、区公安分局、区司法局等单位职能深度融合，继续打造1个"家门口"社区法律服务圈和3条精准司法保障供应链，配套出台实质运行目标考评方案，让理念不再浮于概念，将法治服务做实做深做透。

目前，金马街道友福社区可视化阵地试点已挂牌运行，天府街道天府家园社区、柳城街道大学城社区等8个社区试点阵地打造稳步推进，可视可感的社区服务网络加速成形。

二　筑牢心安，纠纷调解巧"走心"

"今天来我们社区，我主要想找孙法官把拖欠的物业费交了。"温江区金马街道友福社区72岁的陈大爷蹬着三轮车来到友福社区找到驻点法官孙怡。陈大爷因拒绝支付2700余元物业管理费、垃圾清运费，被物业公司起

＊　何丹，成都市温江区人民法院书记员。

诉至温江法院天府人民法庭。受理该案后，庭长孙怡考虑到陈大爷72岁高龄，往返法庭不便，遂在友福社区"诉前调解 心安社区"可视化阵地组织开展"家门口"调解工作，并邀请到物业调解委员会调解员李芳律师参与调解。经过耐心释法明理，陈大爷和物业公司达成调解协议，驻点法官当场对调解协议进行了司法确认。第二天，陈大爷便带着现金找到了孙法官，案件获得"快调即付"效果。

2022年1~6月，温江全区9个试点"心安社区"司法确认和人民调解案件数量同比上升57%和66%。通过物业、住建、妇联3个行业调解组织联动化解物业、婚姻家事等各类矛盾纠纷175件，切实提升息诉服判率，将多元解纷落到实处。

三 守护心安，描画未成年人心底的"天空蓝"

2022年6月，刚刚结束期末考试的温江某小学四年级学生孙某苏情绪低落，多次向老师表达想要结束生命的想法，甚至有过激举动。接到老师的求助后，天府家园社区当即向在"诉前调解 心安社区"驻点的"豌豆荚·蓉城少家——温江法院护航工作站"发出工作协助函，邀请其共同参与孩子心理疏导工作。工作室法官联合社区网格员和常驻专业心理咨询师对孩子进行综合评估和心理辅导，对监护人持续加强《未成年人保护法》《家庭教育促进法》等相关法律宣传。经过一番努力，孩子情绪有所平复，心理干预初见成效。

2022年1~6月，在"诉前调解 心安社区"驻点的"豌豆荚·蓉城少家——温江法院护航工作站"联合开展青少年心理健康辅导5次，回访当事人28人次，开展社区精准普法工作16次，覆盖社区居民6000人。

温江法院始终守住为民惠民的初心，肩负善治善为的担当，把稳深度治理的脉搏，共建善治良序的法治金温江，让人民群众生活有质感，让"心安之处是吾乡"的归属感由梦想照进现实。

创新多元解纷模式　守护群众心有所安

王朝辉[*]

成都市温江区探索创新打造"诉前调解　心安社区",推动社区自治链、多元解纷链、司法裁判链等职能链的深度融合,强化矛盾纠纷前端多元联动化解,维护基层群众有序生产生活。

一　发挥示范引领,打造法律服务圈

推动形成"党政主抓、群众自治、法治保障、智慧支撑"多元解纷大格局,重点搭建社区法律服务圈,切实提升纠纷化解率。

建立机制,统筹协调全区司法服务资源。由属地党委政法委牵头,区法院等部门联合制定《关于"建社区法律服务圈　强司法保障供应链　为'心安社区'建设提供法治保障"实施意见》,共建温江区"诉前调解　心安社区"基层治理品牌,构建涵盖9个社区、1个街道办、3个行业的调解组织,统筹推进"心安社区"建设。

实践探索,打造首个可视化示范阵地。在金马街道友福社区挂牌运行"诉前调解　心安社区"首个可视化示范阵地,融合"'豌豆荚'未成年人保护法官工作室·温江站"、"亮晶晶温江启航·未成年人检察工作室"、社区法官、社区检察官、社区律师等多方资源,整理典型案例并发布"心安故事荟"。

以点带面,发挥试点阵地辐射效应。2022年以来,温江区8个社区稳步推进"心安社区"阵地打造,温江大学城社区加强校企地联动,联合西南财经大学法学院组建"乡村振兴法务团""法律帮帮团",燎原社区党支部、业委会共同调解物业纠纷、邻里纠纷等,同时多方联动参与小区路面

---

* 王朝辉,成都市温江区人民法院员额法官。

沉降、消防通道占用等类纠纷调解。

二　多方联动推动，提档精细化法治服务

强化统筹协调，细化法治服务，整合多元共治力量，完善配套保障，推动社区自治链、多元解纷链、司法裁判链等职能链深度融合，提高纠纷化解效能。

突出重点，强化诉讼服务保障链。重点关注社区未成年人、老年人、农民工等特殊群体，推进社会治理重心下沉，做优社区法律服务工作。推动诉讼服务的全链条运行；设立民事财产保全中心，完善一站式财产保全工作机制；建立小额诉讼调度中心，建设"一心六点"的小额诉讼一体运行体系。

多元配合，构建分层递进解纷链。联合区委社治委等部门，强化"五新乡贤"调解机制，完善村（居）民议事会、村（居）务监督委员会制度；吸纳更多社会组织参与纠纷调处活动，培育高精尖行业调解队伍，提升行业内自主化解纠纷实效。

智慧赋能，再造线上末梢治理链。健全社区、村组"呼叫响应"纠纷化解机制，通过公共法律服务热线平台、"蓉易诉"等线上平台，筑牢社区法律服务圈，切实提升"一站式"司法便民功能。

三　强化多元解纷，全面提升纠纷化解效能

发挥居民自治组织及骨干力量，织密矛盾纠纷前端防护网，将矛盾纠纷发现在早、化解在小，多点提升做优实质运行。

社区自治，激发群众化解矛盾自主性。打造镇（街）、社区两级公共法律服务工作站，以及社区巡回法庭、检察官工作室、警务室，搭建好"家门口"社区法律服务圈。激活社区自治，推出无讼公约、社区自治公约，调动居民参与基层治理工作的积极性，与政府治理、法治保障形成良性互动。

因地制宜，建强基层矛盾纠纷化解主阵地。温江区金马街道友福社区已成立"爱友福志愿服务队"、温江燎原社区搭建小区"红柳·市民聊吧"平台，积极参与矛盾纠纷的前端化解，组建"社区代理员+网格代理员+微网格代理员+志愿者代理员"四级代理员体系，有效化解社区矛盾纠纷。温

江区大学城社区打造"郑大姐信访调处室",用接地气的方式化解邻里纠纷。

便捷高效,打通司法确认纠纷化解快车道。设立"司法确认中心",由资深法官担任法治指导员轮流"坐堂"值班,实现司法确认"一站式"办理,构建"多元解纷+司法确认"新格局。

第二编

实践探索

新时代背景下人民法庭专业化建设研究

成都市温江区人民法院　四川农业大学法学院

引　言

人民法庭作为基层人民法院"重心下移"的重要司法资源，是化解矛盾纠纷、服务人民群众的第一线，是推进社会治理、促进乡村振兴的最前沿，是巩固基层政权、维护社会稳定的重要主体。新时代背景下人民法庭面对高质量发展要求，推进人民法庭专业化建设，是提高审判质效、提升基层治理水平、服务地区社会经济发展的重要举措，也是释放基层司法机构强劲动能的重要渠道。以专业化建设推进乡村振兴，构建新时代背景下人民法庭工作高质量发展的新机制，成为亟须探究的课题。

为此，在成都市中级人民法院的组织和支持下，成都市温江区人民法院联合四川农业大学法学院成立课题组，以"人民法庭"作为调研对象，组织开展了有关"新时代背景下人民法庭专业化建设"的专题调研。本文通过分析我国各地区法院人民法庭的专业化建设整体情况和面临的困境及其成因，以"加快建设专业化人民法庭，服务保障乡村振兴，构建新时代背景下人民法庭工作高质量发展机制"作为指导目标，提出科学合理的对策建议。

一　研究概述

（一）研究背景

1. 健全新时代中国特色社会主义法治体系的现实要求

2014 年，《中共中央关于全面推进依法治国若干重大问题的决定》正式提出了全面推进依法治国的总方针。习近平总书记指出："全面推进依法治国总目标是建设中国特色社会主义法治体系、建设社会主义法治国家。"①党的十九届四中全会提出，"深化司法体制综合配套改革，完善审判制度……确保司法公正高效权威，努力让人民群众在每一个司法案件中感受到公平正义"②。2022 年 8 月，中央全面依法治国委员会印发的《关于进一步加强市县法治建设的意见》指出，"全面依法治国基础在基层，工作重点在基层"。人民法庭是我国司法体系扎根基层社会的重要触角，是服务全面推进乡村振兴、基层社会治理、人民群众高品质生活需要的重要平台，也是体现中国特色社会主义司法制度优越性的重要窗口。新时代背景下，人民法院贯彻落实党中央决策部署，加快推进人民法庭建设与改革实践，是健全中国特色社会主义法治体系的现实要求。

2. 推进审判体系和审判能力现代化的重要举措

党的二十大报告提出"以中国式现代化全面推进中华民族伟大复兴"和"在法治轨道上全面建设社会主义现代化国家"③，并就中国式现代化的中国特色、本质要求和重大原则进行了深刻阐述。2023 年 1 月 6 日召开的第二十二次全国法院工作会议强调，要与全面建成社会主义现代化强国"两步走"战略安排同步，人民法院工作的战略目标是"到 2035 年，基本实现审判体系和审判能力现代化；到本世纪中叶，全面实现审判体系和审判能力现代化"④。而后全国高级法院院长会议对主动服务和融入中国式现代化历史进程，加快推进审判体系和审判能力现代化提出明确要求。

专业化建设是法院职能现代化的缩影，结构的分化和功能的专门化被社会学家和政治学家们公认为现代化的基本指标。开展新时代背景下人民法庭专业化改革建设，组建、探索符合人民法庭审判工作特点的审判团队和运行模式，可以进一步推进审判体系现代化，提高人民法庭审判能力。开展新时代背景下人民法庭专业化建设的调查研究，分析基层审判体系与审判能力现代化的建设过程，可以为我国法院推进审判体系和审判能力现

---

① 《习近平著作选读》第 2 卷，人民出版社，2023，第 16 页。
② 《十九大以来重要文献选编》（中），中央文献出版社，2021，第 278 页。
③ 习近平：《高举中国特色社会主义伟大旗帜　为全面建设社会主义现代化国家而团结奋斗——在中国共产党第二十次全国代表大会上的报告》，人民出版社，2022，第 40 页。
④ 《第二十二次全国法院工作会议召开　周强强调　深入学习贯彻党的二十大精神　奋力推进新时代新征程人民法院工作高质量发展　贺荣主持》，2023 年 1 月 6 日，中华人民共和国最高人民法院，https://www.court.gov.cn/zixun/xiangqing/385661.html。

代化提供支撑。

3. 开展新时代背景下人民法庭专业化建设改革工作的主要内容

人民法庭建设则是新时代背景下提升基层社会治理效能的关键一环。2014 年第三次全国人民法庭工作会议之后，最高人民法院便出台了《关于进一步加强新形势下人民法庭工作的若干意见》《人民法庭建设管理技术标准》等多项重要文件，人民法庭工作取得显著成就，但至今仍存在一些问题和困难。随着进入"十四五"以及对更长时期宏伟蓝图的规划，人民法庭的建设进入了关键阶段。2020 年举行的第四次全国人民法庭工作会议强调，全面推进新时代背景下人民法庭工作的新发展，为全面建设社会主义现代化国家开好局、起好步提供有力服务。2021 年 9 月，最高人民法院发布了《关于推动新时代背景下人民法庭工作高质量发展的意见》（以下简称《意见》），明确了新时代背景下人民法庭"三个便于""三个服务""三个优化"的工作原则，为接下来的人民法庭建设指明了方向，其中特别强调要优化专业化建设，在城郊或城区等类型化案件集中地建立具有本地特色的专业化法庭。2022 年 7 月 25 日，四川高院出台了《关于推动全省人民法庭工作高质量发展的实施意见》，提出"培育专业化法庭"，"强化人民法庭建设的探索创新，提炼可复制、可推广的有效做法，积极开展'新时代背景下人民法庭建设案例'选编、报送工作，彰显四川经验"。结合地方实际，开展新时代背景下人民法庭专业化建设实践现状的调查研究，可以为四川省成都市新时代背景下人民法庭专业化建设提供思路与方向，为各地试点改革工作提供参考。

（二）研究目的及意义

经过多年的探索，我国专业化审判机构发展迅速。党的十八大以来，我国先后设立北京、上海、广州以及海南自由贸易港知识产权法院，在上海、北京、成渝地区双城经济圈设立三个金融法院，在北京、广州、杭州设立三个互联网法院。值得注意的是，各地人民法庭专业化建设的发展也十分迅速，《意见》提出了"优化人民法庭专业化建设"的目标，因此人民法庭专业化改革也成为各地法院探索司法改革、完善司法体系的重要内容。为了明确各地法院在注重强基导向、强化人民法庭建设方面的探索与创新，最高人民法院近两年连续发布了四个批次"新时代背景下人民法庭建设案例选编"，其中不乏专业化法庭建设实例。可见各地依托中级法院与基层法院设立了大量的专业化法庭，对专业化建设改革做了有益的尝试，取得了一定成效。

为推广人民法庭专业化建设经验，成都两级法院先后开展专业化法庭的改革试点。成都市也有如武侯区法院晋阳人民法庭、天府新区人民法院天府文创城法庭入选最高人民法院的案例选编，在人民法庭专业化建设中已取得了一定成效，但仍然面临一些局限。总体上，有关改革几乎是在现有制度框架内拟定改革措施，而较少涉及实质的改革内容，部分法庭的专业化模式与内容仅是互相效仿，实施时间较短，无法评估其工作成效。故有必要结合当前各地试点改革情况，总结改革经验成果与分析不足，为接下来继续推进改革提供支撑，借助经济学、社会学、政治学相关理论进行分析，思考新时代背景下人民法庭专业化建设的主要动因、实践困境与发展路径，以对我国新时代背景下人民法庭专业化建设有所助益。

（三）研究方法

1. 理论分析法

运用理论分析的研究方法，系统梳理政策文件、学术研究、部门文件和工作报告等文献资料，对新时代背景下人民法庭专业化建设的背景、意义和实践价值等进行全面把握。明确新时代背景下人民法庭专业化建设的概念内涵，梳理关于新时代背景下人民法庭专业化建设的政策要求与实施方案，并提供经验与思路。

2. 实地调研法

根据研究需要制定调研方案和调研实施计划，通过对开展人民法庭专业化建设的单位和人员开展线上或线下访谈、开展问卷调查以及收集资料等相关调研工作，了解掌握温江区法院人民法庭专业化建设的实践现状，包括法庭布局、人员配置、业务开展等情况，发现实践中存在的问题。

3. 比较分析法

运用比较分析法，探索明确我国目前不同类型人民法庭的个性。一是按照法庭分布所在辖区的性质，分为城区法庭、城乡结合法庭、乡村法庭与民族特色法庭等，研究开展人民法庭专业化建设的可行性与必要性；二是根据法庭的设立机关级别来划分，分为中级法院内设专业化法庭、基层法院内设专业化法庭；三是根据开展专业化的类别来分，分为自贸区专业化法庭、经济开发区专业化法庭、产业园区专业化法庭、大型赛事专业化法庭与特色案件专业化法庭等。对照各地专业化人民法庭（专业化法庭）的建设案例，结合域内外的司法实践探索经验，分析本地区人民法庭专业化建设的现状。

二 概念界定与理论基础

（一）概念界定

围绕新时代背景下人民法庭的专业化建设展开研究，新时代背景下人民法庭的专业化建设内涵丰富，在实务与理论中都没有明确清晰的界定，本文从以下三个层次进行分析。

1. 专业化审判

审判本身就是一项专门技艺，专业化和精细化程度随经济社会发展而提升。近代以来，随着社会分工日趋细化，司法逐步介入专利、海事、公司、金融、建筑、医疗等专业领域的纠纷，推动专业知识、行业规则、审判方法的汇聚与结合，审判专业化也就应运而生。根据 2016 年 9 月最高人民法院发布的《关于进一步推进案件繁简分流　优化司法资源配置的若干意见》，专业化审判是根据案件的不同类型确定审理类型化案件的专业审判组织，根据案件的繁简程度确定专门审理简单案件与复杂案件的审判人员的审判方式。[①] 由此可推出，专业化审判的构成要件主要包括案件类型化、审判人员（组织）专门化、审判程序专门化。在我国法学研究领域，类型化基本使用的是"诉讼、纠纷、案件类型化"来表达，但案件类型化在司法实践以及研究中的含义却非常宽泛，它包括对案件纠纷性质、纠纷案由、案件难易、案件标的额、案件适用程序等进行的各种分类，案件类型化丰富的外延可以赋予专业化审判所需的多种不同的含义。在国外的研究中，司法专业化的划分有两种方式：一是根据法律政策领域划分，二是根据司法服务的对象（诉讼当事人类型）划分。[②]

[①]　何帆：《新时代专门人民法院的设立标准和设置模式》，《中国应用法学》2022 年第 3 期。

[②]　〔美〕劳伦斯·鲍姆：《从专业化审判到专门法院：专门法院发展史》，何帆、方斯远译，北京大学出版社，2019，第 53~54 页。

综上，专业化审判实际上是一个组合词，结合我国改革目标和法院当前试点情况来看，所谓专业化审判，是指某一类型的案件由专业的审判人员通过专门的审判组织适用特殊的审判程序进行审理。

2. 专门法庭

如前文所述，专业化审判一般依托专门的组织形式，一般有专门审判团队、合议庭、审判庭、专门法庭或法院等。专门法庭不是一个新词，但查阅文献资料发现，专业化法庭、专门法庭、专业化审判庭常被混用。研究发现，从改革开放以来人民法庭就开始了专业化发展，如湖南双牌县于1979年设立的林业审判庭（独立综合审判庭）、1997年深圳市中级法院设立的破产法庭（独立专门审判庭）、2002年三亚城郊法院设置的旅游巡回法庭（专门巡回法庭）、2010年上海浦东新区法院设立的世博法庭（临时专门法庭）。但众所周知，人民法庭与法院内设审判庭有所不同。根据《人民法院组织法》第27条规定，人民法院根据审判工作需要，可以设立必要的专业审判庭。虽然审判庭不同于该法第26条规定的"人民法庭"，但人民法庭是人民法院的组成部分，实际上法院也可根据审判工作需要设立专门人民法庭。

有学者对专门法庭作出如下定义：为回应社会现实需求而设立的专门审理特定类型案件，组织形态相对灵活的新型审判组织。[1] 而鉴于各种专业化审判组织的特殊性和专业性，专门法庭应区分于专业审判庭、专门法院等。因此结合前文分析，我们认为，所谓专门法庭，是依托中级人民法院与基层人民法院，基于当地审理类型化、行业性、区域性纠纷需要而设立的专门派出审判机构。

3. 新时代背景下人民法庭的专业化建设

党的十八大以来，中国特色社会主义进入新时代，人民法庭建设则是新时代背景下提升基层社会治理效能的关键一环。推进新时代背景下人民法庭建设，除了关注法庭的审判功能外，还应当关注人民法庭的公共法律服务功能。

因此，广义上，新时代背景下人民法庭专业化建设是指人民法庭为服务于新时代国家战略方针，针对区域内的类型化司法服务需求，明确法庭

---

[1]　陈鸣：《专门法庭的法律构造与机构建制》，载齐树洁主编《东南司法评论》，厦门大学出版社，2014。

之间或法院内部的分工，由专门人员或者组织对外开展专门司法服务活动的工作需要。以社会分工理论来说，这是法院对有限司法资源进行的优化配置，主要体现为法院内部的精细化分工，一般体现为案件类型化、审判专门化。虽然审判是法院的首要职能，但人民法庭还肩负着社会治理的重要职能，如参与特定领域和行业治理等。人民法庭的专业化建设可以体现专业化法庭的"专业性"与"个性化"，如四川大学刘昕杰教授所言，"专业法庭的'专业性'，不仅体现在案件管辖领域与类型等方面的特定性上，更重要的是向当事人和社会提供'专业的审判服务'"[①]。人民法庭的专业化建设是人民法庭"由粗到细""由'依法剪裁'到'量体裁衣'"的过程，开展专业化建设是指人民法庭为保障本区域社会经济发展，发挥司法的保护、规范、引领作用，致力于为本区域提供有针对性的个性司法服务。

狭义上，人民法庭的专业化建设其实是一种专业化审判组织建设，即由特定人民法庭审理特定类型的案件。人民法庭专业化具体可以概括为案件的集中与法官的集中。越来越多的专业化法庭正在建设。位于成都市的天府中央法务区，就设立了成都知识产权法庭、成都互联网法庭、成都金融法庭、成都破产法庭、四川大熊猫国家公园生态法庭、成都国际商事法庭等六个专业化法庭，成都市专业化法庭数量位居中西部地区首位。人民法庭的专业化建设实践探索多种多样，专业化程度其实也有不同，评判人民法庭专业化建设程度的高低，主要考虑人员、架构、机制、配套、保障等多重要素，大致可以从两个维度考量：案件集中度和法官集中度。以我国目前司法系统的专业化建设为例，如表1所示，这一分类也许会有争议，但大致可以反映各地法院开展专业化法庭建设过程中存在的差异。

表1 我国司法系统专业化程度示例

案件集中度	法官集中度	
	低	高
低	温江区和盛人民法庭	成都破产法庭
高	四川大熊猫国家公园生态法庭、成都互联网法庭	军事法院、海事法院

---

① 《瞭望｜专业法庭这样服务国家治理大局》，2022年1月7日，新华社新媒体，https：//baijiahao. baidu. com/s? id=1748825363289024051&wfr=spider&for=pc。

　　调研发现，中级人民法院设立的专业化人民法庭的建设目标是建成专门法院。例如，成都互联网法庭致力于打造为互联网法院，四川大熊猫国家公园生态法庭则致力于打造为环境法院等。然而基层法院的案件集中度较低，设立专业化法庭需要综合考虑地区差异、地域产业特色与案件集中度情况。专业化人民法庭建设就是向"案件集中"与"法官集中"两个维度靠近，强化与综合法庭的差异。

　　参照何帆对新时代专门人民法院建设的研究，人民法庭的专业化建设应依循以下标准：第一，服务党与国家战略政策目标，综合考虑区域营商环境、司法影响、产业扶持创新、特殊人群保护等因素，有全局性、系统性、长远性的考量；第二，遵循专业化标准，如一开始互联网法院的专业性主要体现于在线审理和技术创新方面，经过探索与发展，待取得专业化成果，具有示范意义后就可转型为专门法院；第三，专业化建设可促进司法服务精细化，促进人民法庭工作高质量发展。专业化建设不是将简单案件"包装"为专业化案件，专业化所服务的内容应该具有社会需求基础，并产生示范性治理效果。

（二）理论基础

　　本文研究的虽然是司法制度的实践现象，但要深入分析新时代背景下人民法庭专业化建设情况，还需要结合社会学、经济学、政治学等相关理论，如社会分工理论、多源流理论、习近平法治思想等，掌握人民法庭专业化建设的动机与目标，预测其发展趋势。

　　1. 社会分工理论

　　社会分工理论是专业化的重要理论基础，司法活动必须与现实相适应，[①] 可以说司法专业化属于社会分工及分化的产物。"所谓分化，是指特定社会内部具有社会意义的各种活动、功能、权力是否分离，并由不同的角色行使。在现代化理论看来，传统社会与现代社会的系统形态之间一重要不同之处便在于结构分化和功能专门化的程度有异。"[②] 所以，人民法庭

---

① 〔美〕E. 博登海默：《法理学：法律哲学与法律方法》，邓正来译，中国政法大学出版社，2004，第 157 页。
② 左卫民、周长军：《变迁与改革——法院制度现代化研究》，法律出版社，2000，第 22 页。

专业化可以看作现代法院内部专门化程度提升的标志。对于社会分工的产生，涂尔干认为有两方面的原因：一是社会容量，二是社会密度。[①] 同时，物质、工作、活动等所占有的范围越大，它的分化就越迅速、越彻底。以上两方面主要是外部原因，但是要达成专业化分工还有其内部原因，即"日趋白热化的竞争导致了分工的发展"[②]，所以专业化分工的需求和分化程度往往取决于内外因素的共同作用。可以预见，司法专业化的分工也可能有不同的程度和形式，证明专业化分工将因社会外部条件和机构内部竞争趋势的不同而不同。人民法庭专业化可能会带来法院内部的职能与业务的重新分配，"社会分工带来的是知识分工，更好的劳动分工实际上是对知识的分解和协调"[③]。在不同人民法庭之间、法官之间以及其他司法服务工作者之间实行分工，并在其法院内部实现有效的合作共享机制，[④] 由此，社会分工在法院内部系统中也做到了精细化、专业化。

2. 多源流理论

多源流理论可追溯到迈克尔·科恩、詹姆斯·马奇和约翰·奥尔森提出的组织选择的"垃圾桶模型"。所谓"垃圾桶模型"，本质上是一种决策模型，它认为各种参与者及其资源、各种问题、各种解决办法都像垃圾一样被混合在垃圾桶里，决策被看作问题、解决办法、参与者等复杂交织中的偶然产物。约翰·金登在此逻辑的基础上对垃圾桶模型进行修正，并用修正后的模型来解释美国联邦政府中的议程建立过程。[⑤]

多源流理论认为，任何政策制定过程在阶段和步骤上并不是整齐划一的，政策议程的建立分为三个过程——问题、政策和政治，而这三个过程分别对应着三条独立的溪流——问题流、政策流和政治流。通过对问题源流、政策源流和政治源流的分析，多源流理论打破了政策制定的静态模式，

---

① 社会容量和社会密度是分工变化的直接原因，在社会发展的过程中，分工之所以能够不断细化，是因为社会密度的恒定增加和社会容量的普遍扩大。参见〔法〕埃米尔·涂尔干《社会分工论》，渠东译，生活·读书·新知三联书店，2000，第229页。

② 〔法〕埃米尔·涂尔干：《社会分工论》，渠东译，生活·读书·新知三联书店，2000，第229页。

③ 侯猛：《最高法院司法知识体制再生产——以最高法院规制经济的司法过程为例》，载《北大法律评论》第6卷第1辑，法律出版社，2004。

④ 宋远升：《精英化与专业化的迷失——法官员额制的困境与出路》，《政法论坛》2017年第2期。

⑤ 〔美〕约翰·金登：《议程、备选方案与公共政策》，丁煌、方兴译，中国人民大学出版社，2004，第107页。

揭示了政策制定的动态本质。与倡导联盟理论与间断均衡理论相比，多源流理论更擅长解释被其他理论认为是偶然性而不加考虑的模糊性情况下的政策变迁。[①]

通过多源流理论这一分析框架来探讨我国人民法庭专业化建设的动力，可以发现，问题源流、政策源流与政治源流的汇合推动了我国司法专业化改革的变迁。但变迁是由哪一力量主导，尚需要进一步仔细分析。在新时代背景下司法改革政策的变迁将不再由司法机关单一中心主导，而是受到来自政府、公众、其他有关组织等在内的多元主体的共同推动。多源流理论视角为解释司法专业化的建设过程提供了基础。其一，出台实施相应政策一般可以解决一系列问题，而非只解决一个问题，我国司法改革目标依然具有综合性，这也表明司法专业化建设不是很有目的性；其二，专业化的选择往往是由多个动因引起，很可能与多个目标挂钩，存在诸多不确定性。[②] 这也导致目前各地人民法庭专业化建设实际上可能不稳定。

3. 专业化与成本控制

司法改革关系到法院内蓄积的人力资源、组织环境等，在决策与持续践行改革的过程中，资源可供、成本可负担成为必要的考虑因素。对此，从不同法院各具特色的改革形态和力度方面就可见一斑。这暗示了法院改革过程中，更容易从内部组织结构优化或人员变动程序化运行中，寻找重新配置和高效运行的解决办法。对此，王亚新教授表示认同："为了消化众多的案件，所谓'在内部挖潜'，即改变原有的组织样式及分工并使之合理化就成为一种较为直接易行的对策和改革途径。"[③] 如此看来，在微观层面上，各地方法院根据自身的组织环境和人力资源，选择法庭专业化建设改革路径，在某种程度上说，可以实现成本控制内的最大经济效益。同样，法院各种改革措施实际上并无高低优劣之分，而要考虑其组织和成本，保持在成本控制范围内。

---

① 向玉琼、李晓月：《我国大气污染防治政策变迁的动力分析——兼评多源流理论及其修正》，《长白学刊》2017 年第 5 期。

② 〔美〕劳伦斯·鲍姆：《从专业化审判到专门法院：专门法院发展史》，何帆、方斯远译，北京大学出版社，第 53~54 页。

③ 王亚新：《程序·制度·组织——基层法院日常的程序运作与治理结构转型》，《中国社会科学》2004 年第 3 期。

4. 贯彻全面依法治国战略部署的基层司法举措

首先，坚持司法为民，以人民为中心，保障人民权益。2020 年 11 月，习近平总书记在中央全面依法治国工作会议上指出："全面依法治国最广泛、最深厚的基础是人民，必须坚持为了人民、依靠人民。"[①] "人民权益要靠法律保障，法律权威要靠人民维护。"[②] 其次，坚持公正司法，提高司法公信力，维护社会公平正义。习近平总书记在党的十九届四中全会上提出："深化司法体制综合配套改革，完善审判制度……确保司法公正高效权威，努力让人民群众在每一个司法案件中感受到公平正义"[③]；在党的二十大报告中指出："公正司法是维护社会公平正义的最后一道防线。"[④] 最后，注重强基导向，发挥基层社会治理作用。习近平总书记强调，"全面推进依法治国，推进国家治理体系和治理能力现代化，工作的基础在基层"，要"更加注重系统观念、法治思维、强基导向"，"更加重视基层基础工作，充分发挥共建共治共享在基层的作用，推进市域社会治理现代化"[⑤]。

三 温江区法院人民法庭建设与运行概况

（一）区域布局情况

温江区法院共建有三个派出法庭，即永宁、天府、和盛人民法庭，三个法庭分布在法院三个不同的方向，呈现为一个三角形的结构。从各自管辖区域的性质来看，三个法庭分别具有城区法庭、城乡结合法庭与乡村法庭的特征。问卷调查显示，辖区三个人民法庭的布局合理，便于当事人及律师诉讼，能够基本满足群众的司法需求。

和盛人民法庭位于温江法院本部西北方向约 9.5 公里，处于城乡结合地

---

① 《习近平在中央全面依法治国工作会议上强调 坚定不移走中国特色社会主义法治道路 为全面建设社会主义现代化国家提供有力法治保障》，2020 年 11 月 18 日，人民网，http：//jhsjk. people. cn/article/31934590。

② 《全面建成小康社会重要文献选编》（下），人民出版社、新华出版社，2022，第 817 页。

③ 《十九大以来重要文献选编》（中），中央文献出版社，2021，第 278 页。

④ 习近平：《高举中国特色社会主义伟大旗帜 为全面建设社会主义现代化国家而团结奋斗——在中国共产党第二十次全国代表大会上的报告》，人民出版社，2022，第 42 页。

⑤ 《深入学习贯彻习近平法治思想 夯实全面依法治国基层基础——中央依法治国办有关负责同志就〈关于进一步加强市县法治建设的意见〉答记者问》，2022 年 8 月 11 日，中华人民共和国司法部，https：//www. moj. gov. cn/pub/sfbgw/zcjd/202208/t20220811_461493. html。

区，可以视为乡村法庭。和盛人民法庭主要负责审理成都市温江区和盛、寿安、万春三个镇辖区内除立案庭（含速裁）、民一庭、民二庭专门审理范围之外的全部民事案件。天府人民法庭位于温江法院本部西南方向约 5.5 公里，布局在温江天府街道，可视为城乡结合法庭。天府人民法庭现负责审理金马、天府、永盛三个辖区内的除立案庭（含速裁）、民一庭、民二庭、道交法庭专门审理范围之外的民事案件。永宁人民法庭（成都医学城人民法庭）位于温江法院本部东北方向约 7.5 公里，布局在成都医学城产业园区 B 区，与成都市主城区紧紧相邻，可视为城区法庭。

永宁人民法庭（成都医学城人民法庭）原名公平人民法庭，设置于 1995 年 7 月，2016 年正式成为温江法院派出机构。2020 年乡镇行政区划调整后，更名为永宁人民法庭（劳动法庭）。2022 年 3 月，经四川省高级人民法院审批，永宁人民法庭（劳动法庭）正式更名为永宁人民法庭（成都医学城人民法庭）。2019 年 3 月开始，永宁人民法庭已迁至成都知识产权法庭（温江）巡回审判点，共同实质化运行，永宁人民法庭现负责审理包括成都医学城 B 区含温江区涌泉、公平、永宁三个街道办事处辖区的各类民商事案件。

（二）人员配置与团队建设情况

近年来，温江区法院始终重视人民法庭建设，除了提供办案所需基础保障，还持续优化人民法庭人员配置。经过内设机构人员调整，不断充实人民法庭审判力量。永宁人民法庭配备有 3 名员额法官，天府人民法庭与和盛人民法庭分别配备了 2 名员额法官，人民法庭法官和审判辅助人员基本按照 1∶1 配置，并依此组建审判团队。例如，永宁人民法庭组建了审判团队 3 个，现有员额法官 3 人，法官助理 5 人，书记员 4 人，司法警察 3 人，安保人员 2 人，其中硕士研究生数量不断提升，老中青配置较为合理，法庭的审判团队建设取得了不错的成效，2022 年永宁人民法庭荣获成都中院年度基层法院成绩突出集体三等功。和盛人民法庭曾被省高院评为"六好人民法庭""指导人民调解先进集体"。为了实现多元化解决纠纷，提高解决纠纷的效率，人民法庭主动创新调解团队建设。例如，温江区法院永宁人民法庭组建高水平调解员队伍，联合永宁司法所等，成立了"1+3+3"调解模块化运行团队（由法庭书记员专职负责），每一模块由 1 名专职书记员 +1

名驻庭调解律师+1 名特邀人民调解员组成，专门落实诉调对接工作。

（三）业务开展情况

调研数据显示，在受理案件数量方面，温江区法院人民法庭的受理案件数量呈快速增长趋势。2019 年以来，物业服务合同纠纷和民间借贷纠纷案件的收案数大幅增加；在受理案件类型方面，如图 1、图 2、图 3 所示，温江区法院三个人民法庭受理的民间借贷纠纷、离婚纠纷与买卖合同纠纷最为集中，占据了法庭近五年受案量前三名。①

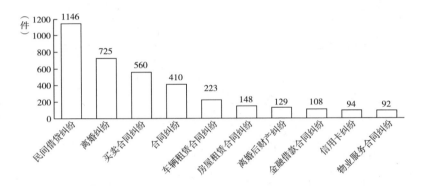

图 1　2019～2023 年永宁人民法庭受理案件类型数量前十名

如图 1 所示，2019～2023 年永宁人民法庭受理案件类型数量比较集中的是民间借贷纠纷、离婚纠纷与买卖合同纠纷，民间借贷纠纷数量最多。调研发现，涌泉街道辖区的民间借贷纠纷案件数量较多。

调研发现，天府人民法庭受理涉企业案件数量多、比例较大，仅 2019 年受理涉企业民商事纠纷就有 430 余件。如图 2 所示，天府人民法庭近五年受理案件类型数量比较集中的是买卖合同纠纷，其次是民间借贷纠纷。总体而言，民商事合同纠纷数量占比较大。

如图 3 所示，2019～2023 年和盛人民法庭受理案件类型数量比较集中的是民间借贷纠纷，其次是离婚纠纷。

在诉讼审判程序上，永宁人民法庭主动落实民事诉讼程序繁简分流改

---

① 全文受理案件数量数据来源于温江区法院审管办（研究室）。

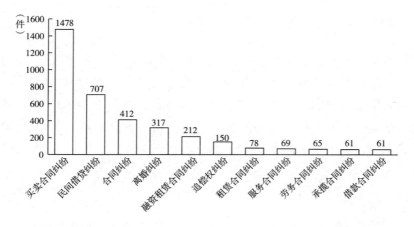

图2　2019～2023年天府人民法庭受理案件类型数量前十名

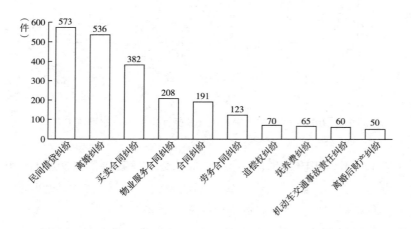

图3　2019～2023年和盛人民法庭受理案件类型数量前十名

革任务，2021年全年适用小额诉讼程序131件，适用简易程序（不含小额）631件，并提升普通程序独任审理比例，适用普通程序案件441件，组成合议庭审理的仅5件；同时在简单的离婚纠纷、民间借贷纠纷、买卖合同纠纷、劳务合同纠纷中全面落实要素式审判以及简式文书，适用简式文书63件。

四　人民法庭专业化建设的实践现状

基于经济社会发展、区域中心工作需要，近年来人民法庭专业化建设实践发展迅猛，充分坚持"三个服务""三个便于""三个优化"的新时代背景下人民法庭工作原则，成为人民法庭工作的新亮点。截至 2021 年 6 月，全国共有专业化人民法庭 840 个，其中单独设立 332 个，加挂设立 508 个。大部分专业化法庭实行了跨地域管辖，只审理一类或几类案件，与院本部机关专业审判运行方式类似；加挂专业化法庭依托综合性法庭，除审理一般案件外，还跨区域审理婚姻家庭、未成年人、劳动争议、物业纠纷、道路交通、环资、旅游、金融、医疗等类型化案件。总体来看，新时代背景下人民法庭专业化建设呈现出一些共有特征，也有一定的差异性。下文主要从宏观上的三个层次对我国人民法庭专业化建设现状进行分析。

（一）国内其他省市人民法庭专业化建设实践现状

我国地域辽阔，全国范围内人民法庭基数较大，覆盖区域包括乡村地区、城乡结合地区与城市地区。截至 2021 年 8 月，全国实际运行的人民法庭 10145 个，其中乡村法庭 6201 个、城区法庭 1234 个、城乡结合法庭 2710 个。① 在新时代背景下，城市与城郊地区的人民法庭专业化建设迅速发展，实践样本越来越多。整体上，专业化建设一般优先布局于有条件的城区法庭，以集中审理类型化、行业性、区域性纠纷，在具有明显产业优势地区和经济开发区开展专业化法庭建设，如在自贸区、经济开发区、产业园区等。对于目前各地人民法庭的专业化建设情况，主要可以根据地域差异从以下两个方面进行分析。

1. 类型化法庭建设

类型化法庭实际上等同于专业化法庭，即特定类型的案件全部由专业化法庭审理，所属院机关不再审理此类案件。在案件类型集中的某些城市近郊或者城区，法院更有基础建立类型化法庭或专业化法庭专门解决一类

---

① 《注重强基导向　推动新时代人民法庭工作高质量发展　最高法发布推动新时代人民法庭工作高质量发展意见》，2021 年 9 月 16 日，中华人民共和国最高人民法院，https：// www. court. gov. cn/zixun/xiangqing/322721. html。

纠纷。结合最高人民法院的理论指导与实践情况来看，这些类型主要分为道路交通、劳动纠纷、物业管理、少年家事、金融商事、环境资源等。下面主要以六个不同类型化专业化法庭实践为例。

一是道路交通型专业化法庭。因福建省福清市交通事故案件较多，福清市人民法院结合实际、因地制宜，打造了"民刑一体、审执一体、诉非一体"的交通事故案件专业化法庭，将其行政区域内的交通责任事故案件交由该法庭专门审理。该法庭受理全市交通事故责任纠纷以及相关追偿权纠纷、保险合同纠纷等民事案件，同时受理交通肇事刑事案件；对全市交通事故民事、刑事、执行纠纷直接立案，指定专门团队办理；同时还加强诉前多元调解，在法庭内设立交通事故调解中心，组建由法官、保险业授权代表、人民调解员、特邀调解员等组成的专业化、多元化调解团队，开展诉前调解工作。值得注意的是，该法庭总结审判经验，该院牵头制定了《机动车交通事故责任纠纷案件审判指引》，并且利用电子技术自主研发交通事故案件赔偿金额计算软件，实现了多项赔偿事项的自动计算①，让不了解细则的当事人也能对赔偿数额有所认识，体会司法公正。这一举措与东京地区法院第 27 民庭在推动交通事故处理规范标准化实践中修正计算公式、具体化赔偿标准、减小裁判偏差有相似之处。② 这有利于实现专业化法庭审判专业化与标准化。

二是劳动纠纷型专业化法庭。劳动关系是现代社会最基础、最重要的关系之一。由于经济发达、市场化程度高、流动人口多，苏州劳动争议纠纷案件的裁审和调解需求也较大，江苏省苏州市中级人民法院结合实际，于 2021 年成立了苏州劳动法庭，这也是全国首个专业化劳动法庭。法庭主要探索通过裁审衔接、简案快审、多元解纷等方式开展专业化建设。同时整合管辖案件，对涉劳动案件从原来的"一案一研"转变为"三审合一"，集中审理劳动争议民事案件、拒不支付劳务报酬等劳动刑事案件、工伤认定等劳动行政案件。此外，法庭还致力于呵护新业态发展，积极关注研究平台用工等新型案件，致力于打造一支能够站在劳动争议司法理论和

---

① 参见最高人民法院发布的《新时代背景下人民法庭建设案例选编（一）》。
② 余凌云：《论道路交通事故处理规范的标准化——以日本的实践为借鉴》，《政治与法律》2016 年第 5 期。

实践最前沿，既精通法律又熟悉经济发展情况、社会保障政策的高素质、专业化、复合型法官队伍，更好地保障劳动者合法权益，维护劳动关系和谐稳定。而后其他地区也依据本辖区劳动纠纷密集分布情况成立了少量的劳动法庭，如济南市历下区人民法院劳动法庭、济南高新技术产业开发区人民法院劳动法庭等。

三是物业管理型专业化法庭。近年来，我国物业纠纷诉讼案件逐年攀升，甚至成倍量递增，物业纠纷已成为涉及千家万户的一个社会问题。乌拉特前旗人民法院于 2017 年就设立了城市管理专业化法庭，积极依法参与城市管理工作，依法解决小额诉讼纠纷、物业、供热纠纷等多类案件，结合物业服务合同纠纷案件具有标的额小、争议大、主体多、法律关系复杂、群体性强等特征，采取了多元化的方式化解矛盾、解决纠纷，积极化解物业服务合同纠纷案件。经调研，南昌市西湖区人民法院桃花法庭也正在加强物业纠纷专业化审判，拟打造物业纠纷专业化法庭，而此前该法庭已经挂牌了金融法庭。

四是少年家事型专业化法庭。截至 2022 年，全国已成立 2181 个少年法庭。[①] 2020 年发布的《最高人民法院关于加强新时代未成年人审判工作的意见》第 15 条指出，探索通过对部分城区人民法院改造或者加挂牌子的方式设立少年法庭，审理涉及未成年人的刑事、民事、行政案件，开展延伸帮教、法治宣传等工作。将涉未成年人的刑事、民事、行政案件全部纳入少年审判范围，坚持少年审判的专业化发展。但开展未成年人专业审判的大多是由中级人民法院成立独立建制的少年审判机构，在基层法院人民法庭的专业化探索还较少。有的基层人民法庭在家事审判领域继续探索专业化审判，我国人口老龄化矛盾突出，部分法院就积极探索涉老审判专业化。大连经济技术开发区人民法院打造了婚姻家庭纠纷和民间借贷纠纷专业化人民法庭——湾里人民法庭，专业化审理涉农、维护妇女儿童和老年人合法权益的案件。北京市朝阳区人民法院将亚运村人民法庭打造成老年人权益保障专业化法庭并制定了涉老案件审理工作规定，完善法庭适老化诉讼

---

① 数据来自最高人民法院研究室少年法庭工作办公室主任、二级巡视员江继海对《法治日报》记者提出的我国少年审判工作开展情况问题的回答，参见《全国已成立 2181 个少年法庭》，2022 年 2 月 17 日，中华人民共和国教育部，http://www.moe.gov.cn/fbh/live/2022/53969/mtbd/202202/t20220218_600357.html。

服务，融合社会力量共同关注老年人权益保障，既是人民法庭专业化建设的有益探索，也是人民法庭司法为民的生动缩影。

五是金融商事型专业化法庭。北京金融街有"一行三会"和近 2000 家国内外大型金融机构及国企总部汇聚于此，资产规模占全国金融机构资产规模的 40%。2017 年北京西城区人民法院金融街人民法庭应运而生，负责辖区内涉金融类民商事、刑事、行政案件审理和执行工作，是国内较早以专业化审判改革为抓手，为该地区的金融安全、金融业健康发展提供司法保障，具有代表性的专业化法庭之一。除此之外，国内各地区设立的金融法庭不断增多，得到了较大范围的关注与认可。例如，潍坊市昌乐法院是在原有城区法庭基础上改造的金融法庭，在设立前全院金融案件年均诉讼收案 466 件，平均结案期限 117 天，结案率 67%；金融法庭设立后金融案件年均诉讼收案 703 件，平均结案期限 79 天，结案率 96%，取得了显著成效。截至目前，全国已经设立了上海金融法院、北京金融法院以及成渝金融法院共 3 家金融法院，金融法院是继互联网法院、知识产权法院之后的我国司法系统专业化建设的又一大创新，说明对金融领域纠纷开展专业化审判已形成了广泛的共识。

六是环境资源型专业化法庭。2007 年，贵州省清镇市人民法院在红枫湖畔揭牌成立全国首家环保法庭，该法庭从成立之初就突破了行政区域限制，并在全国率先尝试环保案件刑事、民事、行政三类审判合一。江苏省以生态功能区为单位，设立了长江流域、太湖流域等 9 个基层法院环境资源法庭，跨区市集中管辖全省基层法院涉环境类案件，而南京市中级人民法院设立南京环境资源法庭，集中管辖 9 个基层法院环境资源法庭上诉案件和全省中级法院一审环境资源案件，形成江苏环境资源审判"9+1"格局。虽然各地都在力争打造环境资源审判的"本地样板"，但从基层法庭专业化法庭到中级人民法院专业化法庭的全面统筹，建立了相对完整的环境资源审判体系，更便于提炼典型案例和统一裁判标准，提高环境资源审判的专业化水平，提升了环境司法服务保障生态文明建设的能力水平。

2. 特色法庭建设

在产业特殊性明显的区域，为促进产业的优化发展，通常也会明确由专业化人民法庭审理特定区域、特定产业内的案件。例如，在自贸区、经济开发区，产业园区、大型赛事举办园区等产业集中区域设立了不少"专业化法庭",具体见表2。这些所谓的专业化法庭实际上是"类专业化"的特色法庭,这种模式是指由法庭分流所属院机关对特定类型的案件进行审理,除此之外这些法庭还审理其他类型的案件。

表 2 我国特色法庭建设情况

	特色领域	法庭名称
特色法庭	自贸区、经济开发区	上海市浦东新区人民法院自由贸易区法庭 中国(辽宁)自由贸易试验区营口片区人民法庭
	产业园区	福建省平潭综合实验区人民法院海坛人民法庭 甘肃省张掖市甘州区人民法院西郊人民法庭
	大型赛事举办园区	北京市朝阳区人民法院奥运村人民法庭 上海市浦东新区人民法院世博法庭

其一,自贸区、经济开发区的特色法庭。上海市浦东新区人民法院自由贸易区法庭是我国首个服务于自由贸易试验区建设的专业化人民法庭,主要审理辖区内涉外涉港澳台商事案件、涉外商投资企业商事案件、与上海自贸区制度创新相关的民商事案件,以及国际司法协助调查取证案件等。大连经济技术开发区人民法院地处大连金普新区,其打造了中国(辽宁)自由贸易试验区营口片区人民法庭,主要审理涉自贸区营口片区一审民商事案件(不含知识产权及涉外案件)。天津市滨海新区人民法院聚焦自贸专业特色,优化人民法庭专业化建设,以建设"专业化、智能化、创新型、服务型的新时代全国一流法庭"为人民法庭建设根本路径,打造了六大专业化法庭,分别集中处理该地区的融资租赁、金融创新、知识产权、环境资源、劳动争议、自由贸易等类型案件。

其二,产业园区的特色法庭。福建省平潭综合实验区人民法院聚焦海岛文旅产业特色,推动所辖法庭向涉台、文旅和海洋产业专业化转型,打造以海坛人民法庭为主体的涉台特色法庭,以苏平、君山人民法庭为主体的文化旅游特色法庭,以金井人民法庭为主体的海洋特色法庭,形成海岛专业化人民法庭工作格局,运用"案函书报册",赋能海岛涉台、文旅、海洋等特色产业振兴。甘肃省张掖市是全国最大的玉米制种基地,甘州区人民法院西郊人民法庭则结合产业聚集优势,设立专业化审判,创新构建"4456"工作体系,把"分调裁审执"有机融入当地种业发展,倾心守护农业"芯片"。新疆维吾尔自治区富蕴县人民法院可可托海人民法庭健全矛盾纠纷前端化解机制，创建推动服务旅游产业发展、妥善调处基层纠纷、助力乡村旅游振兴的"三个窗口"，推动"法旅融合"，助力打造"新疆是个好地方"亮丽名片。

其三，大型赛事举办园区的特色法庭。北京市朝阳区人民法院奥运村人民法庭设立于 2007 年，是全国唯一一个以"奥运"命名的基层派出法庭，法庭集中受理辖区内一审民事案件及全区涉外、涉港澳台、涉奥运一审民事案件。近年来该法庭结合法院专业化审判改革和民事诉讼繁简分流改革的要求，以"创新、融合、发展"的理念创新打造"法官+党建"工作法，坚持以政治建设为统领，打造专业化涉外基层法庭，有了专业化建设的新趋势。为了给上海世博会提供强有力的司法服务和保障，上海浦东新区于 2010 年设立了世博法庭，因为世博会园区覆盖上海浦东新区、黄浦、卢湾三个行政区，园区约 3/4 的面积以及主要场馆在浦东。为避免案件受理产生交叉，因此设立专业化法庭统一受理、审理、执行世博会举办和撤展期间发生在世博园区内的一般民商事案件，并指定浦东新区法院管辖举办和撤展期间园区内发生的各类刑事、知识产权和行政案件，为 2010 年上海世博会提供了强有力的司法服务和保障，完成了阶段性的历史使命。

综上，设立专业化法庭存在诸多目的。有的特色法庭逐渐精细化、专业化，从集中审理多类案件变成仅审理某一类案件；有的依然负责综合审判，但对某一类特色案件有专门的审判团队；有的专业化法庭只是临时组建，为完成一定期限内的特殊任务而设立；有的特色法庭经过调整，将改变原有的专业化方向而执行新的发展目标。

（二）四川省人民法庭专业化建设实践现状

1. 中级法院城区法庭专业化建设

调查发现，四川省内专业化法庭主要集中于成都市区域内，尤其是成都中院审判专业化改革成效显著，内设的人民法庭专业化建设成果丰硕，目前成都中院设立的人民法庭都是专门审理某一类型化纠纷的专业化法庭。截至目前，已经设立专业化法庭 4 个：成都知识产权法庭、成都破产法庭、成都金融法庭、成都国际商事法庭。成都知识产权法庭在全国首创知识产权类型化案件快审机制，一审案件平均审理周期减少 55.96 天，其审理的

"霍尼韦尔商标案"及"山特商标案"入选中国外商投资企业协会品牌保护委员会"知识产权保护十佳案例"[①]。成都知识产权法庭对成都市范围内部分一审知识产权案件实施集中管辖，成都国际商事法庭管辖四川省范围内应由中级法院管辖的第一审涉外民商事案，成都知识产权法庭与成都国际商事法庭全部实现了跨区域集中管辖，成都金融法庭更是为推动建成成渝金融法院作出了积极贡献。

2. 基层法院城市及城乡结合法庭专业化建设

位于成都市的天府中央法务区的专业化法庭数量居中西部地区首位，除了前述专业化法庭外，还有成都互联网法庭、四川大熊猫国家公园生态法庭，分别由成都铁路运输第一法院、成都铁路运输第二法院设立。2021年成都互联网法庭就开始集中管辖成都市、德阳市、眉山市、资阳市四市辖区内应由基层人民法院受理的第一审互联网民事、行政案件，四川大熊猫国家公园生态法庭集中管辖大熊猫国家公园四川片区范围内七市辖区内的第一审环境资源刑事、民事、行政案件，以及相关恢复性司法执行案件。

在新设成都互联网法庭之前，2018年成都市郫都区人民法院设立了西部首个互联网法庭，集中管辖郫都区辖区内的经一审涉互联网民商事案件。在四川省高院发布《关于成都市、德阳市、眉山市、资阳市辖区内互联网案件集中管辖的通知》后，正式确立了成都互联网法庭的集中管辖权，由此，郫都区的互联网法庭也就陷入了"无权可管、无案可审"的窘境。

3. 基层法院乡村法庭专业化建设

一般而言，乡村法庭主要以综合性法庭为主。在新时代乡村振兴战略的背景下，人民法庭的专业化建设看似与乡村地区契合度不高，但其综合性建设与专业化建设却是相辅相成的两个方面。对乡村法庭而言，一方面要彰显其法官审判的专业化水准，运用法律技能引领乡村治理走向法治化轨道；另一方面还要面临基层社会生活中法律与非法律事务的重叠、交叉、融合与渗透。在处理非纯粹法律关系的领域，必须将依法治理与综合治理相结合，追求司法治理的最优化。[②] 专业化的司法规制与综合治理效果形成

---

① 《媒体专访 | 专业化审判护航高质量发展——二级大法官、四川省高级人民法院院长王树江》，2022年1月7日，澎湃，https://m.thepaper.cn/baijiahao_20630469。

② 许庆永：《新时代乡镇法庭与社会治理》，《东方论坛》2021年第3期。

了乡村人民法庭工作的二元结构，乡村地区的人民法庭必须参与基层社会治理，工作有一定的复杂性，专业化也许并不能直接适用。因此，乡村地区的人民法庭主要借鉴"马锡五审判"经验、"枫桥经验"等，力求做到纠纷前端化解，推进多元化纠纷解决机制建设，构建与基层社会治理机构的协同机制，做到全方位全过程解决农村纠纷。此外，少数具有特色产业链的农村地区也要积极构建专业化法庭，这也是现如今所有人民法庭建设所应确立的方向。

四川汉源县人民法院九襄法庭围绕打造"中国花椒第一县"目标，以"法育黎州"司法服务品牌为抓手，围绕优服务、建联动、强阵地"三个+"工作方法，构建花椒等特色产业法治屏障。四川泸州白酒产业园区人民法庭积极服务新型城镇化建设，聚焦白酒产业生态链全链条治理，聚焦白酒知识产权保护，以专业化审判为抓手，推动集约化办案、一体化执行提升司法治理效能，完善基层治理体系，为搭建"法企之桥"提供精准司法服务，赋能优势产业健康发展。

（三）温江区法院人民法庭专业化建设实践现状

人民法庭作为基层法院的派出机构，担负着大量民商事案件的审理工作，处于司法审判最前端、化解矛盾第一线，在基层社会治理中具有贴近群众生活、直接调处基层矛盾、直接实现法律社会效果的显著优势。温江区法院人民法庭经过长期的实践探索，在破产审判、知识产权保护和社区司法服务专业化方面取得了初步成效，累积了一定的经验。

1. 推进产业园区破产审判专业化：以破促执，以执助破

为贯彻落实党的二十大精神和中央、省（区、市）关于建设法治化营商环境的重大决策部署，温江区人民法院致力于破产审判工作，助力低效工业用地企业提质增效，以加快盘活闲置工业用地。值得一提的是，2022年温江区人民法院运用专业化举措，在受理破产案件后实施"一企一策"，以高效的破产审判与执行程序，顺利盘活成都新大地汽车有限责任公司在海峡两岸科技产业开发园中占用的47008.2平方米的宝贵土地资源。

（1）设立了破产审判工作室。2022年，温江区法院自主开展"鱼凫·破产审判工作室"建设的改革项目，在永宁人民法庭建立"鱼凫·破产审判工作室"。以鱼凫·破产审判工作室为专业化平台，深度开展"预重整"，

做好涉停工作项目领域的前端化解；深入推进执行"一体化"建设，聚焦工业用地集约高效使用，运用破产审判执行释放低效资源，为服务温江区打造高质量法治化营商环境作出了积极贡献。

（2）组建了破产审判专业队伍。近年来，温江区法院不断建强破产审判专业队伍，培育破产审判团队"领军人"，结合成都中院"卓越法官"培养二期计划工程，着力提升破产团队综合素能，造就一支善办案、能调研总结的精锐力量。除此之外，温江区法院还大力推进庭院长参与破产案件审理，带头示范作用效果显著。例如，对成都联利投资咨询有限公司进行破产重组一案，成功盘活6年烂尾楼，该案入选了四川法院破产审判十大典型案例。

（3）优化破产纠纷执行程序。破产案件数量迅猛增长，破产审判业务要求较高，打通程序堵点是当务之急。2022年，温江区法院制定了关于破产案件简化审理的规定，提出全面细致梳理破产案件的程序环节，细化简单破产案件甄别标准，以繁简分流助推快慢分道，如针对破产案件中的税务征收问题，加强与税务部门协作联动，降低企业的退出成本。

（4）加强审判执行的监督管理。第一，在破产管理人差异化监督指导方面，创新管理人履职监督机制，对破产管理人进行分级管理；第二，完善破产审判政府与法院联席协商机制，依托联动机制，排查、协调解决破产案件审判过程中可能出现的群体性纠纷和涉诉信访；第三，综合运用重组、和解等制度手段促进有价值的危困企业转型升级，对确无经营价值的"僵尸企业"，畅通退出机制；第四，坚持审慎原则，统筹解决人员安置、资产处置等问题，在实现资源优化配置的同时强化对民营企业的司法帮助；第五，落实"一案一人一表"监督机制，将案件办理情况纳入破产案件实时考核负面清单。

2. 推进医学城知识产权治理专业化：打造全链条的司法保护

调研发现，近年温江区知识产权纠纷诉讼体量较大，成都法院2021年受理涉温江区知识产权纠纷案件473起。同时，温江区企业对知识产权诉前保护需求较大，主要集中在医药、娱乐传媒、食品、出版等行业。立足成都医学城园区，温江区永宁人民法庭找准着力点，以提供知识产权诉前保护为目标，探索出了一条富有特色的专业化道路。

（1）成立知识产权专门工作机构。2021年以来，温江区法院实质化运行"诉源治理·中医药司法保护中心""中医药知识产权咨询评估工作室""鱼凫'中医药'知识产权保护特邀律师调解工作室",[①] 构建了以专业化人民法庭为建设中心、包含三个专门载体的"1+3"知识产权多元解纷阵地。同时，依托成都知识产权审判庭（温江）巡回法庭，助推温江区产业园区的知识产权保护服务工作，常态化邀请园区企业旁听市中院知识产权审判庭到温江公开审理典型案件，实现了知识产权审判与纠纷前端化解的实质化同步运行。

（2）建立知识产权咨询评估专家库。为回应中医药知识产权司法保护需求，温江区法院与成都中医药大学深度合作，组建成都医学城人民法庭"中医药"知识产权咨询评估工作专家库，参与成都医学城人民法庭涉"中医药"知识产权案件的诉前化解等工作。专家库的建立，为知识产权纠纷化解提供了智力支持，补齐了知识产权方面的不足，推动了涉"中医药"知识产权纠纷案件的高效化解，以专业化司法人才队伍保障医药产业发展。

（3）畅通知识产权纠纷诉非衔接程序。诉非衔接主要包括司法调解与诉讼、司法调解与非诉调解、诉讼与非诉讼调解的衔接三种情况。温江区法院以中国（成都）知识产权保护中心落地温江为契机，主动融入中国（成都）知识产权保护中心工作，不仅提高了知识产权非诉讼纠纷的前端治理及诉非衔接实效，而且全面拓展了知识产权司法保护路径。温江区法院联动区营商办、区司法局建立非诉调解工作点。构建了"特邀调解+知识产权"多元解纷机制，实质化运行"鱼凫'中医药'知识产权保护特邀律师调解工作室"，引进6名律师开展特邀调解工作，前端化解知识产权纠纷12件，为企业提供咨询答疑118件（次）。塑培了"优势产业+知识产权"司法保护品牌，为知识产权纠纷前端化解提供智力支持。

（4）提供知识产权专门法律咨询服务。2022年，温江区法院人民法庭以医学城"三医创新中心"为载体，组织企业旁听庭审、邀请专家开设知识产权专场咨询10余次，召开企业知识产权保护"问需坐诊"服务200余人（次），制定并发放知识产权法宣传册300余份；举办中医药司法保护主题沙龙5期，编发《中医药知识产权资讯》4期；编写的《中医药知识产权

---

① 《集中管辖背景下知识产权纠纷诉源治理的创新实践与思考》，2023年4月25日，澎湃，https：//www.thepaper.cn/newsDetail_forward_22846482。

问答系列》为企业提供菜单式知识产权保护指引，实现知识产权重点保护内容全覆盖。专业的知识产权法律咨询服务能契合企业知识产权保护需求，人民法庭充分发挥驻地优势，致力于建设成都医学城知识产权司法保护高地。

3. 推进基层社区司法服务专业化：以点带面辐射基层社区

为贯彻落实党中央关于加强基层社会治理体系和社会治理能力现代化建设的重大部署，进一步落实"三进"工作，推进人民法院一站式多元解纷工作向基层延伸，温江区人民法院注重社区司法服务，在助力温江"心安社区"建设中，学习贯彻"枫桥式"经验，进行了不少探索。

（1）建设"枫桥式"人民法庭。党的十九届四中全会提出，坚持和发展新时代"枫桥经验"，是完善共建共治共享社会的社会治理制度的重要方面。温江区法院紧抓"枫桥经验"，积极建设"枫桥式"人民法庭，在融入社会治理、全面乡村振兴、前端化解矛盾纠纷等方面有不错的效果。

（2）协同建设社区法律服务圈。为更好服务基层群众，提供更加及时有效的司法服务，在温江区委领导下，由区委政法委牵头，温江区法院会同区委社治委、区检察院、区公安分局、区司法局根据区域社会矛盾发展态势和治理实际，探索出建设社区法律服务圈以变革基层社会治理模式，共同打造出"诉前调解 心安社区"的司法品牌。"诉前调解 心安社区"可以从源头上第一时间发现并化解社区矛盾纠纷，更加迅速便捷地为老百姓提供服务，且矛盾化解率高。温江法院正在探索将"心安社区"经验逐步推广至"产业社区"，进一步增强人民法庭的社区治理能力。

（3）用智慧赋能推进人民法庭的社会治理能力现代化。随着信息技术高速发展，智能技术与传统法律的融合使司法更方便，覆盖面更广。温江区法院在人民法庭建设上运用智慧审判、智慧执行、智慧服务、智慧管理，健全"呼应响应"纠纷化解平台，融入"大联动·微治理"、综治视联网等，以智慧法庭建设不断推进基层社会治理现代化，做到了"小事不出村，大事不出镇，矛盾不上交"。

五 人民法庭专业化建设的发展困境及原因分析

人民法庭在创新社会治理中承担着重要职责，在法治中国进程中发挥着"神经末梢"的作用。在最高人民法院的指导下，各地都加强了人民法庭专业化建设，对提高司法审判能力、完善司法审判体系、促进社会公平正义、保障人民安居乐业，都具有十分重要的意义。人民法庭专业化建设是司法改革创新的又一次大练兵，如前文所述，专业化法庭建设是根据新时代经济社会发展形势的需要，在全国范围内开展的由政策引导、多方参与的重要改革方向。经过多年的探索，目前已经取得了不错的建设成果。但随着专业化建设改革的推进，人民法庭专业化建设的发展困境也逐渐显现。就目前的司法实践而言，有的人民法庭在建设过程中超前设置专业化法庭，集约化案件分流效果尚可，但专业化、精准化程度不高，难以全面提升审判质效。总体反映出当前专业化建设水平存在不足，实质化运行不充分，专业化建设理念有功利化倾向，对提升司法公信力的影响有限。具体分析原因，在审判职能上还存在差异性特征淡化、人案矛盾尖锐、高水平审判能力欠缺等问题；在参与基层社会治理、服务乡村振兴等综合职能上存在认识不清、界限不明、资源不足等问题；在自身建设上则存在发展不平衡、保障不充分等问题。

（一）发展困境

1. 专业化建设水平不能满足新时代要求

随着新时代的发展，提升司法专业化水平是全国各地法院人民法庭建设的主要着力点。在法院的层级方面，目前全国四级法院中，在最高人民法院设立了国际商事法庭、知识产权法庭，在中级人民法院设置了知识产权法庭、破产法庭、金融法庭、环境资源法庭、涉外民商事法庭等专业化法庭。这些法庭的专业化水平相对较高，因为法院管辖范围更广，案件集中度更高，法官的专业化选拔机制与人员配备更完善。而我国基层法院设立的专业化法庭的运行机制与法官培养方面都与普通法庭差异不大，当前基层法院的专业化法庭专业化水平不高。

各地基层法院积极开展人民法庭专业化建设，呈现了百花齐放的样态。但是大量专业化法庭的专业化程度较低，案件类型集中度不高，由此导致办案法官的专业化、集中度也不如预期。很多专业化法庭虽然挂牌成立，但由于案件数量不多，裁判的典型意义不强，专业化审判不能提炼类型化案件的审判经验与审理规则。在没有类型化案件集中的基础上，最终建设的专业化法庭实际上与普通审判庭无异，如部分法庭虽然建成了专业化法庭，但实际上仅仅是法院为缓解办案压力、将案件分流出去的途径。这类法庭仅仅做到了对类案集约化处理，但案件的审理还无法体现司法专业化水平。除此之外，将全区某些没有专业化审判需求案件分流于偏远的人民法庭，实际上增加了当事人与办案律师的诉累，这类专业化法庭建设不能体现人民法庭"三个便于"原则，不便于当事人诉讼。

2. 法庭的专业化运行不充分

专业化法庭需要法官实质化精审某类型化案件并总结专业裁判经验，相对通才型法官而言，专业法官的裁判也应更能得到当事人的广泛认同。当然，已有研究表明，法庭专业化可能不是科学规划的产物，而是诸多政策的副产品，但决定专业化法庭命运的是能否长时间实质化运行，决定专业化水平与效果的正是办案法官和审判团队。域外历史文献已充分证明，设立专门法院从来就没有经过周延、科学的论证，更多是基于简单的"民间理论"推演，接着就开始大规模地争相效仿，专业化法庭只能在设立后不断调整完善，发展良好的就继续保留，而效果不好的就会有被撤销的命运。在国外，有的专业化法庭设立至今，受理案件数量屈指可数，也有的法院设立不久即被撤销。有的法庭本来基于"A"目的创设，最后却偏离初衷，服务于"B"目标。也有法庭在设立之初运行效果一般，但经过长期专业化审判实践却大放异彩的成功例子。最典型的就是特拉华州集中管辖商事纠纷的衡平法院，由于该院在公司法审判领域专业精深成效卓著，美国超过一半的上市公司和《财富》"500强"中63%的公司都选择在特拉华州注册，成立专门法院，居然能推动所在州成为全美公司注册首选地。[①] 我国设立的专业化法庭也有不同的设立动机，有的是服务于国家政策需求、营商环境、法治形象与产业扶持，但有的就是单纯效仿，甚至"超前"设置专业化法庭，缺乏长远性的考量，未考虑当地的经济发展水平与当地群众的司法需求，导致根本无法实质化开展专业化审判工作。

3. 专业化对提升司法公信力影响有限

成都市属于国内新一线城市，人民法庭的专业化建设规模、应用成果已取得了一定的成绩。正如前文所述，成都市天府中央法务区的"六庭+"

---

① 〔美〕劳伦斯·鲍姆：《从专业化审判到专门法院：专门法院发展史》，何帆、方斯远译，北京大学出版社，2019。

布局，已经建成了六个专业化法庭，至此，成都市专业化法庭数量位居中西部地区首位。司法专业化建设有助于建设区域"司法高地"，本区域设置的专业化法庭数量众多不等于直接提升了司法权威力、公信力、影响力。

调研发现，部分挂牌的专业化法庭实际上并不在挂牌地点办案办公，例如成都破产法庭、成都金融法庭虽都设置于天府中央法务区，但为了法官与当事人办案方便，由法庭管辖的金融纠纷案件与破产案件依然在中院本部受理并审理。这可能与办案设施设备匮乏、人员配套的紧缺相关。当实际办案地点与挂牌地点不一致，一方面容易让社会质疑专业化法庭的形式大于实质，容易导致当事人对专业化法庭裁判产生主观偏见，进而影响司法裁判的公信力；另一方面，直接影响专业化法庭司法影响力的辐射范围，失去建立专业化法庭的地理位置优势，导致慕名而来的周边企业在"空间上"无从直观体验专业化服务，进而导致专业化审判对提升司法影响力十分有限。美国特拉华州集中管辖商事纠纷的衡平法院推动了所在州成为全美公司注册首选地，但国内中央法务区众多，如重庆中央法务区也正在建设西部法律服务高地，天府中央法务区周边入驻企业的数量目前尚不能体现其专业化法庭的吸引力。

4. 专业化法庭的设置理念有待更新

一些人民法庭建设理念着眼于"全面覆盖""大搞特搞"，如辖区所有派出人民法庭都去开展专业化建设，存在急功近利的倾向，甚至成为某些地方谋求创新、谋求政绩而存在的一种试验产品。[①] 正因如此，一味自顾自地埋头创新而不考虑法庭成立的实际功能与实际效益，导致很多专业化法庭最终难逃被虚置或淘汰的命运。从社会发展来看，虽然专业化审判是大势所趋，但这并不必然意味着所有地区都要设立同类型的专业化法庭，推进专业化是一个循序渐进的改革过程，需要认真评判改革的必要性与可行性。按照面向的社会环境，人民法庭可以分为城区法庭、城乡结合法庭、乡村法庭和民族特色法庭。从很多研究中可以得知，自古以来，很多基层法庭需要承担社会综合治理职能，尤其在"枫桥经验"的指导下，部分法庭提供更主动的上门服务，如设置各类巡回法庭、巡回审判点与法官工作

[①] 陈鸣：《专门法庭的法律构造与机构建制》，载齐树洁主编《东南司法评论》，厦门大学出版社，2014。

室等。办案法官实际上被夹在了送法下乡与乡土自治之间，一方面需要凭借法官职业技能开展职业化、专业化的审判工作，另一方面又要凭借熟人社会经验等开展大量便民服务、法律宣传、调解指导等非职业化、人性化工作。很显然，这类人民法庭本身强调法官的主动性，推行专业化审判实际上不能提高审判效率，与此同时也会让法官陷入两难境地，因为法官与基层群众的关系太过紧密，反而不利于开展专业化审判工作。

此外，司法资源在一定范围内是有限的，开展专业化建设是为了重新优化资源配置，高效利用司法资源。如果以功利目的去耗费资源进行不必要的改革，最终也会导致法庭资源不集中、审判力量不充实、司法效率降低。若能因地制宜，精准对接群众司法需求，切实把矛盾纠纷化解在当地，既符合司法体制改革的效率要求，又符合辖区司法案件的客观特点，对维护辖区社会稳定具有积极作用。因此，专业化建设应该充分利用已有的专业化法庭建设样本，在研究分析专业化法庭和专业化审判庭的审判效率基础上，结合各类案件特点和改革实际，摒除功利的"全局设置"理念，以专业化建设的需求为导向，打造以"实用性"为主的专业化建设新理念，因地制宜，以提高审判效率与效果。

（二）原因分析

1. 基本定位不准，难以发挥地位优势

近年来，最高人民法院也多次强调要加强人民法庭的建设，其基础设施得到了完善，审判力量也有了较大充实，但与之相伴的却是人民法庭的总数在逐步减少。最高人民法院甚至明确作出规定，基层法院所在城镇不再新设人民法庭，由此也导致了一些地区县城所在地人民法庭被相继撤销。①

首先，人民法庭工作内容繁多，主要职责不明。据统计，我国处于农村地区或者城乡接合部的人民法庭占了大多数，具有较为明显的"熟人社会"特征。人民法庭在担负着大量民商事案件的审判工作的同时，还肩负着指导人民调解委员会工作，接待农村群众的来信来访，并参与地方党委、政府交办的工作及宣传法律政策，社会综合治理等工作，这样的工作环境

---

① 参见最高人民法院《关于全面加强人民法庭工作的决定》（2005年9月23日）。

使法官容易偏离角色，影响司法权威。人民法庭处于到处是熟人的乡土社会，法官也显得格外人性化，他们致力于为当事人化解矛盾，希望让双方当事人不因一次纠纷产生积怨，实际上容易导致法律规则意识不强。随着乡村的城镇化发展及乡村居民法律意识增强，人民法庭处理的纠纷越来越多，再加上审判管理各种考核，法官必须要高效快速地处理案件，过于重视调解结果一定程度上忽视了法律规则的适用。此外，由于法庭的条件、环境所限，法官直接面对当事人，担任多个角色，在办理案件中，由于和当地人民群众较为熟悉，容易形成固定印象，影响案件的实质处理。目前，人民法庭大力提倡开展便民诉讼、司法为民，而这种偏离往往被掩盖，其危害性不言而喻。便民诉讼措施、巡回审理等存在异化情况。一些便民诉讼程序和措施是为了方便人民群众诉讼，也达到了法治宣传的效果，但在实际审判中可能造成另一方当事人不便，怀疑判决的公正性，公正性和程序正义都受到怀疑，影响到司法的权威。

其次，人民法庭受理案件限定范围模糊不清。一般来讲，人民法庭受理的案件应当是其所管辖区域内的传统类民事案件，如"家事类""民间借贷类"这两类案件。随着人民法庭所管辖区域范围内以及开发区的社会经济不断发展，各种社会关系趋于复杂化，新型疑难民商事案件不断增加，人民法庭实际上受理案件会越来越多元化，以往所定义的受理案件的传统范围已经不再适应当下新的法治环境。

最后，人民法庭的基本定位不准，可能削弱其面向基层的优势。虽然位于面向人民群众的第一线，人民法庭作为基层法院的派出机构，其设立主要是为了方便人民群众诉讼、方便人民法院调查取证，但长期以来，随着司法体制改革的不断深入以及法院内部格局的不断调整，人民法庭被直接或间接地固化于拾遗补缺的边缘性地位。"边远地区、交通不便、信息闭塞、力量薄弱、设施简陋、方式随意"，这成为人们对人民法庭基本样态的固有想象，有学者因此把人民法庭的审判活动直接定义或定位为"乡土司法"。① 如前文所述，法庭工作内容太过繁多，且工作环境特殊，使法官一定程度上容易形成刻板印象，从而导致司法的独立性、专业性一定程度上被削弱，人民法庭难以发挥面向基层的主要优势。

---

① 顾培东：《人民法庭地位与功能的重构》，《法学研究》2014 年第 1 期。

2. 专业化不充分，人才队伍建设有差距

专业化审判属于司法制度的范畴，集司法的专业分工、法官职业化、制度现代化于一体，是司法体制改革的重要内容，也是最高人民法院提出的优化人民法院内部资源配置的重要措施。从司法实务操作层面看，专业化审判在服务发展大局方面特色鲜明，有利于统一高质量裁判规则。但是当前的法庭专业化运行不充分，建设成效不如预期，主要在于司法资源配置不足，人才队伍建设等还有一定的差距。

首先，是司法资源配置不足。当前人民法庭主要存在人员配备有限、审判队伍不稳定的问题，进而导致案件沟通衔接存在问题。有的法庭还存在审判辅助人员业务能力较低、法官的办案经验不够丰富等问题，导致送达专业性、有效性与及时性等方面也出现问题。一些人民法庭在法官、助理法官、书记员、法警的配置与编制方面也存在较大缺口，司法资源匮乏。法官办案缺少人员协助，法警资源也严重不足，难以满足多个案件同时开庭和大量送达执行工作的需求，一定程度上降低了人民法庭的审判质量和效率。人民法庭基础设备建设不均衡，物质装备落伍，部分法庭硬件设施更新较慢、办公设备配备不全，安保设施缺失，无法满足办理案件的基本需求。

其次，专业化审判能力不强。随着经济社会的发展，人民群众的需求、案件数量、辖区面积、人口数量、交通条件、信息化建设状况等因素也在不断发生变化，以往的人民法庭布局已经不再适宜现在的司法需求，因此人民法庭需要顺应现实社会的发展，综合各项要素作出相应提升。目前人民法庭审理的民事案件类型繁多且较为分散，而其审判团队却仅有两三个。如以案件类型来划分，人民法庭审判力量较人民法院单薄，无法如人民法院一样一个审判团队专办某一类型案件，难以提供高效精准的司法服务，并且容易出现部分类型案件少而部分类型案件多的情况，不利于合理配置司法资源。同时，人民法庭"案多人少"，且要负责审判、调解、普法等多方面工作，这削弱了法官探究案件深层次矛盾、追求高质量结案的积极性，因而人民法庭虽然审结、调解撤诉的比例较高，但精审类案和特色示范性案例相对较少，难以提供专业化、精准化的司法服务。除此之外，专业化法庭法官的选任实际上没有明确的标准，法官的专业培训与交流活动较少，开展专业化审判的能力无从认定。

最后，繁简分流、审判管理等工作机制尚需进一步完善。调研发现，目前一些人民法庭的审判案件繁简分流机制落实不到位，要素式审判案件数量也没有达到理想水平。开展专业化审判也需要依赖合理的案件分流机制，即简案快办、难案精审。据统计，2020年永宁人民法庭适用小额诉讼程序的案件约占17%，2021年天府人民法庭适用小额诉讼程序的案件约占14.2%，适用小额诉讼程序的比例不高，且并未依据案件适用程序与繁简分流机制开展专门分工，案件繁简分流审理还不明显。调研还发现，部分法官、书记员在实际工作中未合理建立工作台账，导致月度结案无统筹计划，部分法庭审理案件期限变长，平均审理天数同比增加，导致送达、庭审、结案压力过大，年底未结案消减压力过大等。审判管理方式落后等问题都将影响专业审判的发展。

3. 协同机制不完善，影响专业审判辐射范围

在很多地区虽然设置了大量不同领域的专业化法庭，但是上下级之间、同级专业化法庭之间的协同机制不完善，不利于建成"司法高地"。首先，有的专业化法庭与各基层法院的联络不足，导致专业化运行的衔接不足，无法形成专业化审判的辐射效应。在专业化法庭的设置上缺乏协同共建的意识，上下级法院分别开展专业化建设，存在管辖权不够分明、上诉衔接不充分等问题，例如下级的专业化法庭案件上诉到上级人民法院，上级法院却没有专门设置类似的专业化法庭。其次，有的同级法院的不同专业化法庭之间可能存在专业壁垒，在跨领域审判方面的审判质效可能大打折扣，同时专业化法庭往往对跨专业领域问题的关注不足。随着专业化的深入，面对很多复杂案件其实可能面临专业壁垒，专业化审判间协同机制不完善，将降低审判服务质量，且不利于提高司法效率。

4. 配套保障机制不完善，难以全面提升审判质效

首先，开展长期试点改革的制度保障有所欠缺，人民法庭的专业化建设存在不确定性。当前开展人民法庭专业化建设的法律依据与制度保障并不完备，通过调研可知，人民法庭开展专业化建设大多是由本级法院自发探索、主动参与的，而"案多人少""事多人少"是当前人民法庭面临的问题，一旦人民法庭自身资源没有获得充分保障，则易导致其功能发挥不足。

其次，缺乏集中管辖审理制度，无法精准化地处理案件。部分辖区人民法庭处于城市及近郊或者产业特色明显地区，却没有集中管辖审理案件。

再如涉产业功能区纠纷、涉农纠纷案件等均分别由不同法庭管辖受理,各人民法庭与产业功能区的行业主管部门却没有一对一精准对接,无法保证所涉案件得到精准处理。

最后,参与多元解纷、社会治理机制不完善。优化审判权的运行,应当要与促进纠纷解决、良性配置审判组织和维护法律统一相联系才能有效发挥人民法庭的价值。随着人民群众对于法律的需求与日俱增,人民法庭承担着审判工作以外的社会治理等任务。辖区内的社会矛盾呈现出类型多样化、易激化等特点,传统理念中的法院"单打独斗"已经满足不了人民日益增长的法治需求,多元化解决纠纷机制已经成为创新社会管理的一种重要方式。但是,人民法庭行使司法审判职能,在探索纠纷多元化解机制上依然存在许多不足之处。调研发现,温江区法院人民法庭虽然在形式上已经设立了"1+3+3"的调解模块化运行团队,但实际上由于人力资源有限,时常没有专职书记员联络对接调解案件情况,或者由于部分调解员经验不足等,先行调解的成功率较低,案件导入先行调解程序处理的效果并不理想,实质化解决纠纷效果不明显。如果不能均衡收结案,最终还会导致大量案件经先行调解程序失败后转入诉讼。

六 新时代背景下人民法庭专业化建设的优化路径

《人民法院第五个五年改革纲要(2019—2023)》明确提出了"加强专业化审判机制建设"的改革任务,《意见》也明确了法庭的专业化建设目标。人民法庭是司法服务全面推进乡村建设的基础工程,是司法服务基层社会治理的重要抓手,也是司法服务人民群众高品质生活需要的必然要求。随着乡村振兴战略的实施,法庭受案类型也不断丰富,这对人民法庭的审判能力也提出了新的且更高的要求。但在实现中国式现代化的社会背景之下,应谨慎对待人民法庭的制度创新,遵循客观规律与实际需求,不能盲目推行。我们需要对人民法庭的基本定位作出清晰的界定,不断加强人民法庭的审判专业化队伍建设,以及通过其他的优化路径,来推进新时代背景下人民法庭的专业化建设。

(一) 正确认识人民法庭的基本定位

因存在人民法庭功能定位不准等问题,需对人民法庭的基本定位进行深入思考，以此优化人民法庭的基本定位。人民法庭一词最早来源于解放初期，当时的人民法庭与现在所称的人民法庭概念具有较大的差异，主要指为保障革命秩序与人民政府的土地改革政策法令的实施，以及处理"三反""五反"运动中的案件，在市、县设立的法庭，历史任务完成后就由人民政府予以撤销。现在的人民法庭，主要是依据《人民法院组织法》第 26条即"基层人民法院根据地区、人口和案件情况，可以设立若干人民法庭"而设立的。人民法庭是基层人民法院的组成部分，其判决和裁定就是人民法院的判决和裁定。人民法庭作为国家权力与乡村社会之间发生关联的一个重要纽带，也是以最强有力的法治方式强化国家意识、法治精神的重要载体。① 主要从以下几个方面来正确认识人民法庭的基本定位。

第一，加强人民法庭基层党组织建设，不断提升组织力，充分发挥基层党组织战斗堡垒作用和党员的先锋模范作用。真正将人民法庭变为法院人才的成长基地、领导干部的选拔基地、新进人员的培训基地。

第二，提升人民法庭在化解社会纠纷工作中的地位。人民法庭身处参与基层社会治理的最前沿，职能定位不能只限于司法审判，还应当涵摄政策指导、示范、调节，纠纷调处和法治宣传教育等多项功能，构成统一体系。人民法庭在司法之外应主动延伸司法公信力，作为基层社会中唯一代表国家行使审判权的组织，人民法庭要充分发挥其在社会纠纷处理中的主导作用，充分发挥贴近群众的优势，积极融入当地矛盾纠纷化解工作框架，服务乡村振兴战略实施，推动社会矛盾化解在基层，这样才能妥善地化解矛盾纠纷。②

第三，坚持以人民为中心，做好服务群众的工作。人民法庭作为面向群众的最前沿，要紧扣新时代社会主要矛盾的新变化，发挥面向基层的优势，积极服务人民群众高质量生活的需要，切实提升司法效率。理顺人民法庭与政府、行业、司法局以及基层群众自治组织的关系，围绕便于当事人诉讼这个工作中心谋思路、划重点。充分发挥司法调控职能，软化矛盾争端，加强法治宣传、法律咨询等工作。进一步服务人民群众，发挥基层

---

① 苏力：《送法下乡：中国基层司法制度研究》，中国政法大学出版社，2011，第 23 页。
② 张青：《乡村治理的多元机制与司法路径之选择》，《华中科技大学学报》（社会科学版）2020 年第 1 期。

人民法庭熟悉民情的优势，通过为农民工、老年人、妇女儿童等弱势群体在基层人民法庭开通"绿色通道"等方式，在调、审、执各个环节给予弱势群体法律帮扶，优化基层法治环境。只有正确认识到人民法庭的基本定位，才能真正发挥其职能作用。①

（二）加强人民法庭审判专业化队伍建设

人民法庭应当不断加强其专业化、规范化建设，完善人员配备，优化配置分工与考核方式，不断壮大专业法官队伍。第一，以"三三制"突破团队化审判所带来的思维固化，即团队每三年轮换一次，每次轮换三分之一，形成以老带新、循序更迭的均衡轮换制度。实现专业化与综合化双制并轨，最大限度整合资源优势，帮助法官掌握多类案件的裁判尺度，逐步成长为适应基层法院全能化要求的行家里手。

第二，建立定期交流机制，抽调办案经验丰富的法官到人民法庭任职，分批次组织和选送人民法庭法官参加各类学习培训，鼓励他们参加各种形式的法律专业学习，拓宽理论视野与提升办案技能。抽选精干审判辅助人员，按照"法官+法官助理+书记员+调解员"的模式组建专业化团队。总之，通过以上各种方式，建立合理的专业法官选任、交流机制，注重提高专业化审判能力。

第三，加强人民法庭审判专业化建设，还要建立合理的法官激励与晋升机制，在考核方面给专业法官一定的倾斜奖励，突出展示专业法官在裁判方面的示范作用。

（三）构建专业化人民法庭的协同机制

在人民法庭从"综合化"走向"专业化"后，构建专业化法庭协同建设机制与协同工作机制是极其重要的。如前文所述，打破专业化人民法庭之间的壁垒，才能解决跨专业领域的相关问题。在类似经验方面，可以借鉴苏州中院的经验。苏州中院设立了苏州知识产权法庭、苏州破产法庭、苏州国际商事法庭、苏州劳动法庭四个专业化法庭，为了充分发挥四个专业化法庭的职能作用，在辖区内形成整合辐射效应，中院成立了专业化法庭协同发展工作领导小组，着力打造"四庭协同、专审联动"工作机制。

---

① 赵风暴：《准确把握人民法庭的职能定位》，《理论视野》2018 年第 12 期。

苏州中院相继出台了《关于建立苏州知识产权法庭、苏州破产法庭、苏州国际商事法庭、苏州劳动法庭"四庭协同"工作机制的实施意见》《关于建立专业法庭跨部门法官会议工作机制的实施意见（试行）》《专业法庭人才建设发展培养规划（2022—2025）》等文件。其中还专门提出，可以组建跨专业化法庭合议庭，建立专业化法庭跨部门法官会议制度，协同推进专业化法庭多元解纷平台建设，联合发布专业化法庭典型案例等。除此之外，在现有专业化法庭的建设基础上，上下级专业化法庭的上诉衔接机制也是必不可少，进一步加强上一级专业化法庭与各基层法院的联络与衔接，可以增强专业化法庭上下联动的辐射效应。

（四）完善专业化建设配套保障机制

第一，专业化建设需要在法治化轨道上运行。专业化法庭的建制应该遵循法治原则，由改革机构认真论证决策后统一进行，以避免盲目与冲动。分析各地法院开展专业化建设案件，发现主要依据功利性的"模仿"，实际上就是没有具体的制度保障与直接参照依据。法律制度依据还可以增强开展专业化建设的动力，有效保障专业案件范畴的可预测性、持续性。从更深层次的含义上说，专业化法庭的建制还应当依据自然法准则，坚持司法权被动分立独立权威的本质特征，坚持其与司法为民等理念的有机平衡，确保专业化法庭活动合法有序开展。

第二，建立集中管辖审理制度与以法官为办案中心的分案制度。"集中管辖"是出于便捷诉讼的目的，由高一级别的法院把本该属于其他地域法院管辖的特定类型的案件或特定被告的案件，指定集中归口给某个法院管辖的情形，实际上就是上级法院的指定管辖。虽然这不同于法律直接规定的专属管辖，但依然在实务中实现了管辖的排他性。确立辖区内专业化法庭的集中管辖关系，有了管辖制度保障，就可以结合区域发展的实际情况以及案件情况，优化调整法庭的职能布局，明确各法庭的职能定位和管辖范围。完善"人工挑选+规则分案"的分案机制，合理分流案件，提升人民法庭案件的精审水平。依托原有审判庭室组建专业审判团队，通过诉调对接、速裁等多元解纷机制对简单案件进行分流，把专业化审判的重点放在精准化"繁简分流"后析出的繁案，即具有一定的复杂性且高度融合法律问题与专业问题的纠纷类型上。对于买卖合同、民间借贷类案件做到简案快审，对于发回重审、破产衍生、公司、票据、建工、执行异议等不适用速裁程序的案件，要做到难案精审。形成以法官为办案中心的分案制度，让"专业化"法官办理"专业化"案件，充分发挥人民法庭在服务大局、服务群众和服务基层治理中的作用。

第三，深化示范诉讼模式。对系列性、群体性或者关联性案件，选取个别或少数代表性案件先行示范诉讼，带动批量案件高效一体解决。例如带有区域特色的纠纷案件通过裁判案件、与当事人沟通、提供司法指导的方式以个案为指引，以点带面解决纠纷。在以要素式审判提效率的同时，通过"类案专审"强质量，既有助于青年法官快速上手，积累类案经验，更有利于类案同调，提升高效解纷能力，让当事人在可资借鉴和提前预判的前提下达成调解，进而实现矛盾纠纷前端化解，做到案结事了。

中医药产业发展的实践与进路

——中医药产业全链条司法保护问题研究

成都市温江区人民法院课题组

引 言

党的十九大报告首次提出"高质量发展"新表述，中国经济由高速增长阶段转向高质量发展阶段。创新发展、绿色发展、高质量发展逐渐成为新时代经济发展的主旋律。在《四川省县域经济发展考核办法》中，温江被划定为成都市主城区。按照成都市"建设全面体现新发展理念的国家中心城市"总体目标，结合新时代经济发展新要求，温江在深刻剖析自身条件的基础上，清楚认识到，温江要发展，需要的是集中力量发展前景广阔、科技含量高、资源消耗少、环境污染少的朝阳产业。2015 年，温江结合地方实际，在全国率先提出了医学、医药、医疗"三医融合"发展理念；2021年，温江区在"十四五"规划中提出，聚焦高质量、推动"三医融合产业之城"形成新支撑，力争建成"三医"成果交流和碰撞的聚集地、西部"三医"创新的策源地。

中医药产业是"三医融合"中不可或缺的重要组成部分。党的十八大以来，以习近平同志为核心的党中央高度重视中医药事业。2016 年 2 月，国务院印发了《中医药发展战略规划纲要（2016—2030 年）》，将中医药定位为"独特的卫生资源、潜力巨大的经济资源、具有原创优势的科技资源、优秀的文化资源和重要的生态资源"；2019 年 10 月，中共中央、国务院出台了《关于促进中医药传承创新发展的意见》。2021 年 4 月 21 日，在最高人民法院举行的中医药知识产权司法保护座谈会上，最高人民法院常务副院长贺荣提出，人民法院要坚持以习近平新时代中国特色社会主义思想为指导，认真贯彻习近平总书记关于中医药工作的重要指示精神，充分发挥知识产权审判职能作用，结合中医药的特点，切实提升中医药知识产权司法有效保护的能力和水平，推进中医药知识产权全链条司法保护，依法服务中医药守正创新、传承发展。[①] 中医药产业健康发展离不开司法保护，温江区人民法院如何在上级人民法院和地方党委政府的领导下充分发挥人民法院的职能作用，创新工作思路、优化工作举措，为中医药产业提供全链条司法保护，是我们迫切需要思考和研究的课题。

一　中医药产业司法保护内涵与理念

（一）中医药产业司法保护的内涵

关于中医药产业的法律保护可以从不同角度进行分类：从保护对象角度，可以分为中医药动植物资源法律保护、中医药片剂药品法律保护、中医药方剂法律保护、中医药产业法律保护、中医药科学技术创新成果法律保护、中医药传统知识法律保护、中药饮片传统炮制技术和工艺法律保护及中医药非物质文化遗产保护等；从保护手段角度，可以分为立法保护、司法保护、行政保护。本文重点从人民法院的角度研究中医药产业司法保护。但是，中医药产业保护是一个系统工程，需要全社会参与进行综合保护，为了强化多元化保护力度，除了人民法院、人民检察院、公安机关和司法执行机关等广义上的司法部门参与的司法保护外，还涉及行政保护。因此，本课题研究也将辐射市场监督管理部门、医疗卫生管理部门、中医药管理部门等的监督、管理、保护等行政执法和法律服务等保护行为。

由于本课题研究的特殊性，为了强化对中医药产业的全方位、全链条、多元化保护力度，我们倾向于从更广义角度界定"司法保护"的概念。司法即法的适用，包括一切有利于中医药产业保护的法律、法规、规章的适用；不仅要充分发挥严格意义上人民法院作为司法主体的保护作用，也要将我国作为广义上司法主体的检察院、公安机关、司法行政机关的执法活

---

① 《最高法院举行中医药知识产权司法保护座谈会　贺荣会前与参会代表交流》，2021 年 4 月 22 日，中华人民共和国最高人民法院，https：//www.court.gov.cn/zixun/xiangqing/297891.html。

动纳入其中。同时，也要从更广义角度理解司法保护主体，司法保护主体不仅包括作为严格意义上司法主体的人民法院，也包括人民检察院、公安机关、司法行政机关，以及涉及中医药及中医药产业监管、执法的相关行政执法机关。基于此，在本课题中，我们将"中医药产业司法保护"的概念从广义的角度界定为：人民法院、人民检察院、公安机关、司法行政机关的司法保护行为，以及市场监督管理、医疗卫生管理、中医药管理等部门的行政执法保护行为。

（二）中医药产业司法保护理念

随着中医药的国际影响日益增强，许多国家加紧了对中医药的引进、开发、研究和利用，但是，我国对中医药产业的保护不力，特别是对知识产权保护重视程度不够，导致我国大量中医药知识产权被侵犯，因此加强中医药产业的司法保护势在必行。科学的理念引导科学的行为，科学有效的中医药产业司法保护，必须以科学的司法保护理念为先导。对中医药产业进行司法保护，既要保护中医药传统知识，又要保护在继承中创新发展的成果，既要注重过程保护，也要注重源头保护，既要注重产品保护，也要注重方法保护，既要注重实体保护，也要注重程序保护，既要注重有形资产保护，也要注重无形资产保护，既要注重监管打击，更要注重保护激励。总之，要树立正确的中医药产业司法保护理念。

1. 多元化全方位保护理念

中医药产业的保护不仅需要人民法院的民事审判保护、行政审判保护和刑事审判保护，严格意义上的司法保护，也会涉及行业监管、产品质量监管、中医药安全监管、流通市场监管等行政机关的行政保护，还会涉及传统中医药文化、中医药研究开发创新成果的知识产权保护。中医药产业的健康发展，既离不开相关行业、行政管理部门、司法部门的监管、服务，也离不开这些部门的保护。其执法主体包括医药监管、卫健委、中医药管理、市场监管、公安等行政执法部门，也包括人民法院和检察院等司法部门。中医药产业的知识产权保护意识的提高还涉及科学技术创新、知识产权促进、知识产权法治宣传教育等司法行政机关，因此，在强调司法保护的同时，还需要树立多元参与全方位综合保护的理念。坚持在党委政府的领导下，协调多元主体全方位参与，注重建立统筹、联动、协调、充分发挥各职能部门的职责优势，调动各相关职能部门的主动性和积极性，形成合力，综合施策，对中医药产业进行全方位综合保护。

2. 全过程全链条保护理念

对中医药产业的保护，首先要重视关口前移，防患于未然，从源头上进行预防，强化中医药产业保护重要性的宣传教育和中医药知识产权法律保护法治宣传教育，提升保护意识，增强保护能力，防止中医药产业各项权利被侵犯；其次要注重加强过程管理，在中医药产业发展的全过程中要制定防范措施，对过程进行有效监管治理，强化过程风险管理；再次要搞好前端化解，对于中医药产业涉诉纠纷，在没有进入司法程序前，注重发挥人民调解、行政调解、庭外调解的作用，运用多元化手段，化解矛盾纠纷，节约司法成本；最后要注重事后保护，进入诉讼程序后，要重视搞好诉讼服务、审判、执行等全过程司法保护工作，做到事前预防、事中监管与事后保护并重。这样便可以做到对中医药产业全过程全链条无缝对接司法保护。

3. 全要素多方位保护理念

"三医融合"涉及医学、医药、医疗三个方面要素。中医药产业也包括中医药学、中医药、中医医疗三个大的方面，甚至医养也属于保护内容。从中医药学方面看中医药产业，主要涉及中医药研发产业，其中包括创新产品的保护、创新方法的保护、其他创新成果和中医药传统知识的知识产权保护等要素；从中医药方面看中医药产业，主要涉及中医药种植养殖、中医药药品、中医保健药品及医疗保健器械用品等的保护；从中医医疗方面看，主要涉及中医医师、诊所、医院等执业主体合法权益，也涉及对中医医疗行为、中医传统医疗、中医保健康养等行为的保护。要对涉及中医药学、中医药、中医医疗、中医医养等产业的各个要素提供全面有效的司法保护。

二　中医药产业类型及司法保护需求

（一）中医药产业主要类型

中医药产业涉及内容广泛丰富，涵盖中医药种养殖产业、中医药研发产业、中医药生产产业、中医药医疗产业、中医药康养旅游产业等多种行业。

1. 中医药种养殖产业

中医药是包括汉族和少数民族医药在内的我国各民族医药的统称。中医所用的药物，以植物为主，也包括动物和矿物。从产业链来看，中医药行业的产业链源头就是中药材等原材料的种养殖，中药材的种养殖为中医药发展提供坚实的基础，因此，为了保证中医药产业链的完整性，中医药种养殖产业属于中医药产业必不可少的重要组成部分。

2. 中医药研发产业

中华民族中医药文化源远流长，中医药思想博大精深，中医药资源品种繁多，中医药治疗方法多样，中医药非物质文化遗产丰富多彩。中医药产业发展，需要挖掘传统中医药精华，对其进行传承弘扬。现代医学科技日新月异，结合传统中医药知识和现代医学科技知识，守正创新，在挖掘整理传统中医药思想、文化、方法、药物的基础上，结合现代医学科学技术进行创新研究，结合西医进行中西医结合研究，取得的新的中医药医学成果属于重要的创新产业，属于中医药产业的重要内容。

3. 中医药生产产业

除了可以直接进行贸易以外，中医药药材原材料经过炮制、熬炼等手段加工后可以成为中医用药，也可以在经过生产加工后成为中药饮片、中成药、中药配方颗粒等产品，在医药市场中流通。一些用于传统中医药治疗、康养的治疗理疗用品、器械需要批量生产，这些构成了中医药生产产业。

4. 中医药医疗产业

无论是在个体、小型诊所、中医馆中，还是在规模化的中医院或者中西医结合医院中，中医药医疗在中医药产业中都占据不小的份额。

5. 中医药康养旅游产业

随着人民生活水平日益提高，健康、幸福、快乐的生活理念日渐深入人心。中医药养生、中医药保健、中医药食疗（食养）、中医药文化旅游等产业焕发出勃勃生机，温江的类经堂、绵阳的药王谷等就是康养产业、中医药文化旅游等产业的代表。四川成都龙泉健康科技旅游示范中心、四川花城本草健康产业国际博览园还被列入第一批国家中医药健康旅游示范基地创建单位。

（二） 中医药产业司法保护需求

中医药是中华民族几千年文化和智慧结晶，从古传承至今。2020 年新冠疫情肆虐全球，中医药在我国的治疗体系中扮演着十分重要的角色，使得大众对中医药的关注度空前提升。然而，由于过去重视程度不够、立法滞后、部分人士认识存在偏见、法律保护不力等多种因素影响，我国中医药事业发展不尽如人意，"中医药传承不足、创新不够、作用发挥不充分"①。我国的中医药资源面临着不断被发达国家窃取利用以攫取利润的窘境，为了改变这一状况，我国近年来高度重视中医药事业的发展。随着中医药事业的不断发展，中医药产业的保护需求也就日益扩大，如何有效保护我国中医药产业就成为目前亟须解决的一个问题。我们认为，目前我国中医药产业在以下方面亟须加强保护。

1. 中医药产业的地理标志产品、植物品种保护

地理标志产品保护指对产自特定地域，所具有的质量、声誉或其他特性本质上取决于该产地的自然因素和人文因素，经审核批准后以地理名称进行命名的产品进行专门的保护。对中医药种植资源的保护可以采用地理标志、植物新品种权保护的方式。道地药材是我国具有战略地位的优势资源，如云南文山三七、吉林长白山人参、宁夏枸杞子、青海冬虫夏草、西藏藏红花等，都是采用地理标志、集体商标或证明商标的形式来识别商品的原产地，这是被各国广泛采纳的经济有效的保护手段。我国将商标和集体商标用于地理标志保护，尽早把更多质地优良的道地药材列入地理标志的保护范畴，加强质量控制促进生产集约化，助力优质药材品牌打造。

2. 中医药产业的著作权法保护

著作权，是指作者对其作品所享有的权利。因此，汇编的关于中医药的文献资料、经验总结、有关植物药用价值的记录等符合著作权法要求的都可以通过著作权法进行保护。尽管著作权法在中医药保护中不直接涉及配方、工艺等具体内容，保护力度不如专利、商标等保护方式，却有着不可替代的重要作用。邓明峰从保护对象的特点、著作权保护的功能等角度

---

① 《中共中央　国务院关于促进中医药传承创新发展的意见》，2019 年 10 月 26 日，中国政府网，http://www.gov.cn/zhengce/2019-10/26/content_5445336.htm。

论述了著作权保护的优势：首先，从著作权保护对象的特点出发，可以维护医药专著、古方典籍的完整性、系统性；其次，从著作权保护的功能出发，可以有效激励作者的创作热情，拓展知识传播的广度；最后，通过著作权法保护传统中医药知识可以树立传统中医药文化的国际声望，为传统中医药文化和产品走向国际化奠定思想基础。不过，著作权保护也存在一定的弊端。著作权法不能对中医药知识进行全面的保护。一方面，有关中医药的著作，往往只是对传统医药的单纯事实的记录，这部分文字是不能被著作权法保护的。著作权法只保护表达方式，因此中医药知识的内容并不是著作权法保护的客体。另一方面，对于早已进入公共领域的古籍，由于早已超出了著作权法的保护期限，著作权法难以对其进行保护。① 也有专家认为对传统中医药的理论整理汇编进行出版后就会使这些中医药理论公之于众，虽然一定程度上有利于防止其他国家对我国中医药理论知识的窃取，但是其公开性特征也导致相关中医药理论下的产物因缺乏新颖性而不再具备申请专利的必要条件，从而得不到必要的专利保护。② 因此，在对传统中医药进行著作权保护时要有选择性地保护，对于秘密性和价值性极高的中医药理论最好采取商业秘密或者专利保护的方式进行保护。

3. 中医药产业的专利保护

专利保护是对中医药进行知识产权保护的有效手段。专利法旨在保护具有新颖性、创造性和实用性的发明创造，可以对中医药研发产品进行保护。如从天然植物中提取有治疗效果的活性物质、作为组合物质申请的复方试剂、原药材、利用传统药物制备的非药物产品可以申请产品专利，中医药的保护药材的栽培技术、药物的制备和加工处理方法和其他相关产品的生产技术可以申请方法专利，对中医药再创新和二次用途可以申请用途专利等。为适应科技、经济配套改革，扩大对外开放和中医药科技交流的需要，根据我国《专利法》《专利法实施细则》《企业专利工作办法》，以及《中医药专利管理办法（试行）》（1995 年国家中医药管理局）和《国家医药管理局专利管理办法》，加强了对中药品种的专利保护。

---

① 邓明峰、周亚东、郭跃：《中医药传统知识综合法律保护体系构建研究》，《南京中医药大学学报》（社会科学版）2015 年第 2 期。

② 吴春苗：《中医药知识产权保护的现状及对策研究》，《现代营销》（经营版）2019 年第 1 期。

但是，通过专利制度保护也有一定的弊端。有学者认为中医药在申请专利时难以符合被授予专利的要件，因为中医药往往是不符合专利制度中的新颖性要求的，中医药往往会在某一区域内为群体所知晓，会因长期处在公开的状态而丧失新颖性。同时，中医药也难以满足创造性的要求，因为很难将中医药与现有技术在创造性方面做对比。[①] 也有专家认为中医药在申请专利时不符合专利权主体要求，专利权主体要求具有确定性，而基于中华传统产生的中医药知识持有人往往是某个长期进行知识总结的集体或地区，其主体具有集体性与不确定性的特点，不符合被授予专利的基本要求。[②] 因此，除考虑专利保护外，其他知识产权保护手段也必不可少。

4. 中医药产业的商标法保护

商标是在商品生产、加工、销售过程中，商品生产者或经营者为了区别不同商品所做的特殊标志。在中医药的知识产权保护方面，通过商标法进行保护可以获得更长的保护期限、面临更低的权利授予门槛和更广阔的保护范围。比如"同仁堂""东阿阿胶""仁和药业"申请注册了商标。

然而商标法对中医药的保护远不能满足实践的需求。一方面我国中医药商标注册率低，我国大多数企业知识产权管理和经营意识淡薄，药品商标的注册量远低于发达国家，知名商标更是屈指可数。并且，我国缺乏对道地药材保护的认识，导致许多中医药资源被其他国家侵占，如韩国将高丽参作为国家的特殊产品实行国家专卖，而事实上许多高丽参原产地为中国东北。另一方面商标法对显著性的要求较高，我国商标法规定，商品不得直接使用标识主要原料、商品质量、功能、重量、数量等特点的文字或图形作为商标，而中医药商品由于其特性常常不得不以主要原料或功能作为标识，再加之国内一些企业产品商标设计水平低，使得商标难以满足商标法要求的显著性，从而无法完成商标注册。

5. 中医药产业的商业秘密保护

中医药因其生产工艺和物质结构的复杂性，有进行商业秘密保护的得天独厚的优势。与专利制度的公开化的硬性要求相反，商业秘密保护不要

---

① 张媛媛：《传统中医药在知识产权领域的保护模式》，《法制博览》2021年第17期。
② 邓明峰、周亚东、郭跃：《中医药传统知识综合法律保护体系构建研究》，《南京中医药大学学报》（社会科学版）2015年第2期。

求符合具备新颖性、创造性和实用性等严苛的审查标准。商业秘密保护制度通过限制信息的流动来防止个体利益被侵害，赋予权利人更多自主选择。此外，相较于专利申请，申请商业秘密保护没有烦琐的行政审批手续，只要保护主题具备秘密性、经济价值且合法控制人已采取合理措施即可获得保护。因此在实践中，利用商业秘密对中医药进行保护是一个运用广泛的手段。

但是，由于目前我国尚未出台专门的商业秘密保护法，有关规定散落在诸多法律条文中，实践中存在许多适用障碍和局限性。有专家认为，为了能够实现传统中医药知识商业秘密保护，还必须厘清现有立法对国家秘密与商业秘密的区分，建立专门制度与协作机制相整合的保护体系，协调信息保密与信息公开，采取公法保护与私法保护相结合的保护途径。

6. 中医药非物质文化遗产等传统知识保护

中医药是世界上最为独特的医药学体系之一，是历史传承中的无价之宝，其遗传资源、制作技艺以及传统中医药推拿理疗保健方法等已成为我国非物质文化遗产及传统知识的重要组成部分。2011年施行的《非物质文化遗产法》提出了对非物质文化遗产的知识产权保护。根据《非物质文化遗产法》的规定，中医药属于非物质文化遗产的保护对象。在"十三五"规划中也提出了弘扬中医药传统文化，加强中医药的保护与传承，运用现代科技方法建立服务平台，收集整理相关学术思想、炮制技术与药方制剂等。我国于2017年7月开始施行《中医药法》，国家以及有关部门不断完善对中医药的保护，提出了建立中医药传统知识保护数据库、保护名录以及传承人培养等相关措施。就中医药传统知识保护的范围而言，有专家提出我国中医药传统知识不仅包括汉族传统医学，也应当包括少数民族传统医学，且其范畴包括医疗技术与器具、经验方、冷背药、中药炮制方法与工具、制剂技术与工具，以及生命与疾病观等内容。

然而中医药的非遗认知度还不高，相对于其他非物质文化遗产形式，传统中医药缺乏有比较优势的资源，而且药材种植等受土壤、光照等因素的影响颇深，不可能为了"关注"而不考虑药性。另外，中医药虽位列非物质文化遗产名录，作为十项中之一项，但其项目总体数量不多，占比也不高。并且，中医药技术的非遗传承也面临挑战。与西医不同的是，属于隐性知识的中医药知识的传承过程受制于传承人与被传承人的主观意愿以及周围环境。在中医药相关知识以及技术不能较好受到保护的前提下，中医药技术的传承缺乏足够动力。

为了保护中医药传统知识，我国出台了《中医药法》《中药品种保护条例》，强化了对民族传统医药知识的法律保护。如我国《中医药法》第 43 条规定："中医药传统知识持有人对其持有的中医药传统知识享有传承使用的权利，对他人获取、利用其持有的中医药传统知识享有知情同意和利益分享等权利。"

7. 中医药产业经营秩序的司法保护

中医药产业的经营会涉及中药材的种养殖及销售市场、中医药传统知识产权和研究创新成果的转化运用市场、中医药成品药品器械的产供销市场、中医药医疗过程中的良好秩序、医患纠纷的依法解决、中医药康养产业市场、中医药文化技术的对外交流合作、扩大中医药产业在国际贸易中的份额等方面。要保障中医药产业健康良好的运营秩序，就需要有良好的中医药产业市场营商环境，良好营商环境的建立离不开法律的规范和有效的司法保护。

8. 中医药从业人员正当权益的司法保护

从事中医药产业的各种主体，作为公民和一般市场主体的各种正当、合法的权利都应当受到法律保护，与此同时，作为中医药产业的特殊从业者，无论是中医药传统非物质文化传人、中医药创新成果的研发者还是知识产权权利主体、市场经营主体、执业医师，基于其职业的特殊性和特殊要求，他们的特殊权利都应当受到法律的专业性和特殊性保护。如我国《基本医疗卫生与健康促进法》和《中医药法》规定，中医药类执业医师享有中医药文化传播与传承的权利。《医师法》第 5 条规定，"全社会应当尊重医师"，第 60 条规定，"阻碍医师依法执业，干扰医师正常工作、生活，或者通过侮辱、诽谤、威胁、殴打等方式，侵犯医师人格尊严、人身安全，构成违反治安管理行为的，依法给予治安管理处罚"。现实生活中，中医药研发主体知识产权被侵犯、中医正当行医权被剥夺、诊所医院正常经营秩序受干扰等现象仍然存在，为了维护中医药从业人员的正当权益，对其提供司法保护势在必行。

三　中医药产业司法保护现状与制约因素

（一）中医药产业司法保护现状

1. 立法现状

从现在我国已有的立法状况看，我国关于中医药产业保护的立法涉及法律、行政法规、规章、地方法规及司法解释等不同层级的立法规定。

（1）宪法、法律方面

《宪法》第 21 条"发展现代医药和我国传统医药"的规定成为我国中医药法律保护的基础性规定。基本法中，调整刑事法律关系的《刑法》中涉及中医药犯罪的主要包括生产、销售、提供假药罪，生产、销售、提供劣药罪，妨害药品管理罪［《刑法修正案（十一）》新增罪名］，非法行医罪，侵犯与中医药相关的知识产权方面的犯罪等。《刑法》中关于这些罪名的规定可以作为保护中医药产业的刑事法律规定。主要调整民事关系的基本法《民法典》仅有第 1008 条规定即"为研制新药、医疗器械或者发展新的预防和治疗方法，需要进行临床试验的，应当依法经相关主管部门批准并经伦理委员会审查同意，向受试者或者受试者的监护人告知试验目的、用途和可能产生的风险等详细情况，并经其书面同意。进行临床试验的，不得向受试者收取试验费用"，可能涉及中医药产业司法保护。

涉及中医药保护的最主要法律还是作为专门法律的《中医药法》。《中医药法》第 8 条规定，"国家支持中医药科学研究和技术开发，鼓励中医药科学技术创新，推广应用中医药科学技术成果，保护中医药知识产权，提高中医药科学技术水平"。第三章专章规定了"中药保护与发展"。有的明确涉及保护一词，例如第 25 条规定"国家保护药用野生动植物资源，对药用野生动植物资源实行动态监测和定期普查，建立药用野生动植物资源种质基因库，鼓励发展人工种植养殖，支持依法开展珍贵、濒危药用野生动植物的保护、繁育及其相关研究"和第 27 条规定"国家保护中药饮片传统炮制技术和工艺，支持应用传统工艺炮制中药饮片，鼓励运用现代科学技术开展中药饮片炮制技术研究"。另外，第 43 条第 1 款规定"国家建立中医药传统知识保护数据库、保护名录和保护制度"，第 3 款规定"国家对经依法认定属于国家秘密的传统中药处方组成和生产工艺实行特殊保护"，主要涉及中医药传统知识保护。第八章确定了违反相关规定的法律责任。除此之外，与中医药产业有关的法律还包括《医师法》《药品管理法》等法律，其中，《药品管理法》第 4 条明确规定，"国家发展现代药和传统药，充分发挥其在预防、医疗和保健中的作用。国家保护野生药材资源和中药品种，鼓励培育道地中药材"。

（2）行政法规、规章及地方法规方面

我国涉及中医药产业保护的行政法规主要有《中药品种保护条例》《药品管理法实施条例》《医疗机构管理条例》《医疗事故处理条例》《农药管理条例》《医疗用毒性药品管理办法》《兽药管理条例》《野生植物保护条例》、《医疗器械监督管理条例》等。其中《中药品种保护条例》专门针对中药品种进行管理，具体内容上主要对中药保护品种等级的划分和审批、中药品种的保护及违反相关中药品种保护规定的处罚进行了规定。《药品管理法实施条例》关于中药的规定，主要涉及中药批文管理和中药饮片包装，如第 9 条规定："药品生产企业生产药品所使用的原料药，必须具有国务院药品监督管理部门核发的药品批准文号或者进口药品注册证书、医药产品注册证书；但是，未实施批准文号管理的中药材、中药饮片除外。" 第 39 条规定："国家鼓励培育中药材。对集中规模化栽培养殖、质量可以控制并符合国务院药品监督管理部门规定条件的中药材品种，实行批准文号管理。" 第 44 条规定："生产中药饮片，应当选用与药品性质相适应的包装材料和容器；包装不符合规定的中药饮片，不得销售。中药饮片包装必须印有或者贴有标签。中药饮片的标签必须注明品名、规格、产地、生产企业、产品批号、生产日期，实施批准文号管理的中药饮片还必须注明药品批准文号。"《农药管理条例》第 34 条对中草药材的农药使用有禁止性规定，明确"剧毒、高毒农药不得用于防治卫生害虫，不得用于蔬菜、瓜果、茶叶、菌类、中草药材的生产……"《医疗用毒性药品管理办法》第 9 条对毒性中药的加工炮制进行了规定，"对处方未注明'生用'的毒性中药，应当付炮制品"；第 10 条对群众因自配民间单、秘、验方而购买毒性中药的条件和剂量均有所规范。该办法最后附有毒性中药品种类别。《兽药管理条例》涉及对兽用中药的管理，其中第 27 条规定"兽药经营企业销售兽用中药材的，应当注明产地"。

在部门规章方面，涉及中医药产业保护的主要有《药品生产监督管理办法》《药品注册管理办法》《药品专利纠纷早期解决机制实施办法（试行）》等。《药品专利纠纷早期解决机制实施办法（试行）》旨在为当事人在相关药品上市审评审批环节提供相关专利纠纷解决的机制，保护药品专利权人合法权益，降低仿制药上市后专利侵权风险。在地方法规方面，1995 年 7 月，云南省率先颁布了《云南省发展中医条例》，它是我国第一部关于中医药的地方性专项立法。此后，四川、浙江、上海、江苏等地也陆续制定了地方中医药条例。其中《四川省中医药条例》从中医药服务、中药保护与发展、传承与创新、保障与促进、法律责任等方面均作出了较为详细的规定，对中医药产业发展和保护起到了一定的积极作用。

2. 司法保护现状

（1）中医药司法保护概况

2017 年 7 月 1 日《中医药法》出台后，我国中医药司法保护步入更高水平的法治化、规范化轨道。地方相关部门结合中医药产业本土化发展的特殊性以及地方法律实践，陆续形成了一系列司法保护特色制度，取得良好成效。一是成立专门医疗法庭。如成都市武侯区法院设立医疗法庭，将涉中医药医疗服务合同案件、医疗损害责任纠纷案件纳入专业化审理范围，提炼疑难问题处理规则 13 项共 37 条；温江区法院着眼于成都医学城产业功能区高质量发展，拟争取成都市中级人民法院在温江区设立成都温江医学城法庭，集中民事、行政、刑事案件审判"三合一"，深度对接区域中医药企业知识产权法律保护需求。二是建立协调联动机制。如黑龙江省、四川省和深圳市针对联席会议制度进行规定①；部分中医药院校、医疗机构、医药产业密集地区，构建法院、中医药院校、卫生行政管理部门、医疗机构、知识产权局、医药生产厂家等工作协调机制，形成全链条化司法服务保障体系。三是精准实现中医药纠纷前端化解。部分地区吸纳中医药大学以及知识产权专家等专业人才，搭建中医药领域多元解纷智库；在医疗资源密集区域设立医调工作站，促进医疗纠纷就地化解；如成都医学城专设"诉源治理 中医药司法保护中心"，着力非诉讼纠纷前端化解。四是中医药品种专门保护。部分民族自治地区中医药条例专门规定了对少数民族特色医药品种的保护，如加大对回药、蒙药、藏药、壮药、苗药、布依族药等民族

---

① 张博源：《中医药地方立法的实践困境与制度建设》，《地方立法研究》2018 年第 2 期。

医药资源支持保护力度。① 国务院出台《中药品种保护条例》对质量稳定、疗效确切的重要品种实行分级保护制度，获中药品种保护企业可取得独特经营优势。② 五是服务保障中医药产业融合发展。云南、广东、上海等地大力推动中医药与文旅、保健、贸易、养老、体育产业融合发展，其中《上海市中医药条例》规定"开发具有中医药特点的旅游景点、线路、基地""鼓励研发中医药文化创意产品，创作中医药文化和科普作品"；《广东省中医药条例》规定"推动以药食同源物质为原料的保健食品、药膳食疗等产业的发展"，为中医药产业融合发展提供法治保障。

（2）温江区的具体做法

位于温江区的成都医学城的中医药产业发展势头良好。根据《中共四川省委 四川省人民政府关于促进中医药传承创新发展的实施意见》精神及温江区委提出的"进一步依托成都中医药大学，加大名中医馆引进建设力度，塑造温江中医药特色健康服务品牌"的目标，温江区启动实施"加快中医药产业集群成势促进环成都中医药大学知识经济圈发展"行动计划，将温江的中医智力资源转化为产业发展的动力，将环成都中医药大学知识经济圈建设成中医特色产业明显的国家中医药科技创新和成果转化标杆地。为此，温江区法院及其他相关执法部门立足司法职能，不断深化改革，优化工作举措，为成都医学城中医药产业提供了有力的司法保护。

一是主动靠前服务，大力拓宽服务渠道。组织召开企业座谈会，与医学城企业家、职工代表交流座谈，解答企业经营发展的相关法律问题，增强其法律意识。以开展"送法进产业园""巡回审判"等活动的方式，重点做好法治引导和个案妥处，为成长型民营企业提供"护航式"司法服务保障。对涉企纠纷中企业暴露出的经营管理漏洞、瑕疵问题，开展跟踪式回访。二是主动了解需求，精准提供司法服务。为进一步优化成都医学城司法服务和司法保障，助推产业功能区发展，温江法院深入成都医学城相关企业，听取企业司法保护需求，坚持以成都医学城的司法需求为导向，精

---

① 如《贵州省中医药条例》第16条规定："省人民政府应当加大对民族医药的支持保护力度，发挥以苗族医药、布依族医药、侗族医药等为代表的本省民族医药资源优势，鼓励举办民族医医疗机构，推动民族医药理论和实践的发展。"

② 最高人民法院知识产权法庭调研组：《中药品种权保护相关法律问题研究》，《中国应用法学》2021年第4期。

准提供司法服务和进行司法保障。持续完善驻医学城人民法庭功能，更加主动、贴近为企业提供诉讼服务。推动完善成都医学城 ADR（非诉讼纠纷解决方式）保障机制，为企业提供更加优质高效和低成本的诉前解纷服务。三是全面推进诉讼服务中心实质化运行，建设一站式多元解纷机制、一站式诉讼服务中心。设立 24 小时自助法院，通过在院外设立智能云柜、自助立案等设备，为当事人提供 24 小时诉讼服务。优化跨域立案、自助立案、网上立案等功能，全面应用四川微法院，打造一网通办诉讼全程业务的"智慧诉讼服务新模式"，为当事人提供网上立案、查询咨询、阅卷、申诉等一站式服务，打通司法为民的"最后一公里"。四是关口前移、进行前端化解。积极探索发挥社区预防纠纷、就近解决纠纷的特性，在区委政法委领导下，会同相关部门，将涌泉街办"瑞泉馨城"打造成第一个无讼社区，使"和合智解"e 调解平台入驻该社区，方便群众在家门口就能享受在线司法服务。推动形成多元解纷大格局，成立了温江法院诉调对接人民调解委员会，该委员会办公地点设在诉讼服务中心，主要负责诉前调解事实清楚、争议不大的民事纠纷案件。五是构建多元解纷体系，跨界合作诉前解纷。①突出重点领域纠纷共治，完成劳动人事、物业、建筑、房屋等 6 个行政（行业）调解组织的特邀入册工作。推动纠纷关口前移，强化人民调解、行政调解效能。②在院内成立律师工作室，采取窗口值班制度，律师工作室负责诉讼辅导、诉讼咨询及解纷指引等工作。借助律师的专业性、职业化优势，提升多元解纷效率。③组织实施特邀调解倍增计划，选聘 32 名特邀调解员，其中 27 名为律师，进一步丰富调解主体；同时，配备一名专职调解联络员、一名调解工作辅助人员，负责全部诉前调解案件的初次筛选、分派、联络、案件记录及数据汇总等辅助工作。六是优化司法办案模式，诉中多层分流解决。具体表现为：①深化"分调裁审"机制改革，推进形成"多元调解+司法确认+示范判决"的调解速裁一体工作模式，制定出台了《成都市温江区人民法院关于优化司法确认程序实施细则（试行）》。②集中综合资源审理"简案"，在立案庭（诉讼服务中心）建立速裁团队，从简从快审理简单案件。建立非诉解纷团队与立案速裁团队的无缝衔接机制，实现"分调裁审"各环节的流水线作业，提高诉调对接工作效率。③推进民事诉讼程序繁简分流改革，探索示范诉讼制度，在全省法院首次发布"示范裁判令状式"判决书，对类型化群体纠纷的高效化解做出了有益尝试。坚持立审执一体化思路，随案送达《不履行生效裁判司法风险告知书》，引导和促进自动履行，提升生效裁判即时执行率，减少进入强制执行阶段的案件数量。七是妥善审理涉及民营企业的金融借款、融资租赁、民间借贷等案件，支持民营企业多渠道融资。贯彻落实《最高人民法院关于充分发挥审判职能作用　切实加强产权司法保护的意见》，依法、平等、有效保护各种所有制经济组织和公民财产权，依法惩治侵犯其合法权益的违法犯罪活动，激发其活力和创造力。强化知识产权司法保护，依托成都知识产权审判庭（温江）巡回法庭助推温江区三医产业知识产权保护工作。市中院知识产权审判庭来温公开审理典型案件，邀请驻温企业旁听庭审，2019 年以来走进企业 290 余家，共计向企业发放《企业防范知识产权风险提示》宣传单 290 余份，开设 2 场专题讲座，培训 50 余人次。八是完善破产审判政府与法院联席协商机制，依托联动机制，认真排查、及时协调解决破产案件审判过程中可能出现的群体性纠纷和涉诉信访。综合运用重组、和解等制度手段促进有价值的危困企业转型升级，对确无经营价值的"僵尸企业"，畅通退出机制。坚持审慎原则，统筹解决人员安置、资产处置等问题，在实现资源优化配置的同时强化对中医药产业民营企业的司法帮助。

（二）中医药产业司法保护的制约因素

中国作为中医的发源地，本应该在中医药国际市场中具有领军地位，但实际上我国在国际中医药市场上的占有率不足 20%，究其原因，与中医药的法律保护不够直接相关。中医药产业保护不力既有认识不够、立法方面的原因，也有保护体制机制方面的原因。

1. 立法保护有待进一步完善

从立法角度分析，中医药产业保护国内法律制度建设与中医药保护实际需求之间的不相适应，决定了其满足不了中医药产业发展现实需求。

在中医药产业保护相关的现有法律法规规章中，只有《中医药法》《中药品种保护条例》是专门针对中医药而制定的，其内容也有待充实完善。《中药品种保护条例》主要针对品种保护，而非权利保护，难以有效激励竞争和创新。曾经的《中医药条例》是为继承和发展中医药学，保障和促进中医药事业的发展，保护人体健康而制定的关于中医药的行政法规，但2020 年已被废止。

《中医药法》共 9 章 63 条，对中医药服务、中药保护与发展、中医药人才培养、中医药科学研究、中医药传承与文化传播等方面做出规定，较为全面地为中医药产业的整体发展提供了法律保障，但个别规定的落实仍存在滞后性，缺乏相关的配套和保障制度。

涉及中医药产业知识产权保护的《专利法》、《商标法》和《著作权法》等知识产权法律虽然在一定程度上可以保护中医药知识产权，但也存在一定不足。如《专利法》对中医药的保护主要集中在中药药品上，可以授予药品专利权，但其第 25 条规定对"疾病的诊断和治疗方法"不授予专利权，即否定了法律对中医传统行医方式和中药的运用方法的保护。《著作权法》虽然规定了受其保护的作品的种类，但对于实践中比较关注的中药药方、中药药品说明书等有无著作权没有具体的规定，对中医药智力成果保护力度不足。《劳动合同法》第 23 条、第 24 条规定了劳动者保密和竞业限制内容，该规定仅从整体上对保密和竞业限制进行了概括性规定，未单独针对中医药技术秘密进行独特保护，反映出对中医药技术秘密的保护力度不够。

其他与中医药产业保护有一定关系的行政法规、规章主要是针对西医药来制定的，尽管其中有的规定也与中医药有一定联系，但是，缺乏对中医药产业的明确有效保护。如《医疗机构管理条例》主要从医疗机构的规划布局和设置审批、登记、执业三方面对医疗机构的设立运行进行管理，虽未明确提及中医院、中医诊所等，但其第 2 条规定："本条例适用于从事疾病诊断、治疗活动的医院、卫生院、疗养院、门诊部、诊所、卫生所（室）以及急救站等医疗机构。"可以看出中医院、中医诊所等同样受其规制。有的法律法规对于一些授权性条款以及兜底条款进行了规定，却缺乏相应的具体实施细则。一些法律法规规章对于一些行为进行了明确禁止，却缺乏具体的处罚条款，可操作性差。

综上所述，中医药产业保护立法有待进一步完善。

2. 司法保护有待进一步加强

中医药产业法律保护不仅涉及立法保护，也涉及法律实施的具体行政执法保护、司法保护等方方面面。前文我们已经就立法方面的问题进行了分析，我们发现在行政执法和司法实践中，仍然存在一些不利于中医药产业有效保护的体制机制障碍。

（1）监督保护执法主体不统一

中医药监督保护执法是一个专业性很强的工作，但是，我国呈现出多头执法现象。按照职权划分，国家中医药管理局承担中医医疗、预防、保健、康复及临床用药等的监督管理责任；负责指导民族医药的理论、医术、药物的发掘、整理、总结和提高工作，拟定民族医疗机构管理规范和技术标准并监督执行；组织开展中药资源普查，促进中药资源的保护、开发和合理利用等工作。除此之外，涉及中医药管理执法的部门包括作为国家中医药管理局的上级主管机关卫健委，以及市场监管局等多个部门。其中市场监管局对中医药产业的市场行为进行监管执法，对具体违法行为具有查处职责。在一些省级以下的部门之中没有独立的对中医药进行监督和执法的管理部门。在我国卫生综合执法体系进一步深化改革的情况下，一部分省级和市级卫生行政部门开始行使和承担中医药监督执法的职能和任务，并且也开始肩负起对于公共卫生和传染性疾病的监督执法职责，这又造成了执法人员数量方面的不足，由此便在很大程度上影响了我国中医药监督管理工作的良好和有效开展。调研过程中，一些中医药企业也反映现在执法主体不明确，对权利义务的界定非常模糊。

（2）执法人员专业素质不高

中医药产业涉及中医药植物、动物、矿物质中医药原材料，涉及中医药非物质文化遗产，涉及中医药传统知识及中医药学研究创新成果知识产权、中医药质量标准等专业性很强的知识，对该领域的执法监督也好，法律服务保护也好，要求执法人员不仅要具有一般的行政管理和执法方面的法律素质，也需要有良好的中医药产业方面的常识性专业素质。因此，中医药产业的行业和专业特点就要求执法主体具有一定的专业性。但是，从目前的管理、监督、执法或者司法队伍看，执法主体专业素质不高是一种普遍现象，这在一定程度上对中医药产业保护不利。

（3）执法观念上轻保护倾向明显

在医药包括中医药产业等执法监督方面，重管理、重监督、重处罚、轻保护现象突出。如在温江医学城创新中心调研过程中，有从业者反映，中医药从业存在一定法律风险。中医执业人员没有专业认定。实践中，中医有的是以师徒方式认可，极易出现非法行医的情形，一旦出现问题由医生与诊所共同承担。医生开出的药方四处流传不受保护，在用药剂量方面，

《药典》给定了用药剂量范围，但《药典》仅仅作为参考而非行业标准，因此，临床治疗过程中，医生开药存在超量问题，由此引发纠纷而面临受处罚的风险。

四　中医药产业司法保护全链条体系的构建

（一）构建中医药产业司法保护全链条体系的必要性分析

中医药是中华民族几千年文化的智慧结晶，是中国古代科学的瑰宝，从古传承至今，具有极高的传统文化价值。中医药学研究创新成果具有重要的知识产权价值，由此衍生的中医药产业对我国高质量发展、增强国际竞争力都具有十分重要的意义。特别是在 2020 年新冠疫情肆虐全球，中医药在我国的预防和治疗过程中扮演着十分重要的角色，发挥了积极重要作用。因此，构建中医药产业司法保护全链条体系、强化中医药产业保护势在必行。

1. 是保障中医药事业健康发展的必然需要

中国共产党一直高度重视中医药事业，并把保护、传承和发展传统中医药作为社会主义事业的重要组成部分。党的第一代领导人毛泽东曾经指出："中国医药学是一个伟大的宝库，应当努力发掘，加以提高。"[1]党的十八大以来，以习近平同志为核心的党中央更加重视中医药事业。习近平总书记指出："中医药学凝聚着深邃的哲学智慧和中华民族几千年的健康养生理念及其实践经验，是中国古代科学的瑰宝，也是打开中华文明宝库的钥匙。深入研究和科学总结中医药学对丰富世界医学事业、推进生命科学研究具有积极意义。"[2] 在全国中医药大会上，习近平总书记对中医药工作作出重要指示："要遵循中医药发展规律，传承精华，守正创新，加快推进中医药现代化、产业化，坚持中西医并重，推动中医药和西医药相互补充、协调发展，推动中医药事业和产业高质量发展，推动中医药走向世界，充分发挥中医药防病治病的独特优势和作用，为建设健康中国、实现中华民

---

① 《毛泽东文集》第 7 卷，人民出版社，1999，第 423 页。
② 王永炎：《发展中医药学应有文化自觉》，2015 年 6 月 3 日，人民网，http：//health.people.com.cn/n/2015/0603/c14739-27095940.html。

族伟大复兴的中国梦贡献力量。"①

国务院于 2016 年 2 月 22 日发布《中医药发展战略规划纲要（2016—2030 年）》，该纲要提出"传承和弘扬中华优秀传统文化，迫切需要进一步普及和宣传中医药文化知识。实施'走出去'战略，推进'一带一路'建设，迫切需要推动中医药海外创新发展。各地区、各有关部门要正确认识形势，把握机遇，扎实推进中医药事业持续健康发展"。

中共中央、国务院于 2019 年 10 月 30 日颁布《关于促进中医药传承创新发展的意见》，该意见指出："传承创新发展中医药是新时代中国特色社会主义事业的重要内容，是中华民族伟大复兴的大事，对于坚持中西医并重、打造中医药和西医药相互补充协调发展的中国特色卫生健康发展模式，发挥中医药原创优势、推动我国生命科学实现创新突破，弘扬中华优秀传统文化、增强民族自信和文化自信，促进文明互鉴和民心相通、推动构建人类命运共同体具有重要意义。"

2. 是中医药产业落实新发展理念的重要保障

进入新时代，我国的经济发展进入了新常态，新时代国家发展战略也进行了与时俱进的调整。党的十八届五中全会提出了新发展理念，提出坚持创新、协调、绿色、开放、共享发展。《中共中央关于制定国民经济和社会发展第十四个五年规划和二〇三五年远景目标的建议》明确指出，我国已转向高质量发展阶段。② 推动高质量发展是"十四五"时期经济社会发展的主题，也是做好当前和今后一个时期经济社会发展工作的根本要求。《中医药发展战略规划纲要（2016—2030 年）》将中医药定位为"独特的卫生资源、潜力巨大的经济资源、具有原创优势的科技资源、优秀的文化资源和重要的生态资源"。由此可见，构建中医药产业司法保护全链条体系，是司法工作服务新时代国家发展战略、落实新发展理念的必然要求。

3. 是提升中医药产业国际竞争力的重要举措

习近平总书记指出，"综合国力竞争说到底是创新的竞争"③，"加强知

---

① 《传承精华守正创新　为建设健康中国贡献力量》，2019 年 10 月 26 日，人民网，http://politics.people.com.cn/n1/2019/1026/c1024-31421532.html。

② 《中共中央关于制定国民经济和社会发展第十四个五年规划和二〇三五年远景目标的建议》，人民出版社，2020，第 3 页。

③ 《习近平关于科技创新论述摘编》，中央文献出版社，2016，第 7 页。

识产权保护。这是完善产权保护制度最重要的内容，也是提高中国经济竞争力最大的激励"①。国际竞争中最核心的竞争是人才、知识、科技和创新的竞争。中医药产业具有科技含量高、绿色、健康等优势，对中医药产业的保护主要涉及中医药专利、商标、商业秘密、特色药材地理标志、传统古方、传统中医药文化、非遗等诸多知识产权和创新保护问题，因此，构建科学的全链条司法保护体系，有利于中医药产业在法治的轨道上健康发展，对于提升我国的文化软实力、经济国际竞争力具有重要意义。

4. 是落实司法为民、服务大局的重要抓手

中医药产业是健康产业、是民生产业、是绿色产业、是创新产业，事关新时代国家发展战略的顺利推进，事关新时代中国梦战略目标的实现，事关人民幸福安康民生事业。司法为民、服务大局是司法工作的根本要求，2021 年 4 月 21 日，在最高人民法院举行的中医药知识产权司法保护座谈会上，最高人民法院常务副院长贺荣提出，"人民法院要坚持以习近平新时代中国特色社会主义思想为指导，认真贯彻习近平总书记关于中医药工作的重要指示精神，充分发挥知识产权审判职能作用，结合中医药的特点，切实提升中医药知识产权司法有效保护的能力和水平，推进中医药知识产权全链条司法保护，依法服务中医药守正创新、传承发展"②。为落实《中共四川省委关于深入推进创新驱动引领高质量发展的决定》，四川省高级人民法院出台了《关于全面加强知识产权司法保护 服务保障创新驱动引领高质量发展的意见》，其中第 7 条要求，"要加强中医药传承创新的司法保护，提升中医药文化的国际竞争力。依法妥善审理涉中医药领域知识产权纠纷，促进中医药文化传播。加强中医药司法保护，依法保障中医药传承创新发展，强化健康四川建设科技支撑"。

温江作为"三医融合"发展理念的发源地，"三医融合产业之城"的试验田，大力发展中医产业符合新时代经济发展新要求、符合新时代经济发展新理念，对打造创新、绿色、环保、康养温江具有积极意义。

积极营造服务高质量发展的法治环境，打造中医药"全链条"司法保

---

① 《论把握新发展阶段、贯彻新发展理念、构建新发展格局》，中央文献出版社，2021，第 243 页。

② 《最高法院举行中医药知识产权司法保护座谈会　贺荣会前与参会代表交流》，2021 年 4 月 22 日，中华人民共和国最高人民法院，https://www.court.gov.cn/zixun/xiangqing/297891.html。

护体系，更好地为温江"三医融合产业之城"建设及中医药发展保驾护航，并提供公平、高效、优质的司法保护和法律服务是落实司法为民、服务大局、服务地方中心工作、服务经济发展的具体举措。

（二）中医药产业司法保护全链条体系构建的具体设想

中医药产业司法保护是一个系统、复杂的工程，要搞好这项工程需要打造一个科学的全链条司法保护体系。本部分将运用中医的整体观念、辨证论治、系统思维、防治原则等，并将中医理论与辩证法相结合，用以指导中医药司法保护全链条体系构建。

1. 坚持系统思维，构建多元化、全方位、全要素、全过程司法保护体系

系统思维是重要的思维方式之一，其内涵是把认识对象作为系统，从而综合地考察认识对象的整体性思维方式，强调事物的本原性、统一性、规律性，强调客观事物发展过程中的本质联系，将事物各部分相互联系而整合成为一体。坚持用系统思维构建中医药产业司法保护体系，就是要做到多元化参与、全方位治理、全要素兼顾、全过程保护。

（1）构建多元化全方位保护体系

中医药产业健康发展不仅需要人民法院、检察院、公安等司法部门的司法保护，也需要行政部门的行政保护。如中医药的种植、养殖需要农、林、草、畜牧业等管理部门的行政保护与支持，中医药研发成果的确权、转化需要知识产权管理部门的保护和支持，中医药生产、产品销售、医疗市场等需要市场监管部门、卫生主管部门及相关行业行政审批部门的服务和保护。因此，中医药产业的有效保护离不开多元主体的参与。除强调司法保护外，构建多元化全方位保护体系，充分发挥各职能部门的职责优势，建立协调机制，有利于形成合力对中医药产业进行有效保护。

（2）构建全过程全链条司法保护体系

中医药产业司法保护涵盖行政执法过程，进入严格意义上的司法程序，就涉及侦查、起诉、审判等过程，进入法院，就涉及民事诉讼的诉前调解和庭审、判决、执行等各个阶段和过程。对近年来司法实践中的案例进行分析发现，中医药的司法保护进入审判阶段主要涉及的，一是刑事案件，主要包括生产、销售、提供假药罪，生产、销售、提供劣药罪，妨害药品

管理罪，非法行医罪，少量涉及侵犯知识产权罪及过失致人死亡罪，其中涉及较多的为生产、销售假药罪及非法行医罪；二是民事审判领域的合同纠纷、侵权责任纠纷等；三是行政审判中对中医药产业方面行政许可、行政处罚等不服的行政诉讼。构建全过程保护体系，对每个过程高度重视，有利于提升保护质量。

（3）构建全要素多方面保护体系

中医药产业涉及中医药、中医学、中医医疗、中医医养等要素。具体而言，从中医学要素看，中医科研与教学、中医传统文化知识的挖掘与整理、中医药研发成果等会涉及知识产权保护；从中医药角度看，中医药原材料会涉及中医药种植、养殖的动植物新品种保护，中医药片剂、汤剂等中医医疗产品、保健药品及医疗保健器械用品需要保护；从中医药医疗方面看，还会涉及执业主体（包括中医执业医师、中医诊所、中医医院）合法权益的保护及中医医师、诊所、医院等医疗行为的保护等方面。此外，还涉及中医药研发市场，与中医药药材、成品、医疗器械相关的医药市场及医疗市场秩序的保护。总之，中医药产业是一个涉及多要素的产业链，构建全要素多方面的有效司法保护体系意义重大。

2. 坚持"未病先防"的预防原则，打造纠纷前端化解平台，构建司法保护预防体系

防治原则是中医的一个重要基本原则。早在《内经》中就提出了"治未病"的预防思想，强调"防患于未然"。《素问·四气调神大论》说："圣人不治已病治未病，不治已乱治未乱。……夫病已成而后药之，乱已成而后治之，譬犹渴而穿井，斗而铸锥，不亦晚乎。"温江法院激活中医药产业知识产权保护内生动力，整体谋划"治未病"。一是补强全链条知识产权保护体系。加强与成都医学城管委会、温江新经济和科技局等机构的协调联动，与成都知识产权审判庭（温江）巡回法庭的协同配合，对企业提供一对一法治服务，优化温江区级层面知识产权大保护工作格局。二是关口前移，厚植温江区知识产权保护法治土壤。依托法院、成都医学城等线上线下平台，开设知产讲堂，以法官说法、专家讲法等形式，拓宽知识产权保护宣传途径，营造全社会尊重知识、尊重人才的氛围。三是与中国行为法学会四川诉源治理研究基地合作，搭建诉源治理平台，开展中医药产业知识产权知识和法律保护宣传，协助诉前纠纷调解等矛盾纠纷化解工作，

防患于未然，助力预防体系构建。

3. 运用"既病防变""扶正与祛邪"理论，构建司法保护预警体系

运用中医"既病防变""扶正与祛邪"理论，对侵犯中医药知识产权的行为早发现、早处理，防止损失扩大。中医的"既病防变"是指如果疾病已经发生，则应争取早期诊断、早期治疗，以防止疾病的发展与传变。疾病的发展过程，是一个逐渐演变的过程，也是正气与邪气矛盾双方相互斗争的过程。因而治疗疾病，就要扶助正气、祛除邪气，改变正邪双方的力量对比，使之有利于疾病向痊愈方向转化。对于中医药产业保护，特别是涉及知识产权方面的保护，对侵权行为要力争做到早发现、早处理，防止"小事拖大、大事拖炸"，争取将问题解决在萌芽状态。建立预警体系，保证在行政监管和执法过程中，对发现的问题苗头早教育、早处理，防止损失扩大化。

4. "刮骨疗毒""猛药去病"，构建对严重侵权等犯罪行为的惩戒体系

行政处罚、刑事处罚等是打击知识产权犯罪、惩戒违法犯罪较严厉的惩戒手段，特别是刑事处罚，对一些侵犯中医药产业正当合法权利和破坏中医药产业秩序的行为会起到良好的警示效果。构建严密的惩戒体系，对违法犯罪行为采取"刮骨疗毒""猛药去病""壮士断腕"的手段，有利于"扶正与祛邪"，保护中医药产业的健康发展。

5. 突出主要矛盾，构建中医药知识产权重点保护体系

中医药产业的保护重点在知识产权保护。在中医药产业司法保护中，要突出中医药知识产权保护这个重点。构建知识产权重点保护体系。一是设立成都医学城人民法庭，对症开方祛已病，集中民事、行政、刑事案件审判"三合一"，注重知识产权审判与执行衔接；二是以成都医学城企业知识产权保护为开端，探索司法保护"三医"融合发展的审判路径；三是大力培育知识产权司法审判人才，建立精英化的知识产权审判专业团队，加强知识产权审判体系的构建，深挖司法审判潜力；四是借智借脑成都中医药大学、西南财经大学、中国行为法学会等高校和学术机构科研资源，联合开展中医药知识产权保护研究，为构建中医药知识产权重点保护体系提供理论支持。

践行新时代"枫桥经验" 构建非诉讼纠纷化解体系

——以成都市温江区法院实践为研究样本

余 涛 周冰洁 徐榕梅[*]

摘 要：习近平总书记在中央政法工作会议上提出"把非诉讼纠纷解决机制挺在前面"[①] 的新理念新思想。党的二十大报告强调，要"健全共建共治共享的社会治理制度，提升社会治理效能。在社会基层坚持和发展新时代'枫桥经验'，健全城乡社区治理体系"[②]。成都市温江区法院根据区域社会矛盾发展态势和治理实际，建设"诉前调解 心安社区"，以一个可视化阵地示范引领，强化"一站式"诉讼服务保障链，健全分层递进的线下多元解纷链，数字化再造线上社会末梢治理链，延伸 N 项举措以点带面提升纠纷前端化解实效，以法律服务建圈强链理念创新基层社会治理模式，实现基层矛盾纠纷的"家门口多链条"化解。

关键词：社会治理 非诉讼纠纷解决机制 "枫桥经验"

一 溯源：新时代"枫桥经验"非诉讼纠纷化解体系

法治建设既要抓末端、治已病，更要抓前端、治未病。习近平总书记指出："坚持和发展新时代'枫桥经验'，把非诉讼纠纷解决机制挺在前面，

---

[*] 余涛，成都市温江区人民法院党组书记、院长；周冰洁，成都市温江区人民法院审管办（研究室）一级科员；徐榕梅，成都市温江区人民法院审管办（研究室）法官助理。

[①] 《把非诉讼纠纷解决机制挺在前面 推动行政争议多元化解——最高法行政审判庭负责同志就〈意见〉答记者问》，2022 年 1 月 21 日，中华人民共和国最高人民法院，https：//baijiahao.baidu.com/s？id=1722492344504189868&wfr=spider&for=pc。

[②] 习近平：《高举中国特色社会主义伟大旗帜 为全面建设社会主义现代化国家而团结奋斗——在中国共产党第二十次全国代表大会上的报告》，人民出版社，2022，第 54 页。

推动更多法治力量向引导和疏导端用力，加强矛盾纠纷源头预防、前端化解、关口把控，完善预防性法律制度，从源头上减少诉讼增量。"[①] 这些重要指示精神，为人民法院做好新时代纠纷解决和诉讼服务工作提供了强大思想武器和科学行动指南。

（一）政策依据

党的十八届四中全会通过的《中共中央关于全面推进依法治国若干重大问题的决定》提出，要健全社会矛盾纠纷预防化解机制，完善调解、仲裁、行政裁决、行政复议、诉讼等有机衔接、相互协调的多元化纠纷解决机制。2015 年中央办公厅和国务院办公厅印发《关于完善矛盾纠纷多元化解机制的意见》，从制度层面对多元化纠纷解决机制改革作出顶层设计。2019 年，习近平总书记在中央政法工作会议上作出重要指示，明确提出要"把非诉讼纠纷解决机制挺在前面"。2021 年 2 月 19 日，中央全面深化改革委员会第十八次会议审议通过《关于加强诉源治理推动矛盾纠纷源头化解的意见》，强调要推动更多法治力量向引导和疏导端用力，加强矛盾纠纷源头预防、前端化解、关口把控，完善预防性法律制度，从源头上减少诉讼增量。[②]

习近平总书记就加强社会治理提出一系列具有开创性、引领性的新理念新思想新战略。坚持把非诉讼纠纷解决机制挺在前面，就是要实现自治法治德治"三治结合"，共建共治共享"三共一体"，健全分层递进、衔接配套的纠纷解决体系，加强纠纷前端化解、综合治理，以柔性方式缓和、减少诉讼程序和司法裁判的刚性带来的冲击，更好地促进百姓和顺、城乡和美、社会和谐，实现"治未病"的良法善治局面，构建富有活力和效率的新型基层社会治理体系。[③]

深化司法体制改革，加快建设公正高效权威的社会主义司法制度，是推进国家治理体系和治理能力现代化的重要举措。"把非诉讼纠纷解决机制挺在前面"是当前加快推进政法领域全面深化改革的重要任务。把基层

[①] 《完整准确全面贯彻新发展理念　发挥改革在构建新发展格局中关键作用》，2021 年 2 月 20 日，人民网，http://politics.people.com.cn/n1/2021/0220/c1024-32032180.html。

[②] 参见孙航《把非诉讼纠纷解决机制挺在前面　推动行政争议多元化解——最高人民法院行政审判庭负责同志就〈关于进一步推进行政争议多元化解工作的意见〉答记者问》，《人民法院报》2022 年 1 月 20 日，第 3 版。

[③] 参见张甲天《坚持把非诉讼纠纷解决机制挺在前面的实践路径》，《人民法院报》2019 年 9 月 12 日，第 8 版。

存在的问题找准，把成功的经验总结好，把改革的举措真正落地，加快推进社会治理现代化，才能夯实"中国之治"的基石。① "把非诉讼纠纷解决机制挺在前面"也是完善多元解纷机制的核心要义，运用非诉讼纠纷解决机制从源头上化解纠纷，实现通过多元解纷促进新时代社会治理现代化。

"枫桥经验"的实践要求：立足预防、立足调解、立足法治、立足基层，切实做到预防在前、调解优先、运用法治、就地解决。60 年前，"枫桥经验"在毛泽东思想指引下孕育诞生；进入新时代，"枫桥经验"在习近平新时代中国特色社会主义思想指引下创新发展。60 年发展历久弥新，始于基层的"枫桥经验"从社会治理的"一地之计"成为"一国之策"，如今，这种"依靠群众就地化解矛盾"的基层治理模式已呈现百花齐放的生动局面，成为全国政法战线一面高高飘扬的旗帜。②

（二）现实需求

如何通过非诉讼纠纷解决机制改革将案件受理量降下来，是法院当前面临的重大课题。人民法院受理案件的急剧增长是新时代社会矛盾状况的一个缩影和例证，成为伴随中国发展的"成长性烦恼"。加强矛盾纠纷的诉前分流，主动传承和发扬新时代"枫桥经验"成为实现矛盾前端化解、解决法院人案矛盾、确保案件质效的现实需求。③

应对社会治理新问题的实际需要。近年来，各地法院案件数量增幅较大。以成都市温江区为例，2020 年至 2022 年，温江区法院共受理各类民商事案件 27487 件，其中 2020 年 6725 件，同比下降 2.05%；2021 年 9855 件，同比上升 46.54%；2022 年 10907 件，同比上升 10.67%。2023 年 1 至 9 月，温江区法院新收各类民商事案件 8569 件，同比上升 8.62%。④ 多元解纷的

---

① 参见龙飞《"把非诉讼纠纷解决机制挺在前面"的实证研究——以重庆法院实践为样本》，《法律适用》2019 第 23 期
② 参见张耀宇《明确"四个立足"　坚持好发展好新时代"枫桥经验"——纪念毛泽东同志批示学习推广"枫桥经验"六十周年暨习近平总书记指示坚持发展"枫桥经验"二十周年大会精神解读》，《人民公安报》2023 年 11 月 9 日，第 1 版。
③ 参见张耀宇《明确"四个立足"　坚持好发展好新时代"枫桥经验"——纪念毛泽东同志批示学习推广"枫桥经验"六十周年暨习近平总书记指示坚持发展"枫桥经验"二十周年大会精神解读》，《人民公安报》2023 年 11 月 9 日，第 1 版。
④ 全文数据来源于温江区法院审管办（研究室）。

本质是建立分层递进、衔接配套的纠纷解决体系，将大部分矛盾纠纷在诉前分流，一部分简单案件速裁速审，少部分疑难复杂案件精细处理，"实质就是多种解纷主体根据各自定位，按照自治-调解-裁判的纠纷递进规律化解矛盾的过程"①。

矛盾纠纷化解方式多元化的现实需求。建立非诉讼纠纷解决机制使案件激增势头得到有效遏制，大量矛盾纠纷在源头被化解，促使矛盾纠纷化解方式从单一向多元转变，多元主体合作共治成效显著。推动矛盾纠纷从对抗性向协商性转化，打造走进社区的综合性调解平台，使矛盾纠纷在居民家门口就能得到及时解决，在降低诉讼成本的同时也减轻了群众诉累。通过将人民调解的柔性化解和司法确认的刚性约束有机融合，依情依理又依法依规，让矛盾纠纷化解更有温度。②

落实司法为民宗旨的实际需要。建立非诉讼纠纷解决机制是落实以人民为中心的发展思想的必然要求。我国素有"和为贵"的传统文化，人民群众基于道德习惯、风俗人情、传统文化的考虑，往往希望省钱、省时、公正而又不伤情面地解决纠纷，这也是调解成为"东方经验"的内在原因之一。此种情况下，非诉解纷理念恰恰是中国传统和谐理念和现代社会国家治理体系建设的有机融合。③ 深入践行司法为民理念。公正司法关系群众切身利益和社会公平正义。在非诉讼纠纷解决机制中，致力于前端解纷，让人民群众在每一个司法案件中感受到公平正义。

二　实证：成都市温江区法院受理全区民商事案件的总体概况

（一）重点案件类型情况

2020 年 1 月至 2023 年 9 月，成都市温江区法院受理各类型民商事案件中，收案数排名前三的案件类型为：房屋买卖合同纠纷、民间借贷纠纷、物业服务合同纠纷（见表 1）。

---

① 参见张爱云编著《司法保障和谐的新实践》，人民法院出版社，2009，第 28 页。
② 参见包路芳《费孝通的"无讼"思想与中国基层社会治理》，《湖北民族大学学报》（哲学社会科学版）2022 年第 3 期。
③ 参见龙飞《论国家治理视角下我国多元化纠纷解决机制建设》，《法律适用》2015 年第 7 期。

表1　2020年1月至2023年9月成都市温江区各镇（街）民商事案件概况

单位：件，%

时间		2020年		2021年		2022年		2023年1~9月	
镇（街）	案件类型	案件数	同比	案件数	同比	案件数	同比	案件数	同比
L	民间借贷纠纷	168	23.29↓	277	64.88↑	257	7.22↓	234	10.90↑
	房屋买卖合同纠纷	296	14.29↑	473	59.80↑	295	37.63↓	130	50.57↓
	物业服务合同纠纷	80	8.11↑	134	67.50↑	191	42.54↑	148	62.64↑
	离婚纠纷	56	36.36↓	92	64.29↑	90	2.17↓	78	4.00↑
	劳动争议纠纷	22	18.52↓	47	113.64↑	47	0.00	54	74.19↑
	机动车交通事故责任纠纷	53	27.40↓	86	62.26↑	78	9.30↓	67	5.63↓
G	民间借贷纠纷	28	62.67↓	65	132.14↑	83	27.69↑	75	2.74↑
	房屋买卖合同纠纷	36	9.09↑	71	97.22↑	58	18.31↓	47	7.84↓
	物业服务合同纠纷	4	100.00↑	11	175.00↑	41	272.73↑	5	82.76↓
	离婚纠纷	29	38.10↑	32	10.34↑	36	12.50↑	37	27.59↑
	劳动争议纠纷	5	16.67↓	12	140.00↑	9	25.00↓	33	450.00↑
	机动车交通事故责任纠纷	17	22.73↓	23	35.29↑	17	26.09↓	15	6.25↓
Y	民间借贷纠纷	24	45.45↓	39	62.50↑	50	28.21↑	45	9.76↑
	房屋买卖合同纠纷	223	668.97↑	16	92.83↓	179	1018.75↑	8	95.53↓
	物业服务合同纠纷	1	66.67↓	14	1300.00↑	22	57.14↑	5	77.27↓
	离婚纠纷	12	52.00↓	24	100.00↑	29	20.83↑	21	16.00↓
	劳动争议纠纷	7	68.18↓	11	57.14↑	16	45.45↑	11	21.43↓
	机动车交通事故责任纠纷	15	0.00	15	0.00	18	20.00↑	12	25.00↓
J	民间借贷纠纷	35	16.67↓	67	91.43↑	63	5.97↓	44	16.98↓
	房屋买卖合同纠纷	10	23.08↓	30	200.00↑	25	16.67↓	17	26.09↓
	物业服务合同纠纷	1	66.67↓	14	1300.00↑	45	221.43↑	14	17.65↓
	离婚纠纷	25	31.58↑	22	12.00↑	37	68.18↑	20	23.08↓
	劳动争议纠纷	7	22.22↓	11	57.14↑	8	27.27↓	15	275.00↑
	机动车交通事故责任纠纷	13	48.00↓	31	138.46↑	20	35.48↓	30	76.47↑

时间		2020 年		2021 年		2022 年		2023 年 1~9 月	
镇（街）	案件类型	案件数	同比	案件数	同比	案件数	同比	案件数	同比
YQ	民间借贷纠纷	60	21.05 ↓	97	61.67 ↑	91	6.19 ↓	101	38.36 ↑
	房屋买卖合同纠纷	92	46.51 ↓	91	1.09 ↓	62	31.87 ↓	422	727.45 ↑
	物业服务合同纠纷	12	14.29 ↓	117	875.00 ↑	49	58.12 ↓	21	52.27 ↓
	离婚纠纷	35	5.41 ↓	50	42.86 ↑	55	10.00 ↑	40	20.00 ↓
	劳动争议纠纷	8	66.67 ↓	7	12.50 ↓	20	185.71 ↑	31	181.82 ↑
	机动车交通事故责任纠纷	18	0.00 ↑	25	38.89 ↑	31	24.00 ↑	12	55.56 ↓
T	民间借贷纠纷	38	17.39 ↓	104	173.68 ↑	149	43.27 ↑	118	4.84 ↓
	房屋买卖合同纠纷	81	189.29 ↑	130	60.49 ↑	50	61.54 ↓	56	51.35 ↑
	物业服务合同纠纷	4	33.33 ↓	11	175.00 ↑	11	0.00	33	560.00 ↑
	离婚纠纷	22	21.43 ↓	21	4.55 ↓	29	38.10 ↑	23	4.55 ↑
	劳动争议纠纷	14	55.56 ↑	14	0.00	37	164.29 ↑	45	87.50 ↑
	机动车交通事故责任纠纷	41	32.79 ↓	75	82.93 ↑	57	24.00 ↓	69	38.00 ↑
W	民间借贷纠纷	54	26.03 ↓	110	103.70 ↑	92	16.36 ↓	82	13.89 ↑
	房屋买卖合同纠纷	47	23.68 ↑	96	104.26 ↑	90	6.25 ↓	47	17.54 ↓
	物业服务合同纠纷	118	90.32 ↑	486	311.86 ↑	333	31.48 ↓	70	77.12 ↓
	离婚纠纷	38	29.63 ↓	48	26.32 ↑	57	18.75 ↑	52	13.04 ↓
	劳动争议纠纷	11	22.22 ↑	23	109.09 ↑	16	30.43 ↓	24	71.43 ↑
	机动车交通事故责任纠纷	31	13.89 ↓	43	38.71 ↑	35	18.60 ↓	54	86.21 ↑
H	民间借贷纠纷	29	21.62 ↓	43	48.28 ↑	41	4.65 ↓	43	38.71 ↑
	房屋买卖合同纠纷	5	50.00 ↓	13	160.00 ↑	7	46.15 ↓	9	50.00 ↑
	物业服务合同纠纷	6	40.00 ↓	16	166.67 ↑	15	6.25 ↓	15	15.38 ↓
	离婚纠纷	14	46.15 ↓	24	71.43 ↑	37	54.17 ↑	29	6.45 ↓
	劳动争议纠纷	6	0.00	5	16.67 ↓	4	20.00 ↓	8	300.00 ↑
	机动车交通事故责任纠纷	19	26.92 ↓	35	84.21 ↑	19	45.71 ↓	25	66.67 ↑

续表

时间		2020 年		2021 年		2022 年		2023 年 1~9 月	
S	民间借贷纠纷	16	30.43 ↓	45	181.25 ↑	42	6.67 ↓	39	14.71 ↑
	房屋买卖合同纠纷	9	200.00 ↑	8	11.11 ↓	4	50.00 ↓	10	150.00 ↑
	物业服务合同纠纷	3	100.00 ↑	10	233.33 ↑	5	50.00 ↓	12	140.00 ↑
	离婚纠纷	25	34.21 ↓	30	20.00 ↑	37	23.33 ↑	36	56.52 ↑
	劳动争议纠纷	2	75.00 ↓	2	0.00	1	50.00 ↓	6	500.00 ↑
	机动车交通事故责任纠纷	14	39.13 ↓	31	121.43 ↑	15	51.61 ↓	19	26.67 ↑

2023 年 1~9 月，YQ、S 辖区的房屋买卖合同纠纷同比增幅超过 100%，最高的为 727.45%；G、J、YQ、H、S 辖区的劳动争议纠纷增幅超过 100%，最高的为 500%；T、S 的物业服务合同纠纷增幅超过 100%，最高的为 560%。

（二）分布区域情况

从 2021 年起，温江区 G、J、YQ、T、H、S 镇（街）区域的民商事案件受案数连续三年上涨，2023 年 1~9 月涨幅大的同比增长 54.80%，增幅较小的也为 1.90%（见表 2）。

表 2　2020 年 1 月至 2023 年 9 月成都市温江区各镇（街）民商事案件概况

单位：件，%

各镇（街）	2020 年		2021 年		2022 年		2023 年 1~9 月	
	案件数	同比	案件数	同比	案件数	同比	案件数	同比
L	1128	19.54 ↓	1956	73.40 ↑	1893	3.22 ↓	1533	4.36 ↑
G	253	21.18 ↓	466	84.19 ↑	712	52.79 ↑	589	1.90 ↑
Y	359	32.96 ↑	239	33.43 ↓	569	138.08 ↑	439	4.36 ↓
J	200	27.27 ↓	393	96.50 ↑	396	0.76 ↑	339	17.71 ↑
YQ	376	26.85 ↓	752	100.00 ↑	879	16.89 ↑	1000	54.80 ↑
T	339	11.95 ↓	700	106.49 ↑	711	1.57 ↑	702	22.73 ↑
W	507	1.60 ↑	1182	133.14 ↑	1010	14.55 ↓	693	17.20 ↓
H	156	26.07 ↓	254	62.82 ↑	255	0.39 ↑	241	24.23 ↑
S	141	26.18 ↓	245	73.76 ↑	257	4.90 ↑	256	28.00 ↑
全区合计	3459	14.97 ↓	6187	78.87 ↑	6682	8.00 ↑	5792	10.47 ↑

（三）行专调情况

2023 年 1~9 月，行专调方面，房地产领域、婚姻家庭领域、道路交通领域、劳动人事争议领域同比出现增长，其中婚姻家庭领域、道路交通领域、劳动人事争议领域连续三年（2021 年 1 月至 2023 年 9 月）增长（见表 3）。

表 3　2020 年 1 月至 2023 年 9 月成都市温江区行专调情况

单位：件,%

	2020 年		2021 年		2022 年		2023 年 1~9 月	
	案件数	同比	案件数	同比	案件数	同比	案件数	同比
物业管理领域	478	2.45↓	1295	170.92↑	1022	21.08↓	445	45.47↓
房地产领域	1824	15.59↑	2143	17.49↑	1749	18.39↓	1895	22.73↑
婚姻家庭领域	421	21.31↓	546	29.69↑	665	21.79↑	542	2.07↑
道路交通领域	245	12.50↓	413	68.57↑	423	2.42↑	430	17.17↑
劳动人事争议领域	221	35.19↓	500	126.24↑	612	22.40↑	474	137.00↑

三　检视：深化诉前调解所面临的形势与困难

目前法院仍面临人案矛盾难以化解、生效裁判难以执行、当事人难以服判息诉等长期制约法院发展的突出难题。尽管各地法院在破解这些难题上进行了许多有益探索，但仍无法从根本上改变诉讼案件大量涌入法院的严峻态势。这些问题深层次地反映出当下人民群众日益增长的司法需求与相对不足的司法供给之间的突出矛盾。人民法院也应当着力于前端解纷，将纠纷化解在萌芽状态，在依法治国基本方略的指引下，有效化解矛盾纠纷。[①]

（一）诉前调解方式亟待创新

诉前调解理念与模式需要更新。诉前调解工作，以往多从法院开始，强调法院的诉讼审理和法院外的非讼调解之间的衔接、融合，建立完善多元化纠纷解决机制也需要关注纠纷发生后如何通过调解方式来解决纠纷的

[①]　参见四川省成都市中级人民法院课题组《内外共治：成都法院推进"诉源治理"的新路径》，《法律适用》2019 年第 19 期。

角度研究与诉讼方式的衔接。诉前调解现代化的思想内核在于如何创新和发展新时代"枫桥经验"中的多元解纷理念，有效化解社会矛盾与纠纷。当前，从治理理念层面，诉前调解现代化的理论堵点在于，无论治理主体抑或人民群众，均由于受到过去"遇事找法院"和"大调解"等司法政策的思维惯性影响，将诉前调解的理念片面等同于以人民法院为中心开展广泛的调解和解工作，① 而忽略了多元解纷理念中更为重要的社会治理属性和理念，这就造成了治理主体往往更关注短期利益，将矛盾纠纷迅速"一调了事"，而忽略了"枫桥经验"所要求的长期受损的社会关系修复、柔性治理规则的涵养、以人民为中心的基层自治结构的健康发育和矛盾纠纷化解后人民群众权利的兑现情况。②

（二）司法制度与基层社会治理衔接仍需完善

基层人民法院不仅承载着司法裁判功能，还积极参与到社会治理中。然而法院在实践中常常会遭遇超越司法裁判规范范围的困境，不可避免地需要借助非正式规范解决现实问题，但这可能会在一定程度上消解司法机关的规范特征，不利于树立司法权威。"送法下乡""巡回法治宣讲"等一系列的活动导致法院的工作量急剧增加，使得法官疲于应对各种非审判业务以及绩效考核目标。大量非审判业务在一定程度上使法院"人案矛盾"问题更加突出，加重法官在审判工作之外的工作负担与现实压力。③

此外，对接相关组织的承接能力不强。法院与行政机关、仲裁机构、人民调解组织、行业调解组织等相关组织的协调配合方面还有一定的发展空间，在程序安排、效力确认、法律指导等有机衔接方面还需要加强，相关部门之间的协调配合还需要加强。司法改革与多元化解工作协调度不够，政府、社会各方力量共同化解矛盾纠纷还存在衔接不畅的问题。④ 仍需逐步

---

① 参见牛正浩《新时代知识产权检察统合保护论纲》，《湖南社会科学》2022 年第 4 期。
② 参见牛正浩《新时代"枫桥经验"视域下诉源治理现代化路径构建》，《学术界》2023 年第 9 期。
③ 参见马思洁、孙萌《人民法庭智慧化建设类型、困境及其优化——基于诉源治理视角的分析》，《三晋基层治理》2022 年第 6 期。
④ 参见张耀宇《明确"四个立足"坚持好发展好新时代"枫桥经验"——纪念毛泽东同志批示学习推广"枫桥经验"六十周年暨习近平总书记指示坚持发展"枫桥经验"二十周年大会精神解读》，《人民公安报》2023 年 11 月 9 日，第 1 版。

打造调解联动优势，找准法院在诉前调解工作中的对接盲点，构建多元矛盾纠纷化解网络，逐步落实诉前调解的制度功能。诉讼成为大众解决纠纷的主要途径，而诉讼是所有解纷途径中成本最高、程序最复杂的。调解、仲裁、诉讼、行政裁决等纠纷解决途径在前期往往各自为战，未形成有效治理合力。

（三）民间调解组织力量尚需加强

理想的诉前调解现代化，应以基层社会组织的内部矛盾纠纷解决机制作为社会机体的"免疫系统"，及时清除化解组织内的矛盾纠纷。基于我国数千年来"无讼"的传统文化理念，社群成员之间产生矛盾纠纷一般不会诉诸司法公权力，诉诸司法公权力一般意味着社会关系彻底破裂。而横向诉前调解体系通过基层群众自治，自主解决矛盾，引导矛盾纠纷通过缓和的方式进行化解，有助于及时修复受损社会关系，防止其演化为诉讼甚至极端事件。基层群众自治组织是我国社会的"微血管"和"干细胞"，更是基层维稳的最前沿阵地，对于社区邻里间矛盾纠纷萌芽往往能够最早发现并及时介入；通过在萌芽阶段的矛盾化解，横向诉前调解机制能够有效增强人民群众幸福感与获得感，防止矛盾扩大，维护基层社会稳定。[1] 对于其他非专业调解机构来说，如村民委员会、居民委员会这样的群众性自治组织，无法完全掌握诉前调解中的非诉讼纠纷解决机制以及专业的法律知识，未具备必备的法律知识，未能掌握必要的工作方法和技巧，遇到疑难矛盾纠纷，往往无所适从，难以化解基层矛盾纠纷，无法实现矛盾在源头解决的目的。因此，仍需从专业程度、协调组织、资源整合等多方面增强民间调解组织力量。

（四）纠纷化解队伍的工作能力与实际需求尚有差距

解纷人员素质参差不齐、能力有限；人员变动较大，受年龄、专业知识的影响调解能力欠缺；行业调解组织积极性不高，许多纠纷调处组织的成员身兼多职，主要精力用于应付其他日常性事务，没有一套完整的、可行的、常态化的、制度性的约束机制，致使其多元化解责任并未落到实处，

---

① 参见牛正浩《新时代"枫桥经验"视域下诉源治理现代化路径构建》，《学术界》2023 年第 9 期。

对接机制联而不动，具体措施落实较少，效果大打折扣。调研发现，兼职人民调解员数量多但履职较随意、专职人民调解员紧缺，网格员、五老乡贤等基层人员的调解作用未充分有效发挥。诉前调解工作机制欠缺保障和考核激励，由于受专职人民调解员队伍建设、待遇保障、工作场所，再加上欠缺考核激励的导向引领等影响，基层调解组织在开展工作过程中存在缺乏主观能动性、调解成功率低等问题，未充分发挥矛盾纠纷化解的作用。

纵观诉前调解的历史脉络，"从群众中来到群众中去"，让群众充分参与共治的工作方法推进社会高质量治理从而进一步推进诉前调解，主动传承和发扬新时代"枫桥经验"成为实现矛盾源头化解、解决法院人案矛盾、推动社会高质量发展的现实需求。

四　完善：成都市温江区法院创新"1+3+N"非诉讼纠纷解决机制

为满足人民群众对美好生活的向往，回应基层社会治理新问题，推进诉前调解资源要素重组整合，前端解纷增进群众福祉，让人民群众切实感受到公平正义就在身边，成都市温江区法院根据区域社会矛盾发展态势和治理实际，建设"诉前调解　心安社区"，以 J 街道一个可视化阵地示范引领，强化"一站式"诉讼服务保障链，健全分层递进的线下多元解纷链，数字化再造线上社会末梢治理链，延伸 N 项举措以点带面提升诉前调解实效，以法律服务建圈强链理念创新基层社会治理模式，实现基层矛盾纠纷的"家门口多链条"化解，让基层群众生产生活"心有所安"。由成都市温江区法院提供数据，将成都市温江区级相关部门、各镇（街）产生的诉讼案件增幅纳入对各部门、镇（街）的年度考核，深入推进矛盾纠纷源头预防及前端化解，助力构建"3+6"现代化产业体系，奋力建设"幸福美好之城"。

（一）以"1 个可视化阵地"为示范，建强法律服务圈

建立机制，统筹协调全区司法服务资源。2022 年 4 月，在成都市温江区委政法委统一协调下，区法院、区委社治委、区检察院、区公安分局、区司法局等 6 部门联合印发《关于"'建社区法律服务圈　强司法保障供应链'　为'心安社区'建设提供法治保障"实施意见》，共建成都市温江区基层社会治理品牌——"诉前调解　心安社区"。明确"诉前调解　心安社区"建设总体布局，涵盖 9 个社区、1 个街道办、3 个行业调解组织，以点

到面、分层分类推进"心安社区"司法保障建设工作。确立"建设'七无''七有''八好'社区"1个基本目标、聚焦健全诉前调解机制、提升市域社会治理现代化水平、打造稳定公平可及的营商环境、振兴美丽乡村4个方面，明确制定出43项工作任务。出台《"心安社区"建设工作考评办法》《关于进一步提升"心安社区"智慧建设水平的实施方案》《关于进一步加强诉调对接工作深化"心安社区"建设实施意见》等配套机制。

实践探索，打造首个可视化示范阵地。2022年7月，温江区法院在J街道Y社区挂牌运行"诉前调解 心安社区"首个可视化阵地。融合"'豌豆荚'未成年人保护法官工作室·温江站""亮晶晶温江启航·未成年人检察工作室"功能，社区法官、社区检察官、社区律师驻点不定期指导、调解，整理调解中涉及群众婚姻家庭、继承和邻里关系等方面的典型案例并发布"心安故事荟"18期，形成诉前解纷"心安"样本，构筑起诉前调解法治防线、社区发展治理幸福高线和社会综合治理安全底线。

以点带面，发挥试点阵地辐射效应。2023年以来，成都市温江区法院在T街道T社区、L街道大学城社区等8个社区稳步推进"心安社区"试点阵地打造，加速形成可视可感的社区服务网络。温江区大学城社区加强校企地联动，针对"高校师生、企业商家、小区居民"三大群体同质化和个性化需求，组建"乡村振兴法务团""法律帮帮团"，定期到社区开展政策咨询、人民调解、法律宣传工作。社区充分发挥小区党支部、业委会一线矛盾纠纷调解桥头堡作用；社区党支部、业委会共调解物业纠纷、邻里公共空间占用矛盾纠纷等23起，同时，积极联动街道、部门化解疑难杂症，多方联动参与小区路面沉降、消防通道占用、商铺噪声扰民等纠纷调解15场。

（二）以"3条司法供应链"为抓手，提档现代化法治服务

突出重点，强化"一站式"诉讼服务保障链。成都市温江区法院以回应各社区街道企业、群众司法需求为起点，完善诉讼保障"18项提醒服务"，推动诉讼服务的全链条运行，使诉讼服务更精准。设立民事财产保全中心，完善"1+2"前后台相链接的一站式财产保全工作机制，实现保全办理更便捷。建立小额诉讼调度中心，形成"一心六点"的小额诉讼立审执一体化办案架构，采取"集中调度、分段集约、分工协作"模式，确保办案流程更高效。

多元配合，健全分层递进的线下多元解纷链。2022年，经成都市温江区法院调研，温江区9个镇（街）全部设立了公共法律服务站，且实现了"一村一法律服务"，有人民调解员845名，调解委员会124个（含95个村社和9个行业专业调解委员会），但兼职人民调解员履职较随意、专职人民调解员紧缺、基层人员的调解作用未有效发挥。为了更好整合温江区现有优质解纷资源，温江区法院联合温江区委社治委等部门，强化指导J街道村（社区）发挥"两委"主体作用和基层人民调解委员会作用，健全"五老乡贤"调解机制，完善村（居）民议事会、村（居）务监督委员会制度。吸纳更多社会组织参与纠纷调处活动，重点培育物业、婚姻家庭、劳动人事等行业协会商会类社会组织，培育高精尖行业调解队伍，提升行业内自主化解纠纷实效。

智慧赋能，数字化再造线上社会末梢治理链。经统计，2019年温江区法院新收J街道诉讼案件275件、2020年新收200件、2021年新收393件。立足近年来街道涉诉情况，为让社区、村组这一市域治理能力现代化末梢的信息化建设跟上现代化步伐，温江区法院健全社区、村组"呼叫响应"纠纷化解机制，推进"互联网+多元化解"，通过公共法律服务热线平台、"和合智解"e调解平台、电子诉讼等线上平台，筑牢社区法律服务圈，确保"一站式"司法便民功能切实发挥。以J街道Y社区为例，2022年以来，社区调解委员会远程成功调解租赁纠纷3例、劳务纠纷3例、家庭赡养纠纷2例、离婚纠纷2例、青少年抚养纠纷2例、居民矛盾纠纷5例等17起纠纷案件。

（三）以"N项举措"为突破，立体提升诉前调解实效

"法治到自治"激发群众化解矛盾的"能动力"。温江区法院不断加强与公安、检察、司法局等部门的协作，吸纳公证、律师等社会法律服务机构力量，通过打造镇（街）、社区两级公共法律服务工作站、社区巡回法庭、警务室、检察官工作室等，搭建好"家门口"的社区法律服务圈。2022年7月以来，社区法官、检察官、律师指导人民调解员调解纠纷30余件（次），形成解纷样板7个，开展社区集中普法活动16次，覆盖社区居民6000人。在做好法治服务的同时，激活社区自治，在J街道Y社区推出无讼公约、社区自治公约，调动居民参与基层治理工作的积极性，与政府治理、法治保障形成良性互动，让法治规则外化于行、内化于心。

"因地制宜"画好矛盾纠纷诉前调解的"同心圆"。J 街道 Y 社区成立"爱 Y 志愿服务队"、温江区 LY 社区搭建小区"HL·市民聊吧"平台，通过社区各种自治组织及骨干力量，积极参与矛盾纠纷的前端化解。在解决大型小区"GL"停车费涨价、业委会未成立等治理难题过程中，LY 社区充分发挥社区"群众工作之家"阵地优势，组建"社区代理员+网格代理员+微网格代理员+志愿者代理员"四级代理员体系，化解了多次串联访、越级访事件，确保小事不出社区、大事不出街道，实现小区治理全参与。温江大学城社区创建"XY 工作室"面向外籍人士开展中国法律宣传；推广"'Z 大姐'信访调处室"，用接地气的方式化解邻里纠纷，2023 年以来，"'Z 大姐'信访调处室"现场处理居民诉求 29 件，调解满意率达 99.5%。

"一站式"司法确认打通纠纷化解的"快车道"。区法院、区司法局等部门依据工作职能和司法需求，完善诉调对接机制，明确委派调解案件类型、范围、流程等内容，完善诉非衔接机制。区法院设立集"调—立—审—执"多功能于一体的"司法确认中心"，选派资深法官担任法治指导员轮流"坐堂"值班，实现当事人调解登记、签署调解协议、申请司法确认到领取司法确认书、督促当场兑付的全流程"一站式"办理。

结　语

诉前调解现代化的实现，应秉持新时代"枫桥经验"中多元化纠纷解决的理念，统筹推进社会矛盾综合治理。坚持和发展新时代"枫桥经验"，纵深推进诉前调解工作。在党委的正确领导下，准确把握法院在社会治理中的参与、推动、规范和保障的职责定位，积极探索非诉讼纠纷解决机制，进一步推进基层治理能力现代化。紧紧围绕实质解纷主题，扛起推进诉前调解工作的主体责任，总结完善"诉前调解　心安社区"机制，加强社会协同，形成诉前调解工作合力。多方面、多角度、多渠道宣传非诉方式解决矛盾纠纷的优势，不断提升诉前调解工作在人民群众中的认同度。

2023 年度"鱼凫·破产重生"工作室品牌建设情况

周冰洁[*]

2023 年，温江法院持续优化破产审判，与四川省法学会破产法学研究会、成都理工大学破产法与企业保护研究中心共建"鱼凫·破产重生"工作室，以推进危困企业矛盾纠纷化解为切入口，积极探索企业破产重整实践，强化破产制度救危治困功能，积极引导企业优先适用预重整、重整、和解等程序，为温江激活市场资源、优化产业结构、营造良好环境提供坚强保障，助力区域经济"再增效"。

一　建设"一心两点"专业化审判队伍，优质办理破产案件

针对破产案件多元性特征，温江法院"鱼凫·破产重生"工作室组建以商事审判庭为中心的跨部门破产审判团队，统筹破产案件繁简分流、破产衍生案件审理、执破衔接等工作。运行"一把手"主持的破产审判专业法官会议，集中分析案件难点，高质量化解疑难破产案件。2023 年以来，温江法院受理破产（包含破申、强清）案件 30 件，依法进入破产程序 19 件，审结破产申请案件 10 件，审结破产清算、重整、强清案件 7 件。2023 年，获评全市法院破产案件长期未结案化解先进。

二　构建"矩阵式"保障机制，提升多维度联动效能

"鱼凫·破产重生"工作室充分借力高校、专业研究机构开展调研，深入研究并提出一企一策处置方案。深化"府院联动"机制，紧密与区级部门工作联动，定期排查审判、执行中破产案件涉案资产的相关情况，及时开拓工作思路。2023 年，围绕"保交楼、保民生、保稳定"目标，在区委

---

　*　周冰洁，成都市温江区人民法院审管办（研究室）一级科员。

坚强领导和区政府大力支持下，以破产审判为抓手，深化府院联动，推进问题楼盘矛盾纠纷化解，依法适用破产（预）重整等程序，2023 年实现"置信逸都城二期 C 区""卡尔生活馆""越鞠苑二期"复工续建。围绕温江区低效工业用地企业提质增效"两年攻坚行动计划"，以"执破衔接"的模式，释放嘉熙实业有限公司、乐微服饰有限公司等低效工业用地 168.66 亩，统筹财产处置与产业协同发展，引资 2 家公司盘活低效工业用地。适用破产清算释放成都新大地汽车有限责任公司工业用地案被评为成都法院 2023 年度破产典型案例。

三 深化审判科研应用实效，助推优化营商环境

一是加强交流研讨。主办"第六期天府破产法沙龙暨成都市温江区优化破产审判·助力低效工业用地企业提质增效专题研讨会"，与会专家学者及实务界代表对府院联动举措、管理人规范等提出针对性意见建议 18 条。二是申报企业保护与法治环境建设研究基地 2023 年度课题项目。以保护公众利益和挽救企业为目标，构建企业平等保护机制与程序。

四 创新破产审判实践，服务产业园区高质量发展

一是通过破产清算，释放新大地汽车有限责任公司低效工业用地 79 亩。指导管理人高效推进公司资产及债权债务核查、审计评估等各项工作，依法搭建债权人沟通平台，2023 年通过项目投资推介，7 家竞买人参与新大地汽车有限责任公司主要资产的网络拍卖，最终四川金宫川派味业有限公司以 5934 万余元成交，价格溢价约 40%。二是依托司法拍卖，释放成都乐微服饰有限公司低效工业用地 89.66 亩。充分运用司法处置方法，组建"1 名员额法官+2 家辅助拍卖公司+N 名审辅工作人员"的资产处置专班，通过法院官方"两微一端"、辅拍公司微信等平台及时推送土地拍卖信息，2023 年 8 月 8 日，成功引资四川聚创医药有限公司，盘活低效工业用地 89.66 亩。三是做好"执破衔接"，释放四川嘉熙实业有限公司低效工业用地 53.42 亩。推进资产高效处置，释放生产要素，通过司法关联摸清底数，通过区域联动了解症结，促进执破衔接加速释放。受理嘉熙实业有限公司破产清算，指导管理人协调做好债权人、征地农户等主体的群众工作，保障土地顺利腾退并加速资产分配，助力买受人成都圣恩生物科技股份有限公

司接收进场，释放土地资源 53.42 亩。

　　下一步，温江法院将进一步转变司法服务理念，立足审判职能，深化"鱼凫·破产重生"改革品牌，为助力法治化营商环境、推动实现温江区高质量发展贡献法院智慧。

破产程序化解问题楼盘矛盾纠纷方法路径研究（节选）

余　涛　李凯敏[*]

一　破产化解问题楼盘矛盾纠纷概况

项目组对四川省法院系统 2018 年 1 月至 2023 年 1 月适用破产程序化解问题楼盘矛盾纠纷情况进行调研，并将相关情况及主要特点介绍如下。

（1）四川省问题楼盘破产案件数量占比较大，近年来呈上升趋势。近年来，受经济形势叠加疫情的影响，加之破产解决问题楼盘矛盾纠纷的优势显现，四川省内问题楼盘破产案件体量较大，且呈增长趋势。2018 年 1 月至 2023 年 1 月，全省受理破产案件 2514 件，其中问题楼盘破产案件 217 件[①]，占破产案件总量的 8.63%。2018 年受理问题楼盘破产案件 30 件，2022 年受理 53 件，增幅达 76.67%（见图 1）。随着问题楼盘进入破产程序案件数量的增长，如何高效化解问题楼盘矛盾纠纷，成为亟待研究的一项课题。

（2）四川省问题楼盘破产案件较为集中，成都都市圈占比较大。就四川省各地市州受理的问题楼盘破产案件数量来说，各地市州之间差距较大。四川省 22 个地市州中，除阿坝、甘孜州外，其余地区均受理了问题楼盘破产案件。2018 年 1 月至 2023 年 1 月，成都都市圈内成都受理案件数量为 53 件，德阳、眉山区域受理案件数分别为 20 件、17 件，这几个地区受理案件数占四川地区的近一半的体量。其他受理数量较多的城市有绵阳（17 件）、遂宁（17 件）等。由此可见，成都都市圈区域问题楼盘破产受理案件数量

---

[*]　余涛，成都市温江区人民法院党组书记、院长，"习近平法治思想指导下的破产程序化解问题楼盘矛盾纠纷研究调研报告"（编号为 SCFXW2207，课题类别为重点课题）项目组成员；李凯敏，成都市温江区人民法院审管办（研究室）主任。

[①]　此处 217 件包含旧存案件数量。全文数据来源于温江区人民法院审管办（研究室）。

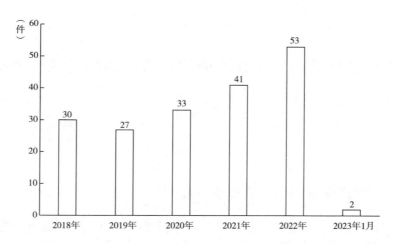

图 1　2018 年 1 月至 2023 年 1 月四川省法院涉问题楼盘破产案件受理情况

占比较大，绵阳、遂宁、宜宾等经济体量较好的城市受理案件数量也较多。四川省内受理的问题楼盘破产案件数量地区差异较大，原因如下。其一，四川省城市间经济发展情况参差，经济发达的城市对楼盘的需求量越大，楼盘基数更大。从问题楼盘破产案件分布情况来看，问题楼盘破产案件数量与经济发展程度呈正相关。成都地区及周边都市圈经济基础好，人员较为密集，对住房需求量大，也吸引诸多开发商进行项目开发。在这种情况下，一旦受到经济下行冲击，上述地区受到的影响大，容易产生问题停工楼盘。其二，问题楼盘的破产案件受理数量与城市法治建设发展密不可分，司法专业化程度越高的城市越倾向于通过破产程序的法治化手段化解问题楼盘的纠纷，例如成都中院、德阳中院等为处理破产案件建立了专门的破产法庭，通过打造集约型、专业化的破产审判团队高效解决破产纠纷。上述地区更倾向于采取破产程序化解纠纷，故案件受理量偏大。

（3）问题楼盘破产案件中楼盘业态以住宅（含商住）为主，这决定了信访维稳压力也较大。217 个问题楼盘的破产案件中，涉及纯住宅型业态楼盘的数量有 39 个，涉及含住宅业态的混合型楼盘的有 145 个，问题楼盘中住宅（含商住）业态相关案件占比高达案件总数的 84.79%。住宅型问题楼盘涉及的债权较之商业型、工业型问题楼盘更具特殊性，交织大量以自用

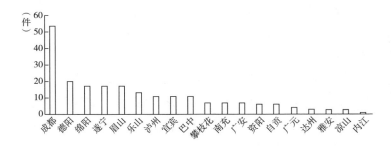

图 2　2018 年 1 月至 2023 年 1 月四川省法院涉问题楼盘破产案件受理地域分布情况

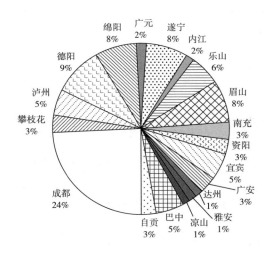

图 3　2018 年 1 月至 2023 年 1 月四川省法院涉问题楼盘破产案件受理占比

为目的的购房户债权人，难以通过协商、自救等其他方式进行权利救济，同时住宅型问题楼盘的债权人人数较多，此类涉众的纠纷若不及时通过司法手段予以化解或者化解不高效，将给地方稳定带来不利影响。

　　（4）程序选择路径上，混合业态楼盘多适用重整程序，单一性业态楼盘多适用清算程序。四川省法院受理的 217 件问题楼盘破产案件中，适用破产重整（含预重整）程序的有 112 件，适用破产清算程序的有 101 件，适用破产和解程序的有 4 件（见图 4）。可见，问题楼盘适用的程序主要为破产重整（含预重整）和破产清算程序。适用破产重整（含预重整）程序的业态类型中，混合业态（包含住宅、商业、办公等）的有91件，占比达到了81.25%，纯住宅类型的有11件，纯商业类型的有9件，工业类型的有1件；适用破产清算程序的业态类型中，混合业态（包含商业、住宅、办公等）的有52件，占比为51.49%，纯住宅类型的有28件，商业类型的有16件，工业类型的有3件，其他类型的有2件；适用破产和解程序的业态类型中，商业类型的有1件，办公类型的有1件，混合业态（包含住宅、商业、办公等）的有2件（见表1）。

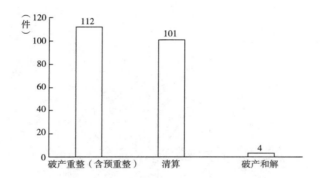

图4　四川省法院审理问题楼盘适用程序

表1　问题楼盘业态分布及审理程序

单位：件

	破产重整（含预重整）	破产清算	破产和解
数量	112	101	4
破产项目类型	住宅（11），商业（9），工业（1），混合业态（包含商业、住宅、办公等）（91）	住宅（28），商业（16），工业（3），医疗（1），文旅（1），混合业态（包含商业、住宅、办公等）（52）	商业（1），办公（1），混合业态（包含商业、住宅、办公等）（2）

总体来看，混合业态的项目因涉及的债权人构成较为复杂，不仅包括购房户、施工人，还包括金融机构、商业主体，采用重整的方式盘活资产显然更有利于满足不同债权人的利益诉求，因此混合业态的问题楼盘更适合适用破产重整程序解决纠纷。单一性业态的项目大多债权结构简单，如

工业、医疗型的问题楼盘一般不会涉众涉稳，适用破产清算程序能够尽快处理纠纷，释放土地潜力，因而单一型业态的问题楼盘较混合业态的问题楼盘而言，更适合适用破产清算程序。破产程序具有不可逆性，程序推进需严格遵守法律规定，但破产重整、清算、和解程序可以根据案件实际情况灵活转换，四川省法院受理的217件破产案件中有4件存在转换情况，其中有3件破产重整转破产清算案件，有1件破产清算转破产和解案件。

（5）破产盘活率较高，模式多元。在调研四川省受理的217件案件中发现，问题楼盘的盘活路径及手段较为丰富，包括资产拍卖、共益债投资、股权重整、以物抵债等多种模式，共计盘活楼盘138个，盘活率（以结案或启动复工续建为标准）高达63.59%。不同程序适用不同的盘活路径：在破产重整程序中，工作重点在于建筑竣工及对外销售等方面，盘活问题楼盘的资产，使得房地产开发企业能够通过重整程序起死回生，共益债的引入或者股权投资的方式能够起到引入新的资金流、完成问题楼盘破产重整重点工作的作用，故而，在适用破产重整程序化解问题楼盘矛盾纠纷的过程中，主要适用共益债、股权重整或者二者相结合的方式；在破产清算程序中，工作重点在于资产的及时处置及对债权的及时处理，同时也会引入共益债完成复工后再进行清算注销，故而资产拍卖、共益债投资是主要选择的盘活路径；在破产和解中，主要通过债务人、债权人达成协议实现债务减免或展期，在债务人现金不足情况下，双方多采取以物抵债的方式处置问题楼盘，同时还运用了股权重整和购房户分摊等灵活方式。

二　落实破产化解问题楼盘矛盾纠纷各方的责任

（一）构建全层级府院联动机制，优化破产办理生态

"府院联动"机制适用的目标，是发挥党委政府在处理破产审判之外衍生的社会问题的调整作用。

（1）府院联动前端防范，完善依法预防处置问题楼盘矛盾纠纷工作责任体系。建立健全多层次、全覆盖、分工明确、协调一致的房地产纠纷多元预防调处化解工作责任体系。加强制度建设，聚焦商品房预售中偷工减料、延期交房、虚假宣传、楼盘烂尾等问题，完善商品房预售制度，建立合理的国有土地收储、规划、供给制度，确保房地产市场健康发展。完善

市场准入制度，探索完善不同量级市场主体房地产交易的资质管理机制，加强建设工程施工企业资质监管，加大对违规企业的打击处罚力度。强化政府监管，加大对房地产建设工程、商品房预售、涉房企业资金监管，以及对房地产交易等领域的监管，府院合力整治不规范行为。

（2）府院联动中端施策，多元化解问题楼盘矛盾纠纷。搭建预警平台，完善日常信息共享机制，关注房产市场异动，定期排查房地产企业违规行为，定期监管开发商项目资金，将发生群体性事件、拖欠民工工资等行为纳入企业信用管理，定期清理信用不良开发企业，提前梳理、排查房产开发过程中潜在的群体矛盾和社会稳定问题，早诊断、早介入、早化解。常态化联席会议，定期组织住建、人社等相关涉房地产职能部门及房地产协会、商会等行业自律组织召开联席会议，畅通信息交流渠道，建立长效性资源、信息共享平台；及时通报房地产领域内矛盾纠纷状况，随时掌握区域内房地产矛盾纠纷新动态、新情况、新进展，及时发现苗头性、倾向性涉稳隐患，给予必要的引导和指导，将涉稳隐患化解在萌芽状态。多元化解纠纷，依托党委领导下的联动解纷平台，发挥政府部门、行业协会、民间组织自身优势，畅通纠纷多元化解渠道，从房地产行业协会人员、房地产纠纷审判资深退休法官、房地产纠纷领域的专业律师中选聘专业调解员，组建专业的房地产纠纷调解队伍。

（3）府院联动末端合力，释放破产程序效能，妥善化解问题楼盘矛盾纠纷。全面积极转变工作理念。府院各方需要全面转变旧有观念，大胆打破常规做法，勇于突破既有规则，积极创新工作方式，善用近期政策窗口期，在法律原则框架范围内，通过与政府职能部门达成备忘录、会议纪要以及出台规范性文件等方式，总结经验，巩固共识，综合施策，全力实现"三保"目标。构建政府+法院"双包案"制度，立足政府和司法双向职能，成立府院破产条线专项工作组，实行"一案一专班"，就案件办理前后涉及的投资人招募、稳定防控等重大事项进行对口实时联动，定期听取企业破产处置整体情况，研究解决府院联动具体事宜，并通过书面函告、个别协调、联席会议等方式，着力督促相关职能部门解决企业破产中的财产接管、社保及税收、费用保障等难题。推行政府职能部门担任联合管理人。属地党委、政府相关部门会同法院，结合项目具体情况，研究提出通过共益债务、施工单位垫资、购房户分担、专项借款等方式解决复工续建融资难题的具体意见，联动商榷复工续建融资途径。将府院联动的部分职能嵌入管理人常规履职当中，将项目续建中各类行政审批、规划变更、税务、办证等政策性协调事务的处理予以组织化，提升府院联动的运行效率和重整成功率。构建纵向指导专班，从省级、市级层面横向协调支持，出台覆盖面更广、更具实操性的府院联席指导意见，进一步撬动更多资源、集智聚力解决疑难杂症，同时通过定期或不定期召开座谈会、下发通知文件等形式，加强上级部门对各基层业务部门指导，及时协调规范各区（市）县处理问题尺度，确保案件在处理过程中有序高效准确推进。加大重点领域政策攻坚力度，加强与住建、税务、财政、国资等有关部门的沟通和协调，用好用足相关政府职能部门的特殊政策，梳理有关房企破产的各类优惠政策，为项目审批、预售、办证、限价等环节打通关碍，同时研究将涉房地产企业破产办理领域的创新政策作为招商条件向投资者宣传推介，快速招募实力强劲的优质投资人。

（二）提升司法服务水平，提升问题楼盘破产案件质效

（1）坚持标准化建设，强化问题楼盘破产案件管理。坚持台账管理。实行"一案一人一策"，法院要指导监督管理人倒排案件办理时间表，以时间表为抓手，对管理人工作进行定时、定量、定员、定责监督，将案件办理完成情况纳入破产案件实时考核负面清单，并直接与管理人更换、报酬确定关联。严控核心节点。确保案件程序事项办理时间依法依规，防止程序瑕疵导致已通过的会议决议被撤销，影响破产程序推进。根据个案情况合理确定债权申报期限，在法律规定最长申报期限3个月内尽量缩短申报期限，督促管理人对已申报债权及时完成审查并编制债权表提交债权人会议核查，及时裁定确认无异议债权。提高办理效率。管理人在拟定破产财产变价、分配方案以及重整计划草案时，兼顾原则性与灵活性，全面预估可能出现的问题，争取一次性解决问题，避免因前期预判不足出现程序反复，影响办案效率。合理压缩债权申报、重整计划草案提交等弹性审理时限，加快审理速度。加强审限监管。提高审限监管层级，凡涉及风险房地产企业破产案件一律纳入院庭长"四类案件"监管范围。从申请人向人民法院提交破产申请之日直至破产程序终结，将审限监管覆盖至破产审判工作全流程。

（2）坚持高效化创新，完善破产审判配套机制。推进以"预重整"为抓手的破产重整工作，鼓励陷入困境但尚有重整价值的房地产企业在正式开展重整程序前先行开展预重整，并在预重整阶段协助临时管理人或者债务人化解购房户抵触情绪、争取税务部门支持、引入意向投资人，积极推动构建庭外兼并重组与庭内破产程序互相衔接机制，有效降低问题楼盘重整成本、提高重整效率。推进执行与破产、诉讼与破产的有序衔接，建立规范、高效的执转破工作规程，防范化解破产衍生诉讼，充分发挥破产程序磋商、谈判机制作用，尽量避免程序衔接产生新矛盾新纠纷阻碍破产进程。

（3）坚持差异化施策，灵活运用破产重整和清算程序化解停工项目矛盾纠纷。优先适用重整程序发挥破产挽救功能。综合房地产企业资质、开发项目前景、资产状况、法人治理结构以及投资人意愿等因素初步认定具备重整价值及可行性的，应当优先适用重整程序。对以清算程序进入破产的，要及时研判是否具有重整、和解可能性、可行性，适时引导转入重整、和解程序。适时运用清算程序实现出清。对彻底丧失运营价值、明显不具备重整价值及可行性的房地产企业，"当破则破"，及时适用清算程序处置破产财产，原则上采用整体出售方式实现价值最大化，避免社会矛盾和债务危机不当累积损害债权人合法权益。做好附条件资产处置。破产财产处置应当遵循价值最大化原则，应当将受让人或投资人的资质能力、复工续建时限、续建项目品质、交房办证问题等一并作为处置条件，坚决防止复工项目出现"二次烂尾"。出售处置房地产停工项目，继续履行的购房合同应当一并转让，受让人取得房地产项目后应当向购房人继续履行交房、办证等合同义务。

（4）坚持专业化培塑，强化破产审判队伍专业支撑。培养建强专业化审判队伍，问题楼盘破产案件面临的问题更多，对破产审判业务要求较高，法院需要迅速配备业务素质高、能力强的审判人员，组成专门合议庭，尤其是受理破产案件少、办案经验缺乏的法院，应及时从民商事审判队伍中抽调业务骨干，提前加强培训，以尽快熟悉、掌握破产业务知识和审判技能，保证破产审判队伍的稳定性和连续性。加强破产法治理论实务研究。组建审判科研工作团队，充分借力高校、专业研究机构开展调研，通过组织论坛沙龙、专题研讨、培训学习等方式，对问题楼盘矛盾纠纷破产化解的疑难问题进行深度剖析并形成共识。畅通上下级法院之间的破产业务沟通交流，上级法院及时发布破产疑难问题解答，推广经验，统一裁判尺度，公布监督标准。持续做好破产保护理念推广。以案释法，向涉问题楼盘债权人及相关当事人阐明破产法律制度内涵，明确权利救济途径，消除购房人对破产制度的误解，通过发布典型案例等方式，让以破产方式化解问题楼盘矛盾纠纷常态化进入公众视野，引导房地产企业通过破产程序实现自救重生，提示购房者利用破产程序维护自身合法权益。

（三）积极培育破产管理人，推动和保障依法履职尽责

（1）加快涉问题楼盘破产管理人专业化培养。推进协会自治，积极发挥破产管理人协会的管理服务职能，加强对涉房地产破产案件管理人的培训，健全行业自律规范体系，营造出法院与破产管理人相互促进、良性互动的行业氛围，以及支持破产工作的良好社会氛围。落实法院指导职责，针对管理人办案过程中存在的职责定位不清、程序节点把握不准等突出问题，法院以破产案件审理程序为框架，引导管理人规范履职。强化管理人履职保障，推动财政设立专项保障资金，用于解决"无产可破"案件管理人履职费用和报酬，有效释放各类要素资源。探索管理人协会建立"破产案件互助公益基金"，提升管理人履职积极性。

（2）强化涉问题楼盘破产管理人履职监督。建立"选、育、用、管"全链条管理人履职体系制度，在组建管理人工作团队时，要充分吸纳具有房地产、建设工程等相关知识或经验的人员。在破产申请受理前，项目所在地政府及政府相关部门已开展风险处置相关工作的，经政府相关部门推荐，人民法院可以指定住建、规划、镇街等熟悉停工项目情况的相关人员联合成立清算组，指定清算组担任管理人；在监督管理上，要建立涉问题楼盘案件的专向考核评估机制，由个案履职情况直接决定管理人报酬多少，由个案考核和年度考核相结合直接决定管理人的升降级别甚至是否被淘汰出局，倒逼管理人勤勉履职。

2023 年度"鱼凫·知识产权特邀调解" 工作开展情况

林　艺*

2023 年，温江法院为践行市中院"以审判体系和审判能力现代化服务成都现代化建设"工作思路，回应企业知识产权司法保护需求，与中联律师事务所知识产权法律实务研发中心建立"鱼凫·知识产权保护特邀律师调解工作室"，进一步优化法院司法效能。

一　"驻扎式"智库建设，提升知识产权司法保护工作能级

由上海中联（成都）律师事务所选派具有知识产权、涉外诉讼等专业知识的人才，成立知识产权纠纷特邀调解团队，进驻"鱼凫·知识产权保护特邀律师调解工作室"。其派驻多名律师为工作室提供专业支持，其中有高级知识产权师、有在华为工作十余年的经验丰富的律师，还有在诉讼领域、涉外领域、刑事领域等经验丰富的律师，为辖区企业提供全面、专业的法律服务。另外，中联律师事务所派驻专人长期驻点工作室，及时方便地为辖区企业提供法律服务。

二　精准破除梗阻，优化"全生命周期"司法服务

一是深入产业基地、车间一线，走访问需雷迪波尔、成都赛拉诺医疗科技股份有限公司等 20 家企业，剖析企业技术创新、市场拓展等方面司法需求，就企业维权、商业秘密保护等方面收集意见建议并进行现场答疑。二是特邀律师开展商业秘密保护系列调研活动，深耕发展需求，锚定发展方向，同步通过案例解读、专利快速预审、高价值专利培育及运营、维权案例分享，为企业开展专题讲座。在君健万峰、利尼科、润馨堂等企业就

---

* 林艺，成都市温江区人民法院党组成员、审判委员会专职委员。

商业秘密保护开展培训工作，进行有针对性的普法宣传，并针对有被侵权潜在风险的企业提供维权的思路和建议。切实推进辖区商业秘密保护工作。三是举办以"医疗医药领域广告及虚假宣传法律风险分析与防范""商业秘密商业保护"等为主题的沙龙 7 期，集合著作权、商标、专利、技术等 7 个知识产权重点领域，发布《知识产权资讯》四季刊，汇编《知识产权问答系列》。推动形成知识产权的司法保护工作新模式，借势聚能开展知识产权纠纷前端化解工作。

三　深化审判科研，产出集约化智识成果

工作室立足实际工作开展情况，总结实践经验，撰写专业文章《知识产权诉讼案件集中管辖背景下纠纷前端化解的创新实践与思考》，并投稿于第九届"治蜀兴川"法治论坛。温江法院与中联律师事务所专业律师共同就四川白酒企业的品牌保护体系的完善进行多次讨论，结合司法实际和行业特色，共同撰写《白酒企业品牌保护体系完善建议》，投稿省法学会的白酒产业知识产权保护法治学术交流会征文活动。

四　多元普法宣传，构建高新科技创新良好生态

一是常态化抓实线上线下诉讼服务，提升知识产权保护现代化诉讼服务水平。线下安排专职联络员工作日期间在工作室值班，接受现场咨询，处理日常事务；主办律师根据事务需要不定期到工作室值班。线上通过电话、微信等随时提供咨询服务。工作室特邀律师接受电话或现场咨询，为园区企业解答 50 余条疑问，提升知识产权保护现代化诉讼服务水平。二是结合 4 月 26 日世界知识产权日，工作室联合成都知识产权保护中心、区市场监管局等部门，围绕"加强知识产权法治保障 有力支持全面创新"，共同开展 2023 年全国知识产权宣传周法治宣传活动，提升辖区企业知识产权保护意识。制作工作室资讯特刊等宣传手册 2 期，面向企业、群众等发放 60 余册。

下一步，温江法院"鱼凫·知识产权保护特邀律师调解工作室"将继续深耕"知识产权"的司法保护工作新模式，持续推进"精准普法工程"，联动多方主体深入知识产权纠纷前端化解方法论交流，研判把握新形势，为营商环境助力、为产业发展护航、为创新创业赋能。

知识产权诉讼案件集中管辖背景下纠纷前端化解的创新实践与思考[*]

余　涛^{**}

党的二十大报告强调，实现高质量发展是中国式现代化的本质要求之一，明确坚持创新在我国现代化建设全局中的核心地位，并专门就加强知识产权法治保障作出部署。① 而知识产权纠纷在权利归属、权利范围、侵权认定等问题上，均具有极强专业性，未经专门学习或培训的法官难以准确识别，进而作出公正判决，为此在制度架构上采用集中管辖原则。2022 年 5 月 1 日施行的《最高人民法院关于第一审知识产权民事、行政案件管辖的若干规定》，将部分知识产权纠纷案件的管辖权下放至经最高人民法院批准的基层人民法院。但从知识产权纠纷权利救济需求来看，需要维护权利形态的完整性以及程序的高效性。由此，集中管辖制度与权利救济需求存在内在的冲突。在知识产权诉讼案件相对集中管辖背景下，没有知识产权诉讼管辖权的基层法院如何充分发挥职能，加强知识产权司法保护，主动融入创新发展大局，是亟待我们思考的议题。

一　检视：知识产权权利主体维权样态

（一）知识产权纠纷案件数量分析

公开统计数据显示，近年来，知识产权纠纷案件数量呈现逐年攀升趋

---

　* 本文数据来源于 2014~2023 年《中国法院知识产权司法保护状况》以及 2014~2023 年《四川法院知识产权司法保护状况》。

　** 余涛，成都市温江区人民法院党组书记、院长。

　① 参见习近平《高举中国特色社会主义伟大旗帜　为全面建设社会主义现代化国家而团结奋斗——在中国共产党第二十次全国代表大会上的报告》，人民出版社，2022，第 23 页。

势。鉴于从立案到审结再到裁判文书上网公示存在一定的时间差与滞后性，在现有统计口径下，案件数量在 2020 年达到一个峰值，全国为 345849 件（见图 1），四川为 12825 件（见图 2）①。

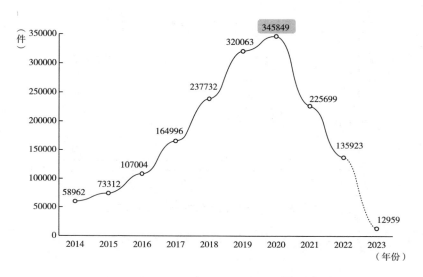

图 1　2014～2023 年全国知识产权纠纷受案数量

（二）知识产权纠纷案件类型集中

在知识产权纠纷案件中，案件数量占绝大多数的是知识产权权属、侵权纠纷，该类纠纷在全国与四川的占比分别达到 91.82%（见图 3）和 92.67%（见图 4），知识产权合同纠纷占比均不足 10%。

而在知识产权权属、侵权纠纷中，占比最大的是权属判定、侵权行为判定难度相对较低的著作权权属、侵权纠纷，在全国和四川占比分别达到 64.45%、61.46%，专利权权属、侵权纠纷占比相对较小。

同时，在著作权、商标权、专利权三类权属、侵权纠纷案件中，以主

---

① 根据《民事案件案由规定》，一级案由"知识产权与竞争纠纷"项下包含"知识产权合同纠纷""知识产权权属、侵权纠纷""不正当竞争纠纷""垄断纠纷"这 4 个二级案由。鉴于后面两个案由争议更倾向于不正当竞争领域，因此，选用前两个二级案由作为关键词，进行最大范围案件数量及分布检索。

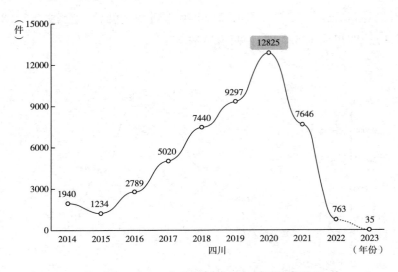

图 2　2014～2023 年四川知识产权纠纷受案数量

图 3　2014～2023 年全国知识产权纠纷案件类型

诉方是否享有某一特定知识产权为核心争议焦点的权属纠纷，占比分别仅有 3.59%、1.68% 和 3.16%，更多的是在权属争议不大的情况下产生的侵权损害赔偿纠纷。

以中国音乐著作权协会作为原告发起诉讼的 792 件著作权权属、侵权纠

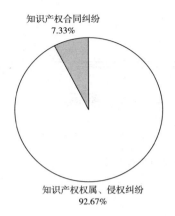

知识产权合同纠纷
7.33%

知识产权权属、侵权纠纷
92.67%

图 4   2014~2023 年四川知识产权纠纷案件类型

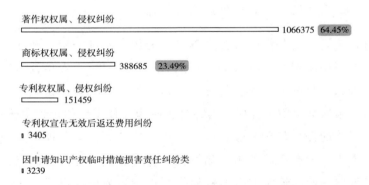

著作权权属、侵权纠纷   1066375 64.45%

商标权权属、侵权纠纷   388685 23.49%

专利权权属、侵权纠纷   151459

专利权宣告无效后返还费用纠纷
3405

因申请知识产权临时措施损害责任纠纷类
3239

图 5 2014~2023 年全国知识产权权属、侵权纠纷案件案由类型（部分）

纷案件为例，该 792 个案件因侵权行为地或被告住所地管辖原则，散布于
24 个省（区、市），案件核心争议焦点为著作权权利归属的"著作权权属
纠纷"案件占比仅 1.77%。起诉立案后，59.29% 的案件最终为原告主动撤
诉，且引起撤诉的主要事由是双方达成和解甚至已经履行完毕；还有
33.88% 的案件能够拿到全部或部分支持的判决。由此可见，90% 以上的案
件，属于原被告双方争议不大，或原告行权基础清晰明确，能够得到法院
裁判支持的案件。并且全部案件中，标的额 10 万元以下的小额诉讼案件占
比在 60% 以上。

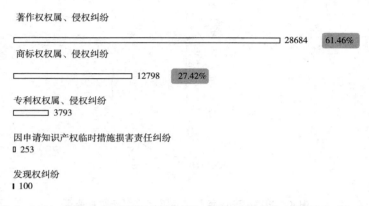

图 6　2014~2023 年四川知识产权权属、侵权纠纷案件案由类型（部分）

（三）知识产权侵权案件争议焦点明确

同样以中国音乐著作权协会主诉案件为例，通过分析公开裁判文书可以看出，庭审中诉辩双方核心争议焦点有三：其一，原告是否为其诉争被侵犯知识产权的权利人或授权管理人，即原告是否具备诉讼主体资格；其二，被告是否实际实施了侵权行为，是否应为侵权责任的承担主体；其三，如何确定最终的侵权赔偿金额及行权费用。在三大核心争议焦点中：针对第一点，原告一般有明确的出版物及授权管理合同；针对第二点，在发起诉讼前，原告一般已经对被告的侵权行为进行了公证证据保全，且被告使用诉争音乐作品的行为清楚无争议。因此，前述两点实质争议不大，也极少不被法院确认。并且绝大部分被告在诉讼裁判之前，就已经停止侵权行为，也不需要法院额外作出排除妨害的判项。双方的核心争议最终都会落到如何确定赔偿数额及行权费用的问题，如果能够就赔偿方式、数额达成一致，基本都能和解撤诉结案。

（四）知识产权侵权案件类型化明显

此外，知识产权权属、侵权纠纷案件还呈现出明显的、对于同一权利批量多次诉讼的特征。如九牧厨卫股份有限公司作为原告，仅针对其享有外观设计专利权的 ZL20153001××××.9 号"花洒（67）"，就发起了 71 项诉讼。而北京创客互动科技有限公司，仅针对其享有美术作品著作权的"猪小屁"这一个美术作品形象，就发起了187项诉讼。在这些批量性的知识产权权属、侵权纠纷案件中，同样呈现出非常显著的权属争议小、案件标的额小、撤诉率高、胜诉率高的特征。

基于前述分析可知，在知识产权纠纷下，也并非所有案件都具有权属识别难度大、权利范围难以确定的问题，反而具有权属清晰、权利保护难度小的特征。而从被侵权者角度来看，能够高效、低成本实现权利救济，特别是制止侵权行为，在大多数案件中，都具有普遍性。但在集中管辖的制度架构下，一是高度集中的管辖安排，导致大量案件集中在某一法院，急剧增加受诉法院的受案总量，使得个案处理效率客观上降低；二是按照一般管辖原则，侵权纠纷适用侵权行为地或是被告住所地的一般管辖原则，使得被侵权方往往需要全国各地进行被侵权诉讼，无疑增加了被侵权方的维权成本。

二 反思：知识产权纠纷诉前化解难的症结

（一）当事人选择知识产权纠纷前端化解的意愿不强

2022年，全国法院新收一审、二审、申请再审等各类知识产权案件526165件，审结543379件（含旧存）。全国30个地区实现知识产权调解组织全覆盖，入驻调解组织、调解员持续增长，人民法院委派诉前调解纠纷9万余件，调解成功率超过80%，有效化解知识产权纠纷。[①] 总体上，法院委派诉前调解案件占比较小。主要原因为当事人对于非诉讼解纷的公信力、强制力还存在顾虑，即便是事实清楚、争议不大的小额案件，或者是已有生效示范裁判的批量案件都选择诉讼程序。

（二）现有人民调解资源不能满足知识产权专业性要求

目前诉前调解是我国主导型调解机制，但知识产权纠纷具有技术难度高、市场利益复杂等问题，且存在司法程序与行政程序的交织，其复杂程

[①] 数据来源于最高人民法院于2023年4月20日发布的《中国法院知识产权司法保护状况（2022年）》。

度远远超出一般民商事纠纷，需要知识产权纠纷调解主体不仅具备法律技能，还要具有一定专业知识，具有知识产权交易等市场经验，才能给出让各方当事人愿意接受的中肯调解建议。但目前人民调解队伍中可以调解知识产权纠纷的复合型人才极少，法院在诉前或诉中委派（委托）调解并达成调解协议的可能性低。

（三）行政调解功能未充分发挥

我国在知识产权保护领域采用司法与行政双轨保护机制，相关行政主管部门有权对侵害知识产权的行为进行行政查处。同时，主要的知识产权单行立法均规定了知识产权行政主管部门可以第三方身份介入进行调解，促使当事人对知识产权侵权损害赔偿等民事纠纷达成行政调解协议。但部分知识产权权利人不了解知识产权行政保护渠道，对行政保护维权成本低、周期短等优势不了解，认为与其调解成功后申请执行耗时较长，不如直接走诉讼程序，导致知识产权管理部门鲜有开展知识产权行政调解。

（四）行业调解功能未充分发挥

现阶段市场监督管理局、版权局等知识产权行政管理部门的人员配置不足以支撑行政调解工作。以四川为例，更多是委托四川省知识产权保护中心等行业组织进行调解，行业管理人员对行政调解的不熟悉，导致知识产权行政调解的法律地位虚置，调解程序空转，打破了社会纠纷解决体系的完整性，造成行政机关参与调解的动力不够、当事人对行政调解信赖不足的后果，产生了木桶效应，降低了解决社会纠纷的整体效能。

三　破题：突出无管辖权法院开展知识产权纠纷前端化解的功能

随着国家"十四五"规划决策部署和知识产权强国建设纲要的深入实施，最高人民法院就知识产权司法保护工作先后出台了系列重要文件。最高人民法院先后出台《关于全面加强知识产权司法保护的意见》《关于加强新时代知识产权审判工作为知识产权强国建设提供有力司法服务和保障的意见》等文件。

（一）无管辖权法院开展知识产权纠纷前端化解的基础

（1）可降低诉讼成本。从被侵权方权利保护需求角度来看，突破集中管辖和一般侵权纠纷管辖的禁锢，在一定程度上，可以满足被侵权方高效、便捷实现权利救济和大幅降低维权成本的核心诉求。在降低被侵权方维权成本的同时，进一步加大知识产权保护的力度，在整个社会层面培养知识产权保护的思维意识。

（2）可分流有管辖权法院案件。从司法审判角度来看，在众多市场主体知识产权涉诉体量增大及司法保护需求扩大的情况下，集中管辖法院面临的受案压力也必然增长。如果能通过其他无管辖权法院参与前期纠纷化解，将大部分批量、重复、简单、小额的案件在前端予以化解，也能有效缓解集中管辖法院的受案压力，将有限的司法资源投注到专业性更强、争议更大的案件中，提升司法裁判的效率与质量。

（3）具有法律依据的可行性。从现行法律规定来看，根据最高人民法院《关于第一审知识产权民事、行政案件管辖的若干规定》，集中管辖的适用范围是第一审民事案件，而并不包括正式进入诉讼程序前的纠纷解决路径。而在最高人民法院《关于适用〈中华人民共和国民事诉讼法〉若干问题的解释》第 355 条中也仅是将有关知识产权确权类纠纷排除在司法确认的范围以外。另外，《中华人民共和国民事诉讼法》第 201 条规定，司法确认类案件的管辖原则相对具有灵活性，既可以由邀请调解组织的法院管辖，也可以由当事人住所地、调解组织所在法院管辖。

笔者认为，对于权属清晰、侵权行为明确、权利救济内容争议不大的知识产权纠纷案件，由无管辖权法院采用司法确认的方式进行纠纷前端化解，具有法律制度上的可行性。

（二）温江法院知识产权纠纷前端化解实践经验

2022 年 7 月，成都市中院对成都两级法院第一审知识产权案件管辖范围进行调整，确定由武侯区法院跨区域集中管辖武侯区、温江区、崇州市、金牛区辖区一审知识产权民事、行政案件。温江法院作为没有知识产权诉讼管辖权的基层法院，融入知识产权大保护工作格局，组建鱼凫·知识产权保护特邀律师调解工作室，致力知识产权纠纷前端化解，开辟了新路径。

（1）建立以永宁人民法庭为核心的"1+3"知识产权纠纷前端化解阵地。2022年3月，经四川高院批复，温江法院永宁人民法庭（劳动法庭）更名为永宁人民法庭（成都医学城人民法庭）。2022年7月，成都中院在成都医学城设成都知识产权法庭（温江）巡回审判点。永宁人民法庭作为新时代背景下人民法庭专业化建设样板，成为温江法院深耕服务保障产业创新发展的前沿阵地，实质化运行温江法院与成都中医药大学、成都医学城（科技园）管委会、中国行为法学会四川诉源治理研究基地共建的"诉源治理·中医药司法保护中心"，与成都中医药大学共建的"中医药知识产权咨询评估工作室"，以及与中联律师事务所知识产权法律实务研发中心建立的"鱼凫'中医药'知识产权保护特邀律师调解工作室"。

（2）构建"特邀调解+"知识产权纠纷前端化解格局。成都温江法院坚持实质化运行鱼凫·知识产权保护特邀律师调解工作室，引进中联（成都）律师事务所6名知识产权专家为特邀调解员，成立知识产权纠纷诉前调解工作室。截至2023年4月，工作室为成都扬名食品有限公司等企业提供定点咨询答疑30余次，前端化解知识产权纠纷12件。举办以"医疗医药领域广告及虚假宣传法律风险分析与防范"等为主题的知识产权司法保护沙龙3期，集中研讨解答企业提出的20余个法律问题。编发《中医药知识产权资讯》月刊5期，编制《中医药知识产权问答系列》，集合著作权、商标、专利、技术等知识产权保护重点领域，全覆盖知识产权重点内容。

（3）培塑"知识产权+优势产业"司法保护品牌。温江法院在2022年12月最高人民法院出台《关于加强中医药知识产权司法保护的意见》前，先行先试中医药知识产权司法保护。以温江区中医药产业司法保护为切入点，联合成都中医药大学形成专题调研报告破解实践困境。并加强中医药企业知识产权司法前端保护，截至2023年4月，回复司法保护需求30余条、总结典型案例4件。在2022年4月26日"知识产权日"，四川49位省人大代表、政协委员走进医学城法庭开展"保护知识产权·促进创新发展"专题调研，省人大常委会王菲副主任、省法院王树江院长及代表委员们充分肯定"知识产权纠纷前端化解"工作，提出在全省、全市法院率先推广"知识产权纠纷前端化解"机制。

四 完善：集中管辖背景下知识产权纠纷前端化解路径重塑

在集中管辖背景下深化知识产权纠纷前端化解，需充分发挥无诉讼管辖权法院的诉前解纷功能，可探索在无管辖权法院建立知识产权纠纷预审机制，整合现有的行政、行业、人民调解优势资源，构建"特邀调解+司法确认"机制，推动知识产权诉非衔接，补足知识产权诉前调解短板，从末端强化知识产权大调解机制的功能实质发挥。

（一）完善知识产权纠纷大调解机制

（1）构建知识产权纠纷调解联动格局。多元化知识产权纠纷解决机制可优化营商环境，可对司法调解、人民调解、仲裁调解、专门委员会调解作出系统性规定，依据难易程度对版权、商标、专利、商业秘密等知识产权纠纷进行职能划分，厘定司法机关、行政机关、人民调解组织、行业协会等主体的调解功能定位，将实践成果转化为地方性法律或规章、规范性文件，形成人民调解、行政调解、行业性专业性调解、司法调解优势互补、有机衔接、协调联动的大调解工作格局，发挥多渠道调解的专业性、便利性。

（2）建立知识产权纠纷专业特邀调解队伍。知识产权纠纷解决具有较强的专业性，专业调解机构设置和知识产权专业人才是提升调解效能的关键。可推进市场监管局主导下的知识产权维权援助中心的培育，设立知识产权纠纷调解中心，从知识产权管理部门、知识产权社会团体、法律服务机构、知识产权评估运营等领域择优遴选技术、法律专家团队，建立专兼结合、优势互补、结构合理的知识产权纠纷调解员队伍，打造专业的调解服务平台，提升综合服务效率。

（3）细化完善"行政调解+司法确认"机制。为解决当前知识产权调解案件的执行力问题，国务院在2021年10月正式印发《"十四五"国家知识产权保护和运用规划》，要求加强知识产权司法保护，探索依当事人申请的知识产权纠纷行政调解协议司法确认制度，通过司法确认赋予行政调解强制执行力。2020年上海在全国率先出台知识产权纠纷行政调解协议司法确认程序试点工作的实施办法，随后天津、重庆、沈阳等地陆续出台知识产权纠纷行政调解协议司法确认机制，明确经知识产权行政机关调解达成的行政调解协议，双方当事人可以自行政调解协议生效之日起 30 日内共同向符合规定的中基层人民法院申请司法确认。2022 年全国多地已完成知识产权"行政调解+司法确认"首案，均取得较好效果。

（4）构建"特邀调解+司法确认"解纷模式。为在满足市场主体的就近解纷的需求的同时解决专业法官紧缺的问题，可在有管辖权基层法院继续下沉管辖权限，联合有能力、有机制的当地法院围绕重点产业、重点园区，利用已建设完善的知识产权巡回法庭、知识产权公共服务平台共同打造以法院为中心的"特邀调解+司法确认"的多元解纷机制，为辖区企业提供更精准有效的知识产权司法保护，积极回应市场主体对知识产权司法保护的诉求。

（二）探索构建知识产权调解协议的集中司法确认机制

基于知识产权纠纷专业性强，对前端调解力量的要求较高，在缺乏行政、行业、人民调解资源的前提下，需对司法确认程序中的司法资源进行整合，可参照知识产权诉讼案件集中管辖的规定，适当扩大基层法院管辖范围，利用无管辖权但具备相关知识产权案件审查能力的法院，构建跨区域的知识产权调解协议集中司法确认机制。一方面积极参与纠纷行政调解过程，从法律角度指导组织合法调解，避免后端的司法确认落入流程性工作。另一方面，加强与市场监管局等主管部门的联动，增强创新主体在生产经营过程中知识产权创造、运用、保护和管理工作的合法性，从知识产权源头开展工作。具体设计如下。

（1）细化案件识别。如前所述，并非所有的知识产权案件都具有高度专业性的特征，当然如果具有高度专业性识别需求的案件，也难以通过调解方式化解纠纷。因此，纳入无诉讼管辖权法院，采用司法确认方式进行纠纷前端化解的案件，应当具备如下特征。一是权利归属清晰。寻求救济主体，应当持有行政主管部门或法定主体确认权属的有效文件，且不涉及权属争议。二是权利外观具有较强可识别性及公示公信力。诸如商标、著作权等，一般外观识别度高，且权利因登记而对外发生公示公信力。但如技术秘密、发明专利等，权利外观难以识别的则不在此列。三是权利请求简洁、清晰，具备可调解性。在一般知识产权侵权纠纷中，大多请求内容包括停止侵害、赔偿损失等，但也可能包括销毁侵权商品等其他请求内容。

但从可调解性的角度而言，请求内容越简单越具可调解性，请求赔偿金额越低越具可调解性。

（2）设立特邀调解组织。无诉讼管辖权法院，应当在本辖区内，邀请具备专业知识的专门人士设立特邀调解组织，就本辖区内具备调解基础和可能性的知识产权案件进行诉前调解。特邀调解组织的案件调解范围，不仅可以包括发生在本辖区内的知识产权侵权案件，也可以包括本辖区内被侵权主体的外地侵权纠纷。

（3）进行集中司法确认。特邀调解组织调解成功的案件，在各方签署调解协议后，即可向所在地法院申请进行司法确认。如前所述，调解协议的主要内容和前提是，不涉及权属争议，仅仅为较为简单诉求确定。实践中，较为常见的两类为：限期停止侵权和赔偿损失。集中管辖的制度安排，从宏观上更加有利于对知识产权的保护，但从现实需求的角度，进一步降低维权成本，更高效地实现权利救济，也是知识产权保护所需关注和考量的要素。为此，无诉讼管辖权法院有效进行知识产权纠纷前端化解工作，既是新时代下践行司法为民理念的重要举措，也是进一步提升知识产权维权意识、推进保护知识产权工作的有效路径。

（三）构建跨区域协作知识产权纠纷预查机制

（1）在知识产权诉讼管辖权法院进行预查。诉非衔接是多元化纠纷解决机制中的重要环节，对整个多元化纠纷解决机制的运行起到枢纽作用，是引入并畅通非诉讼程序解决纠纷的途径，可以有效提高知识产权解纷效率。按照国家构建知识产权"大保护"工作机制要求，在当前跨区域管辖背景下，知识产权保护工作涉及跨区域多部门协作。司法机关、知识产权行政监管等部门通过签署工作协议、出台实施办法等，建立案源共享机制，在有知识产权解纷能力却无管辖权的基层法院建立知识产权预查机制，为当事人提供多元化解通道，提前为管辖权法院进行预查，缩短在诉讼管辖权法院的审理时间。

（2）设立知识产权纠纷行政执法集中快处试点。可选取创新技术较多的行政区域，集中一处设立知识产权纠纷快速处理试点，制定试点工作方案及知识产权纠纷快速处理规范。加强与知识产权保护专业律师事务所等机构合作，开展知识产权维权援助工作，针对性强化商业秘密保护工作措施，指导企业建立健全自我保护机制。针对高发的侵权纠纷领域，提供公益性民事调解服务和知识产权纠纷应对方案。

（3）全面加强知识产权纠纷预警。建立法院与行政执法机关的联动协作机制，强化对科技创新人员财产性权益的司法保障。可由知识产权行政监管部门和法院、公安部门联动，构建知识产权纠纷预警机制，建立知识产权信息检索平台，将执法、司法办案中发现的可能涉及知识产权侵权信息上传平台，实现信息互通。同时，加强与知识产权保护专业机构合作，通过"送法进企业"等方式，以及对辖区内的企业开展指导咨询、组织专项法律宣传、搭建双向服务平台等活动，有针对性地提高经营者对知识产权的创造、运用、保护、管理能力。

（四）培优知识产权专业化审判

（1）强化案件审理及纠纷解决能力。在知识产权涉诉案件办理中，在科技创新成果、著作权和相关权利、商业标志、新兴领域知识产权、农业科技成果、中医药知识产权、反垄断和反不正当竞争、商业秘密、科技创新主体合法权益等九个方面加强知识产权司法保护。依法适用惩罚性赔偿，加大知识产权侵权损害赔偿力度和对侵权行为惩治力度，加大对知识产权虚假诉讼、恶意诉讼等行为的规制力度，防止滥用知识产权。对于一些知识产权侵权高发领域，针对性地分析原因，找准问题症结，及时向相关主体提出意见建议。

（2）提升知识产权专业化审判能力。落实知识产权类型化案件快审机制，充分实现案件多档分流，做到司法资源的科学调配和高效利用。中级法院加强对基层法院及巡回审判点的工作指导，及时总结知识产权案件审判经验，挑选具有典型性、新颖性、普适性等的案例开展巡回审判，并归纳和总结案件的裁判规则，及时更新裁判指引，化解知识产权裁判尺度不统一、诉讼程序复杂等制约科技创新的难题。

（3）推进知识产权审判队伍专业化建设。在集中管辖背景下，创新主体对知识产权司法保护的需求与日俱增，但总体上从事知识产权审判的法官仍然存在数量少、司法经验不足、精通技术和法律的复合型人才匮乏等问题。因此，法院要有专门的知识产权人才培养计划，还可通过干部交流培养、定期专题研讨等方式，提升知识产权审判队伍素质和司法能力，建设一支复合型、专业化、现代化的知识产权法官队伍。

结　语

知识产权保护工作关系高质量发展，只有严格保护知识产权，依法对侵权假冒的市场主体、不法分子予以严厉打击，才能提升供给体系质量、有力推动高质量发展。当前，集聚高端先进创新要素，增强科技策源能力，对知识产权的保护力度和广度提出更高要求。在知识产权司法保护需求大，知识产权诉讼案件集中管辖背景下，如何回应市场需求，特别是回应知识产权主体司法保护需求，值得我们深思。本文在理论论证上还有不足，只能起到抛砖引玉的作用，希冀更多专业人士共同探讨如何构建知识产权大保护工作格局，为经济社会创新发展献出智慧。

白酒企业品牌保护体系完善建议

林　艺　周文娟[*]

摘　要： 品牌建设离不开知识产权，建设品牌文化更需要以知识产权为依托，但目前大部分企业对知识产权管理较为简单粗放，对知识产权诉讼疲于应付。本文围绕白酒企业的品牌管理，针对知识产权创造、运用、保护和管理环节提出系统性建议，以进一步完善白酒品牌保护体系。

关键词： 白酒　知识产权　体系建设　品牌管理

一　四川白酒产业规模大但发展不均衡

我国是世界上最早酿酒的国家之一，酿酒历史极其悠久，有着独特的酒文化。四川白酒产业占据了我国白酒产业的"半壁江山"，以五粮液、泸州老窖为代表的"六朵金花"和"绵阳丰谷酒业"等"十朵小金花"广为人知，得到人们的信赖。截至 2022 年，全国规模以上白酒企业 963 家，四川就有 294 家，[①] 占据三成，此外四川省内还广泛分布着约 6000 户白酒生产加工小作坊。2022 年四川全省白酒产量 348.1 万千升，实现营收 3447.2 亿元。[②] 整体来看，目前川酒整体分为三大类：第一类是品牌企业如"六朵金花"，表现得很强势；第二类是二、三线企业，它们的表现却不容乐观，对

---

* 林艺，成都市温江区人民法院党组成员、审判委员会专职委员；周文娟，上海中联（成都）律师事务所律师。

① 《2022 年白酒行业呈现五个特征：行业利润继续攀升、亏损面持续扩大等》，2023 年 3 月 27 日，新浪财经，https：//baijiahao.baidu.com/s？id＝1761490150711440363&wfr＝spider&for＝pc；《首份 A 股白酒 2022 年中报出炉 水井坊半年营收逼近 21 亿元》，2022 年月 26 日，证券时报，https：//baijiahao.baidu.com/s？id＝1739421922861168708&wfr＝spider&for＝pc。

② 《四川拟出台白酒高质量发展"16 条"：强调品质、出海、龙头培育》，2024 年 5 月 22 日，每日经济新闻，https：//baijiahao.baidu.com/s？id＝1799766451854610180&wfr＝spider&for＝pc。

未来趋势的认知不清晰，产品和营销创新不足；第三类是以原酒为主导的中小企业，因为产业集中度的提高，这些中小原酒企业生存艰难。

二 白酒产业知识产权侵权频发

（一）白酒产业知识产权侵权大数据统计

在 Alpha 法律数据库以关键字"白酒"、以"知识产权"为案由进行搜索，截至 2024 年 1 月 31 日，公开的案件共有 12515 件，涉及最高人民法院判决的 90 件，涉及各地高级人民法院判决的 1364 件，涉及各地中级人民法院判决的 6306 件，涉及基层法院判决的 4413 件。除此之外案件数量排名前五的省份分别为：江苏省（判决文书 1792 份）、安徽省（判决文书 1615 份）、广东省（判决文书 1514 份）、湖南省（判决文书 1061 份）、山东省（判决文书 1036 份）。这些数据说明，白酒行业的知识产权纠纷已经成为一种常态，主要表现为未经许可擅自使用与注册商标相同相似的产品的商标侵权，抄袭知名品牌酒类产品的外观设计，制售山寨产品、"擦边球"产品，试图与知名品牌混淆。

（二）白酒企业对产品包装更为重视

以五粮液为代表的酒企对于产品"颜值"更为关注，其专利布局主要集中在产品外包装上，其就瓶身、包装盒申请多项专利。一方面，外观体现历史文化，好的产品设计，能建立强大的品牌关联；另一方面，外观能在流通环节以醒目的设计扩大竞争优势，节省传播费用，加固品牌"护城河"。

（三）商标侵权乱象丛生

据国家知识产权局统计，截至 2023 年 12 月 15 日，商标类别中 32 类、33 类酒类有效商标分别为 93 万件和 105 万件。商标注册本身门槛和费用比较低，于是很多人就在商标注册上做起了"歪生意"，如通过提前抢注商标以此要挟品牌的相关方支付高额授权费，或者囤积商标要求高价转让费，甚至是恶意进行商标侵权投诉等。类似的"商标流氓"、恶意牟利行为在白酒行业尤为明显，严重扰乱了商业秩序、破坏了营商环境。即使是一线酒企、头部品牌，也会遇到知识产权保护的难题，众多的个性化产品和中小酒企更容易受到侵权、仿冒的伤害。往往一旦某个品牌和概念火了，行业里立马就会出现几十上百个跟风者，甚至是抄袭者。很多品牌就算明知被抄袭，也面临"维权难"的困境。中国酒业协会微信公众号发布的《中国酒类产业知识产权报告》显示，86.96%的酒企遭遇过知识产权侵权，尤以商标侵权最甚。[①] 由于类似侵权产品、假冒白酒的利润空间较大，加上类似案件的立案标准高、处罚额度轻等，白酒行业"傍名牌""打擦边球"的侵权现象屡禁不止。

（四）酒企商业秘密保护意识薄弱

当前，多数白酒企业在品牌体系建设中对上述商业秘密的保护意识尚显薄弱。多数企业缺乏完善的保密制度，员工保密意识不强，对外合作保密措施亦不到位，这导致白酒企业很多不适宜用专利进行保护的商业秘密被泄露或剽窃。

三　酒类企业知识产权品牌体系完善建议

随着政策法规等对知识产权的普及，白酒企业对知识产权的重视度越来越高，但限于知识产权的复杂性和管理缺失，与层出不穷的"假酒""劣酒"公司、"傍品牌""蹭品牌"的山寨公司对簿公堂显得尤为吃力，白酒企业需要以企业知识产权管理的闭环逻辑，在知识产权的创造和保护过程中，以市场营销为目标，规划知识产权创造，管控知识产权保护，完善知识产权创造、保护、运用和管理的品牌体系。

（一）多维度构建知识产权获取体系

1. 深度挖掘和培育白酒产业高价值专利

（1）将窖泥中的"不确定的经验"转换为"确定性的认知"

除特有的地理环境和传统工艺以外，窖泥是白酒发酵的关键，窖泥中丰富的有益微生物菌群彼此关联相互作用，利用糟醅中营养物质产酸生酯。

---

① 《中酒协发布报告：茅台等名酒企业面临商标侵权问题严重》，2023 年 7 月 4 日，新浪财经，https：//baijiahao.baidu.com/s? id = 1770534054483409934&wfr = spider&for = pc。

五粮液在国际上首次发现 4 株以五粮液命名的新菌种，即 JNU－WLY1368
（解乳酸已小杆菌）、WLY-L-M-1（空气丛梗孢酵母菌）、WLY－B－L2（产
香梭状芽孢杆菌）、JNU－WLY501（丙酸嗜蛋白菌），首次公布五粮液超
3000 种化合物的风味指纹图谱，成为国际酿酒微生物研究领域的"领跑
者"。这解开了困扰白酒科研工作者半个多世纪的谜题，进而全面揭示浓香
型白酒酿造系统复杂性的科学奥秘，将以前只能代代相传的酿造技艺，通
过生物工程学、微生物组的科研实现科学化、体系化，将"不确定的经验"
变成"确定性的认知"，再通过发明专利保护的形式进一步巩固酒企的核心
技术地位。

（2）申请酿造工艺专利保护

我国白酒历史悠久、源远流长，其实酿酒的原理并没有那么复杂，无
非就是利用微生物发酵。一瓶白酒的诞生，大都要经过选料、制曲、发酵、
蒸馏、陈酿这样几个过程。数千年来，白酒酿造所用的制造原料、酿酒工
艺和酿造工具等几经变化，最终形成现代白酒制造工艺。虽然这类技艺的
传承是关键途径，不适合申请发明专利，但制酒酿酒的生产工艺的技术改
进、智能化酿造工具是可以申请发明专利或实用新型专利的。如对制酒的
灌装生产环节的工艺进行改进，可以提高生产的效率，在稳定产品质量的
基础上增加产品的数量，同时还能有效降低成本，这样的工艺对企业本身
就具有很高的实用价值，可以就此申请专利；或者对酒的配方进行发明改
进，使其具备一定的功能来适应不同的消费者或特定人群，也可以就此申
请专利进行保护；创造发明的智能化酿造工具也能申请专利保护。另外，
酒的配方还可以以商业秘密的方式保护。实现机械和信息化的融合可以有
效降低劳动强度，减少客观因素对产品质量的影响。

泸州老窖股份有限公司、泸州老窖酿酒有限责任公司已成功申请到
"浓香型粉末白酒及其制备方法"专利。其针对现有液体白酒不利于储存和
运输的问题，在不影响浓香型白酒的口感及香味的前提下，研制出浓香型
粉末白酒的制备方法，有效保留了浓香型白酒典型风味，提高浓香型白酒
储存及运输效率。

（3）多维度加强对包装装潢的保护

白酒制造企业为了凸显企业品位、彰显产品档次、让消费者获得视觉
感受的美好体验，其产品瓶身和外包装的设计选择也是费尽了心思，这些

外包装的设计装潢也涉及知识产权问题。部分企业根据自身经营策略将已退市产品包装外观设计做失效处理，这给部分企业以可乘之机，部分企业专门针对已失效的知名经典包装外观设计进行仿制，认为已失效的外观设计不再受法律保护，但其实企业还可以依据《反不正当竞争法》和《著作权法》对这些包装外观提出权益主张。

2. 提高显著性、优化商标设计

商标是企业的无形资产，酒企需要打造品牌 IP 进行文化营销，因此需要储备一定量的商标。但近些年开发酒兴盛导致商标方面的审核更加严格，除传统商标审查规则外，"贵、茅、酱"等字基本上都是被禁止用于白酒行业商标的，带有这些字的商标审核很难获得通过。以文字、图形、图案、颜色、布局等自有元素为基础，与自身品牌故事相结合更能提高商标设计的显著性。

为保护品牌后期顺利发展，除 33 类外，与白酒产品具有较强关联性的 32 类、35 类商标也需要进行注册保护。同时对日常生活中与白酒息息相关的产品进行拓展注册，如 21 类的酒具、酒瓶、开酒器，43 类的餐厅、酒馆类，40 类的为他人蒸馏烈酒、酿酒服务类，建议将这些类别进行注册保护。

（二）建立完备的知识产权运用体系

1. 利用好知识产权金融属性促进企业发展

品牌是酒业的核心竞争力，品牌商标是企业的象征，也是企业品牌的重要组成部分。部分中小酒企规模较小，尽管在知识、技术、文化、制度、管理等方面具有创新力量，但由于市场变化、技术更新等因素，仍面临较大风险，因此，单靠中小酒企自身资本积累无法有效实现科技成果的产业转化。知识产权一头连着创新，一头连着市场，也是投资机构比较关注的核心资产，利用好知识产权质押融资，可以寻求新的资金渠道，破解中小酒企融资难问题。

2. 运用知识产权构建标准化，走向国际化

"一流企业做标准，二流企业做品牌，三流企业做产品"，标准可有效地避免过度竞争，提高竞争门槛。近年来，很多酒企意识到参与行业标准制定的战略意义，以及标准对企业形象提升的重要性。头部品牌参与国际标准制定，以高于行业水平线的站位和视野，从制造、文化、消费、科学

的高度上优化提升产品品质，也可进一步优化企业经营生产，并能在消费者当中获得良好反馈。

（三）打造白酒企业知识产权维权全保护体系

1. 以核心产品打造知识产权保护网

对核心产品、特有品牌制定全面的知识产权保护体系，这可能涉及专利、商标、著作权等多个方面，需要对产品的技术、设计、功能等方面进行深入的研究和分析，并根据需要申请相应的专利和商标。同时也可以确保产品的著作权得到充分保护。以核心产品、特有品牌为单位建立完善的知识产权档案，对知识产权的变动进行及时记录和管理，制定相应的知识产权侵权诉讼策略，并根据企业的实际情况和市场环境进行调整和完善。加强与合作伙伴的知识产权合作与交流，与合作伙伴共同打造知识产权保护网，可以有效地降低侵权风险，提高企业的竞争力。

2. 加强品牌自由元素管理

"傍名牌"在酒水行业中司空见惯，也最易引发知识产权纠纷，特别在店铺装修上经常被控使用知名酒企元素，涉嫌"傍名牌"而构成侵权，这将导致店铺拆除又重新装修而影响经营。

非知名酒企及关联型企业要坚持以自有元素为基础，不擅自使用知名酒企特有元素，包括文字、图形、图案、颜色、布局等方面，尽可能有所区别；知名酒企关联型企业或授权型经销企业，要明确知名酒企授权使用元素的内容和范围，不超内容和范围使用相关元素。

酒水产品最重"讲故事"，好的"故事"是产品畅销的基础，但不要为了追求畅销就虚假编撰甚至套用知名酒企产品的故事。当然，若与知名酒企产品属同一发源地或工艺相似度较高等情形的，可以适当、合理进行产品介绍。

权利性质要明确。很多酒企或开发商经常把经销权等其他权利等同于知识产权授权，从而在店铺装修时贸然使用权利人的相关知识产权，经销权等非知识产权的授权与知识产权授权系两个概念，若要在店铺中使用知名酒企的知识产权，即使双方已建立其他合资或代理等关系，也一定要确认其是否就相关知识产权的内容和范围进行了明确书面授权。

3. 制定完善的纠纷解决机制

建立由最高管理层参与的知识产权管理机构，寻求政府知识产权管理部门、行业主管部门及行业协会的协助建立知识产权数据库和专利、商标预警机制在内的知识产权动态预警机制，配备专业知识产权管理人员，理顺内部纠纷应对机制。

4. 多部门协同应对知识产权侵权

企业知识产权管理部门要定期通过商标数据库进行检索和预警，针对"擦边球"商标及时提出异议，及时针对产品进行外包装外观设计布局，销售部门要关注市场终端出现相似产品情况，对企业的品牌商标、外观设计及不正当侵权情况进行法律分析。

（四）完善白酒企业知识产权内部管理体系

1. 完善商业秘密管理体系，提高商业秘密保护意识

（1）全面梳理白酒企业需要进行商业秘密保护的信息

商业秘密一词本身包含"商业"二字，其价值当然应被理解为商业价值，而不是诸如精神价值、社会价值等其他方面的价值。白酒企业可以组织各部门人员，以分头梳理、集中讨论的方式汇总各部门在经营活动过程中所产生的可能作为商业秘密予以管理的信息，不但要梳理由于投入使用而带来经济利益（现实的经济利益）的商业秘密的信息，而且还要梳理虽未投入使用但一旦投入使用便可能取得良好效果（潜在的经济利益）的商业秘密的信息，在这一过程中要遵循"涉密范围最大化"原则，尽可能地将所有的重要秘密的信息梳理出来，再由商业秘密管理人员结合商业秘密的法定构成要件对所列信息进行分析、筛选、去噪，最终形成企业商业秘密事项清单。白酒企业的酿造工艺与配方、品牌营销策略、供应链管理、销售渠道与客户信息均可以采用商业秘密进行保护。

（2）严格进行商业秘密分级管理

在实际操作中，企业应根据自身商业秘密事项范围，结合企业业务特点、经营状况、竞争优势等情况，对前期梳理的每一项商业秘密事项进行评估，并根据评估结果来划分保密等级，建议将商业秘密保密等级设定为"绝密""机密""秘密""一般"等多种等级，参考企业商业秘密分级测评标准来进行打分，设定分值总和与相关保密等级的对应关系，从而确定商

业秘密事项的保密等级，并在实践中不断探索和优化适合自己的定密分级方法。

（3）建立主客观相一致的保密措施

合理的保密措施应兼具主观方面和客观方面，即保密措施应当反映权利人的主观保密意愿，在客观上采取了反映保密意愿的保护措施，该措施应能被相对人所识别。保密措施应当与商业秘密及其载体的性质，商业秘密的商业价值、披露范围等相适应，商业秘密价值越高、保密信息及其载体的流通性越强、保密信息的披露范围越广，则保密措施的合理性评判标准应越高。如果保密措施未涵盖涉密载体的披露范围，或不能约束有可能接触保密信息的主体，则该保密措施难以满足合理性要求。

在实际定密过程中，又以"知密范围最小化"为原则，即尽可能将知悉商业秘密的部门范围压缩到最小，以减少泄密的风险。同时，要结合企业运营活动的特点、内部运营结构、部门职能关联等实际情况进行分析判断，确保每个涉及的部门都是从客观上不可避免需要接触和知悉该项商业秘密信息的。

在划定商业秘密的知悉部门范围时，还需要考虑各部门之间的协作关系和信息流通情况。有些部门虽然不是直接产生或处理商业秘密信息的部门，但因为工作需要或与其他部门的协作关系，可能也会接触到一些商业秘密信息。对于这些部门，也需要根据其接触信息的性质和程度，合理地划定其知悉范围。

（4）积极引入新型技术手段

白酒企业可以利用技术手段加强商业秘密保护。例如，加密处理、建立数字化保护平台、加强网络安全防护等，确保商业秘密在传输和存储过程中的安全性。

（5）加强对外合作中的商业秘密管理

在与合作对象签订合作协议时，白酒企业应明确保密协议的签订要求，确保合作过程中的商业秘密安全。在签订保密协议时，首先应当明确双方对商业秘密的具体保密义务，如不泄露、不使用、不复制、不向第三方披露、妥善保管确保其不被非法获取或滥用等。其次应当明确违约责任和相应的法律后果及争议解决机制等，确保能依法追究侵犯商业秘密违约责任，维护自身合法权益。白酒企业可以定期检查合作方对商业秘密的保管措施、使用范围、传输方式等情况，亦可以利用技术手段（加密技术、数字水印）或定期审计等来加强对合作方的监管。

2. 在新产品上市前进行自由实施分析

白酒企业不论是在酒瓶、酒盒等外型上，还是在文字、图案等内容上，都要尽可能自主研发设计，不贸然抄袭、仿冒甚至复制，要保留底稿或明确作品来源，避免虽为自主设计但被诉时已无法找到底稿或明确来源导致侵权成立的风险。产品上市前要进行自由实施分析，针对专利、商标等在公开数据库进行检索分析，预判是否存在侵权的可能性。若有借鉴其他权利人的商标或作品的，要事先进行规避性设计。

3. 围绕白酒地理标志引领产业集群发展

地理标志产品是指产自特定地域，所具有的质量、声誉或其他特性本质上取决于该产地的自然因素和人文因素，经审核批准以地理名称进行命名的产品。白酒就是典型的地理标志产品，是地域内共有知识产权，地方政府要做好地理标志公共属性管理，把地标与商标、品牌等分开管理。政府应允许，只要区域内的小农户、小企业能够达到地理标志产品的基本生产标准，就可以使用地理标志，这样可以实现区域内白酒产业的集群化发展。

当前中国酒类产业进入高质量发展阶段，这对酒类产业的知识产权提出更高要求。应推动行业企业建立知识产权高质量发展战略，推动建立知识产权保护社会共治的顶层设计，形成企业、行业、行政执法和刑事侦查的联动保护合力；推动行业建立信用监管体系，通过列入严重违法失信名单和建立信用平台，惩罚侵权行为。

第三编

典型案例

告诫书、保护令依法防止家暴二次伤害

成都市温江区江浦路社区

一 案情简介

邓女士的丈夫胡先生曾经是一个温文尔雅的男人，然而随着时间的流逝，他慢慢变得暴躁和暴力，这让邓女士在家庭中备受煎熬。终于，在一次严重家暴事件后，邓女士鼓起勇气向江浦路社区请求帮助，社区工作人员在接案后即刻向邓女士了解具体情况。

经调解员核实，2022 年 7 月 18 日晚，邓女士被丈夫胡先生家暴后，因情况严重前往医院住院治疗。案发后，邓女士立即报警，警方已向其丈夫出具"家庭暴力告诫书"。同时，温江区妇联已代为申请人身安全保护令，邓女士也委托了律师代理其与胡先生的离婚诉讼。此外，胡先生于 7 月 21 日被公安机关采取强制措施。

二 调解过程

由于本案属于突发性纠纷，江浦路社区在接到邓女士求助后立刻启动应急预案，在尊重婚姻自由的基础上从法律、情感角度为当事人提供帮助。

为避免邓女士因家庭暴力再次遭受伤害，并考虑到邓女士尚未生育，于是社区特别指派了一位资深调解员为邓女士提供帮助。

调解员向邓女士详细解读了《民法典》有关离婚、财产分割和诉讼离婚的规定，帮助邓女士更清晰地了解自己的合法权益。征得邓女士同意后，调解员邀请邓女士的父母一起协助邓女士办理离婚事宜。

在调解过程中，调解员及社区工作人员经常陪伴在邓女士身边，不定期进行回访并提供必要的协助。最终，邓女士办理了离婚手续，走出了家暴的阴影，重新找回了生活的信心和勇气。

三　案例评析

在突发性婚姻家庭纠纷中，基层调解的及时介入能够在最大程度上防止矛盾激化从而引发更严重的后果。本案中，社区调解员接到求助后即刻启动应急预案，这是实现纠纷多元化解的重要环节。构建心安社区，做到纠纷不出小区并不是简单地息事宁人，而是根据纠纷当事人的实际情况采取灵活方式化解纠纷。

调解员结合当事人的家庭、年龄、工作等综合情况，充分尊重当事人的意愿，引导当事人通过多种途径解决纠纷。尽管邓女士通过诉讼方式离婚，但调解员持续通过开展心理疏导等工作真正实现全流程化解、彻底化解矛盾纠纷。

在基层调解工作中，制定合理的应急预案能够有效提高纠纷化解效率，实现纠纷解决有法可依、有案可依，为实现家事纠纷前端化解提供了新的解决路径。

四　法条链接

《民法典》第 1042 条规定："禁止包办、买卖婚姻和其他干涉婚姻自由的行为。禁止借婚姻索取财物。禁止重婚。禁止有配偶者与他人同居。禁止家庭暴力。禁止家庭成员间的虐待和遗弃。"

《民法典》第 1079 条规定："夫妻一方要求离婚的，可以由有关组织进行调解或者直接向人民法院提起离婚诉讼。人民法院审理离婚案件，应当进行调解；如果感情确已破裂，调解无效的，应当准予离婚。有下列情形之一，调解无效的，应当准予离婚：（一）重婚或者与他人同居；（二）实施家庭暴力或者虐待、遗弃家庭成员；（三）有赌博、吸毒等恶习屡教不改；（四）因感情不和分居满二年；（五）其他导致夫妻感情破裂的情形。一方被宣告失踪，另一方提起离婚诉讼的，应当准予离婚。经人民法院判决不准离婚后，双方又分居满一年，一方再次提起离婚诉讼的，应当准予离婚。……"

《民法典》第 1091 条规定："有下列情形之一，导致离婚的，无过错方有权请求损害赔偿：（一）重婚；（二）与他人同居；（三）实施家庭暴力；（四）虐待、遗弃家庭成员；（五）有其他重大过错。"

孕期女性求助　心安社区解纷

成都市温江区妇女联合会

一　案情简介

2021年，江女士和张先生在亲朋好友的祝福下喜结连理，开始了幸福的婚姻生活。然而，婚后两人渐渐发现彼此性格不合，生活中矛盾频发。

"每天下班后女儿都要承担起大部分家务，做饭、洗衣服、拖地……我们做父母的看着心里都不是滋味。"江女士的父亲告诉调解员，江女士怀孕后情绪很不稳定，经常无缘无故发火，跟女婿的关系更加紧张。

小生命的到来，本来应该是一件令家庭和睦的好事，但江女士面临了现实的困境：丈夫张先生因工作繁忙，对她疏于关心，两人沟通越来越少，家庭氛围越来越紧张。本来需要家人的关心和支持，但婚姻中无法避免的矛盾和问题却让她倍感焦虑和难过。

二　调解过程

身心俱疲的江女士主动向温江区妇女联合会（妇联）寻求帮助。在充分了解情况后，妇联依托江女士所在社区的婚姻家庭矛盾纠纷多元化解阵地，运用"妇联+社区"的婚姻家庭诉前纠纷解决机制，对江女士的婚姻家庭问题进行深入分析并探讨解决方案。

为尽快处理问题解决矛盾，温江区妇女儿童"一站式"维权服务中心的调解员也及时介入，秉持"尊重与理解""平衡与沟通""正面引导与积极重塑""共同规划与责任承担"的调解原则，剖析家庭分工不均衡、沟通方式差异、价值观和生活习惯碰撞、孕期情绪波动、外部压力影响等矛盾成因，针对江女士的家庭情况为其量身定制解决方案。

在调解过程中，调解员引导当事人写下彼此优点，回忆两人相遇、相知到迎接新生命的美好片段，让双方重新看见对方的闪光点。此外，调解员主动分享自身经历，结合法理和情理，引导双方为未来生活制定规划，使他们增强共同责任感和对未来的信心，共同迎接新生命的到来。

最终，江女士和丈夫和解，逐渐明确了彼此在婚姻中的分工和责任，制定了更加明晰的家庭规划，并承诺共同经营幸福美满的生活，双方僵化的婚姻家庭关系也得以修复，婚姻也迎来了新的曙光。

初夏的一个午后，调解员到江女士和张先生家中进行后续回访，正值产后恢复期的江女士神采奕奕，眼含笑意注视着健康可爱的女儿，张先生一会儿给江女士端茶递水，一会儿给孩子冲奶粉换尿布，忙得不亦乐乎。这一幕让调解员倍感欣慰。

三　案例评析

"妇联+社区"的纠纷解决机制在此次调解中发挥了重要作用。在此次调解中，调解员将情与法充分结合，充分运用"情感引导""换位思考""目标设定"等调解方法，积极关注当事人的家庭情况及内心情感，帮助当事人建立了和谐稳定的婚姻家庭关系。

本调解案件充分体现了"诉前调解　心安社区"机制推动基层治理中心下沉、做优做实社区法律服务，实现了"大事化小，小事化无"，推动构筑诉前调解法治防线和社会综合治理安全底线。调解员运用法理和情理相结合的模式，切实解决了婚姻家庭矛盾，做到了真正意义上的矛盾不出门，为构建心安社区提供了极具参考价值的工作方案。

四　法条链接

《民法典》第 1043 条规定："家庭应当树立优良家风，弘扬家庭美德，重视家庭文明建设。夫妻应当互相忠实，互相尊重，互相关爱；家庭成员应当敬老爱幼，互相帮助，维护平等、和睦、文明的婚姻家庭关系。"

《民法典》第 1057 条规定："夫妻双方都有参加生产、工作、学习和社会活动的自由，一方不得对另一方加以限制或者干涉。"

《民法典》第 1059 条规定："夫妻有相互扶养的义务。需要扶养的一方，在另一方不履行扶养义务时，有要求其给付扶养费的权利。"

《民法典》第 1082 条规定:"女方在怀孕期间、分娩后一年内或者终止妊娠后六个月内,男方不得提出离婚;但是,女方提出离婚或者人民法院认为确有必要受理男方离婚请求的除外。"

《刑法》第 260 条规定:"虐待家庭成员,情节恶劣的,处二年以下有期徒刑、拘役或者管制。犯前款罪,致使被害人重伤、死亡的,处二年以上七年以下有期徒刑。第一款罪,告诉的才处理,但被害人没有能力告诉,或者因受到强制、威吓无法告诉的除外。"

社区调解劝阻冲动式离婚

成都市温江区友福社区

一 案情简介

胡某（男）和刘某（女）是一对再婚夫妻，婚后十多年两人没有吵过架、红过脸，刘某（与前夫）的女儿小丽也很快地融入了新组建的家庭。

一个深秋，小丽因琐事和继父胡某产生了矛盾，让原本和谐稳定的家庭氛围变得紧张起来。胡某想到十多年来对继女视如己出，辛辛苦苦把她养大成人，而她现在居然帮着她的母亲跟自己过不去，于是一气之下便向刘某提出了离婚。同样处在气头上的刘某当即同意离婚，两人当即前往温江区金马街道友福社区的"诉前调解 心安社区"调解委员会咨询离婚事宜。

二 调解过程

通过调解员的现场调解，双方情绪稍有稳定，但离婚意愿仍十分强烈，希望有专业人士能为他们拟定离婚协议提供一些法律指导。次日，调解员与温江法院驻点"心安社区"法官和司法所驻点律师从情、理、法三方面共同帮助夫妻二人"算清账、算好账"。在签署离婚协议书时，法官注意到双方态度迟疑，社区调解委员会结合双方矛盾起因，认为矛盾存在化解的余地。调解员告诉双方，在这样一个家庭中，孩子需要更多的理解和包容，而离婚并不是解决问题的唯一方式。

调解委员会经综合分析，认为这段婚姻还存在挽回余地，于是将《民法典》有关离婚冷静期的相关规定告知二人并结合类似案件为其提供参考，向他们解释了冷静期不仅仅是法律程序的要求，更是一种关怀和重生的机会，两人听完法官的解释只好离开了。

十天后，调解员与驻点法官、律师又再次到胡某家中进行调解。大家围在温暖的炉火旁拉起了家常，这种调解方式旨在缓解当事人之间的对立情绪。胡某和张某的情绪逐渐缓和下来，经过社区调解员的耐心引导，当事人开始重新审视自己的婚姻和家庭关系，胡某也终于敞开了心扉。经过一段时间的冷静反省，当事人逐渐放下曾经的矛盾误解，重新携手面对生活中的挑战。他们开始包容和理解，学会彼此倾诉和共享，而小丽也找到了自己在这个家庭中的位置，这个"重组家庭"在心与心的交流中冰释前嫌。

三　案例评析

"诉前调解　心安社区"调解委员会在此次调解中充分发挥自身优势，以当事人双方实际情况为基础，合理利用现有法律制度，为当事人提供了具有回旋余地的纠纷解决方案，推动构建良好家风。在调解的重要节点，调解委员会成员凭借有温度、近距离的调解策略弥合了当事人双方的情感间隙，使胡某与刘某的婚姻重拾温暖。

本次调解中，调解委员会切实解决了胡某与刘某的婚姻纠纷，这充分体现了纠纷不出社区的治理理念，实现了社会效果和法律效果的统一。同时，本次调解也极具代表性，能够为基层婚姻家庭纠纷调解提供参考，为纠纷多元化解机制注入活力，推动心安社区建设。

四　法条链接

《民法典》第 1076 条规定："夫妻双方自愿离婚的，应当签订书面离婚协议，并亲自到婚姻登记机关申请离婚登记。离婚协议应当载明双方自愿离婚的意思表示和对子女抚养、财产以及债务处理等事项协商一致的意见。"

《民法典》第 1077 条规定："自婚姻登记机关收到离婚登记申请之日起三十日内，任何一方不愿意离婚的，可以向婚姻登记机关撤回离婚登记申请。前款规定期限届满后三十日内，双方应当亲自到婚姻登记机关申请发给离婚证；未申请的，视为撤回离婚登记申请。"

普法式调解明确赡养责任

成都市温江区友福社区

一　案情简介

"天地之性，人为贵；人之行，莫大于孝"，尊敬和赡养老人是中华民族的传统美德。77岁的李奶奶育有两个儿子和一个女儿，却面临无人赡养的困境。她的健康状况逐渐变差，需要子女的照料和赡养。但面对母亲的需求，李奶奶的女儿和两个儿子却以各种理由推诿赡养责任。他们忙于各自的工作生活，对李奶奶的需求视而不见，让李奶奶倍感孤独和无助。

在李奶奶的心里，子女是她生活的支柱和依靠。面对子女的冷漠和推诿，李奶奶感到了深深的伤痛和绝望。每每想到自己辛苦将子女抚养成人却老无所依，她觉得自己的生活失去了意义。

二　调解过程

"诉前调解　心安社区"调解员接到李奶奶求助后，找到温江区法院巡回法庭共同开展有针对性的调解工作。调解员将老人子女约到工作室，向李奶奶子女普及赡养义务相关法律规定，明晰其具体赡养义务和责任。接着采取"单个调解、各个击破"的方式，分别与李奶奶的女儿和两个儿子进行沟通。

经过一番耐心的劝说，李奶奶的子女们终于意识到了自己所犯的错误和应当承担的法律责任，并表示愿意共同承担起赡养母亲的责任。最终李奶奶和子女们达成了一致意见，共同制定了一份详细的赡养计划，包括经济支持、健康照料等方面。

在后续的回访中，调解员了解到李奶奶在子女们的悉心照料下生活变得丰富多彩，脸上又重现了久违的笑容。

三　案例评析

"诉前调解　心安社区"调解委员会在此次调解中不仅用心、用情，还用知、用智。只有让当事人了解到赡养父母的法律义务与拒绝赡养的法律后果，他们才能严肃对待和积极参与到调解过程中。面对"家长里短"的家事纠纷，"普法式"调解是社区调解员首选的调解方式。

在充分普及法律知识后，调解进入"以法入理"的阶段。让当事人感受到法律条文并不冰冷，而是承载着"百善孝为先"的人文关怀，理解法律条文背后的社会价值与伦理基础，从而赢得当事人发自内心的认同。

运用这种"情、法、理"三位一体的调解模式，调解委员会切实解决了李奶奶的现实困难，真正做到了将矛盾化解在社区，取得了良好的法律效果和社会效果。

四　法条链接

《民法典》第 26 条第 2 款规定："成年子女对父母负有赡养、扶助和保护的义务。"

《民法典》第 1067 条规定："成年子女不履行赡养义务的，缺乏劳动能力或者生活困难的父母，有要求成年子女给付赡养费的权利。"

《老年人权益保障法》第 14 条规定："赡养人应当履行对老年人经济上供养、生活上照料和精神上慰藉的义务，照顾老年人的特殊需要。赡养人是指老年人的子女以及其他依法负有赡养义务的人。"

《老年人权益保障法》第 15 条规定："赡养人应当使患病的老年人及时得到治疗和护理；对经济困难的老年人，应当提供医疗费用。"

《老年人权益保障法》第 19 条规定："赡养人不得以放弃继承权或者其他理由，拒绝履行赡养义务。赡养人不履行赡养义务，老年人有要求赡养人付给赡养费等权利。"

《刑法》第 261 条规定："对于年老、年幼、患病或者其他没有独立生活能力的人，负有扶养义务而拒绝扶养，情节恶劣的，处五年以下有期徒刑、拘役或者管制。"

调解廓清隔代抚养责任

成都市温江区友福社区

一 案情简介

小佳和母亲、外公、外婆生活在成都市温江区的某个小型社区里，其成长饱含着辛酸。

小佳的父母在她三岁时离婚，父亲入狱，母亲也因身体不好长期失业在家。小佳被托付给年迈的外祖父母抚养。然而，外祖父母年事已高，身体状况不佳且经济拮据，难以负担小佳的全部抚养费用。他们希望小佳的祖父母能够承担部分责任，但祖父母却不同意这个要求，双方因此发生了激烈的争执。

二 调解过程

为了解决家庭矛盾，社区调解员介入了这个案件。调解员邀约小佳的祖父母和外祖父母到社区调解委员会现场调解。首先引导双方冷静沟通，了解彼此的立场和需求。深入了解了小佳家庭的情况，并通过社区内的熟人和亲戚等，对小佳的祖父母进行了耐心的劝导。小佳的外祖父母也在调解员的引导下，逐渐理解了对方的难处。

最终，在社区调解员的努力下，经过多次商谈和协商，小佳的外祖父母和祖父母达成了共识，即由小佳的祖父母承担 1/3 的抚养费，其余部分由外祖父母和小佳母亲来支付。通过这样的安排，小佳得以受到全面的照顾，同时两个家庭也避免了进一步的纠纷。

未成年人的事没有小事，通过社区调解，这起关系到孩子成长的家庭纠纷得到了圆满解决，小佳的权益也得到了有效保护，两家关系也得到修复。在社区调解的过程中，小佳也学会了宽容与理解，懂得了如何用心去感恩，她的笑容变得更加灿烂。带着社区调解员的祝福，带着家庭的温暖，小佳迎接着新生活的到来。

在城市的社区中，每一个小故事都有属于它的温暖与感动，每一次调解都是人情与正义的结合。调解为社区增添了更多的色彩与生机，也为每一个家庭和睦与美好的未来创造了更多可能性。

三 案例评析

本案当事人家庭情况较为特殊，考虑到未成年人心理健康，调解员充分运用非法律途径解决纠纷，为类似案件提供了纠纷解决的参考方式。法安天下，德润人心。家事纠纷不能简单地通过诉讼途径予以解决，尽管诉讼途径能够更有力地保障当事人的合法权益，但一纸判决往往容易给当事人及其家人带来不可逆的伤害。

本案中，调解法官及社区调解员等工作人员巧妙运用熟人优势为小佳的祖父母提供心理疏导，晓之以理，动之以情。一方面，实现了家事纠纷的和平解决，防止为解决纠纷而对当事人造成二次伤害；另一方面，落实了纠纷多元化解机制，实现了纠纷不出社区，为创造良好家风、构建心安社区提供了良好范式。

四 法条链接

《民法典》第 1074 条规定："有负担能力的祖父母、外祖父母，对于父母已经死亡或者父母无力抚养的未成年孙子女、外孙子女，有抚养的义务。"

《民法典》第 1085 条规定："离婚后，子女由一方直接抚养的，另一方应当负担部分或者全部抚养费。负担费用的多少和期限的长短，由双方协议；协议不成的，由人民法院判决。"

家庭社区共同呵护学生心理健康

成都市温江区江浦路社区

一 案情简介

2023 年的一个清晨，刘女士带着女儿芳芳来到江浦路社区寻求帮助。刘女士忧心忡忡地对社区工作人员说道："我是芳芳的继母，她是我丈夫李先生和他前妻的女儿。芳芳正值初中，本来就患有心理疾病，最近因为学业压力大，病情恶化了，她的情绪很不稳定，甚至有自杀倾向。我丈夫常年在外地工作，根本无法开导女儿，我实在不知道该怎么办了。"

社区工作人员小王认真听完刘女士的讲述，立即汇报给街道办妇联和社区教育学校，并组织相关专业人员走访芳芳就读的学校，为她联系心理医生。当天，由心理医生、学校心理辅导老师和社区工作人员组成的工作小组赶到了学校，对芳芳进行了心理辅导。

在学校的咨询室里，芳芳坐在椅子上，眼神游离。心理医生温和地问道："芳芳，最近你是不是遇到什么让你特别难过的事情？"

芳芳低下头："我觉得自己什么都做不好，同学们也不喜欢我，我真不知道活着有什么意义。"

心理医生开导说："你知道吗？每个人都会有这样的低谷时刻，但这些都是暂时的。我们都在这里，希望能帮助你走出困境。"

经过四个多小时的引导和安抚，芳芳的情绪终于有所稳定。她抬起头，轻声说道："我愿意跟着刘阿姨去医院看看，接受进一步的治疗。"

二 调解过程

调解开始后，社区工作人员小王与调解团队积极开展调解工作，针对芳芳的现实情况，联合多方主体成立调解团队进行调解。此事虽未形成法律意义上的家事纠纷，但是家事问题调解委员会仍组织各方多次前往社区调解室进行面对面调解。

最终，芳芳所在家庭、学校、社区达成一致：芳芳的监护人加强对她在校外期间的监护和照护，保障她的身心健康和安全；同时，学校在芳芳就读期间安排专人对其进行照护，确保其心理健康和人身安全。调解结束后，各方共同制作了调解备忘录，便于芳芳的后续治疗和调解回访。社区、家庭与学校三方的共同努力，让这个年轻的生命重新燃起了对生活的希望。

三　案例评析

本案具有极强的代表性，心理健康问题是青春期学生普遍存在的问题。在实践中，青春期学生因家庭关系、同学关系等处理不当而引发自残、自杀的现象，本案虽未形成纠纷，但调解联动"家庭+学校+社区"，调适了青春期学子的心理，避免"小纠纷"转化为"大麻烦"。

在本案中，社区工作人员为芳芳及刘女士联系了街道妇联、学校等相关部门，为解决芳芳的实际问题搭建了高效的沟通平台，为切实解决芳芳的问题提供了有效途径。基层纠纷调解重在社区调解。在此类纠纷中，社区以间接调解的方式，联系各方主体，促进各方的直接协商，为解决青春期学生心理健康问题提供了新的思路。社区工作人员联动相关各方共同参与，防止形成纠纷而产生法律风险，既安抚了被帮助对象的情绪，又充分利用专业医疗资源化解矛盾，将纠纷处理在萌芽时期，真正做到"大事化小，小事化无"，推动构筑起未成年人权益保护法治防线和社会综合治理安全底线。

四　法条链接

《民法典》第1072条规定："继父母与继子女间，不得虐待或者歧视。继父或者继母和受其抚养教育的继子女间的权利义务关系，适用本法关于父母子女关系的规定。"

《未成年人保护法》第23条规定："未成年人的父母或者其他监护人应当及时将委托照护情况书面告知未成年人所在学校、幼儿园和实际居住地的居民委员会、村民委员会，加强和未成年人所在学校、幼儿园的沟通；

与未成年人、被委托人至少每周联系和交流一次，了解未成年人的生活、学习、心理等情况，并给予未成年人亲情关爱。未成年人的父母或者其他监护人接到被委托人、居民委员会、村民委员会、学校、幼儿园等关于未成年人心理、行为异常的通知后，应当及时采取干预措施。"

巧用调解方法化解遗产分割纠纷

成都市温江区红桥社区

一 案情简介

梁家四兄妹的遗产分割纠纷一直悬而未决。梁某与妻子生有两子两女：梁甲、梁乙、梁丙和梁丁。2008 年，梁某一家在红桥社区调解委员会的见证下签订了一份遗嘱：梁某和妻子去世后，安置房由梁甲、梁乙各自继承 1/2 份额；拆迁款平均分为三份，梁甲、梁乙各得 1/3 份额，两个女儿共同继承剩余 1/3 份额。

然而，时光流逝，情况发生了变化。梁某夫妇晚年主要由梁丙和梁丁照顾，梁乙偶尔协助，梁甲则几乎没有尽到照顾义务。2021 年，梁某夫妇修改了遗嘱，载明：安置房仍由梁甲、梁乙各继承 1/2 份额，但两人需各拿出 6 万元给梁丙和梁丁。梁父先去世，梁母去世前立口头遗嘱：梁甲不得继承任何财产。梁某夫妇去世后，安置房成了唯一的遗产。

梁甲对遗嘱的变更极为不满，坚持按照 2008 年的遗嘱进行遗产分割。四兄妹间的纠纷愈演愈烈，矛盾一触即发。

二 调解过程

红桥社区人民调解员介入后，事情开始有了转机。调解员没有急于调解，而是通过走访调查，深入了解梁家情况。走访中调解员发现，梁甲的妻子性格强势，凡事以"闹"为先，导致梁甲与弟弟妹妹关系紧张。

"我们只是想按照父母最初的意愿来分遗产，"梁甲在一次调解中气愤地说，"这不公平！"梁丙则平静地回应："哥哥，你在父母病重时几乎没有照顾过他们，现在凭什么来争这份遗产？"

调解员细致分析了纠纷，从法律、道德、情感三个角度入手，为各方当事人释法明理。温江区人民法院的法官也积极参与，从法律讲解、道德教育、情感感化等方面提供帮助。在调解员持续十余天共三十余次的走访调解后，各方态度明显缓和，表示愿意重新协商遗产分割事宜。最终梁乙点头表示同意："我愿意退一步，只希望大家能心平气和地解决问题。"

最终，各方签订的遗产分割协议载明：遗产房屋折价 50 万元，梁甲、梁乙各继承 18 万元，梁丙、梁丁各继承 7 万元。为了公平起见，各方决定以抓阄方式确定遗产房屋所有权人，最终确定梁甲为遗产房屋所有权人，而梁甲需支付梁乙 18 万元，支付梁丙、梁丁各 7 万元。

三　案例评析

遗产继承纠纷是家事纠纷中的常见纠纷之一，为避免老人去世后出现子女反目成仇的情况，调解员在调解遗产纠纷的过程中更应当采取温和、审慎的方式进行。

在本案中，调解员在介入纠纷后积极了解当事人的家庭结构，在掌握基本情况后对各方当事人采取"一对一"式的调解方式，在阐明法理的基础上充分听取各方当事人的诉求，主动为各方当事人制定解决方案，充分发挥基层调解的积极作用。同时，调解员和社区巡回法官为各方当事人提供诉讼外的纠纷解决服务，进一步彰显了心安社区建设的突出优势。调解员通过耐心的调解服务，使当事人深刻认识到法律虽是维护权利的重要武器，但亲人之间对簿公堂是大家不愿看到的。

此次纠纷的成功化解，为构建心安社区、完善多元化纠纷解决机制提供了极具参考价值的纠纷调解模式，也为树立良好家风、建设模范家庭提供了鲜活的经验。

四　法条链接

《民法典》第 1123 条规定："继承开始后，按照法定继承办理；有遗嘱的，按照遗嘱继承或者遗赠办理；有遗赠扶养协议的，按照协议办理。"

《民法典》第 1127 条规定："遗产按照下列顺序继承：（一）第一顺序：配偶、子女、父母；（二）第二顺序：兄弟姐妹、祖父母、外祖父母。继承开始后，由第一顺序继承人继承，第二顺序继承人不继承；没有第一顺序继承人继承的，由第二顺序继承人继承。"

《民法典》第 1130 条规定："同一顺序继承人继承遗产的份额，一般应当均等。对生活有特殊困难又缺乏劳动能力的继承人，分配遗产时，应当予以照顾。对被继承人尽了主要扶养义务或者与被继承人共同生活的继承人，分配遗产时，可以多分。有扶养能力和有扶养条件的继承人，不尽扶养义务的，分配遗产时，应当不分或者少分。继承人协商同意的，也可以不均等。"

普法调解化解恋爱财产纠纷

成都市温江区燎原社区

一　案情简介

2023 年 3 月，肖某通过某相亲网络平台认识了苏某，两人迅速开始了一段浪漫交往。然而，浪漫背后却隐藏着一笔笔费用开支。苏某多次以还车贷、购物和日常生活为由，要求肖某支付各种费用。很快，肖某为苏某支付的金额累计 11 余万元。

肖某鼓起勇气向苏某提出见她的家长，却被苏某一口回绝。肖某心里顿时生疑，他开始怀疑苏某是否真的有意与他结婚。几次争吵后，他们最终分手。感到受骗的肖某愤而向法院提起诉讼，并向社区调解委员会求助，希望能够追回自己在恋爱期间为苏某支付的费用。

二　调解过程

社区调解员接到案件后，首先分别与肖某和苏某进行了沟通。肖某愤愤不平地说："我是真心想和她结婚，才会愿意为她花钱。可她一直拒绝和我见家长，我怀疑她从来就没有打算和我结婚。"

苏某则辩解道："肖某支付的 75600 元是我们恋爱的先决条件，他同意后才支付的。而且，他送的金银首饰、化妆品，还有那些 520 元和 5200 元的红包，都是赠与，怎么能要求我退还呢？"

社区调解员细心地听取了双方的意见，并结合情理和法理，根据《民法典》相关规定，以及之前调解成功的类似案例和相关司法判决，向双方阐明了各自行为的法律性质和可能涉及的风险，尤其是类似判决对恋爱期间赠与、借贷等行为的认定。

最终，在社区调解员的见证下，肖某和苏某签署了一份协议。根据协议，苏某归还肖某车贷费用，而肖某则放弃对其他费用的追讨。

随着协议的签订，这场关于爱情与金钱的纠纷终于尘埃落定。肖某望着苏某远去的背影，心中泛起一阵复杂的情绪，他明白，不是所有的付出都能换来一个美好的结局。而苏某也在内心深处感受到了一丝惭愧，这场风波教会了她许多关于爱与责任的道理。

三　案件评析

本案属于恋爱期间的财产纠纷，类似纠纷具有在任何年龄阶段发生的可能性，具有极强代表性。恋爱期间发生的纠纷，应否由法律调整，应适用哪些法律规定，需要充分考虑具体的客观事实加以明确。调解员结合此前调解经验，认为部分当事人并非真的以恋爱为名进行诈骗，而是由于对法律规定的不了解而误认为自身行为不会涉及法律风险。

在本案中，调解员充分考虑肖某和苏某某恋爱期间部分转账和消费行为性质的模糊性，抓住纠纷的焦点，以大额纠纷为突破口解决问题，提高了当事人继续解决纠纷的积极性。在实践中，调解员通过大事讲法律、小事讲道理的方式，将可能涉及的诉讼问题经过非诉途径解决，进一步防止司法资源浪费，提高纠纷解决效率。本案的成功调解，也为构建多元化纠纷解决机制注入新的活力。

四　法条链接

《民法典》第 658 条规定："赠与人在赠与财产的权利转移之前可以撤销赠与。过公证的赠与合同或者依法不得撤销的具有救灾、扶贫、助残等公益、道德义务性质的赠与合同，不适用前款规定。"

《民法典》第 661 条规定："赠与可以附义务。赠与附义务的，受赠人应当按照约定履行义务。"

《民法典》第 663 条规定："受赠人有下列情形之一的，赠与人可以撤销赠与：（一）严重侵害赠与人或者赠与人近亲属的合法权益；（二）对赠与人有扶养义务而不履行；（三）不履行赠与合同约定的义务。赠与人的撤销权，自知道或者应当知道撤销事由之日起一年内行使。"

多元调解督促返租协议履行

成都市温江区大学城社区

一　案情简介

商铺售后返租作为一种商铺所有权与经营权相分离的商业开发模式，在助推区域经济发展、提供就业等方面展现了重要作用，但其涉及主体多、法律关系复杂，给经营项目的实践带来诸多风险。

成都市温江区某项目于 2017 年开建，2019 年建成交付使用。其中商铺 464 套已全部销售完毕。基于统一规划权限和商铺回笼资金考量，商铺业主委托某商业管理有限公司（商管公司）在商铺出售后五年内以代理出租的方式进行管理与运营，其间由运营方按照返租合同约定每年定点比例支付给商铺业主租金。2021 年 11 月，受房地产政策及宏观调控等大环境因素及公司管理运行问题（点多面广、资金断链）影响，出现某商业管理有限公司已收取租户租金但未返租给商铺业主的现象。2022 年 2 月 5 日，商铺业主多渠道向社区反映某商管公司已拖欠 2021 年 11 月 27 日到 2022 年 5 月 26 日半年租金（合约约定提前半年支付）共计 2000 多万元，且后续商管公司多次签订返租协议书承诺返租，但在约定时间皆未兑现。经"诉前调解心安社区"调解委员会（调委会）调解达成一致意见：商铺业主保证不影响商管公司正常管理运行，商管公司分期分笔（商管公司提出可执行方案）付完 2021 年 11 月 27 日至 2022 年 5 月 26 日半年返租费用。

二　调解过程

开发商采取"售出+返租"的模式吸引业主购买商铺，业主购买商铺后办理了相关产权证书，开发商在返租合同履行期间将商场整体租赁给商业管理公司,并签订了超出原返租合同期限的租赁合同,导致返租合同到期后,业主无法收回商铺,与开发商、商业管理公司产生纠纷。因该纠纷涉及290余名业主和400余家商户,稍有不慎极易引发群体性信访,在区委、区政府成立的专案组多次协调未果后,该案件通过司法途径加以解决。温江大学城社区"诉前调解 心安社区"调委会调解员先后召开五次商业返租沟通协调会,邀请部门政法委、住建局、市场监管、信访局、公安分局、司法局有关负责同志参会,召集开发商、商管公司、业主代表,持续对商街整体情况进行关注,督促商管公司履行合同约定。各方在会议上达成共识:商铺业主保证不影响商管公司正常管理运行,商管公司分期分笔(商管公司提出可执行方案)付完2021年11月27日至2022年5月26日半年返租费用。调委会同步督促企业落实主体责任、社会责任,监督其按约履行承诺,分析研判把控风险。由于后续商管公司无法继续履行返租合同,调委会帮助协调解约事宜并持续提供法律援助服务。现商铺业主、租户与商管公司逐一签署解约协议,剩余部分债权债务完成概括性转移,商铺业主已成功收回商铺经营权,并将在未来自行与租户签订租赁合同,从而实现社区内商业活动的稳定和可持续发展。

三 案例评析

本案中,"诉前调解 心安社区"调委会不仅召集了相关部门和各方代表,还持续关注商街整体情况,督促商管公司履行合同约定。调委会通过召开多次沟通协调会,为各方提供了一个沟通协商的平台,有效推动了问题的解决。

商管公司未能按照约定履行返租合同,导致商铺业主和租户的利益受损。通过调委会的协调,商铺业主和商管公司达成了共识,商管公司提出了可行的方案来分期分笔支付拖欠的返租费用。同时,调委会也督促企业落实主体责任和社会责任,按约履行承诺,体现了对合同履行的重视和责任的落实。

在处理此类纠纷时,调委会不仅关注当前问题的解决,还注重风险的分析和研判。通过统计列明交租、返租、保证金等情况,调委会能够更准确地把握风险点,制定相应的应对措施,减少资金损失。这种风险意识和前瞻性思维对于维护社区商业活动的稳定至关重要。调委会跟进合同履行情况，及时更新解纷方案。这体现了调委会在处理纠纷时的灵活性和专业性，既保障了各方权益，又避免了纠纷的进一步升级。

调委会不仅着眼于当下的矛盾化解，也考虑到了社区的长远利益，展现了其高度的责任感和使命感。

四 法条链接

《民法典》第 577 条规定："当事人一方不履行合同义务或者履行合同义务不符合约定的，应当承担继续履行、采取补救措施或者赔偿损失等违约责任。"

《民法典》第 578 条规定："当事人一方明确表示或者以自己的行为表明不履行合同义务的，对方可以在履行期限届满前请求其承担违约责任。"

《民法典》第 919 条规定："委托合同是委托人和受托人约定，由受托人处理委托人事务的合同。"

调解变更支付方式　合理化解矛盾纠纷

成都市温江区友福社区

一　基本案情

2007 年 12 月的某个寒冷夜晚，成都市温江区金马街道友福社区的居民周某醉酒驾驶着两轮摩托车，摇摇晃晃地在昏暗的街道上行驶。与此同时，金马街道温泉社区的居民袁某正沿着街道步行，两人猝不及防地相撞了。周某和袁某被紧急送往医院，但不幸的是，袁某在抢救无效后离世。

袁某的儿子黄某悲痛欲绝，无法接受母亲的离去，他决定将周某告上法庭。周某到公安机关自首，如实供述了自己的犯罪事实，还主动承担了部分急救医疗费用。2008 年 8 月，温江法院判决，周某需支付袁某的死亡赔偿金、丧葬费、误工费等人身损害赔偿金共计 199652.88 元。但是十余年过去，周某无其他经济来源，无法支付赔偿金。周某一直良心不安，2023 年 7 月在哥哥的陪同下来到友福社区"诉前调解　心安社区"调解委员会寻求帮助。

二　调解过程

"我真不知道该怎么办了。"周某低声对调解员说，声音中透着深深的疲惫和无奈。"这些年，我一直没能赔偿黄某，心里很愧疚。"

调解委员会仔细了解案情后联系了黄某，约定在 2023 年 7 月 7 日进行正式调解。黄某起初情绪激动，脸色阴沉，眼中带着压抑的怒火。

"他欠我们这么多年的赔偿，现在才来说要调解！"黄某愤愤不平地说道，"这些年，我们过得很苦！"

调解员耐心地倾听黄某的倾诉，与社区网格员一起，化解他的悲伤和愤怒："我们理解你的痛苦，但也请你考虑一下周某的实际经济情况。他确实无力一次性支付全部赔偿金。"

经过一番劝说，黄某的态度渐渐缓和下来："好吧，我愿意听听他有什么方案。"

调解委员会提出了分期支付的调解方案。黄某沉思片刻后点头同意。周某感激："谢谢你，黄某，我会按照协议支付，尽我所能。""好的，希望我们都能早点解脱。"

调解委员会化解了双方十余年的恩怨。命运的交织，有时就是如此残酷又温柔。

三　案例评析

温江区法院打造的"诉前调解　心安社区"品牌，依托各个社区，整合各项解纷资源，主动邀请熟悉本地社情、说话有分量、处事有办法的街道干部、网格员、老党员、人民调解员等群众身边人调处群众身边矛盾。本案顺利调解正是依赖于友福社区"诉前调解　心安社区"，联合温泉社区调解委员会，增强纠纷解决合力，以最大程度了解民情民意，以法、以理、以情开展调解。一方面，让周某认识到自身行为的错误性，自愿道歉获取袁某之子黄某的谅解。另一方面，从案件实际情况出发，考虑到周某一次性完整支付赔偿金的困难性，劝说黄某让渡利益，适度减少赔偿金额，放宽赔偿金支付周期，并调整赔偿金支付方式，给予周某一个可实现支付的空间。本案的纠纷以双方当事人自愿平等达成赔偿协议结束，"诉前调解　心安社区"调解委员会在家门口为当事人搭建起"连心桥"，在切实保障受害人基本利益的前提下，使得纠纷以较为合情合理的方式得到实质性解决，真正做到了"矛盾不上交，就地解决"。

四　法条链接

《刑法》第 133 条规定："在道路上驾驶机动车，有下列情形之一的，处拘役，并处罚金：（一）追逐竞驶，情节恶劣的；（二）醉酒驾驶机动车的；（三）从事校车业务或者旅客运输，严重超过额定乘员载客，或者严重超过规定时速行驶的；（四）违反危险化学品安全管理规定运输危险化学品，危及公共安全的。机动车所有人、管理人对前款第三项、第四项行为负有直接责任的，依照前款的规定处罚。有前两款行为，同时构成其他犯罪的，依照处罚较重的规定定罪处罚。"

《民法典》第 1165 条规定："行为人因过错侵害他人民事权益造成损害的，应当承担侵权责任。"

《民法典》第 1179 条规定："侵害他人造成人身损害的，应当赔偿医疗费、护理费、交通费、营养费、住院伙食补助费等为治疗和康复支出的合理费用，以及因误工减少的收入。造成残疾的，还应当赔偿辅助器具费和残疾赔偿金；造成死亡的，还应当赔偿丧葬费和死亡赔偿金。"

健身事故致纠纷　社区调解化矛盾

成都市温江区燎原社区

一　案情简介

随着生活水平的不断提高，"全民健身"已成为一种时尚生活方式。健身服务行业的蓬勃发展，虽然带来了健康的生活方式，但也带来了一些新的问题。章女士是一位热爱运动的女性，她是成都某品牌管理有限公司旗下健身房的会员。2023年9月24日，这一天看似平常，但对于章女士来说，却是命运转折的一天。

那天，章女士决定去健身房的动感单车体验区锻炼。她独自一人，沉浸在音乐和运动的节奏中，感受着身体的律动。然而，就在她加速骑行的一瞬间，意外发生了。章女士不慎从单车上跌落，重重地摔在地上，痛苦瞬间袭来。随后的检查显示，她的肋骨骨折，并伴有肺挫伤等。

章女士躺在医院的病床上，心中充满了委屈和愤怒。她认为健身房没有尽到安全保障义务，未能提供必要的指导和防护措施。她计算了自己的损失，护理费、营养费、交通补助、误工费和精神抚慰金等各项费用共计20743.58元。她决定向健身房索赔。

二　调解过程

健身房接到章女士的投诉后，认为章女士是在没有教练陪同的情况下独自操作器械，在本次事故中存在过错。虽然公司愿意承担部分责任，但认为章女士的赔偿请求过高。双方的第一次协商未能达成一致，章女士感到无助和失望。

为解决问题，章女士来到"诉前调解　心安社区"调解委员会。为全面了解情况，调解员与健身房管理层进行了沟通。通过调查，调解员确认了章女士是在参加健身房组织的体验活动时因操作不当跌倒受伤的事实。

健身房在得知章女士受伤后，立即组织了医疗救助，并垫付了医疗费。公司愿意在此基础上再补偿 5000 元，但章女士并不接受。她认为健身房未做好安全措施和风险提醒，坚决要求赔偿 20000 元。

调解员组织双方进行了"面对面"沟通。调解员向健身房阐述了法律规定的安全保障义务，指出公司应承担相应的侵权责任。同时，也向章女士说明，作为完全民事行为能力人，她应具备一定的风险防范意识，也应当承担部分责任。

调解员用法律和事实说理，逐步消除双方的对立情绪。双方终于达成一致：健身房在已支付的医疗费基础上，再赔偿章女士 10000 元。

三　案例评析

侵权领域的调解关键在于让双方当事人明确各方的权利与义务，划分权责进而弥补损害。在本次调解中，"诉前调解　心安社区"调解委员会围绕健身公司是否在合理限度的范围内尽到了安全保障义务，是否应当承担过错责任进行展开。调解团队通过释法说理的方式组织双方当事人"面对面"沟通，引导双方了解损害赔偿的有关法律规定，让双方意识到在此次纠纷中自己在哪些地方有过错，缓和了矛盾，避免了冲突的激化。

调解员在调解过程中遵循"以事实为依据，以法律为准绳"这一原则是调解成功的基础，调解团队在充分了解纠纷事实的基础上根据过错的大小来划分责任，管理人在合理范围内虽然负有安全保障义务，但不能苛求管理人将所有可能的风险全部消灭，在维护受损害一方权益的同时也不能过分苛责另一方，而需要在二者之间找到适当的平衡点。调解团队针对双方的赔偿意见，让双方"各退一步"正是抓住了该平衡点，在解决纠纷的同时也给当事人上了一次普法课，这种纠纷解决方式最大限度地维护了双方当事人的合法权益，达到了法律效果与社会效果的统一。

这个案例不仅是一次纠纷的解决，更是一堂生动的法律普及课。通过调解，双方都认识到自己的权利与义务，懂得了在未来的生活中如何更好地保护自己和他人。调解的成功，体现了法律效果与社会效果的统一，为"全民健身"事业的健康发展保驾护航。

四　法条链接

《民法典》第 1198 条规定："宾馆、商场、银行、车站、机场、体育场馆、娱乐场所等经营场所、公共场所的经营者、管理者或者群众性活动的组织者，未尽到安全保障义务，造成他人损害的，应当承担侵权责任。因第三人的行为造成他人损害的，由第三人承担侵权责任；经营者、管理者或者组织者未尽到安全保障义务的，承担相应的补充责任。经营者、管理者或者组织者承担补充责任后，可以向第三人追偿。"

《消费者权益保护法》第 18 条规定："经营者应当保证其提供的商品或者服务符合保障人身、财产安全的要求。对可能危及人身、财产安全的商品和服务，应当向消费者作出真实的说明和明确的警示，并说明和标明正确使用商品或者接受服务的方法以及防止危害发生的方法。宾馆、商场、餐馆、银行、机场、车站、港口、影剧院等经营场所的经营者，应当对消费者尽到安全保障义务。"

巧用"六尺巷"典故化解相邻权矛盾

成都市温江区岷江村

一 案情简介

高某和李某是村里的两位农民,他们的耕地相互毗邻。两块地之间有一条大约 0.6 米宽的田埂,平时供他们通行和运输农具用。李某为了更好地利用自己的耕地,未经高某同意,在田埂边堆砌石块并栽种树苗。这不仅影响了高某耕地,还阻碍了他人通行。高某对此十分不满,多次找李某协商未果,无奈向村委会寻求帮助。

二 调解过程

村委会接到高某的求助后,派驻村调解员进行实地走访核实和调解,了解到李某堆砌石块是为了防止雨季田埂塌陷。调解员认为本案存在调解成功的可能性。在征得双方同意后,邀请高某和李某在耕地交界处实地调解,并讲起"六尺巷"的故事,高某和李某似乎都有些动摇。

经过一番实地丈量和反复沟通,双方最终达成一致:各自在自己的耕地一侧堆砌 0.2 米宽的石块护坡,这样不仅能防止雨季田埂塌陷,还能便利双方通行和运输农具。

最终,双方在调解员的见证下,各自开始在田埂一侧堆砌石块,确保了田埂的牢固和通行的顺畅。这次调解不仅成功解决了纠纷,还增进了高某和李某之间的理解和信任。

三 案例评析

本案属于相邻权纠纷。在本案中,李某的行为在客观上侵犯了高某的相邻权，并在一定程度上影响高某正常利用其耕地耕种作物。如果直接要求当事人恢复原状在一定程度上容易导致当事人产生抵触情绪，进一步扩大纠纷。调解员在充分了解事情原委后认为李某的行为并非恶意，并且雨季田埂塌陷也可能出现在高某耕地一侧。对此，调解员抓住双方的共同需求，防止因田埂塌陷导致二次纠纷，邀请双方走进田野实地解决问题，铸就了一段新的"六尺巷"佳话，也为类似纠纷提供了切实有效的解决方式。

本案中调解员通过提议共同加固田埂，为高某和李某解决了急难愁盼问题，推动形成共治共享的价值认同。同时本案也在真正意义上做到了小事不出村，实现了矛盾纠纷的前端化解，在纠纷解决的前提下实现了利益最大化、成本最低化，铸牢村民与村委会的信任基石，推动邻里和睦相处，促进乡村和谐稳定。

四　法条链接

《民法典》第 288 条规定："不动产的相邻权利人应当按照有利生产、方便生活、团结互助、公平合理的原则，正确处理相邻关系。"

《民法典》第 291 条规定："不动产权利人对相邻权利人因通行等必须利用其土地的，应当提供必要的便利。"

录音引争议　调解化纠纷

成都市温江区岷江村

一　案情简介

黄某某有一个特殊的习惯：在与他人交流的过程中，他总喜欢用录音设备录下双方的对话内容，以防个人利益受到损害。即便涉及他人隐私的内容，也会被他用录音设备记录下来。当他人要求删除这些录音时，他多次拒绝了这样的请求。

村民们对此非常不满，也逐渐开始疏远黄某某。村民们将此事告知村委会，希望村委会能介入解决纠纷。

二　调解过程

村委会在收到村民反映后，立即向相关群众了解情况，并与黄某某取得联系。在征得黄某某同意后，"诉前调解　心安社区"调解委员会组织调解员前往黄某某家中，与他交流谈话。调解员认为黄某某的录音行为背后可能暗藏着老年人常有的心理问题，比如缺乏安全感和有孤独感。对此，调解员转变矛盾纠纷化解思路，帮助黄某某丰富其业余活动和充实其精神世界，邀请黄某某加入村老龄文化协会。

此后，黄某某变得异常忙碌。他积极参与村里的迎新春、庆元旦等活动。他用才华和热情为村民们带来了欢乐和感动，也逐渐与村民拉近关系。

这次调解不仅解决了黄某某与他人的纠纷，也让他重新融入了村集体，找到了自我价值，真正实现了邻里之间的和睦相处。

三　案例评析

在此次纠纷的调解过程中，调解员积极介入，综合考虑到黄某某年龄、教育背景、家庭情况等因素后采取循序渐进的方式进行调解。调解员在获得黄某某信任后，开始发掘其录音行为背后的深层次原因。在此基础上，调解员将单纯纠纷调解转换为"解决纠纷+满足需求"的调解模式，一方面关注老年人的心理需求，另一方面也在解决纠纷的同时防止纠纷的进一步扩大。最终在调解员和黄某某的共同努力下，黄某某不仅丰富了老年生活，也与其他村民构建了良好的邻里关系。

本案的成功调解，突破了传统纠纷的调解思路，深挖纠纷背后的深层次心理原因，制定相应措施以供当事人选择，实现了真正意义上的纠纷解决。同时，村委会也以本次纠纷解决为契机，积极制定文化建设方案，有效回应了老年人的文化需求，不仅实现了对老龄群体的人文关怀，也做到了"对症下药"。

四　法条链接

《民法典》第 120 条规定："民事权益受到侵害的，被侵权人有权请求侵权人承担侵权责任。"

《民法典》第 1032 条规定："自然人享有隐私权。任何组织或者个人不得以刺探、侵扰、泄露、公开等方式侵害他人的隐私权。隐私是自然人的私人生活安宁和不愿为他人知晓的私密空间、私密活动、私密信息。"

《民法典》第 1165 条规定："行为人因过错侵害他人民事权益造成损害的，应当承担侵权责任。依照法律规定推定行为人有过错，其不能证明自己没有过错的，应当承担侵权责任。"

低频噪声常扰邻　联动多方促整改

成都市温江区花土社区

一　案情简介

居民之间因相邻关系而产生的纠纷在社区生活中占纠纷的大部分，巧妙处理化解矛盾是维护和睦邻里关系的关键。西部文化城小区建成于 2017 年，分为住宅区和商业区两部分。金科天宸小区紧邻西部文化城小区，建成于 2019 年，属于高层住宅小区。2021 年 5 月，在西部文化城商业区办公的某集团启用了冷风机设备，冷风机设备与金科天宸小区的位置距离较近，冷风机设备的外机放置于商业楼外，当机器运行时会发出持续的低频噪声。

家住金科天宸小区的小林是一位程序员，工作需要长时间集中精力，因此更需要一个安静的环境。每天晚上，当小林坐在电脑前工作时，低频噪声就像一根根针，刺进他的耳膜。他尝试戴上耳塞，但效果并不理想。久而久之，小林的身体处于亚健康状态。

小区居民不断向花土社区反映，"诉前调解　心安社区"调解委员会了解到此事后，到居民区逐户走访调查并主动和某集团联系，积极开展调查调解工作。

二　调解过程

某集团的工作人员经检查后回复调解员：冷风机设备处于正常运行状态，不予调整。之后调解委员会积极组织协调街道、区环保局、第三方检测机构进行噪声检测，发现该低频噪声属于噪声污染。调解员对某集团的工作人员释明这可能会违反《噪声污染防治法》的规定，区环保局出具整改报告，限期某集团整改。目前，噪声已经大大降低，小区居民的心终于可以"静"下来了。

三　案例评析

因相邻关系而产生的纠纷在社区生活中时常发生，许多居民因法律意识的淡薄而忽略了相邻关系对于构建和睦邻里关系的重要性，更不了解相邻关系是受到法律所调整的范畴。本次调解的重点任务是查明事实，找到问题根源，并与某集团的负责人积极沟通。在面对与当事人的沟通难题时，调解员依法行事，请环保局出面，让当事人明白相关法律规定以及违反的后果。"诉前调解　心安社区"调解委员会在调解中释明相关法律规定，使得当事人明白了住户之间的权利与义务。案例也给社区治理带来启示，当遇到相邻权纠纷时，"以法释理"或许是最佳的纠纷解决方式。

听民声，解民忧，才能暖民心。"诉前调解　心安社区"调解委员会将继续坚持将群众的急难愁盼问题作为工作的出发点和落脚点，把解决群众身边"小事"作为增进民生福祉的"大事"，不断加大矛盾纠纷排查化解工作力度，将纠纷治理在前端、矛盾化解在基层。

四　法条链接

《民法典》第 288 条规定："不动产的相邻权利人应当按照有利生产、方便生活、团结互助、公平合理的原则，正确处理相邻关系。"

《民法典》第 294 条规定："不动产权利人不得违反国家规定弃置固体废物，排放大气污染物、水污染物、土壤污染物、噪声、光辐射、电磁辐射等有害物质。"

《噪声污染防治法》第 9 条规定："任何单位和个人都有保护声环境的义务，同时依法享有获取声环境信息、参与和监督噪声污染防治的权利。排放噪声的单位和个人应当采取有效措施，防止、减轻噪声污染。"

《治安管理处罚法》第 30 条规定："排放噪声造成严重污染，被责令改正拒不改正的，生态环境主管部门或者其他负有噪声污染防治监督管理职责的部门，可以查封、扣押排放噪声的场所、设施、设备、工具和物品。"

《治安管理处罚法》第 58 条规定："违反关于社会生活噪声污染防治的法律规定，制造噪声干扰他人正常生活的，处警告；警告后不改正的，处二百元以上五百元以下罚款。"

社区调解解决非机动车停放难题

成都市温江区花土社区

一　案情简介

花土社区某小区是已建成 10 多年的老旧步梯房小区，小区建设之初未规划非机动车停放点。近年来，随着小区里电瓶车、自行车日益增多，无序停放、随意进楼、停车困难等问题越发凸显，不仅严重影响了居民的日常出行，也给社区安全管理埋下了巨大的安全隐患。

王大爷是小区的老住户，腿脚不便，平时靠骑电动车去菜市场买菜、接送孙子上下学。由于小区非机动车停放管理混乱，王大爷每次回小区都需要很久才能找到停车位。同时，电瓶车在家充电也有巨大的消防隐患。去年的一天，王大爷接孙子小杰放学时突然下起大雨，因找不到停车位，王大爷只能将车停到小区外，冒雨走回家。不幸的是，由于路滑，王大爷摔了一跤，伤势严重，需要卧床休息。

这只是反映该小区非机动车停放难带来的众多问题的案例之一。2021年 6 月以来，该小区业主多次投诉小区没有集中充电和停放非机动车的场所，希望社区能够解决。在接到小区居民的反映后，花土社区便积极介入，展开整顿工作。

二　调解过程

在充分收集居民意见之后，社区党委立即联合小区党支部、物业公司、居民代表等对辖区住宅小区进行全面调研摸排。鉴于该小区存在较大的安全隐患，社区立即成立了以社区党委为核心的工作领导小组，围绕破解停车难题、整治停车秩序、解决充电困境等议题召开会议，同时组织社区、物业和居民三方代表进行面对面协商，共同推进非机动车车棚修建，增加安全充电设备。经商讨、走访、选址，最终确定由物业公司出资在小区修建非机动车临时充电点位。在推动增加临时充电点位的同时，"诉前调解　心安社区"调解委员会为强化小区居民的安全意识，通过在小区里发放宣传单、设置横幅标语、张贴安全警示教育海报等方式进行安全法律知识宣传。目前该小区已建成临时充电点位 2 处，规划临时停放点位 10 处，在一定程度上解决了小区非机动车充电难、停放难的问题，以实际行动践行了"有求必应、接诉即办、民呼我为"理念。

三　案例评析

社区生活中民生问题的解决不能只治表层问题，还要根治里层问题。调解委员会在解决充电问题与停车问题的同时，采取多种方式着力加强对居民进行安全知识的宣传与普及工作，让居民对小区安全工作进行监督与管理，调动了居民的自主自治的主动性，强化了居民的安全意识，以防患于未然。社区秉持"共建共治共享"的社区治理理念，汇聚党组织、社区、业委会、物业等多元治理主体合力将问题解决在根源、化解在萌芽，增强了社区治理服务效能，满足了居民群众的多元化需求，形成了基层治理的新格局。

四　法条链接

《道路交通安全法》第 93 条规定："对违反道路交通安全法律、法规关于机动车停放、临时停车规定的，可以指出违法行为，并予以口头警告，令其立即驶离。机动车驾驶人不在现场或者虽在现场但拒绝立即驶离，妨碍其他车辆、行人通行的，处二十元以上二百元以下罚款，并可以将该机动车拖移至不妨碍交通的地点或者公安机关交通管理部门指定的地点停放。公安机关交通管理部门拖车不得向当事人收取费用，并应当及时告知当事人停放地点。"

《电力法》第 52 条规定："任何单位和个人不得危害发电设施、变电设施和电力线路设施及其有关辅助设施。"

《治安管理处罚法》第 37 条规定："有下列行为之一的，处五日以下拘留或者五百元以下罚款；情节严重的，处五日以上十日以下拘留，可以并处五百元以下罚款：（一）未经批准，安装、使用电网的，或者安装、使用电网不符合安全规定的；（二）在车辆、行人通行的地方施工，对沟井坎穴不设覆盖物、防围和警示标志的，或者故意损毁、移动覆盖物、防围和警示标志的；（三）盗窃、损毁路面井盖、照明等公共设施的。"

社区调解化解新能源汽车充电难题

成都市温江区大学城社区

一 案情简介

满足社区居民对美好生活的需求一直以来是社区工作的重点任务，社区网格化治理更能从根本上解决社区生活中的难题。成都市温江区大学城社区某小区于 2018 年交付使用，共计 1014 户居民。在 2016 年修建初期，小区用电容量按比例配置共计 2630 千伏安，并未考虑额外的用电量。随着新能源汽车逐渐普及，小区居民对新能源车辆充电需求日益强烈，原有的充电桩已不能满足小区居民平日里的使用需求，便出现了"人多桩少"的困境，小区居民与物业服务公司双方的矛盾由此产生。

李先生是一名中学教师，和妻子王女士以及七岁的儿子小明住在该小区。为减少碳排放，响应环保号召，李先生一家购买了一辆新能源汽车。由于小区充电桩严重不足，李先生不得不将车开到两公里以外的公共充电桩充电。

自 2021 年开始，该小区陆续有十多户居民到物业公司咨询是否能够增加充电桩设备，以满足日常汽车充电需求，但是物业公司以小区电容量无法满足安装充电桩为由拒绝，这导致越来越多业主不愿交物业费，投诉、信访等越来越多，双方矛盾越来越激化。部分业主就此事对物业公司提起诉讼，这导致物业服务工作难以开展并陷入僵局，随后小区业主找到"诉前调解　心安社区"调解委员会寻求帮助。

二 调解过程

大学城社区"诉前调解　心安社区"调解委员会整合小区党支部、网格员、微网格员、居民小组长、居民代表、楼栋长、业委会、物业公司、社群组织等多方力量，构筑"以党组织为核心，多方治理主体共同参与"的多元协同治理架构，搭建协商议事平台，推动小区实现"网格化管理、精细化服务、多元协同治理"。通过"五方协同"联席会，调解委员会联合各方力量专题研究小区新能源电动车充电桩安装问题，请供电局到现场查看协商电力扩容的事宜并提出一些意见，之后供电局出具小区自行安装充电设施可行性简单校核报告，该报告在小区公示栏进行公示。

2023 年 2 月 27 日，"五方协同"联席会指导小区按照规范流程成立首届业委会参与协调解决充电桩安装问题。在新能源电动车充电桩设备安装后，物业配合业委会将变压器等设施移交给供电局，由供电局统一安装。通过一系列务实举措，小区居民与物业公司的矛盾得以化解。

三 案件评析

充分化解小区业主与物业公司的矛盾，平衡双方的利益，是构建和谐社区、建设美好家园的必然要求。在此次调解中，"诉前调解　心安社区"调解员以党组织为核心，通过整合多方力量构建多元协同治理的纠纷解决机制，让物业公司与居民代表、居民小组长等涉及纠纷的各方主体深入交换意见、共商共议，推动形成以"党建+物业+法治"的治理模式，并通过协调供电局为居民提供了精细化的服务，满足了群众的充电需求，深刻彰显了个性化、多样化和人性化的社区服务理念。

四 法条链接

《民法典》第 9 条规定："民事主体从事民事活动，应当有利于节约资源、保护生态环境。"

《民法典》第 284 条规定："业主可以自行管理建筑物及其附属设施，也可以委托物业服务企业或者其他管理人管理。对建设单位聘请的物业服务企业或者其他管理人，业主有权依法更换。"

《民法典》第 285 条规定："物业服务企业或者其他管理人根据业主的委托，依照本法第三编有关物业服务合同的规定管理建筑区划内的建筑物及其附属设施，接受业主的监督，并及时答复业主对物业服务情况提出的询问。"

《民法典》第511条第5项规定:"履行方式不明确的,按照有利于实现合同目的的方式履行。"

《民法典》第939条规定:"建设单位依法与物业服务人订立的前期物业服务合同,以及业主委员会与业主大会依法选聘的物业服务人订立的物业服务合同,对业主具有法律约束力。"

整治施工噪声　守护群众心安

成都市温江区大学城社区

一　案情简介

成都市温江区大学城社区接到居民投诉：某小区附近工地从早上 6 点开始施工，施工噪声过大，严重影响附近居民的正常生活。

周阿姨是一名退休老师，其生活简单而有规律。周阿姨喜欢在清晨的宁静中打理自己的花草，然而工地的施工打破了她的宁静。当清晨的第一缕阳光照进家中，工地上的打桩机、挖掘机和起重机就开始轰鸣，这让周阿姨感到烦躁不安，长期的噪声使得原本患有心脏病的周阿姨旧病复发。

物业公司接到小区居民投诉后派出代表与施工方进行商量，希望施工方调整工时间，但是施工负责人却以施工规定为由予以拒绝，无奈之下小区居民找到"诉前调解　心安社区"调解委员会求助，希望能够解决此问题。

二　调解过程

"诉前调解　心安社区"调解委员会经调查发现，该工地施工时间为早上 6 点到中午 12 点和下午 2 点到晚上 10 点。虽时间段符合相关规定，但该工地处在特殊地段，四周环绕着拥有 2000 多家住户的居民楼，施工噪声对居民日常生活造成明显干扰。调解委员会联合街道环保科、城市更新科与施工方沟通，最终施工方同意将施工时间调整为早上 8 点半至晚上 8 点。同时，调解委员会向施工方负责人解读有关噪声污染防治的法律法规，并与之共同研究探讨整改方案，最终确定重新合理安排噪声大的作业的施工时间，将易产生噪声的设备放在施工现场中远离居民区一侧的位置。后来，调解委员会又联合当地派出所、文化站及城管中队对施工区域加强巡查，并安装"智能噪声监测屏"，最终将噪声控制在合理合法范围内，赢得了社区居民的一致好评。

三　案件评析

"居民事，无小事。"在本次调解过程中"诉前调解　心安社区"调解委员会积极介入，并采用"换位思考"的方式多角度摆事实、讲道理，并协助施工方制定合理的施工时间。

调解员通过向施工方负责人解读相关法律法规，用说法释法的方式明确权责，让负责人充分了解到了违反噪声污染防治相关法规的法律后果，后又积极参与研究探讨整改方案，综合情况客观分析，切实做到了减少施工噪声对居民生活产生的影响。调解团队解决噪声问题没有简单依靠冰冷的法条，而是结合实际以法释理，站在对方的角度来考量，"法"与"情"相结合的调解方式让调解工作变得更有温度。

"诉前调解　心安社区"调解委员会发挥出了人民调解的优势，始终坚持以"群众利益无小事"为工作原则，第一时间解决群众难题，做到了小事不出社区、矛盾解决在基层，最大程度提升居民幸福指数。

四　法条链接

《民法典》第 294 条规定："不动产权利人不得违反国家规定弃置固体废物，排放大气污染物、水污染物、土壤污染物、噪声、光辐射、电磁辐射等有害物质。"

《噪声污染防治法》第 28 条规定："对未完成声环境质量改善规划设定目标的地区以及噪声污染问题突出、群众反映强烈的地区，省级以上人民政府生态环境主管部门会同其他负有噪声污染防治监督管理职责的部门约谈该地区人民政府及其有关部门的主要负责人，要求其采取有效措施及时整改。约谈和整改情况应当向社会公开。"

《噪声污染防治法》第 30 条规定："排放噪声造成严重污染，被责令改正拒不改正的，生态环境主管部门或者其他负有噪声污染防治监督管理职责的部门，可以查封、扣押排放噪声的场所、设施、设备、工具和物品。"

《噪声污染防治法》第 31 条规定："任何单位和个人都有权向生态环境主管部门或者其他负有噪声污染防治监督管理职责的部门举报造成噪声污染的行为。"

社区调解优化外摆经营秩序

成都市温江区大学城社区

一 案情简介

外摆经营在重点商圈试点的基础上，正逐步向更多街区延伸，不仅为城市带来了更加丰富多元的消费场景，更使城市充满"烟火气"。为激发经济活力、城市热情，温江区计划推行外摆经营作为优化城市营商环境、助力企业纾困解难、提升区域经济活力的切入点和发力点，进一步释放消费潜力。然而，推进外摆经营引发了民众的担忧。最近大学城社区收到居民反映某小区步行街增设外摆，与业主购房时的开发规划不相符合，居民担心增加外摆的同时不能够保住生活的安宁，担心这会对生活造成困扰，便向社区提出了意见。

15岁的小芸住在步行街附近的小区。小芸是一位对钢琴充满热情的女孩，即使面临中考的压力，依然每天晚上都会在家中练习钢琴。但随着步行街上路边摊生意越来越好，晚上喝酒划拳的声音越来越大，持续时间越来越长，深夜里的喧哗声、啤酒瓶的碰撞声以及偶尔的争吵声，让小芸无法集中精神，情绪也变得焦躁不安。即便如此，小芸仍然在一次重要的钢琴比赛中取得了好名次，并且中考也取得了较好的成绩。小芸说，虽然路边摊确实给她造成了影响，但她能够体谅出摊小贩的不容易，同时，"烟火气"能让城市和经济显得充满活力，但也请大家相互理解，能够按照相关规定和规划来规范运营。

二 调解过程

在接到居民的反映后，大学城社区"诉前调解 心安社区"调解委员会联动党工委、城市管理局、市场监管局、文化和旅游局、住建局等相关部门，通过会议模式对外摆经营的运营模式进行商讨，形成科学管理方案，提交区城市管理领导小组审批，并对外摆经营的规划建设、运行管理、场地选择等进行监管。温江区多向发力、多措并举，积极编制关于外摆经营工作的实施意见以及开展外摆经营形态业态指引，厘清外摆经营由谁来摆、以何种形态业态呈现以及申报审核具体流程等多方面问题，编制外摆经营负面清单，禁止其占用盲道、消防通道。同时对外摆时间、摆放范围等实施精细化管理，督促商户落实市容环境卫生责任制，做好生活垃圾分类、餐厨垃圾及废弃油脂收运处置等工作。提前预设噪声扰民、油烟扰民、用电进水排水不便等各种困难，针对问题挨家挨户沟通协调。充分激发企业、商家、居民等参与社会治理的积极性、主动性和自觉性，推动社会治理从单一依靠政府的单向管理向全民参与的多维共治转变，构建共担共享的社会治理新格局。

三　案件评析

"悠悠万事，民生为大。"在此次纠纷调解过程中，大学城社区"诉前调解　心安社区"调解委员会将如何平衡居民的生活安宁与城市的"烟火气"作为重点，通过实际行动联合多方部门并从多个维度分析问题、提出预判，制定出了科学合理的管理方案。在本次调解过程中，调解团队通过深入走访调查，对商家提出日常经营的具体要求，明确权责，对居民进行逐一沟通协调，大大化解了居民对外摆经营的担忧，使得居民与商家共赢共进。调解团队所具备的整体性、科学性、创新性的问题解决思维使调解工作变得更加灵活化、专业化、人性化，其帮助实现了居民享有美好生活安宁的权利与商家自主经营之间的平衡，在保障居民生活舒适的同时也维护了和谐有序的营商环境。

大学城社区"诉前调解　心安社区"调解委员会立足民本、关切民生、化解民怨，不断满足人民群众对美好生活的向往，将纠纷化解在前端，推动了单一的纠纷治理模式向全民多维共治模式的转变，让基层治理更加系统、有序、精细。

四 法条链接

《民法典》第 296 条规定："不动产权利人因用水、排水、通行、铺设管线等利用相邻不动产的，应当尽量避免对相邻的不动产权利人造成损害。"

《城市市容和环境卫生管理条例》第 14 条规定："任何单位和个人都不得在街道两侧和公共场地堆放物料，搭建建筑物、构筑物或者其他设施。因建设等特殊需要，在街道两侧和公共场地临时堆放物料，搭建非永久性建筑物、构筑物或者其他设施的，必须征得城市人民政府市容环境卫生行政主管部门同意后，按照有关规定办理审批手续。"

《城市市容和环境卫生管理条例》第 37 条规定："凡不符合城市容貌标准、环境卫生标准的建筑物或者设施，由城市人民政府市容环境卫生行政主管部门会同城市规划行政主管部门，责令有关单位和个人限期改造或者拆除；逾期未改造或者未拆除的，经县级以上人民政府批准，由城市人民政府市容环境卫生行政主管部门或者城市规划行政主管部门组织强制拆除，并可处以罚款。"

调解消除房屋租赁纠纷

成都市温江区友福社区

一　案情简介

想必大家都有过租房的经历，如果你租的房子天花板漏水，下雨时，外面下大雨、家里下小雨，该如何是好？这不，曹某近期就遇上了这种糟心事……

"你好，我被房东忽悠着租了个房子，现在他不退我定金了，能不能请你们帮帮忙？"近日，曹某急匆匆地拨通了金马街道友福社区"诉前调解　心安社区"调解委员会的电话。房东杜某全家长期在外务工，经熟人介绍把闲置的住房出租给曹某，双方商定租金为每年 4000 元，曹某需预支付 1/4 租金作为定金，待入住时再交余下的 3/4 租金。看房时，曹某未仔细检查屋内设施便签下了租房协议，到准备搬家入住时却傻了眼：好几扇门是坏的、空调无法制冷、偶尔天花板还会漏水……发现多处不如意的曹某联系房东杜某要求其维修，而杜某只维修了一扇门便匆匆作罢。曹某本身经济就不宽裕，现在房屋的事更是让他愁眉不展。

二　调解过程

房东杜某认为，他的房屋就是这样的，当时曹某也看了房，现在反悔便不能退定金。曹某却认为，杜某刻意隐瞒了房屋漏水等问题，应该退还租房定金。双方都觉得自己委屈，争执不断，最后到了一见面就要吵架的地步。"诉前调解　心安社区"调解委员会的调解员在了解双方的诉求后，向社区巡回法官咨询了关于房屋租赁的相关法律法规。调解员学习专业知识后，采取"背对背"的调解方式，分别约谈两位当事人进行释法明理，对双方存在的分歧、焦点问题逐一分析解释，替双方捋顺思路、寻找利益平衡点。经调解员多次调解，最终双方达成调解协议并当场履行义务：杜某退还曹某租房定金的 2/5，双方终止租房协议。

三　案例评析

"诉前调解　心安社区"调解委员会在此次调解中采用"背对背"的调解方式，听取双方当事人的真实诉求，着重做好化怨解结的工作，并成为双方当事人之间沟通的桥梁。这种调解方式主要适用于双方当事人对立情绪比较严重，面对面调解可能会使当事人矛盾进一步激化的情形。调解委员会采用此种方法不仅高效地解决了纠纷，也把矛盾化解在了社区。

调解委员会针对该起纠纷做到了法理与情理的结合，以法释理、以情释理。本着公平公正的理念以及从中立的角度出发，既不偏袒承租方曹某，也不关照出租方杜某，为双方当事人共同考虑，快速化解纠纷。

四　法条链接

《民法典》第 586 条规定："当事人可以约定一方向对方给付定金作为债权的担保。定金合同自实际交付定金时成立。"

《民法典》第 587 条规定："债务人履行债务的，定金应当抵作价款或者收回。给付定金的一方不履行债务或者履行债务不符合约定，致使不能实现合同目的的，无权请求返还定金；收受定金的一方不履行债务或者履行债务不符合约定，致使不能实现合同目的的，应当双倍返还定金。"

《民法典》第 704 条规定："租赁合同的内容一般包括租赁物的名称、数量、用途、租赁期限、租金及其支付期限和方式、租赁物维修等条款。"

《民法典》第 708 条规定："出租人应当按照约定将租赁物交付承租人，并在租赁期限内保持租赁物符合约定的用途。"

《民法典》第 712 条规定："出租人应当履行租赁物的维修义务，但是当事人另有约定的除外。"

多方协商降低租金保民生

成都市温江区友福社区

一　案情简介

成都市温江区友福社区 11 组位于成温邛快速路以南，属于典型的农村社区，村民世世代代以种植粮食为生。淡某是成都市温江区友福社区专门从事花木种植的村民，2011 年与付某、谢某、李某等五户协商以每年 1670元/亩租下了他们 9 亩土地用于种植花木。2019 年后，淡某受疫情及花木行业不景气的影响资金链断裂，拖欠付某、谢某、李某等五户 2020 年至 2022年的租金 4 万余元。付某等与淡某多次协商未果，万般无奈之下来到"诉前调解　心安社区"调解委员会求助。

二　调解过程

调解委员会在了解村民的诉求后，主动联系淡某了解事件原委，认为双方有调解的意愿和基础，于是约淡某于 2022 年 9 月 28 日上午到调解室面对面调解。经过调解委员会工作人员、社区工作人员、律师、小组长等四个多小时的协调，双方达成共识，签订了一份补充协议。考虑到淡某目前的经济状况及双方历史合作基础，村民同意把田地租金由原来的每年 1670元/亩调整到每年 1200 元/亩，三年的土地租金需淡某在规定时限内支付完成。协议签订后，付某等和淡某握手言和。

三　案例评析

"诉前调解　心安社区"调解委员会本着促使当事人互谅互让的理念开展工作，既考量了疫情这一特殊情况，也兼顾了承租方的经济实力。在调解委员会的多方协调下，租金在原来的基础上有所减少，这使当事人维持了 8 年的友好租赁关系得以延续。

在调解过程中，调解委员会将法理与情理相结合，不仅帮助淡某分析《民法典》中规定的违约责任，也从情理的角度出发阐释支付租金是淡某应尽的义务。这最终促使双方签订补充协议，纠纷最终得以解决。法律法规为本次调解提供了明确的底线和依据。在法律框架内进行调解，既保障了双方当事人的合法权益，又确保了调解结果的公正性和合法性。情理的融入使调解更具人文关怀，更能体现对人的尊重和关心，有助于双方当事人从心理层面接受调解结果，营造出和谐、信任的调解氛围。

四　法条链接

《民法典》第 331 条规定："土地承包经营权人依法对其承包经营的耕地、林地、草地等享有占有、使用和收益的权利，有权从事种植业、林业、畜牧业等农业生产。"

《民法典》第 339 条规定："土地承包经营权人可以自主决定依法采取出租、入股或者其他方式向他人流转土地经营权。"

《民法典》第 340 条规定："土地经营权人有权在合同约定的期限内占有农村土地，自主开展农业生产经营并取得收益。"

《民法典》第 543 条规定："当事人协商一致，可以变更合同。"

《民法典》第 577 条规定："当事人一方不履行合同义务或者履行合同义务不符合约定的，应当承担继续履行、采取补救措施或者赔偿损失等违约责任。"

背对背调解平息海外务工风波

成都市温江区花土社区

一　案情简介

赵某、李某是双胞胎兄弟，文化程度虽不高，但习得一手精湛的木工手艺。2023 年 3 月，罗某联系两兄弟和另一人出国去马来西亚做建筑木工，四人一拍即合。三人按照罗某的安排在当地公安局办好护照，李某和赵某于 2023 年 6 月 9 日到达机场，可当天晚上在李某和赵某办理登机手续时，工作人员发现李某和赵某两人出国签证上的照片弄错了，因而不给办理登机手续。想到三个月来两人为出国做了大量准备，推掉了当地的各种做工邀约，再想到家人的殷切期盼全都竹篮打水一场空，李某和赵某气不打一处来，找罗某要说法，双方各执一词，后李某和赵某将罗某诉至法院。

二　调解过程

在处理此次纠纷时，罗某称他已在事情发生当天与李某和赵某达成口头协议，协商赔偿赵某、李某两兄弟来回车费 2000 元。调解员在仔细分析案情后，采取了"背对背"的调解策略，分别对双方进行劝解。经过深入了解，调解员发现李某两兄弟仍然希望罗某安排其出国务工，但罗某因对其丧失信任而表示不同意。调解员向李某两兄弟明确指出，他们与罗某之间并未签订合同，罗某也没有向其作出任何承诺保证，并没有让李某两兄弟无限期等待出国通知，李某两兄弟也无法证明罗某曾明确告知让其一直等待。同时，罗某为李某两兄弟办理护照过程中存在过错，导致李某两人无法办理登机手续，因此应当赔偿李某两兄弟因无法出国的往返车费损失。最终在调解员的调解下，李某两兄弟同意了罗某提出的 2000 元的赔偿方案。

三　案例评析

因罗某情绪较为激动，"诉前调解　心安社区"调解委员会采用了背对背的调解方式。背对背调解的优势是双方当事人不会直接面对面交流，这有助于减少直接冲突和情绪化的对抗，可以让他们更冷静地表达自己的观点和需求，避免因直接交流而使冲突升级。

本案中李某两兄弟想要出国务工而不是让罗某赔偿来回车费，罗某的诉求是仅赔偿车费，但李某两兄弟未与罗某签订合同，其诉求难以得到法律的支持。背对背调解方式有利于调解员了解双方需求和底线，这使调解员可以更容易地找到双方都能接受的解决方案，从而提高调解的效率和成功率。

此次纠纷的圆满解决，充分体现了纠纷多元化解机制在解决纠纷中的重要作用，让当事人感受到其高效、公正的优势。此次调解既维护了当事人的合法权益，又为当事人提供低成本、便捷的法律服务，推动完善纠纷多元化解机制。

四　法条链接

《民法典》第 120 条规定："民事权益受到侵害的，被侵权人有权请求侵权人承担侵权责任。"

《民法典》第 465 条规定："依法成立的合同，受法律保护。"

《民法典》第 577 条规定："当事人一方不履行合同义务或者履行合同义务不符合约定的，应当承担继续履行、采取补救措施或者赔偿损失等违约责任。"

化好友隔阂　解欠款纠纷

成都市温江区红光社区

一　案情简介

曾某与陆某是在朋友的聚会上认识的，很快就成为无话不谈的哥们儿。只要陆某遇到困难，曾某都会鼎力相助。2021 年 2 月 8 日至 2022 年 1 月 4 日，陆某以经济困难为由，多次向曾某借款，总计 18300 元。曾某也认为朋友间互相帮助很正常，且陆某也承诺按时还款。所以在这期间，曾某通过微信转账方式向陆某完成款项交付。陆某也承诺按期偿还本金并承担相应的利息（具体利率双方未明确约定）。然而，还款期限届满后，陆某以各种理由拖延不还。曾某决定来到"诉前调解　心安社区"调解委员会寻求帮助。

二　调解过程

调解员首先向陆某讲述了相关法律法规，并强调及时清偿债务的重要性，并指出"分期还款"是解决当前困境的最优途径，并建议双方就还款计划及还款利息计算标准达成一致意见，以便通过司法确认赋予协议强制执行力。陆某表示自己可以还本金，但是不还利息。而曾某认为必须连本带利偿还。对于两人的争议，调解员对他们晓之以理、动之以情，曾某最终表示愿意放弃利息，同意陆某分三期支付的还款方案，但要求陆某按期足额支付欠款，否则陆某需支付逾期利息。多次沟通后，双方最终签订分期支付协议，协议约定由陆某分三期偿还所欠曾某的 18300 元借款本金。协议提交至法院进行司法确认，这保障了协议的履行效力。

三　案例评析

调解要"以情理服人",使双方都心服口服才有效果,否则很有可能完成的只是表面工作,双方内心的矛盾实际上并没有真正被化解,在"诉前调解　心安社区"调解委员会的调解工作中,情理一直是开展工作的重点,调解员不仅会给纠纷双方普及相关的法律条文,让当事人能够了解债务清偿的重要性,让他们能够就事论事,同时也重视人与人之间的友情,争取在不影响双方感情的情况下维护当事人的合法权益。调解要从双方的角度出发去看待问题,给出对双方都好的解决方案,即"陆某分期还款给曾某"并同步申请司法确认,本案例中调解工作不仅成功消除了双方当事人心中的隔阂,也顺利地解决了纠纷。

四　法条链接

《民法典》第 667 条规定:"借款合同是借款人向贷款人借款,到期返还借款并支付利息的合同。"

《民法典》第 675 条规定:"借款人应当按照约定的期限返还借款。对借款期限没有约定或者约定不明确,依据本法第五百一十条的规定仍不能确定的,借款人可以随时返还;贷款人可以催告借款人在合理期限内返还。"

《民法典》第 676 条规定:"借款人未按照约定的期限返还借款的,应当按照约定或者国家有关规定支付逾期利息。"

《最高人民法院关于审理民间借贷案件适用法律若干问题的规定》第 24 条规定:"借贷双方没有约定利息,出借人主张支付利息的,人民法院不予支持。自然人之间借贷对利息约定不明,出借人主张支付利息的,人民法院不予支持。除自然人之间借贷的外,借贷双方对借贷利息约定不明,出借人主张利息的,人民法院应当结合民间借贷合同的内容,并根据当地或者当事人的交易方式、交易习惯、市场报价利率等因素确定利息。"

线上线下同步调解维护农民工合法权益

成都市温江区红光社区

一 案情简介

就业是最基本的民生，不仅关乎人民群众的获得感、幸福感、安全感，也承载着人民群众对美好生活的向往。

本案中的三名装修工人因长期拿不到工资，于是相约在了某酒店，一起走上了楼顶欲轻生。

酒店保安通过监控发现后，向红光社区寻求帮助。红光社区调解员立即联系警员到现场进行应急处置，同时和"诉前调解 心安社区"驻点法官、调解员一同到酒店，在对事情了解后，对三名欲跳楼人员进行劝导。现场的危急情况牵动着在场所有人的心，法官、警察、调解员组成应急调解团队对他们进行耐心开导。经过一个多小时的耐心劝导，三名工人也渐渐认识到采用这样的极端方式是不能解决问题的，反而还会给家人带来更大的痛苦。在平复心情后，三名工人愿意下楼到红光社区"诉前调解 心安社区"调解室进行沟通协商。

二 调解过程

线上线下同步调解，维护农民工合法权益。此次纠纷涉及建设方、总包方、某家具厂、包工头和三名装修工人五方的利益，其中起关键作用的某家具厂负责人在外地，无法到现场进行调解。调解团队便双管齐下，线下组织本地相关利益方到"诉前调解 心安社区"调解室进行"面对面"调解，线上同步通过视频会话与某家具厂负责人进行沟通协商。法官向总包方、家具厂负责人释明了对农民工工资可能的连带支付义务，督促他们及时履行工资支付义务。经过近三小时"线上+线下"的耐心调解，各利益方达成一致意见，由总包方先支付45000元给安装工人张某，剩余部分款项经张某、某家具厂、总包方确认无误后由某家具厂向张某支付，若某家具厂未按期履行付款义务，则该款项由总包方向张某支付。至此，温江区柳城街道红光社区"诉前调解 心安社区"调解委员会联动区法院、柳城街道办、柳城街道派出所、司法所、劳保所等成功化解了劳资纠纷，让三名工人的合法权益得到了有效保障。

三 案例评析

本案中，"诉前调解 心安社区"调解委员会派出巡回法官和调解员，与警察一同组成临时应急调解团队，对三位坐在某酒店顶楼护栏外的工人进行耐心劝导，稳定了当事人情绪，说服当事人接受调解。由于与纠纷密切相关的一方当事人即家具厂负责人在外地，"诉前调解 心安社区"调解委员会创新调解工具，充分利用现代科技手段，采用线上线下调解同时进行的方式，为调解的顺利进行提供了基本的条件。在调解过程中法官耐心释法说理，向家具厂和总包方负责人说明对农民工的工资支付义务以及连带工资支付义务。街道办、派出所、司法所等熟悉群众情况，各部门联动充分在当事人间搭建起沟通的桥梁，找准案件的突破口，阻止了跳楼极端事件的发生，既维护了劳动者的基本权利，又避免了纠纷转化为诉讼，缩短了维权周期，打造了高效处理劳资纠纷的新典范。

四 法条链接

《劳动法》第50条规定："工资应当以货币形式按月支付给劳动者本人。不得克扣或者无故拖欠劳动者的工资。"

《工资支付暂行规定》第7条规定："工资必须在用人单位与劳动者约定的日期支付。"

《工资支付暂行规定》第8条规定："对完成一次性临时劳动或某项具体工作的劳动者，用人单位应按有关协议或合同规定在其完成劳动任务后即支付工资。"

《保障农民工工资支付条例》第3条规定："农民工有按时足额获得工资的权利。任何单位和个人不得拖欠农民工工资。"

《保障农民工工资支付条例》第 30 条规定："分包单位对所招用农民工的实名制管理和工资支付负直接责任。施工总承包单位对分包单位劳动用工和工资发放等情况进行监督。分包单位拖欠农民工工资的，由施工总承包单位先行清偿，再依法进行追偿。工程建设项目转包，拖欠农民工工资的，由施工总承包单位先行清偿，再依法进行追偿。"

物业人员罢工　多部门联动调解

成都市温江区燎原社区

一　案情简介

2023 年 11 月 18 日，燎原社区接到某小区业委会反映，小区物业人员集体罢工，物业公司 20 余名员工围坐在小区广场内，个别员工情绪激动。为首的是一名约 40 岁的男性杨某，他在 2018 年就来到小区物业工作，工作期间尽职尽责，努力为业主服务，在疫情期间，杨某带领大家按照街道要求有序地开展防疫工作。由于工作年限比一般工作人员长，对小区的物业工作无比熟悉，对业主也无比熟悉，所以在公司他成了资深"老大哥"。

在集体讨薪前，杨某已经代表其余员工与某小区物业公司进行了协商。很多物业工作人员已经把积蓄用光了，甚至生病时只能向家里人要钱，有人已经开始干起了副业——送外卖、跑滴滴……"物业公司的年轻人较多，谈恋爱也是需要钱的，但是现在工资不发，年轻人还怎么去谈恋爱？""还有的员工因为工资没发已经去送外卖、跑滴滴了，但是小孩上兴趣班的钱还是不够。""由于欠薪，现在的物业工作质量也是有所下降，开不起工资，谁还听你指挥，业主的诉求谁来保障？"

杨某向物业公司转达了员工目前的诉求，但是物业公司依然没有做出任何行动。业委会也对欠薪的事情非常头疼，业主的生活质量得不到保障，而且物业费也是一直在缴纳，于是他们向燎原社区进行了投诉。在收到业委会投诉后，燎原社区工作人员立即联系派出所到现场进行应急处置，"诉前调解　心安社区"人民调解员一同到现场进行劝调。经了解，某小区的物业公司拖欠 86 名项目员工工资和社保，总计 69 余万元。

二 调解过程

此次纠纷涉及员工人数较多，罢工直接影响到某小区 3670 户住户的切身利益，严重影响小区居民的生活。"诉前调解 心安社区"驻点法官高度重视，在和维权代表沟通后，迅速联动区级部门组成调解团队，线下组织物业员工维权代表、物业公司相关利益方到"诉前调解 心安社区"调解室进行"面对面"调解。法官向物业公司负责人释明了用工单位及时支付工资及购买社保的义务，督促物业公司及时履行工资支付义务。经过近四小时的耐心调解，各利益方达成一致意见，物业公司现场表态，将于 10 日内为员工补齐保险，于 15 日内支付员工 8 月到 10 月的工资。在解决完员工的工资问题后，调解团队还对后续工作进行跟进，与业委会商议小区运转事宜，督促业主缴纳补齐物业费，促进物业公司有效运转，有效解决物业公司资金问题。相关职能部门间的联动及时解决了物业员工的"薪愁"问题，避免物业员工罢工可能引发的重大社会矛盾，不仅物业公司与物业员工劳资纠纷得到圆满化解，物业公司与部分业主之间的物业费纠纷也得到有效化解。

三 案例评析

本案属于涉众型群体性纠纷案件，为切实维护 86 名物业人员"弱势群体"的合法权益，需要尽快解决纠纷，让人民群众感受到司法的公正与温暖。除此之外，物业人员罢工严重影响物业服务，这事关业主利益，及时有效化解矛盾纠纷才能保障群众的生活品质，确保城市管理运行及社会和谐稳定。"诉前调解 心安社区"调解委员会通过与公安、社区、街道办等多部门联动，组建由法官、警察、调解员、社区网格员组成的调解团队，引导双方订立调解协议，明确物业公司向其员工支付工资和补齐社会保险的期限，保障了劳动者的工资和社会保险权益。此外，"诉前调解 心安社区"调解委员会还跟进了后续工作。本案通过诉前调解的方式，实质性化解纠纷，避免引发衍生争议。相比诉讼维权，不仅节省了大量的时间，还避免了激化矛盾，以最高效的方式成功在前端化解群体性纠纷。

四　法条链接

《劳动法》第 50 条规定："工资应当以货币形式按月支付给劳动者本人。不得克扣或者无故拖欠劳动者的工资。"

《劳动法》第 72 条规定："用人单位和劳动者必须依法参加社会保险，缴纳社会保险费。"

《劳动法》第 73 条规定："劳动者享受的社会保险金必须按时足额支付。"

《工资支付暂行规定》第 7 条规定："工资必须在用人单位与劳动者约定的日期支付。"

调解解决工伤补偿难题

成都市温江区天府家园社区

一 案情简介

2022 年 9 月 25 日凌晨 2 点左右，张某某，物业公司的一名普通员工，突发疾病倒地不起，经同事发现送往医院，但因病情过重在医院抢救无效后不幸去世。张某某是家中的顶梁柱，老人幼子全依赖他微薄的工资生活，他的突然离去让家庭陷入痛苦与困境。他的家属希望物业公司能够给予他们一定的经济补偿，以帮助他们渡过难关。然而，物业公司虽然对张某某的离去深表同情，却无法认可家属所提出的高额赔偿要求。双方因此产生分歧，无法达成一致，于是决定向人民调解委员会申请调解。

二 调解过程

调解的现场氛围并不轻松，死者家属情绪激动，不愿降低赔偿金额。而物业公司负责人也当场表示，虽然理解他们的困境，但是也必须考虑公司的经济承受能力。

一方面，调解员和法官逐步剖析矛盾的焦点及底线差距，以法律规定为依据，向死者家属解释公司的担忧，同时劝导他们换位思考，提出更加合理的赔偿要求。另一方面，调解员也向物业公司讲解相关法律法规，引导公司从工伤保险角度出发，积极承担责任并稳妥解决问题。在详细释明法律条款和相关规定的基础上，调解员促使双方在法律框架下互相妥协，最终，双方达成了一致意见，签订了书面赔偿协议。

根据协议，物业公司支付给张某某家属张某某在职期间的薪资和相关补偿费用共计 92 万余元。这场调解不仅帮助家属得到了应有的补偿，也让物业公司在公平合理的前提下承担了责任，促成了和解。

这个案例告诉我们，当矛盾出现时，理性对话和法律框架下的妥协是解决矛盾的关键，调解像一双有力的手，将不同的利益牵引到一个和谐的平衡点上。

三 案例评析

本案事关人命，家属情绪激动，容易引发极端事件。在此情形下，天府街道人民调解委员会调解员依托于"诉前调解 心安社区"天府家园社区可视化阵地运行的快调机制，快速与法院法官联动，凝聚调解力量。

"诉前调解 心安社区"驻点法官和调解员综合法律规定、矛盾焦点和现实需求，以法为基、以情动人、以理服人，既维护了当事人的合法权益，又促进了社区的和谐稳定，持续探索一条强基固本、关口前移、纵向延伸、横向联动的基层治理法治新路径。本案通过"法院+社区"模式，释放诉前调解体系化效应，落实了"共建、共治、共享"的社会治理理念。

四 法条链接

《工伤保险条例》第14条规定："职工有下列情形之一的，应当认定为工伤：（一）在工作时间和工作场所内，因工作原因受到事故伤害的；（二）工作时间前后在工作场所内，从事与工作有关的预备性或者收尾性工作受到事故伤害的；（三）在工作时间和工作场所内，因履行工作职责受到暴力等意外伤害的；（四）患职业病的；（五）因工外出期间，由于工作原因受到伤害或者发生事故下落不明的；（六）在上下班途中，受到非本人主要责任的交通事故或者城市轨道交通、客运轮渡、火车事故伤害的；（七）法律、行政法规规定应当认定为工伤的其他情形。"

《工伤保险条例》第39条规定："职工因工死亡，其近亲属按照下列规定从工伤保险基金领取丧葬补助金、供养亲属抚恤金和一次性工亡补助金：（一）丧葬补助金为6个月的统筹地区上年度职工月平均工资；（二）供养亲属抚恤金按照职工本人工资的一定比例发给由因工死亡职工生前提供主要生活来源、无劳动能力的亲属。标准为：配偶每月40%，其他亲属每人每月 30%，孤寡老人或者孤儿每人每月在上述标准的基础上增加 10%。核定的各供养亲属的抚恤金之和不应高于因工死亡职工生前的工资。供养亲属的具体范围由国务院社会保险行政部门规定；（三）一次性工亡补助金标准为上一年度全国城镇居民人均可支配收入的 20 倍。"

诉前调解化解劳资矛盾

成都市温江区劳动人事争议仲裁院

一 案情简介

张某是某环保公司的员工，2022 年 11 月 16 日，因腿部受伤去就医，向分管领导口头请假，并获批准。12 月 6 日环保公司以张某未经批准先行休假为由，免去其后勤管理部部长职务，留任行政专员，并在公司的微信工作群中公示。因为不理解公司的做法，张某多次找到行政部讨要说法。

12 月 8 日，公司以张某拒不执行公司决议、不服从公司安排等为由将其开除并公示。

张某感到愤怒和无奈，他觉得公司的处理完全不公平，遂向劳动人事争议仲裁委员会提出仲裁申请。劳动人事争议仲裁委员会受理案件之后，依法开展先行调解。

二 调解过程

调解员认为公司在处理张某请假事宜时存在明显不当。员工请假时，公司领导应及时作出批准或不批准的决定，不能因为领导的批示滞后而认定员工休假不符合程序。劳动者有休息休假的权利，公司也有责任保障员工的休假权。

调解员依法组织双方面对面调解。在调解中，张某表达了自己的诉求和不满，公司也阐述了自己的立场。调解员向双方摆事实、讲道理，说明张某在受伤后应该得到及时治疗，如某环保公司认为张某于 11 月 16 日至 11 月 19 日未经书面审批先行休假违反了劳动纪律，那么张某需在 11 月 16 日至 11 月 19 日带病上班，这样的要求明显不合理，故某环保公司所称张某于 11 月 16 日至 11 月 19 日未经过批准先行休假违反了劳动纪律于理不合、于法无据。因此，某环保公司以张某未经审批先行休假为由调岗，进而以张某拒不执行公司决议、不服从公司安排为由开除张某属于违法解除劳动合同，应当向张某支付赔偿金。经过耐心的协商和调解，双方最终达成了一致意见：某环保公司支付给张某解除劳动关系的赔偿共计 3 万余元。

三　案例评析

休息休假权是劳动者的基本权利，是保障劳动者在工作时间之外免受工作打扰的权利。设置休息休假权的目的在于确保劳动者自身体力、脑力的恢复，防止疲劳累积，保障劳动者的身体健康。只有健康的体魄，才能确保劳动力再生产的顺利进行。某环保公司无视劳动者的休息休假权利，以张某未经审批先行休假违反了劳动纪律为由，违法调岗并解除劳动合同，理应承担法律责任。调解员一方面以法为据、以理服人，让某环保公司认识到自身问题并自愿主动支付赔偿金；另一方面，安抚劳动者情绪，鼓励其接受赔偿重新就业。本案的顺利调解依托于调解员"平衡各方利益，适度倾斜弱势群体"的调解技巧。调解要追求公平正义、不偏不倚，但不能不近人情。面对劳动者此类弱势群体，需要在法律范围内综合考虑各种利益，切实化解实质难题。

四　法条链接

《劳动法》第 3 条规定："劳动者享有平等就业和选择职业的权利、取得劳动报酬的权利、休息休假的权利、获得劳动安全卫生保护的权利、接受职业技能培训的权利、享受社会保险和福利的权利、提请劳动争议处理的权利以及法律规定的其他劳动权利。"

《劳动合同法》第 48 条规定："用人单位违反本法规定解除或者终止劳动合同，劳动者要求继续履行劳动合同的，用人单位应当继续履行；劳动者不要求继续履行劳动合同或者劳动合同已经不能继续履行的，用人单位应当依照本法第八十七条规定支付赔偿金。"

劳动调解保障劳动者报酬请求权

成都市温江区劳动人事争议仲裁院

一　案情简介

在成都温江某个熙熙攘攘的商业区，有一家专门从事销售及物品运输业务的 A 公司。这家公司的员工于某是一名职场新人，工作兢兢业业勤勤恳恳，由于个人能力突出，每个月都能拿到不错的薪资（基本工资、交通补贴和业绩提成）。后期 A 公司因经营方向调整，对于某工作岗位和工作任务进行了调配。于某对此不满，多次与公司沟通未果，在工作中出现懒散等违反公司纪律的行为。最终，A 公司以其严重违反公司规章制度为由，解除与其的劳动关系且未支付其离职前提成。

于某毅然向成都市温江区劳动人事争议仲裁院提出劳动仲裁申请，要求公司支付未签订劳动合同的二倍工资差额、违法解除劳动合同的赔偿金和业绩提成。面对这样的请求，劳动仲裁委员会并没有立刻做出裁决，而是向于某发出"仲裁调解建议书"，希望双方能够通过调解解决纠纷。

二　调解过程

调解员经研判案件细节发现，A 公司制定的考核办法约定了不支付被开除人员的业绩提成，但该办法未经民主议定，且损害了劳动者的劳动报酬请求权。另外，于某作为 A 公司的员工，应接受用人单位的劳动管理。公司统一安排员工的工作，对于某岗位的调整并非对其个人进行的调整，而是出于生产经营需要所作的全局性、暂时性的调整，且这一调整未实质性减少或损害其利益。于某的行为本质系不服从 A 公司安排，拒绝为 A 公司提供劳动，违反了劳动法的相关规定。调解员组织 A 公司与于某沟通协商，释法明理，提出解决方案。最终双方各让一步，达成一致意见——A公司一次性支付于某业绩提成和赔偿金共5万元，A公司当日履行完毕。

三　案例评析

本案中，劳动者向成都市温江区劳动人事争议仲裁院提起劳动仲裁，依据《劳动人事争议仲裁办案规则》第68条，"仲裁委员会处理争议案件，应当坚持调解优先，引导当事人通过协商、调解方式解决争议"，成都市温江区劳动人事争议仲裁院向于某发出调解建议书，引导其与用人单位A公司先行调解。在调解过程中，调解员向劳动关系双方释明《劳动合同法》关于用人单位制定规章制度和违法解除劳动合同的相关规定，以及《劳动法》关于劳动者遵守劳动纪律的义务。经过调解员的耐心调解，双方关系缓和并达成折中的调解方案。在本案调解过程中，调解员通过对案件的专业预判，掌握了案件的症结。站在劳动关系双方的角度耐心细致地做好双方的思想工作，有效疏导当事人情绪，在明晰责任、充分尊重事实和法律的基础上适度向劳动者倾斜，促使用人单位与劳动者之间握手言和，既维护了劳动者的合法权益，又促进了企业的发展。

四　法条链接

《劳动法》第3条规定："劳动者应当完成劳动任务，提高职业技能，执行劳动安全卫生规程，遵守劳动纪律和职业道德。"

《劳动合同法》第4条规定："用人单位应当依法建立和完善劳动规章制度，保障劳动者享有劳动权利、履行劳动义务。用人单位在制定、修改或者决定有关劳动报酬、工作时间、休息休假、劳动安全卫生、保险福利、职工培训、劳动纪律以及劳动定额管理等直接涉及劳动者切身利益的规章制度或者重大事项时，应当经职工代表大会或者全体职工讨论，提出方案和意见，与工会或者职工代表平等协商确定。"

《劳动合同法》第39条规定："劳动者有下列情形之一的，用人单位可以解除劳动合同：（一）在试用期间被证明不符合录用条件的；（二）严重违反用人单位的规章制度的；（三）严重失职，营私舞弊，给用人单位造成重大损害的；（四）劳动者同时与其他用人单位建立劳动关系，对完成本单位的工作任务造成严重影响，或者经用人单位提出，拒不改正的；（五）因本法第二十六条第一款第一项规定的情形致使劳动合同无效的；（六）被依法追究刑事责任的。"

《劳动合同法》第 48 条规定："用人单位违反本法规定解除或者终止劳动合同，劳动者要求继续履行劳动合同的，用人单位应当继续履行；劳动者不要求继续履行劳动合同或者劳动合同已经不能继续履行的，用人单位应当依照本法第八十七条规定支付赔偿金。"

三步调解守护劳动者权益

成都市温江区劳动人事争议仲裁院

一 案情简介

小何在 2023 年 3 月入职了金属制品公司，月薪 7000 元，小何满心欢喜地积极投入工作中。谁料才干了 7 个多月，小何就被辞退了。小何称辞退他的原因为"工作期间与公司上司发生口角"。小何虽感无奈，但也接受了公司的决定，但他认为公司应支付自己应得的工资以及解除劳动关系的经济补偿金。

金属制品公司另有说辞，提出辞退小何的原因是：小何在工作中未能按照要求完成工作任务，经单位多次检查发现仍不改正。公司认为辞退小何是有正当理由的，且符合单位的规章制度，因此不应支付经济补偿金。

小何与公司对辞退原因各执一词，争议较大，故来到调解委员会请求组织调解。

二 调解过程

调解员了解到双方的争论点为是否支付经济补偿金。调解员采取"调普结合"的方式，向小何和公司负责人普及了《劳动合同法》等法律法规的规定，以法为纲、以案说理，稳定两人情绪。《劳动合同法》规定，用人单位向劳动者提出解除劳动合同并与劳动者协商一致解除劳动合同的，用人单位应当给予经济补偿。调解员通过普法和疏导相结合的方式，使双方的对立情绪逐步缓和，让双方的要求差距逐步缩小，最后双方达成一致。金属制品公司当天以现金方式一次性支付小何工资及经济补偿金合计人民币 13000 元。

三　案例评析

工作是劳动者安身立命之本。辞退劳动者对劳动者影响很大，因此劳动合同解除必须十分谨慎。本案劳动者与用人单位之间关于劳动合同的解除存在争议，调解委员会的调解员分三步彻底化解了纠纷。一是悉心倾听，查明事实。调解员从案件事实入手，悉心听取劳动关系双方各自的主张和诉求，梳理案件事实证据，了解到公司并不具有充足证据证明是因劳动者工作失误而解除劳动合同，依法应支付经济补偿。二是破解郁结，耐心解释。调解初期，双方对抗情绪十分激烈，各执一词，吵得不可开交，调解员一方面耐心安抚双方的情绪，聆听双方的不满，破解双方的情感郁结；另一方面耐心解释，通过普法和疏导相结合的方式释法说理，让用人单位明确工资支付义务和经济补偿支付的法定条件。三是缓和矛盾，调解结案。调解员指导劳动关系双方换位思考，让小何降低经济补偿的预期，同时要求用人单位提早支付拖欠的工资和解除劳动合同的经济补偿。最终双方达成一致，案件以调解结案，纠纷得到圆满解决。

四　法条链接

《劳动合同法》第36条规定："用人单位与劳动者协商一致，可以解除劳动合同。"

《劳动合同法》第48条规定："有下列情形之一的，用人单位应当向劳动者支付经济补偿：（一）劳动者依照本法第三十八条规定解除劳动合同的；（二）用人单位依照本法第三十六条规定向劳动者提出解除劳动合同并与劳动者协商一致解除劳动合同的；（三）用人单位依照本法第四十条规定解除劳动合同的；（四）用人单位依照本法第四十一条第一款规定解除劳动合同的；（五）除用人单位维持或者提高劳动合同约定条件续订劳动合同，劳动者不同意续订的情形外，依照本法第四十四条第一项规定终止固定期限劳动合同的；（六）依照本法第四十四条第四项、第五项规定终止劳动合同的；（七）法律、行政法规规定的其他情形。"

《工资支付暂行规定》第9条规定："劳动关系双方依法解除或终止劳动合同时，用人单位应在解除或终止劳动合同时一次付清劳动者工资。"

账户共管恢复工程建设秩序

成都市温江区大学城社区

一　案情简介

"拖欠了近一年的工资，今天终于给我们兑付了，可以回家好好过个年啦！感谢政府，感谢调解员，感谢法官给我们想办法。"农民工老李向大学城社区"诉前调解　心安社区"工作人员表示感谢。

老李和他的 300 余名工友在温江某楼盘工地上做工。该项目于 2019 年 11 月 19 日开工，由某建筑工程有限公司承建，计划于 2022 年 9 月 30 日交付。但是开发商某置业有限公司多次未按合同支付工程款项（合计 2890 多万元），导致总承包单位某建筑工程有限公司一直未向老李及他的工友们支付工资，案涉金额 1694 万余元。

二　调解过程

大学城社区"诉前调解　心安社区"调解委员会知晓此案之后迅速反应，将相关情况上报区委，同步落实属地责任，加强矛盾隐患排查，积极搭建平台及时回应、关切、跟进企业、劳动者所需，确保辖区安全稳定。在区委统筹推动下，社区于 2022 年 1 月 13 日建立由住建局、房协等机构共管的银行账户，由区不动产登记中心牵头，相关职能部门配合，锁定某置业有限公司在温江区的其他项目可抵押资产并实施监管。自 2022 年 1 月 24 日起，某置业有限公司陆续转账至社区开设专户 5080 多万元，于 2022 年 1 月 26 日起陆续支付二期工程费、材料费、民工工资等 4563 万余元。在资金充足的情况下，工地恢复施工，不久后项目主体完工。

三 案例评析

本案是群体性纠纷案件，关乎 300 余名农民工的工资，既涉及民生，又影响着社会稳定，处置不当极易引发群体性事件及信访问题。大学城社区"诉前调解 心安社区"调解委员会在接触案件的第一时间响应，依据《保障农民工工资支付条例》所规定的"治欠"制度要求，将情况上报区委，并积极搭建平台促进企业与劳动者沟通，了解双方需求。在本案的调解过程中，"诉前调解 心安社区"调解委员会认识到案件的突破点在于资金，只有保障资金才能保障农民工的工资。在区委统筹推动下，社区建立了由住建局、房协等机构共管的银行账户，区不动产登记中心监管了某置业有限公司在温江区的其他项目可抵押资产，并督促某置业有限公司及时筹措资金用于农民工工资支付。在法院、住建局、房协、不动产登记中心和社区等机构联动办案下，某置业有限公司陆续向公共账户转账 5000 余万元，支付了所欠农民工工资。此次调解维护了劳动者的生存利益，对充分保障农民工合法权益、制止欠薪行为具有典型意义。

四 法条链接

《保障农民工工资支付条例》第 3 条规定："农民工有按时足额获得工资的权利。任何单位和个人不得拖欠农民工工资。"

《保障农民工工资支付条例》第 5 条规定："保障农民工工资支付，应当坚持市场主体负责、政府依法监管、社会协同监督，按照源头治理、预防为主、防治结合、标本兼治的要求，依法根治拖欠农民工工资问题。"

《保障农民工工资支付条例》第 29 条规定："建设单位应当按照合同约定及时拨付工程款，并将人工费用及时足额拨付至农民工工资专用账户，加强对施工总承包单位按时足额支付农民工工资的监督。因建设单位未按照合同约定及时拨付工程款导致农民工工资拖欠的，建设单位应当以未结清的工程款为限先行垫付被拖欠的农民工工资。建设单位应当以项目为单位建立保障农民工工资支付协调机制和工资拖欠预防机制，督促施工总承包单位加强劳动用工管理，妥善处理与农民工工资支付相关的矛盾纠纷。发生农民工集体讨薪事件的，建设单位应当会同施工总承包单位及时处理，并向项目所在地人力资源社会保障行政部门和相关行业工程建设主管部门报告有关情况。"

　　《保障农民工工资支付条例》第30条规定："分包单位对所招用农民工的实名制管理和工资支付负直接责任。施工总承包单位对分包单位劳动用工和工资发放等情况进行监督。分包单位拖欠农民工工资的，由施工总承包单位先行清偿，再依法进行追偿。工程建设项目转包，拖欠农民工工资的，由施工总承包单位先行清偿，再依法进行追偿。"

多方联动发力　柔性化解纷争

张　英　王　杰*

一　基本案情

原告张某林、李某君诉成都市某外国语学校生命权、身体权、健康权纠纷一案，因二原告之子张某成是就读于该校的 2021 级高中生，2023 年 4 月 17 日，张某在学校服用亚硝酸后经抢救无效死亡。原告认为事件中被告封闭式管理存在疏漏，没有尽到监护责任，在发现其子服用亚硝酸后没有在第一时间报 120 送医抢救，致其不治身亡，因此被告应当对张某成的死亡承担主要责任。前期由于双方对张某成死亡赔偿无法达成一致，故张某林、张某君诉至成都市温江区人民法院，要求判令被告支付原告治疗费、死亡赔偿金、丧葬费、精神抚慰金等各项费用共计 104 万余元。

二　调解过程

打破僵局，充分搭建沟通桥梁。5 月 29 日，该案进入法院"诉前调解"。鉴于案情敏感，原告情绪激动，如果径行开庭审理，容易导致双方矛盾加剧，于是承办法官决定将调解作为化解矛盾纠纷的第一选择，组织了线上线下四次调解。7 月 5 日，原、被告双方开始愿意协商对话。

换位思考，用"三心"工作法把握调解契机。一是在调解初期，审判团队首先从当事人心理需求出发，热心接待、耐心倾听、真心解决。调解时，考虑到双方情绪对立，承办法官首先充分理解当事人，从情感上取得当事人信任，为双方后续达成调解协议打下良好基础。二是在调解过程中，

---

* 张英，成都市温江区人民法院副院长；王杰，成都市温江区人民法院永宁人民法庭（成都医学城人民法庭）庭长。

找准双方情绪平静期，以中立的视角抓住纠纷重点，采取"背对背"的方式帮助双方辨法析理、分析利弊，同步进行理性劝导、共情调解，逐步让当事人感受到司法温情。

还原真相，积极推动达成协议。一是审判团队通过走访公安、学校等处，调阅相关视频证据材料，深入了解案件基本事实，为研判分析影响案情的关键因素等打下基础。二是在出现调解僵局时通过复盘过程，分析发现原、被告双方仍存有"缓冲区"，确定调解工作走向。认真进行类案检索，深入研究十余份类似案例，并通过以案说法释法明理。三是加强心理疏导，打开原告心结。审判团队经综合研判，分析出原、被告双方争议焦点在于责任的承担比例。在 7 月 9 日的调解中，审判团队向原告公布了事件发生时的视频资料，逐步解开原告心结，并在尊重法律和事实的前提下，积极推动双方达成调解协议。同日，经由原、被告双方申请，法院又对该调解协议进行司法确认，并现场送达了相关法律文书。该案成功结案，纠纷得以顺利化解。

三　案例评析

温江法院找准案件切入点，用"三心"工作法把握诉前调解契机，热心接待、耐心倾听、真心解决，通过走访调查、复盘过程、心理疏导、类案释明等方式，联合区级相关部门，推动双方达成诉前调解协议，同日又对该调解协议进行司法确认，使纠纷得以顺利化解。

该案的成功调解充分体现了温江法院始终坚持"以人民为中心"的司法理念，创新发展新时代"枫桥经验"，积极探索"诉前调解+司法确认"的多元解纷模式，通过找准情理法的切入点，以柔性司法实质化解纷争，以司法温度守护民生权益。

四　法条链接

《民法典》第 1200 条规定："限制民事行为能力人在学校或者其他教育机构学习、生活期间受到人身损害，学校或者其他教育机构未尽到教育、管理职责的，应当承担侵权责任。"

未达法定结婚年龄　调退彩礼"解关系"

成都锦晖商事调解中心

一　案情简介

"彩礼"是我国古代婚姻习俗中的"六礼"之一，原本是蕴含美好祝愿的"礼"，但在部分地区过高的彩礼成了男方家庭的负担，由此产生了一些纠纷。2023年，男青年小李与女青年小袁举行婚礼，但由于小袁未达法定结婚年龄，双方未办理结婚登记。婚后双方因家庭琐事吵架而分居。小李父亲老李多次前往女方家中，要求小袁及其父母返还10万元彩礼，双方多次协商未果并发生肢体冲突。老李很生气，遂向成都市温江区人民法院提起诉讼。

二　调解过程

调解员在对小李和小袁的实际情况进行充分了解后，分别与小李和小袁、双方父母展开谈话。调解员坚持从法律出发，将《民法典》中关于无效婚姻的有关规定告知双方，同时对双方父母干涉子女婚姻自由等违法行为进行批评。调解员认为，因女方未达到法定结婚年龄而未办理结婚登记，属于法律规定可以请求返还彩礼情形，是否决定结婚应由子女自行决定。在调解员的引导下，双方家长及小李和小袁进行了多次协商，最终同意将婚姻关系解除，并根据婚礼支出情况合理返还彩礼。最终，5万元的婚礼费用由彩礼折抵，剩余5万元由女方当场退还男方，男方就此不再干预女方生活。

三　案件评析

本案是一起典型的婚姻家庭纠纷案件。近年来，婚姻家庭纠纷日渐增多，因调解不及时、化解不彻底而出现的恶性事件时有发生。如处置化解不当，则可能由民事纠纷转化为刑事案件。本案中，虽然小李与小袁按照习俗举办了婚礼，但女方未达到法定结婚年龄无法办理结婚登记，男方依据法律规定可以请求返还彩礼。在实践中，部分地区存在先举办婚礼再办理登记的习俗，男方一般会在办理结婚登记前支付一定数额的彩礼给女方。在未办理婚姻登记的情况下，双方极易因"分手"后的彩礼归属产生纠纷。此类案件中，鉴于双方均存在一定过错，在产生纠纷时应当以协商为首选方式，无法协商时应当严格按照《民法典》及相关规定进行调解。本案的成功调解，充分展现了成都锦晖商事调解中心等第三方机构在诉前调解中的优势，真正意义上做到纠纷就地化解、根本化解，这维护了双方的合法权益，实现了婚姻家庭纠纷精准化、规范化化解，取得了良好的法律效果和社会效果，为此类纠纷调解提供了经验。

四　法条链接

《民法典》第 110 条规定："自然人享有生命权、身体权、健康权、姓名权、肖像权、名誉权、荣誉权、隐私权、婚姻自主权等权利。法人、非法人组织享有名称权、名誉权和荣誉权。"

《民法典》第 112 条规定："自然人因婚姻家庭关系等产生的人身权利受法律保护。"

《民法典》第 1042 条规定："禁止包办、买卖婚姻和其他干涉婚姻自由的行为。禁止借婚姻索取财物。禁止重婚。禁止有配偶者与他人同居。禁止家庭暴力。禁止家庭成员间的虐待和遗弃。"

《民法典》第 1051 条规定："有下列情形之一的，婚姻无效：（一）重婚；（二）有禁止结婚的亲属关系；（三）未到法定婚龄。"

《民法典》第 1054 条规定："无效的或者被撤销的婚姻自始没有法律约束力，当事人不具有夫妻的权利和义务。同居期间所得的财产，由当事人协议处理；协议不成的，由人民法院根据照顾无过错方的原则判决。对重婚导致的无效婚姻的财产处理，不得侵害合法婚姻当事人的财产权益。当事人所生的子女，适用本法关于父母子女的规定。婚姻无效或者被撤销的，无过错方有权请求损害赔偿。"

《最高人民法院关于审理涉彩礼纠纷案件适用法律若干问题的规定》第

6 条规定："双方未办理结婚登记但已共同生活,一方请求返还按照习俗给付的彩礼的,人民法院应当根据彩礼实际使用及嫁妆情况,综合考虑共同生活及孕育情况、双方过错等事实,结合当地习俗,确定是否返还以及返还的具体比例。"

公证赋强调解　厘定遗产份额

成都锦晖商事调解中心

一　案情简介

李甲与李乙系兄妹关系，父母在世时，两兄妹互相帮衬，父母离世后两兄妹因遗产继承问题产生纠纷。从 2020 年 1 月至 2023 年 12 月，双方矛盾持续长达四年仍未化解。李甲现年 48 岁，离异，无工作，其子李小甲已成年但未就业。李甲再婚急需用钱，故将李乙诉至成都市温江区人民法院，主张分割遗产，包括成都市内房产四处（价值 500 余万元）、银行存款 100 余万元。

二　调解过程

在温江法院受理此案后，调解员在第一时间详细阅读案件材料，归纳争议焦点。同时，调解员主动与当事人取得联系，听取双方诉求。在分别与双方当事人交流后，调解员了解到双方已因父母去世而多年没有联系，但双方彼此间的亲情尚存。对此，调解员认为该案存在调解的可能性，遂制定"确定遗产、分割遗产"的两步走调解方案。本案涉及继承的财产以不动产和银行存款为主，调解员对案涉房屋权属、位置、贷款情况、抵押情况、市场价值等进行审核确认。同时，调解员告知双方当事人确定本案遗产范围的重要意义。在此过程中，调解员也与双方当事人共同对被继承人的死亡证明、户籍注销证明、火化证明、家庭成员间关系、是否有非婚子女等进行审核确认。

调解员首先向当事人释明，本案采取非诉的解决方式有利于降低成本、提高效率。调解员引导双方当事人就遗产范围达成一致并同意对涉案房产及存款进行分割。调解员将房产情况向双方说明：其中两套权属为被继承人与继承人共同共有，另外两套均为李甲与李乙共同共有。调解员遂提出两人平等协商，各自继承其中两套房产并将存款按照各自1/2的比例进行分配。在双方对遗产分割达成合意后，调解员立即将调解协议和笔录记录在案。次日，双方当事人便带上相关材料前往公证处进行遗产公证并前往登记机关办理房屋所有权变更登记手续。

三　案件评析

本案属于遗产继承纠纷案件，遗产范围清楚，法律关系明确。调解重心在于遗产的分配比例。在生活中，子女与去世父母存在共有财产的情况较常见。一方面，直接将子女所有的部分剥离再按法定继承的方式继承遗产在一定程度上会使遗产价值受损；另一方面，一味地采取法定继承方式继承遗产可能会导致亲情关系疏远、引发二次纠纷。

在本案中，调解员本着"晓之以理、动之以情"的调解理念，根据当事人实际需求，按照"继承份额不变，继承财产可选择"的方式，积极为当事人提供灵活的调解方案，推动纠纷非诉化高效解决，避免二次纠纷的发生。此外，"诉前调解+公证赋强"的模式也将矛盾纠纷化解在前端，从前端减少诉讼增量，更好地满足新时代人民群众多元化的解纷需求。本案的成功调解，为构建无讼社区提供了值得借鉴的调解模式。

四　法条链接

《民法典》第124条规定："自然人依法享有继承权。自然人合法的私有财产，可以依法继承。"

《民法典》第1070条规定："父母和子女有相互继承遗产的权利。"

《民法典》第1126条规定："继承权男女平等。"

《民法典》第1130条规定："同一顺序继承人继承遗产的份额，一般应当均等。对生活有特殊困难又缺乏劳动能力的继承人，分配遗产时，应当予以照顾。对被继承人尽了主要扶养义务或者与被继承人共同生活的继承人，分配遗产时，可以多分。有扶养能力和有扶养条件的继承人，不尽扶养义务的，分配遗产时，应当不分或者少分。继承人协商同意的，也可以不均等。"

　　《民法典》第 1132 条规定：“继承人应当本着互谅互让、和睦团结的精神，协商处理继承问题。遗产分割的时间、办法和份额，由继承人协商确定；协商不成的，可以由人民调解委员会调解或者向人民法院提起诉讼。”

协商式调解化解新型民事侵权

南京金智云法律调解服务中心

一 案情简介

彭某某在领取失业保险金三个月后，收到了当地就业和人才中心的一份告知书，要求其退还已领取的失业保险金和医疗保险费等相关费用。彭某某立即查询了自己的社保缴纳情况，得知之所以会出现失业保险金领取异常情况，原因在于某工程公司在其不知情的情况下为其缴纳了一个月社保。彭某某认为自己在该工程公司无任职经历，与该工程公司不存在劳动关系，该公司的行为侵犯了自己的合法权益。因与某工程公司多次沟通未果，彭某某遂向成都市温江区人民法院提起诉讼。

二 调解过程

本案是一起典型的个人信息保护纠纷案。案件受理后，调解员立即联系某工程公司了解案件情况。具体情况是，某工程公司为获得工程投标资质，在网络上购买了彭某某的个人信息，并以彭某某名义为其缴纳了一个月社保，这导致彭某某社保账户异常且失业保险金被停发。

了解基本情况后，调解员组织双方当事人到法院调解。调解员向当事人释明，《民法典》《个人信息保护法》《网络安全法》等法律法规明确规定，个人信息受法律保护，任何组织和个人不得非法收集、使用、加工、传输他人个人信息，不得非法买卖、提供或者公开他人个人信息，如侵犯他人隐私权或擅自泄露他人个人信息，将承担相应的法律后果。调解员向某工程公司相关负责人释明了非法获取彭某某个人信息可能面临的法律后果。该公司表示已知晓其行为侵犯了彭某某的隐私权，并愿意承担彭某某的相应经济损失。

在调解员的调解下，彭某某将个人诉求告知该工程公司的负责人，双方均愿意通过非诉途径解决纠纷。最终，双方达成调解协议，某工程公司赔偿彭某某经济损失 13000 元，双方共同申请对调解协议进行司法确认。

三　案例评析

本案属于民事侵权纠纷案件。随着互联网技术的发展，民事侵权方式也逐渐多样化。在实践中，由于侵权手段具有隐秘性，很多当事人对于自身合法权益是否受到侵犯并不清楚，也难以找到侵权人，或者在找到侵权人后无法通过有效的协商方式解决纠纷，这导致个人信息侵权责任纠纷诉讼案件越来越常见。

本案中，彭某某的个人信息被泄露后遭到某工程公司非法收集和使用，该工程公司作为侵权人应承担相应法律责任。由于双方当事人多次协商无果，调解员遂在诉讼前介入。调解员实际扮演着"话事人"的角色，一方面安抚被侵权人的情绪，为其普及相关法律知识，引导被侵权人积极配合调解员工作；另一方面积极联系侵权人，明确告知其行为性质，引导其在存在调解可能性的情况下，以高效、低成本的非诉方式解决纠纷。

此次调解，为节约司法成本、推动纠纷前端化解提供经验，在真正意义上实现了"大事化小、小事化了"，切实让人民群众感受到公平正义。

四　法条链接

《民法典》第 111 条规定："自然人的个人信息受法律保护。任何组织或者个人需要获取他人个人信息的，应当依法取得并确保信息安全，不得非法收集、使用、加工、传输他人个人信息，不得非法买卖、提供或者公开他人个人信息。"

《民法典》第 120 条规定："民事权益受到侵害的，被侵权人有权请求侵权人承担侵权责任。"

《民法典》第 186 条规定："因当事人一方的违约行为，损害对方人身权益、财产权益的，受损害方有权选择请求其承担违约责任或者侵权责任。"

《民法典》第 1034 条规定："自然人的个人信息受法律保护。个人信息是以电子或者其他方式记录的能够单独或者与其他信息结合识别特定自然人的各种信息，包括自然人的姓名、出生日期、身份证件号码、生物识别信息、住址、电话号码、电子邮箱、健康信息、行踪信息等。个人信息中的私密信息，适用有关隐私权的规定；没有规定的，适用有关个人信息保护的规定。"

《民法典》第 1165 条规定："行为人因过错侵害他人民事权益造成损害的，应当承担侵权责任。依照法律规定推定行为人有过错，其不能证明自己没有过错的，应当承担侵权责任。"

《民法典》第 1167 条规定："侵权行为危及他人人身、财产安全的，被侵权人有权请求侵权人承担停止侵害、排除妨碍、消除危险等侵权责任。"

多阶段调解划分车辆停运责任

南京金智云法律调解服务中心

一　案情简介

2023 年 6 月，杨某驾驶小型客车行驶至成都市温江区某街道时与李某驾驶的运营车辆发生碰撞。交警大队出具的交通事故认定书显示：杨某负事故全部责任，司机李某无责任。由于李某是专职客运司机，因此李某除了要求赔偿车辆维修费之外还要求杨某赔偿其客车停运损失。双方就停运损失赔偿金额多次协商未果，李某遂将杨某诉至成都市温江区人民法院。

二　调解过程

在充分了解案件情况后，调解员联系双方当事人听取诉求并开展调解工作。杨某认为自己已经承担了对方的车辆维修费用，不应当赔偿李某的其他损失。调解员一边安抚当事人情绪，一边结合法理与情理为杨某分析案情。鉴于杨某在本次事故中承担全部责任以及李某确因事故产生了营运损失的事实情况，调解员耐心细致地为李某阐释了我国法律及司法解释关于交通事故中营运损失赔偿的相关规定，并强调通过诉讼解决可能带来的较高时间和金钱成本。杨某表示愿意通过非诉途径解决纠纷，但是仍不愿意承担停运损失费。

为避免二次纠纷的产生，调解员再次与杨某沟通，向其释明交通事故给他人造成的损失不仅是车辆受损，还包括其他方面的经济损失。由于李某是专职客运司机，此次事故发生在李某的工作时间段，导致李某车辆停运，这确实给其带来了经济损失，因此，杨某需要支付李某因无法从事经营活动产生的停运损失。调解员劝导杨某进行换位思考。经过调解员多次沟通协调，引导双方在法律规定的基础上理性看待分歧、权衡利弊，最终促使双方达成一致意见。

三　案例评析

本案是一起典型的机动车交通事故责任纠纷案件，难点在于：在事故责任明确的情况下，如何让侵权方愿意赔偿受害方的间接经济损失。在实践中，大多数人对人身和车辆的损害赔偿规定比较了解，但对于事故所造成的间接损失即停运损失的赔偿规定了解较少。因此，如贸然要求当事人承担间接损失费用，往往容易导致调解陷入僵局。在本案中，调解员为杨某全面阐释了交通事故后责任人的赔偿范围，同时也引导杨某换位思考，最终推动杨某主动承担了李某的停运损失，也防止了二次纠纷的发生。

本案的顺利解决，离不开"先普法、再释理、最后抒情引起当事人的共鸣"的调解方法。本案将枫桥经验"小事不出村、大事不出镇、矛盾不上交"贯彻落实到实践中，营造出居民良性互动氛围，最大限度把矛盾风险防范化解在基层。

四　法条链接

《民法典》第 1208 条规定："机动车发生交通事故造成损害的，依照道路交通安全法律和本法的有关规定承担赔偿责任。"

《最高人民法院关于审理道路交通事故损害赔偿案件适用法律若干问题的解释》第 12 条规定："因道路交通事故造成下列财产损失，当事人请求侵权人赔偿的，人民法院应予支持……依法从事货物运输、旅客运输等经营性活动的车辆，因无法从事相应经营活动所产生的合理停运损失。"

普法式调解三方法律矛盾

成都锦晖商事调解中心

一 案情简介

丁某为某小区一楼业主，因所在单元自来水管道漏水且下水道向上反水，其家中厕所的门框和部分墙壁被浸泡损坏。对此，丁某要求物业公司修复自来水管道并赔偿其损失 5000 元，但物业公司仅承诺修复自来水管道，拒绝赔偿损失。一怒之下，丁某将整个单元的自来水总阀关闭，直接导致楼上王某等六户居民家中停水，严重影响其他居民正常生活。王某等人多次要求丁某打开阀门恢复供水，丁某坚持要求物业公司赔偿损失后再恢复供水，各方均不让步。丁某遂就此事诉至成都市温江区人民法院。

二 调解过程

在充分了解情况和听取各方的诉求后，调解员认为此纠纷调处涉及两个争议焦点：一是丁某与物业公司产生的物业纠纷，二是丁某与楼上居民产生的邻里纠纷。两个争议纠纷存在前后顺序，产生邻里纠纷原因在于丁某欲以关闭总阀为手段迫使物业公司尽快解决漏水问题及赔偿。为此，调解员首先对丁某开展思想工作，将《民法典》中有关物业服务合同、侵权责任等相关规定详细告知丁某。经多次沟通后，丁某意识到贸然关闭供水阀门的行为不仅将纠纷扩大化，同时也无法达成敦促物业公司积极赔偿的目的。同时，调解员也积极与物业公司相关负责人取得联系，提出"先维修水管，再协商赔偿"的两步走解决方案，该方案得到物业公司的支持。此外，调解员还主动联系了王某等人，转达丁某的歉意。调解员一方面安抚大家情绪，一方面为大家阐明事情原委及处理进度。王某等人也一致认为应当配合丁某要求物业公司维修本单元自来水管道以恢复供水。

在恢复供水后，调解员引导丁某和物业公司相关负责人开展了两轮协商。在双方充分表达诉求后，调解员向双方释明法律规定并提供多个可供选择的解决方案。最终，丁某和物业公司达成协议：由丁某将水泡现场拍照取证，物业公司先修复自来水管道；丁某打开自来水总阀门，恢复本单元供水；对丁某的损失，部分用财产保险、修缮资金来支付，部分由物业赔偿。

三　案例评析

本案的基础纠纷为物业服务纠纷，当事人在纠纷处理中的不理智行为导致纠纷扩大，引发了邻里纠纷。调解员在了解情况后对物业服务纠纷和邻里纠纷分别处理，进一步提高了纠纷的化解效率。

调解员首先抓重点，厘清各方应承担的责任，采用"攻心战术"，晓之以理、动之以情，结合法律规定及物业服务合同约定，从当前创建文明社区、和谐社区角度进行矛盾化解，引导丁某积极配合解决纠纷。同时，调解员采取将纠纷分阶段、分层次的调解办法，提出先修复管道再协商赔偿，最大限度降低了各方损失，也为后续协商赔偿奠定了坚实基础。最终，调解员引导双方当事人在合理合法原则下创新赔偿方式，有效化解纠纷。

本案的成功调解，充分体现了纠纷多元解决的优势，切实减少了当事人之间的诉累及衍生案件的发生。本案为社区调解邻里、物业服务纠纷提供了极具参考价值的新思路。

四　法条链接

《民法典》第 285 条规定："物业服务企业或者其他管理人根据业主的委托，依照本法第三编有关物业服务合同的规定管理建筑区划内的建筑物及其附属设施，接受业主的监督，并及时答复业主对物业服务情况提出的询问。物业服务企业或者其他管理人应当执行政府依法实施的应急处置措施和其他管理措施，积极配合开展相关工作。"

《民法典》第 287 条规定："业主对建设单位、物业服务企业或者其他管理人以及其他业主侵害自己合法权益的行为，有权请求其承担民事责任。"

《民法典》第 937 条规定："物业服务合同是物业服务人在物业服务区

域内，为业主提供建筑物及其附属设施的维修养护、环境卫生和相关秩序的管理维护等物业服务，业主支付物业费的合同。物业服务人包括物业服务企业和其他管理人。"

《民法典》第 942 条规定："物业服务人应当按照约定和物业的使用性质，妥善维修、养护、清洁、绿化和经营管理物业服务区域内的业主共有部分，维护物业服务区域内的基本秩序，采取合理措施保护业主的人身、财产安全。对物业服务区域内违反有关治安、环保、消防等法律法规的行为，物业服务人应当及时采取合理措施制止、向有关行政主管部门报告并协助处理。"

家装公司拖延退款　调解维护居民权益

成都市国力公证处

一　案情简介

2022 年 11 月 11 日，周某与某家装公司签订装饰装修合同。根据合同约定，周某将其新购置的位于成都市温江区某小区的房屋交由某家装公司装修，周某向某家装公司预支付 56400 元装修款项。

2023 年初，某家装公司经营不善，使周某房屋装修暂停施工。2023 年 3 月 21 日，某家装公司因经营问题无法继续履行合同约定的装修义务，双方签订了"解除合同协议书"，约定解除 2022 年 11 月 11 日签订的装饰装修合同，某家装公司退还周某装修款 45000 元。但某家装公司未依约向周某退还装修款，周某无奈向成都市温江区人民法院提起诉讼。经法院诉前调解，双方于 2023 年 10 月 26 日达成调解协议，约定由某家装公司在 2024 年 5 月 31 日前向周某一次性退还装修款 45000 元。

二　调解过程

周某在法院登记诉讼后，调解员第一时间联系了双方当事人，积极寻找调解突破口。但某家装公司声称公司运转面临困难，无能力退还装修款。由于类似诉讼不止一起，公司负责人张某对待调解态度消极，并试图通过拖延策略来迫使周某让步。

调解员并未气馁，而是努力寻找双方利益平衡点，力争让双方重新回到谈判桌。在调解中，调解员结合类似案件的裁定，告知某家装公司故意拖延的不利法律后果，耐心地向张某解释："此路不通，只会让公司声誉扫地和财务雪上加霜。此前法院已对多个同类案件作出判决，且本案法律关系清楚，证据确实充分，通过拖延诉讼时间让对方做出让步可能性不大，建议与对方就支付时间进行沟通，争取对方同意延期支付。"经调解员多次劝解，某家装公司负责人张某同意接受调解，双方达成调解协议。

三　案例评析

诉前调解不仅有利于息诉止纷，也有利于节省司法资源。如何让当事人双方积极参与到调解中来是调解成功的关键所在。在本次调解过程中，面对某家装公司不愿意签订调解协议，调解员通过参照以往相似判例进行以案说理，并针对此纠纷进行客观分析，向该公司负责人提出相对合理的建议，让某家装公司真切了解到采取拖延诉讼的方式并不可取，从而积极参与到调解过程中来。

在此次调解过程中，调解员秉承"把非诉讼纠纷解决机制挺在前面"的理念，采取"普法+调解"的调解模式，践行"枫桥经验"，创新工作方法，以普法促调解、以调解助普法，最大限度地保证了双方当事人在调解过程中的合法利益，尽可能在诉前解决矛盾纠纷，有效节约了司法资源。

四　法条链接

《民法典》第563条规定："有下列情形之一的，当事人可以解除合同：（一）因不可抗力致使不能实现合同目的；（二）在履行期限届满前，当事人一方明确表示或者以自己的行为表明不履行主要债务；（三）当事人一方迟延履行主要债务，经催告后在合理期限内仍未履行；（四）当事人一方迟延履行债务或者有其他违约行为致使不能实现合同目的；（五）法律规定的其他情形。以持续履行的债务为内容的不定期合同，当事人可以随时解除合同，但是应当在合理期限之前通知对方。"

《民法典》第567条规定："合同的权利义务关系终止，不影响合同中结算和清理条款的效力。"

《民法典》第578条规定："当事人一方明确表示或者以自己的行为表明不履行合同义务的，对方可以在履行期限届满前请求其承担违约责任。"

《民法典》第787条规定："定作人在承揽人完成工作前可以随时解除合同，造成承揽人损失的，应当赔偿损失。"

单方解约引纠纷　诉前调解止纷争

成都市国力公证处

一　案情简介

2023 年 2 月 28 日，方某与某装饰公司签订装饰装修合同，合同约定由某装饰公司承包方某位于成都市温江区某小区房屋的装修工程。方某认为某装饰公司未按合同约定按时提供合同附件中约定的装饰工程项目确认表、装饰装修工程清单报价表及图纸、工艺做法、使用材料，存在严重违约行为。方某据此单方通知解除签订的合同，并要求某装饰公司归还已支付的全部款项及占用期资金利息。

某装饰公司并不认同方某的解约行为，认为其已经按合同条款约定提供了装修工程项目确认表及其他材料，方某对此也已签字确认。双方协商无果，方某向人民法院提起诉讼，而某装饰公司向人民法院提起反诉。

理顺案件来龙去脉，方能找准矛盾点。经调解员耐心劝导，方某同意承担 23000 元违约金，某装饰公司同意退还方某装修款 21500 元，双方于 2023 年 10 月 19 日签订调解协议并向法院提出司法确认申请，某装饰公司于 2023 年 10 月 30 日履行退款义务。

二　调解过程

本案调解之初，方某认为自己是受害者，某装饰公司应全额退款。调解员结合双方提供的证据资料，初步判断双方责任：方某违约在先，某装饰公司已履行合同义务；方某在赴公司现场沟通时存在过激行为，影响了某装饰公司正常经营。

虽然合同条款载明单方面解除合同需承担的违约责任，但方某不清楚这一法律后果。方某对自身违约行为的认识不充分，导致双方矛盾进一步激化。鉴于以上情况，调解员在沟通调解方案的同时，也极力促成双方在心理上的和解。调解员从法理与情理的角度出发，将法言法语转换为浅显易懂的道理。

经多次调解，方某终于意识到自己单方面解约的行为属于违约，愿意承担违约责任。调解员结合双方当事人在合同履行中存在的问题，提出了一个双方能接受的折中方案，促成某装饰公司同意退还部分款项。

三　案例评析

在本次装修合同纠纷中，原告方某由于欠缺法律知识，采取单方面解除合同及过激维权行为，这导致被告某装饰公司的利益受损。调解员基于双方提供的证据，首先分析争议涉及的法律关系，从法律角度向原告一方释明其违约责任及法理依据；之后又从情理的角度分别对双方进行耐心劝导。调解员阐明了双方的权利与义务，为双方当事人找到了一个合情合理合法的解决方案。

在本次诉前调解中，调解员采用"法理+情理"的调解方式最终防止了矛盾的激化，极大地缩短了纠纷化解时间，减少了当事人诉累和诉讼成本，最大限度有效保障了当事人的合法权益。

四　法条链接

《民法典》第 563 条规定："有下列情形之一的，当事人可以解除合同：（一）因不可抗力致使不能实现合同目的；（二）在履行期限届满前，当事人一方明确表示或者以自己的行为表明不履行主要债务；（三）当事人一方迟延履行主要债务，经催告后在合理期限内仍未履行；（四）当事人一方迟延履行债务或者有其他违约行为致使不能实现合同目的；（五）法律规定的其他情形。以持续履行的债务为内容的不定期合同，当事人可以随时解除合同，但是应当在合理期限之前通知对方。"

《民法典》第 577 条规定："当事人一方不履行合同义务或者履行合同义务不符合约定的，应当承担继续履行、采取补救措施或者赔偿损失等违约责任。"

实地考察问需求　三种方案护权益

成都市国力公证处

一　案情简介

满怀憧憬签下的房屋买卖合同，却成了一纸空文。周某、伍某与某实业公司签订了"四川省商品房买卖合同（预售）"，合同约定周某、伍某购买某实业公司开发的商品房一套。按照合同约定，某实业公司应于 2022 年 8 月 31 日前交付商品房。

交付期限届满后，周某和伍某多次要求交房，实业公司无法交房，给出的解释是经济形势不佳、资金周转困难，周某和伍某意识到存在某实业公司无法履约的风险。周某、伍某无奈采取法律手段维护自己的权益，请求法院判决某实业公司交付房屋并支付违约金。经调解员调解，某实业公司同意拿出三种调解方案以满足业主的需求，本次纷争最终得以圆满化解。

二　调解过程

"我们是按合同付的钱，现在你们却交不了房，这是什么道理？"

"我们公司最近经济形势不好，无法按时交付房屋。"

此类纠纷并非孤立事件，该案件有牵扯该小区其他同诉求业主的可能，因此该纠纷可能迅速扩散，形成公共议题。如果处理不当将会造成严重的连锁反应，调解员对此高度重视。

调解员认为，此案解决的关键在于某实业公司能否拿出满足业主需求的赔偿方案。调解员多次陪同业主和公司进行实地考察和确认，着眼于业主长期居住需求并结合公司仍有部分现金流、拥有闲置车位资产等实际情况，给予双方建议。某实业公司最终拿出了以"现金折算""抵扣物业费"

"抵扣购买车位的费用"三种不同的、切实可行的方案供业主选择。调解员将每一种方案的具体操作流程进行书面呈现，确保业主能够清楚各自的权益和选择的方案。调解方案确定后，调解员积极督促该公司认真解决业主提出的房屋整改问题，化解业主与某实业公司之间的对立情绪，最终促使业主结合自身需求选择调解方案，双方达成一致。

三　案例评析

本案虽是一个小小的个案，却牵动着一整个小区。本案为后续该小区同类型案件提供了解决思路，能够使得后续批量案件得到批量化解。在房地产行业不景气的现状下，开发商积极拿出方案解决问题可以让购房人感受到其诚意，另外，开发商在其能力范围内拿出不同方案供有不同需求的业主选择，既有利于快速高效地化解矛盾纠纷，又可以保障开发商后续能够履行。这使案件避免进入诉讼和执行阶段，真正做到案结事了。

群众的利益要维护，企业的困难也要考虑。如果采取开庭判决的方式让房地产公司继续履行合同，业主的权益可能得不到保障，房地产公司也可能会面临着生存危机。调解员在本次调解中兼顾双方利益，在业主与房地产公司之间找到了平衡点，引导业主与房地产开发商协商处理，使二者实现了双赢。本次调解取得了良好的社会效益。

四　法条链接

《民法典》第577条规定："当事人一方不履行合同义务或者履行合同义务不符合约定的，应当承担继续履行、采取补救措施或者赔偿损失等违约责任。"

《民法典》第582条规定："履行不符合约定的，应当按照当事人的约定承担违约责任。对违约责任没有约定或者约定不明确，依据本法第五百一十条的规定仍不能确定的，受损害方根据标的的性质以及损失的大小，可以合理选择请求对方承担修理、重作、更换、退货、减少价款或者报酬等违约责任。"

找寻被告行踪　保障购房者权益

成都市国力公证处

一　案情简介

王某于 2021 年向成都市温江区某房地产开发公司购买了一套新房，已按照合同约定于 2022 年 9 月前付清了全部购房款项。

受房地产市场波动和资金链断裂等影响，该公司开发的新房有烂尾趋势。王某与某房地产开发公司协商一致，于 2023 年 3 月解除签订的商品房买卖合同。王某在 2023 年 5 月 16 日前往相关部门办理了解除买卖协议的备案手续，但是该公司未依约退还其购房款，且线下经营场所早已人去楼空，负责人的电话也无法接通。

"家里急需这笔钱，但我现在找不到他们，怎么办？"王某情绪激动，无奈来到成都市温江区人民法院寻求帮助。经调解员多次沟通，最终某房地产开发公司同意先向王某退还一半购房款，双方当事人达成调解协议。

二　调解过程

此次纠纷涉及的房地产资金链断裂问题与老百姓购房居住的民生相关，解决纠纷最棘手的难题是无法与该房地产开发公司负责人取得有效联系。

调解员第一时间尝试与该公司取得联系，但电话却始终无法接通。在多方配合下，调解员通过多种渠道终于追踪到了该负责人的踪迹。项目负责人称因资金链断裂，现公司经营极度困难。调解员表达了对被告公司目前困境的理解，但也向公司负责人阐明王某的难处，并分析违约的法律责任。最终公司负责人表示愿意先退还一半购房款。为了促使王某接受调解方案，调解员也告知王某选择诉讼方式可能会面临更长的时间周期和更多不确定性，最终王某接受了调解方案。

三　案例评析

在本次调解中，调解员主动联系房地产开发商，让房地产开发商换位思考了解王某的难处。经过诉前调解，王某的购房款问题得到了妥善解决，避免了因诉讼可能带来的更多纠纷和损失。同时，被告公司的资金压力也得到部分缓解，避免了更严重的经营困境。调解员穷尽一切办法联系被告，守护好了群众的相关合法权益，站在双方的角度考量，化解社会矛盾，切实维护当事人切身利益。同时积极引导双方参与调解，也避免了纠纷进入审判阶段，减轻人民法院工作压力，有效将民事纠纷化解在矛盾的初始阶段，这对于维护当事人的合法权益、促进社会和谐稳定具有重要意义。

此案的圆满解决，充分体现了"诉前调解　心安社区"机制做优做实基层法律服务的优势，实现了法律效果和社会效果的有机统一。

四　法条链接

《民法典》第 562 条规定："当事人协商一致，可以解除合同。当事人可以约定一方解除合同的事由。解除合同的事由发生时，解除权人可以解除合同。"

《民法典》第 567 条规定："合同的权利义务关系终止，不影响合同中结算和清理条款的效力。"

调解助力代为支付顺利履行

成都锦晖商事调解中心

一 案情简介

2023 年 8 月，苟某驾驶的小型面包车与黄某驾驶的小轿车在交会处发生碰撞，导致两车受损。事故发生后，交警部门经调查出具道路交通事故自行协商处理现场记录书，其载明苟某负交通事故全部责任。事故造成黄某车辆损失 196350 元，而苟某仅购买交强险（机动车交通事故责任强制保险），保险公司只在限额内承担 2000 元赔偿，剩余部分赔偿由苟某承担。

苟某迟迟未支付，无奈之下黄某申请代为支付（由保险公司将剩余赔偿先行支付），同时将赔偿款的索赔权转让给保险公司。此后，保险公司与苟某产生代位求偿纠纷。2023 年 10 月，保险公司向成都市温江区人民法院提起诉讼。考虑到案情事实清楚，法律关系简单，存在调解可能，在征得双方同意后，法院通过矛盾纠纷多元化解中心将案件委派至成都锦晖商事调解中心，成都锦晖商事调解中心依据诉前调解程序解决本案纠纷。经调解员多次调解，最终双方当事人自愿达成调解协议：苟某一次性付还保险公司赔偿款 158680 元，如若苟某未按照约定履行，还应向保险公司赔偿 39670 元。至此，双方纷争顺利解决。

二 调解过程

调解员在全面了解案情的基础上，厘清案件的争议焦点，以便展开有效调解工作。调解员多次联系苟某，耐心释法析理，详细阐述保险代位求偿权相关法律法规，并释明其不履行赔偿义务可能带来的法律后果。然而，面对调解员的多次沟通尝试，苟某表现出极大的抵触情绪，并表示自己暂无经济能力赔付。之后，苟某电话一直处于无人接听状态。

调解员转变调解策略，优先与受让代位权的某保险公司进行沟通，并向保险公司说明苟某在资金偿还方面存在困难，协调保险公司在合理的范围内减少赔偿金额。经多方沟通，最终某保险公司选择让步，表示可以适当减少部分赔偿款项，并同意给苟某一定宽限期，以缓解其经济压力。随后调解员又与苟某沟通，详细解释了保险公司的让步诚意、诉前调解的优势以及诉讼可能带来的不必要费用和法律后果。调解员告知苟某，调解不仅节约时间和成本，且避免了诉讼过程中的不确定性，是最优解决途径。苟某的态度逐渐转变，开始考虑参与调解，最终与某保险公司达成一致意见。

三　案例评析

本案主要涉及交通事故赔偿纠纷，承办法官综合案情，将案件转入诉前调解程序。调解员从情理法多角度切入，携手多方共同将矛盾纠纷化解在诉讼前。

承办法官与调解员的相互配合充分推动了基层诉前调解效能的提升。首先，承办法官首先准确识别该案事实清楚、法律关系简单，进而转为调解程序。这不仅节约了司法资源，也为当事人提供了快速解决纠纷的途径。其次，在调解过程中，当面临一方态度强硬时，调解员及时调整思路，采取"背靠背"调解方式，一方面耐心向苟某说明保险公司起诉的法律依据，用通俗易懂的语言向苟某解读法律法规；另一方面从情理角度进行讲解，引导双方从对方角度思考问题、各让一步，最终双方达成一致。最后，从调解结果来看，降低赔偿金额和给予宽限期的方式，既保障了保险公司的权益，也减轻了苟某的经济压力。这种调解结果实现了当事人的双赢。

本案反映出，法院在当前纠纷逐渐多元化、复杂化的背景下，以多元协同共治方式将矛盾化解在基层能为纠纷前端化解赋能，能够准确把握矛盾纠纷化解的痛点。

四　法条链接

《保险法》第60条规定："因第三者对保险标的的损害而造成保险事故的，保险人自向被保险人赔偿保险金之日起，在赔偿金额范围内代位行使被保险人对第三者请求赔偿的权利。前款规定的保险事故发生后，被保险人已经从第三者取得损害赔偿的，保险人赔偿保险金时，可以相应扣减被保险人从第三者已取得的赔偿金额。保险人依照本条第一款规定行使代位请求赔偿的权利，不影响被保险人就未取得赔偿的部分向第三者请求赔偿的权利。"

求同存异　调解修复商业信任

南京金智云法律调解服务中心

一　案情简介

2018 年 8 月 12 日，甲公司与乙公司签订建设工程监理合同。合同约定，甲公司对该工程提供工程监理和相关服务。该工程现已完工并验收合格，办理结算结果双方均已确认。2022 年 1 月 28 日，对于监理费金额中的 465625.59 元，乙公司通过开具电子商业承兑汇票的形式承诺支付。

该汇票于 2023 年 1 月 28 日到期，但乙公司却拒绝支付。由于乙公司一直未能就逾期付款行为给予甲公司正面回复，加之甲公司急需资金进行周转，矛盾逐渐激化。甲公司将乙公司起诉至成都市温江区人民法院，经双方当事人同意，本案转入调解程序。调解员通过两个小时的线上调解，认真梳理乙公司拒兑付电子商业承兑汇票的具体时间与金额，推动双方就最终支付方案达成一致：乙公司承诺按照还款计划结清票据，并承担逾期支付的违约责任。甲公司则表示理解乙公司的困难，并同意给予一定的宽限期。双方后续就调解协议申请司法确认。

二　调解过程

调解员受理本案后第一时间采取行动，了解双方详情及具体诉求，并通过仔细审核每一笔交易记录和相关文件，以确保所掌握数据的准确性和完整性。经过初步调查，调解员发现此次纠纷的核心问题在于双方对电子商业承兑汇票的付款时间存在重大分歧。同时，乙公司未能及时回复甲公司的沟通请求，也降低了甲公司对其的信任度。

调解员在分析双方观点和诉求的基础上，提出了"求同存异"的调解思路，乙公司并不否认案涉电子商业承兑汇票的存在，但由于近期经营状况不佳，资金周转出现困难，故无法及时承兑。而甲公司的主要诉求并非对簿公堂，而是尽快收回款项以维持企业的正常运营。同时，甲公司仍旧希望能继续保持与乙公司的合作关系，并不希望因为此次纠纷而关系彻底破裂。于是，调解员引导双方分别在付款金额和承兑时间方面作出一定的让步，为企业间商事纠纷寻求一个高效、友好、灵活的调解方案，在订立调解协议过程中，特别注重细节的把握和文字的表述，确保调解协议的准确性和合法性，得到双方的一致认同。

三　案例评析

在社会生活中纠纷的化解方式可能有多种，但以调解方式定纷止息却有着化解矛盾、宣传法治、维护稳定、促进和谐等良好的价值作用。在本案例中，甲公司一方希望维护合作关系、不想把纠纷激化成为本案得以顺利调解的基础。调解员作为双方沟通的桥梁采取"求同存异"的调解方式让案件在短短两小时内能够顺利达成和解，这突出了以诉前调解解决纠纷的高效优势。

在案件还未正式进入诉讼阶段时，采用诉前调解达成调解协议、申请司法确认，既给了乙公司筹措款项的"喘息时间"，又保障了甲公司票据追索权的实现，使双方实现共赢。同时双方参与诉前调解也避免了诉讼带来的时间和精力上的耗费，降低了司法成本，同时也增强了社会对调解工作的信任。本次纠纷的顺利解决也充分发挥调解工作作为维护社会稳定"第一道防线"的积极作用，优化了法治营商环境，彰显了以调解工作化解社会矛盾、助力社会与经济高质量发展的独特优势。

四　法条链接

《票据法》第40条第2款规定："汇票未按照规定期限提示承兑的，持票人丧失对其前手的追索权"。

《电子商业汇票业务管理办法》第66条规定："持票人在票据到期日前被拒付的，不得拒付追索。持票人在提示付款期内被拒付的，可向所有前手拒付追索。持票人超过提示付款期提示付款被拒付的，若持票人在提示付款期内曾发出过提示付款，则可向所有前手拒付追索；若未在提示付款期内发出过提示付款，则只可向出票人、承兑人拒付追索。"

赔偿金额差异大　调解释明搭桥梁

南京金智云法律调解服务中心

一　案情简介

王某、岳某系某运输公司雇员。2022 年 12 月 21 日，王某驾驶运输公司名下挂车时操作不当导致翻车，造成副驾驶位上的岳某当场死亡。交通事故认定书认定王某负事故全部责任，岳某无责任。基于因工伤事故遭受人身损害的法律责任关系，运输公司与岳某家属达成调解协议书，约定赔偿死亡赔偿金、丧葬费、被抚养人生活费共计 124 万元。截至 2023 年 1 月 12 日，运输公司向岳某家属先行赔付 50 万元。

由于涉案车辆已向某保险公司投保司乘人员雇主责任险，故运输公司先行赔付的款项按照有关法律规定应当由保险公司进行支付。然而，运输公司与保险公司后续的沟通并不顺利，双方在赔付金额方面存在异议，始终无法达成一致意见，因此运输公司将保险公司诉至成都市温江区人民法院，要求保险公司在保险责任限额内赔付运输公司损失 50 万元。为快速解决纠纷，减少当事人诉累，调解员开展线上调解工作。经过多次沟通，双方达成一致意见，即保险公司承担 47 万元赔付款项，后续并就此调解协议申请了司法确认。

二　调解过程

本案争议焦点在于赔偿金额。保险公司经内部审核案件材料后，认可保险赔偿责任，但认为运输公司诉请赔偿金额过高，希望能协商降低至 40 万元。调解员将保险公司意见反馈给运输公司后，运输公司给出最低 48 万元的调解方案。面临双方高达 8 万元赔付金额差距，调解员与双方分别展开

"背对背"释明与沟通。

一方面，调解员向保险公司分析运输公司目前状况。由于岳某死亡，运输公司需支付总计124万元的赔偿金，其中50万元已先行支付，保险公司报销之后运输公司仍需支付剩余赔偿金额，而运输公司的经济状况决定了其赔付存在困难，因此其提出的赔偿金额无法大幅度降低。同时调解员与保险公司代理人分析案件相关材料及相应法律规定，认为运输公司诉请赔偿金额是在法律规定与合同约定范围内，因此调解阶段无论减免多少金额都对保险公司有利。

另一方面，调解员与运输公司沟通时提出，考虑开庭、交通等费用的情况下，适当退让可以减少诉讼成本；同时诉前调解可以高效解决案件，使公司更快收到赔偿款项，缓解公司目前的经济压力。最终，双方都有所让步，就47万元赔偿款项达成一致，纠纷得以高效化解。

三　案例评析

当案件存在的矛盾僵化无解时，诉前调解可以作为双方的"柔和剂"打破僵持不下的局面。在本案当事人双方对赔偿金额存在争议的情况下，温江法院及时转入调解避免了矛盾激化。在调解过程中，调解员不仅与双方进行了充分的沟通，还根据双方的立场和实际情况对相关保险法律规定进行了分析和解释，在调和双方矛盾的同时更多地维护了弱势一方的合法权益，做到了法律效果与社会效果的有机统一。这种调解方式有助于双方互相体谅对方的立场、化干戈为玉帛，以促进争议的合理解决、实现企业在沟通与交往中的良性发展。

此案的顺利解决体现了法院始终把高效处理涉企案件作为法治化营商环境建设的重点，将"法治是最好的营商环境"的理念作为化解矛盾的基本原则。企业之间的纠纷涉及的标的额往往是巨大的，采用诉前调解这种高效、经济的解决纠纷方式，可以快速解决纠纷、降低诉讼成本，最大限度减少对企业运营的影响。同时积极引导企业通过调解解决矛盾纠纷，以发挥诉前调解在满足多元化的法治需求方面的作用，对优化法治化营商环境具有重要意义。

四　法条链接

《民法典》第 1191 条规定："用人单位的工作人员因执行工作任务造成他人损害的，由用人单位承担侵权责任。用人单位承担侵权责任后，可以向有故意或者重大过失的工作人员追偿。劳务派遣期间，被派遣的工作人员因执行工作任务造成他人损害的，由接受劳务派遣的用工单位承担侵权责任；劳务派遣单位有过错的，承担相应的责任。"

《机动车交通事故责任强制保险条例》第 21 条第 1 款规定："被保险机动车发生道路交通事故造成本车人员、被保险人以外的受害人人身伤亡、财产损失的，由保险公司依法在机动车交通事故责任强制保险责任限额范围内予以赔偿。"

联合式调解保障劳动者医疗权益

成都锦晖商事调解中心

一　案情简介

王某自入职张某公司后一直兢兢业业，为了保障双方的权益，王某与张某按照公司的规章制度和《劳动法》的相关规定，先后三次签订书面劳动合同，最后一次签订的劳动合同约定的期限为 2023 年 12 月 31 日。在最后一次签订的劳动合同即将届满之时，2023 年 10 月 21 日王某因疾病入院治疗，治疗期间向张某提交了正规的请假手续，后王某转诊至重庆某医院住院治疗并于 2023 年 11 月 28 日出院。在王某住院治疗期间，张某电话通知王某他被辞退，并停发 11 月及之后的工资。

王某主张张某的行为是违法的，因为其享有法定的医疗期，且在治疗期间已经办理了请假手续。因此，王某决定通过法律途径维护自己的合法权益，他向当地劳动仲裁委员会申请了劳动仲裁，要求张某支付剩余工资和医疗期违法解除劳动合同的赔偿金共计 22128 元。劳动仲裁委员会支持了王某的请求，张某不服，遂向法院提起诉讼。法院从实质解纷、妥善化解的角度出发，充分发挥"法院+仲裁"调解合力，促成双方就剩余工资和赔偿金额达成一致，张某当场转账给付 22128 元。本次调解既有效保护了劳动者的合法权益，同时又避免了一案结多案生，取得良好法律效果和社会效果。

二　调解过程

在法院受理此案件之后，承办法官认为案件事实清楚、争议不大，遂将之转入调解程序。法官了解到王某在张某公司实际工作年限为三年零七个月，根据规定享有三个月的医疗期。法官积极组织双方当事人到院调解，以诉讼成本、时间成本、劳动者权益保障、法律风险等为切入点，耐心开展释法明理，努力强化双方当事人调解意愿。同时，邀请前期参与过纠纷处理的仲裁员共同开展调解工作。

在调解过程中，法官和劳动仲裁员援引《劳动法》中有关医疗期的相关规定向张某解释王某享有医疗期，明确指出张某在王某住院治疗期间通知其解除劳动合同并停发工资的行为是违法的，这不仅损害了王某的合法权益，也违反了《劳动法》的相关规定。后调解员积极寻求双方的共同点和解决方案，向张某说明王某的难处，并建议张某尽快支付王某的赔偿金以弥补其损失，希望双方能够继续保持友好的关系。

经过一次"面对面"调解和一次"背对背"调解，调解员厘清双方劳动关系和各方责任，明确双方权利义务，劝导张某及时履行支付王某劳动报酬的义务。经过友好协商，张某当即答应现场支付剩余工资和赔偿金22128元，双方握手言和。

温江法院通过调动劳动仲裁机构的专业调解力量，以用心用情的调解方式，在法律框架内帮助双方找到利益切合点，既避免了双方对簿公堂、矛盾升级，又降低了劳动者维权成本，让当事人切实感受到了司法的温度，实现了政治效果、社会效果与法律效果的统一。

三　案例评析

劳动者的合法权益需要法律的保护，也需要社会各界力量的关怀。在劳动者与用人单位签订劳动合同时，用人单位往往是作为强势的一方，此时法律先天性地向作为弱势一方的劳动者倾斜更有助于维护社会平衡。本次诉前调解涉及的医疗期是法律对患病劳动者进行"解雇保护"的一种具体表现形式，是国家对用人单位用工自主权的一种适当限制，用人单位不得强制剥夺，这体现了法律对弱势一方的倾斜性保护。张某在王某生病住院期间解雇他不仅违反法律规定，也侵害了王某的合法权益。调解员的调解，不仅有效防范了矛盾的激化，而且是一堂生动的"普法课"。

面对劳动争议案件时，采用诉前调解的方式能从前端化解矛盾，有效消除劳动关系风险，维护劳动者的合法权益，推动构建和谐的劳动关系，保障社会和谐稳定，促进劳动关系的良性发展。

四 法条链接

《劳动合同法》第 42 条规定："劳动者有下列情形之一的，用人单位不得依照本法第四十条、第四十一条的规定解除劳动合同：（一）从事接触职业病危害作业的劳动者未进行离岗前职业健康检查，或者疑似职业病病人在诊断或者医学观察期间的；（二）在本单位患职业病或者因工负伤并被确认丧失或者部分丧失劳动能力的；（三）患病或者非因工负伤，在规定的医疗期内的；（四）女职工在孕期、产期、哺乳期的；（五）在本单位连续工作满十五年，且距法定退休年龄不足五年的；（六）法律、行政法规规定的其他情形。"

《企业职工患病或非因工负伤医疗期规定》第 3 条规定："企业职工因患病或非因工负伤，需要停止工作医疗时，根据本人实际参加工作年限和在本单位工作年限，给予三个月到二十四个月的医疗期：（一）实际工作年限十年以下的，在本单位工作年限五年以下的为三个月；五年以上的为六个月。（二）实际工作年限十年以上的，在本单位工作年限五年以下的为六个月；五年以上十年以下的为九个月；十年以上十五年以下的为十二个月；十五年以上二十年以下的为十八个月；二十年以上的为二十四个月。"

法院委派调解　弥补帮工者损失

成都锦晖商事调解中心

一　案情简介

王某是某村村民，因在自家宅基地上盖房，请邻居张某去帮工。然而，在帮工过程中，张某不幸从高处摔下，致脑部重伤不治身亡。家里的顶梁柱轰然倒下，张某的亲属都沉浸在失去亲人的巨大痛苦中。为此，张某家属向王某提出赔偿要求，因双方关于赔偿数额的分歧较大，反复协商仍未达成一致，张某家属遂向成都市温江区人民法院提起诉讼。法官委派调解员组织双方开展调解工作，将法理、事理、情理向双方当事人摆明，原告理解了被告的处境，最终双方达成一致意见，由王某一次性赔偿张某家属各项损失 5 万元。

二　调解过程

调解员对案情予以调查核实，得知王某承认张某为自家帮工，但王某认为张某家属对于赔偿金的诉求过高。换言之，本案中双方对纠纷的事实没有异议，但在赔偿数额上争议较大。在明确案件争议焦点问题之后，调解员组织双方沟通协商。调解员在听取涉事双方的各自观点后，准确地找到了矛盾的焦点，即事故的责任划分，适时通过对事故责任的分析逐步缓解紧张的气氛，引导当事人对此次事故有新的认识。

调解员对法律条款进行释明，向双方阐明《最高人民法院关于审理人身损害赔偿案件适用法律若干问题的解释》第 5 条规定："无偿提供劳务的帮工人因帮工活动遭受人身损害的，根据帮工人和被帮工人各自的过错承担相应的责任；被帮工人明确拒绝帮工的，被帮工人不承担赔偿责任，但可以在受益范围内予以适当补偿。"调解员向王某与张某的家属阐明了相关规定，告知王某作为被帮工人，对于帮工人因帮工活动遭受的人身损害具有相应的赔偿责任，同时向张某家属告知张某在帮工过程中应当履行安全注意义务，指出张某自身对于帮工过程中不慎摔落也存在过错。除此之外，调解员根据《民法典》和《最高人民法院关于审理人身损害赔偿案件适用法律若干问题的解释》的相关规定计算出王某应赔偿数额。

最后，双方经过友好协商，由王某一次性赔偿张某亲属各项损失 5 万元。在调解中，调解员将双方邻里友情与相关法律条文结合进行说明，有力地维护了双方当事人的合法权益，更维护了双方的邻里关系。

三　案例评析

义务帮工是社会生活中人与人之间互相帮助、相互扶持的道德风尚的具象化，体现了中华民族互帮互助的传统美德，应予提倡和鼓励。但是，义务帮工中不慎从高处摔落死亡，损失应由谁来负责？本案中，张某出于好心为王某修建房屋帮工，却不幸从高处摔下，导致脑部重伤不治身亡，引发责任纠纷。张王两家因赔偿金额无法达成共识而矛盾激化，调解员从法律规定出发，向张某解释被帮工人应当为帮工人提供安全的防护措施，帮工人因帮工活动遭受人身损害的，被帮工人根据过错负有相应的赔偿责任。与此同时，调解员还向王某家属解释王某作为完全民事行为能力人，在义务帮工过程中负有一定的安全注意义务，故对发生事故应承担一定的过错责任。在调解员解释之下，当事人对各自的责任有了清晰的认识。随后，调解员依据相关法律规定计算出王某应赔偿的具体数额，双方接受并达成了调解协议。本案运用诉前调解的方式，快速圆满地化解了基层矛盾，做到了事理、情理和法理的统一。

四　法条链接

《民法典》第 1179 条规定："侵害他人造成人身损害的，应当赔偿医疗费、护理费、交通费、营养费、住院伙食补助费等为治疗和康复支出的合理费用，以及因误工减少的收入。造成残疾的，还应当赔偿辅助器具费和残疾赔偿金；造成死亡的，还应当赔偿丧葬费和死亡赔偿金。"

《最高人民法院关于审理人身损害赔偿案件适用法律若干问题的解释》

第 5 条规定："无偿提供劳务的帮工人因帮工活动遭受人身损害的，根据帮工人和被帮工人各自的过错承担相应的责任；被帮工人明确拒绝帮工的，被帮工人不承担赔偿责任，但可以在受益范围内予以适当补偿。帮工人在帮工活动中因第三人的行为遭受人身损害的，有权请求第三人承担赔偿责任，也有权请求被帮工人予以适当补偿。被帮工人补偿后，可以向第三人追偿。"

《最高人民法院关于审理人身损害赔偿案件适用法律若干问题的解释》第 14 条规定："丧葬费按照受诉法院所在地上一年度职工月平均工资标准，以六个月总额计算。"

《最高人民法院关于审理人身损害赔偿案件适用法律若干问题的解释》第 15 条规定："死亡赔偿金按照受诉法院所在地上一年度城镇居民人均可支配收入标准，按二十年计算。但六十周岁以上的，年龄每增加一岁减少一年；七十五周岁以上的，按五年计算。"

情理法三元一体保障农民工权益

成都市国力公证处

一 案情简介

原告吴某与被告黄某于 2022 年 7 月 20 日签订劳务分包合同，合同约定由吴某负责承接成都市温江区某小区的室内、公区及户内乳胶漆劳务施工。该项目于 2023 年 4 月竣工验收，双方于 2023 年 5 月办理结算，结算金额 166200 元。前期黄某已向吴某支付 131200 元，剩余欠款 35000 元，经双方协商，吴某同意免除黄某 10000 元债务，黄某承诺 2023 年 7 月 31 日前支付欠款 25000 元。后来，因上游总包单位未向黄某支付劳务欠款，黄某也未能按期向吴某支付欠款。

在索要无果的情况下，吴某向成都市温江区人民法院提起诉讼，要求判决黄某支付剩余劳务欠款及逾期支付产生的利息。调解员就本案进行调解，最终黄某用与吴某合作的某项目账户支付了该笔劳务欠款，吴某遂同意撤诉。

二 调解过程

案件受理后，调解员了解到该案为涉农民工工资的民生案件，诉讼标的不大，法律关系明确，采取调解的方式可以更加高效化解矛盾纠纷，在征求双方当事人同意后，组织双方到法院进行调解。

调解员在收到诉前调解委派后联系双方当事人，了解到未支付劳务款的原因是项目开发商资金周转困难，导致总包单位、劳务公司工程款层层拖欠。黄某在未收到上游总包单位支付欠款的情况下无力再从本项目支付，同时因自身收款时间的不确定性也很难向吴某承诺具体支付时间。黄某表示，若总包单位继续拖欠，自己也会考虑起诉总包单位。此外，调解员了解到双方除了案涉项目之外，还有多个项目在合作。调解员坚持以法为据、以理服人，本着充分协商的原则，与原被告耐心沟通，结合法理、情理、事理向被告释明这笔钱是务工人员的劳务报酬，欠款能否按时支付直接影响到务工人员的正常生活。

因本案涉及欠款金额较小，调解员在调解过程中建议双方考虑是否可以从合作的其他项目支付该部分欠款，双方均认为该方案可行。最终黄某用与吴某合作的某项目账户支付了该笔劳务欠款，吴某遂同意撤诉。

三　案例评析

本案劳务费用拖欠未付主要是因为项目开发商资金周转困难，导致总包单位、劳务公司工程款层层拖欠，黄某支付本项目劳务款确有困难。因劳务合同为吴某和黄某签订，合同仅对当事人具有法律约束力，吴某作为劳务班组人员不能以实际施工人名义打破合同相对性直接起诉发包人、总承包人。如各方均对上游欠款进行起诉，必然引发多起诉讼。本案采用诉前调解的方式，通过灵活调解，以变通的方式回应当事人实际诉求。一方面，实质性减少了因为同一建设工程项目上下游之间的诉讼数量；另一方面，降低了当事人的诉讼成本，缩短了维权周期，并实现根本化解双方矛盾纠纷的目标。

四　法条链接

《民法典》第575条规定："债权人免除债务人部分或者全部债务的，债权债务部分或者全部终止，但是债务人在合理期限内拒绝的除外。"

《民法典》第577条规定："当事人一方不履行合同义务或者履行合同义务不符合约定的，应当承担继续履行、采取补救措施或者赔偿损失等违约责任。"

《民法典》第579条规定："当事人一方未支付价款、报酬、租金、利息，或者不履行其他金钱债务的，对方可以请求其支付。"

前员工开设竞争业务　智慧调解巧定侵权风波

上海中联（成都）律师事务所

一　案情介绍

甲公司为一家专门从事网络文学推广的公司，其业务为在多个网络平台上为客户推广网络小说等作品。甲公司根据其向阅读者推送作品的数量向网络平台交费，并依据其推送作品的读者浏览量向客户收费。

甲公司通过网络平台收集大数据，并不断优化数据模型，形成了一套独特的推送机制。该机制可根据不同平台及时间段推送不同类型的作品，大大提高了客户浏览量，在节约平台成本费用的同时，也提高了客户付费浏览量，显著提高了平台利润率。

A 为甲公司的员工，与公司签署了保密协议和竞业禁止协议。A 离职后，以其配偶的名义注册了乙公司，乙公司利用类似的推送机制提供同类型的推广服务，这对甲公司的业务开展造成不利影响。

二　调解过程

甲公司与调解工作室负责人沟通时表示，由于 A 使用类似推广机制提供推广服务，对其公司影响较大。甲公司前期为收集数据、优化推广模型投入了较高成本，A 直接使用该推广机制使得乙公司报价明显低于甲公司，导致甲公司原有客户流失。甲公司前期已经与 A 沟通过一次，A 出具书面承诺不再使用这种机制。但 A 实际上违背承诺仍在使用甲公司研发的推广机制。甲公司考虑到双方之前存在劳动关系，表示可不追究 A 的赔偿责任，但 A 需立即停止侵权行为。

调解工作室单独约 A 进行沟通，向其解释：甲公司的推送机制为该公司研发，不为公众所知悉，具有商业价值，并且甲公司采取了适当的保密措施，该机制为甲公司的商业秘密；A 在离职后违反保密义务使用其所掌握的商业秘密的行为已经侵犯甲公司的权益，需承担民事赔偿责任；A 在向甲公司出具停止侵权承诺书后仍继续侵权，存在恶意侵权，这还可能涉嫌刑事犯罪。

最终双方达成一致，A 同意不再使用甲公司的推送机制，甲公司也表示不再追究 A 的侵权责任。

三　案例评析

商业秘密作为企业的核心竞争力，凝聚了企业创造的智力成果，关系到企业生存与发展。本案对用人单位完善保密管理制度、对劳动者增强保密意识均有一定的指引意义。A 离职后，违反保密义务使用其掌握的商业秘密，这违反了《反不正当竞争法》第 9 条第 1 款第 3 项规定："违反保密义务或者违反权利人有关保守商业秘密的要求，披露、使用或者允许他人使用其所掌握的商业秘密。"

员工离职后，基于其业务能力的限制，从事的工作大都与原岗位的工作内容相关。部分员工对于其离职后的义务与限制并不了解或者抱有侥幸心理，导致离职后侵犯原公司商业秘密的事件频发。因此，用人单位应当通过劳动合同、员工手册或者单独的保密协议，与员工就保密事项作出完善的约定。在员工离职时，企业应对离职员工进行相应的商业秘密事项提醒，特别是核心岗位的员工离职时，应签署并执行竞业限制协议。对劳动者而言，要遵循诚实守信的基本原则，履行忠实义务和保密义务，不要心存侥幸。出现侵犯商业秘密的案件，争议双方可以通过友好协商解决。

四　法条链接

《反不正当竞争法》第 9 条规定："商业秘密，是指不为公众所知悉、具有商业价值并经权利人采取相应保密措施的技术信息、经营信息等商业信息。"

《劳动合同法》第 23 条规定："用人单位与劳动者可以在劳动合同中约定保守用人单位的商业秘密和与知识产权相关的保密事项。对负有保密义务的劳动者，用人单位可以在劳动合同或者保密协议中与劳动者约定竞业限制条款，并约定在解除或者终止劳动合同后，在竞业限制期限内按月给予劳动者经济补偿。劳动者违反竞业限制约定的，应当按照约定向用人单位支付违约金。"

《刑法》第219条规定："有下列侵犯商业秘密行为之一，情节严重的，处三年以下有期徒刑，并处或者单处罚金；情节特别严重的，处三年以上十年以下有期徒刑，并处罚金……（三）违反保密义务或者违反权利人有关保守商业秘密的要求，披露、使用或者允许他人使用其所掌握的商业秘密的。"

注册商标起冲突　合法转让护权益

上海中联（成都）律师事务所

一　案情介绍

甲公司和乙公司均为专门针对硕士研究生考试的培训机构。甲公司除使用机构名称以区别于其他机构外，还在其店面上以及公众号中使用某标志。甲公司创始人曾经在乙公司工作了较长时间。甲公司拟准备将使用的某标志申请注册为商标，其委托的代理公司在商标检索时发现该标志已经由乙公司在几个月前申请注册了商标，目前商标处于公告流程。甲公司既想将某标志注册为商标，也不愿与乙公司发生纠纷，于是向调解工作室寻求帮助。经过工作室调解员的调解，乙公司同意将该商标转让给甲公司。

二　调解过程

调解工作室调解员首先与甲公司的负责人沟通，梳理甲公司在先使用该标志的相关证据。调解员认为，甲公司在其公众号的头像上首先使用该标志，最早使用时间早于乙公司申请注册商标的日期，并且能在公众号上查询到乙公司主要负责人浏览甲公司公众号的历史记录，这表明乙公司明知该标志由甲公司在先使用。调解员又与乙公司负责人沟通，向其展示了甲公司在先使用及乙公司明知甲公司在先使用涉案标志的证据。乙公司负责人了解到一旦甲公司提出异议，乙公司无法获得该标志的商标权。最终双方当事人达成一致，甲公司支付乙公司申请注册商标的费用，乙公司将该商标转让给甲公司。

三　案例评析

一个好的商标品牌，将为企业带来巨额的无形资产，因此在现实中存在抢注他人商标的行为。信息技术和互联网的发展，为确定标志使用时间提供便利可以帮助企业维护合法权益。

许多企业在起步阶段没有预先考虑知识产权布局的问题，也不愿因维权分散精力，但是可能会错过知识产权最佳保护时机。在前期品牌部署时，企业应当积极进行商标注册申请，避免商标被他人抢注，增加维权成本。在得知他人抢注商标时，应当积极收集证据维护自己的权益。

四　法条链接

《商标法》第9条规定："申请注册的商标，应当有显著特征，便于识别，并不得与他人在先取得的合法权利相冲突。"

《商标法》第32条规定："申请商标注册不得损害他人现有的在先权利，也不得以不正当手段抢先注册他人已经使用并有一定影响的商标。"

免费表情包侵权多 明晰价格标准达共赢

上海中联（成都）律师事务所

一 案情介绍

甲公司收到某公司委托发送的一封律师函，该函称甲公司未经授权在公众号上多次使用某公司享有著作权的多个表情包，要求停止侵权并赔偿损失 50000 元。

甲公司感觉自己很冤枉，其在使用的时候根本不知道这些表情包由某公司享有著作权，因此甲公司向调解工作室求助。

二 调解过程

表情包作为一种独特设计，属于美术作品，其作者享有著作权。调解员首先告知甲公司，表情包为开发设计人的作品，开发设计人享有著作权。使用他人作品需要获得著作权人的许可，未经许可使用他人的作品，属于侵权行为。出于商业目的制作、传播侵权表情包或将他人享有权利的表情包进行商业性使用，若未经授权、未向权利人支付报酬，即便是少量使用也可能构成侵权。对于表情包的侵权赔偿金额可以与维权人协商。

调解员与维权人联系，表明甲公司并非恶意，并且维权人选择的是批量维权，维权成本低，如果双方能达成和解，甲公司可以一次性支付表情包的版权使用费，以避免通过诉讼审理耗费双方更多的精力和成本。最终，甲公司通过调解方式获得著作权人授权。

三 案例评析

在日常生活中，许多企业或个人侵犯版权但不自知，很多公司或者个人出于商业目的从网上下载使用一些"免费"图片作品，这属于侵权。无意中侵犯他人著作权的企业或个人，当面临著作权人的索赔时，可以基于目前的市场价格与权利人协商处理。对于著作权人而言，如作品著作权被侵犯可以通过协商或者是诉讼等方式来进行处理。

四　法条链接

《著作权法》第 2 条规定："中国公民、法人或者非法人组织的作品，不论是否发表，依照本法享有著作权。"

《著作权法》第 3 条规定："作品，是指文学、艺术和科学领域内具有独创性并能以一定形式表现的智力成果，包括……（四）美术、建筑作品。"

利用专利审查制度化解潜在知识产权侵权纠纷

一　案情介绍

　　成都市温江区某中药企业主要从事中药创新药、中药改良型新药研发。该企业技术负责人对知识产权风险防范高度重视，安排研发人员对预研项目进行专利侵权检索分析。2023年1月，经过前期检索分析后认为无相关知识产权风险，公司投入200多万元资金研发一种提高人体免疫力的中药配方，该配方具有较高独创性和良好商业前景。然而，该公司正计划开展知识产权申报和项目投产时，发现山东某公司就类似的技术在2022年12月申请了专利，并于2023年8月正式公开。为了解决知识产权问题，该中药企业找到调解工作室寻求解决办法。

二　调解过程

　　调解工作室律师和企业技术人员一起对本项目的背景技术做了梳理分析。经过对比项目技术路线后认为，如果山东某公司申请的专利获得授权将极大地阻碍温江区某中药企业的产品上市，甚至会引发知识产权侵权诉讼。经过进一步检索发现，山东某公司的发明专利正处于实质审查阶段，某中药企业可对该专利申请提出公众意见。经文献对比发现，山东某公司申请的专利不具备新颖性、创造性，调解工作室律师和企业技术人员遂对此向国家知识产权局专利局反馈意见。2023年12月，山东某公司的专利申请被国家知识产权局驳回。这一工作成功将知识产权纠纷化解在企业研发端，保障了温江企业的研发成果顺利上市，有效提升了温江区的营商环境。

三　案例评析

提出公众意见与提出专利权无效宣告请求是处理专利争议常用的两种手段。公众意见是在发明专利经历实质审查的过程中，社会公众（任何人）就该不符合专利法规定的发明专利申请，向国家知识产权专利局提出的意见。目前，就申请中的专利提交公众意见的数量占比较低。相较于专利授权后提出专利权无效宣告请求，提出公众意见能够防止不应获得授权的产品、方法和技术获得专利权。该方式适合于研发产品与竞争方的相同却被其抢先申请专利的相关方，采用这一方式可以避免出现被动局面，成本相对低廉。同时，公众意见可以匿名提交，任何人均可以提出，这也可有效避免提出意见方被"针对"。

四　法条链接

《专利法实施细则》第 54 条规定："自发明专利申请公布之日起至公告授予专利权之日止，任何人均可以对不符合专利法规定的专利申请向国务院专利行政部门提出意见，并说明理由。"

商业秘密遭泄漏　诉前调解护权益

徐秉周[*]

一　案情简介

2023 年 6 月，成都市温江区某医疗设备企业所反馈的商业秘密泄露引起调解工作室律师的重点关注。该企业专门从事医疗设备生产，在细分领域做到国际领先，并独占国内市场。2022 年 8 月，该企业技术副总因经营理念不同而离职并成立新公司，后利用在该公司时获得的研发技术资料以新公司名义申请专利 12 件。新公司中标四川某大型企业采购项目，而该大型企业原是某医疗设备企业的客户，新公司已在技术和市场两方面对温江某医疗设备企业构成威胁。于是，某医疗设备企业拟起诉其前技术副总泄露商业秘密，并向调解工作室寻求帮助。

二　调解过程

调解工作室首先对某医疗设备企业的全部知识产权进行梳理，并对原技术副总的入离职手续、竞业限制协议、所参与的项目等资料进行全面整理，发现该企业在人事管理上存在重大漏洞，既未保存原技术副总的劳动合同，也未留存原技术副总参与研发的签字材料。工作室律师在分析专利内容时发现，新公司 12 件专利的申请是在原技术副总离职一年内完成的。于是调解工作室律师积极与对方进行沟通，释明我国专利法对于知识产权的规定。最终原技术副总同意将该 12 件专利转让给某医疗设备企业，并承诺不再使用某医疗设备企业的技术资料等商业秘密。调解工作室将相关知

---

[*]　徐秉周，成都市温江区人民法院与中联（成都）律师事务所合作成立的鱼凫·知识产权特邀调解工作室律师。

识产权纠纷化解在前端，有效解决了当事人之间的矛盾。

三　案例评析

技术研发人员需重点关注知识产权相关规定，避免离职后与原单位产生知识产权纠纷。与此同时，企业应注意与研发人员签订保密合同和加强知识产权管理。不少研发人员都错误地认为自己主持或者参与项目的研发成果的所有权应该属于自己，与自己的工作单位无关，而不少单位也认为员工只要是执行单位的工作安排，那么相关成果自然也就属于单位。其实双方的观点都太过绝对，《专利法》（2020 年修正）规定，"利用本单位的物质技术条件所完成的发明创造"可以由单位与发明人进行权属约定，因此无论是单位还是员工都需要认识到部分职务成果并不当然地属于某一方，单位作为强势一方有责任对参与研发活动的技术人员、管理人员加强管理。

四　法条链接

《专利法实施细则》第 13 条规定："专利法第六条所称执行本单位的任务所完成的职务发明创造，是指：（一）在本职工作中作出的发明创造；（二）履行本单位交付的本职工作之外的任务所作出的发明创造；（三）退休、调离原单位后或者劳动、人事关系终止后 1 年内作出的，与其在原单位承担的本职工作或者原单位分配的任务有关的发明创造。"

《专利法》第 6 条规定："利用本单位的物质技术条件所完成的发明创造，单位与发明人或者设计人订有合同，对申请专利的权利和专利权的归属作出约定的，从其约定。"

多元调解保障非婚生子权益

王茂黎 *

一 基本案情

2021 年 2 月 28 日，高某某生产一子张某意，张某意的出生证明上记载其父亲为张某文。然而，张某意与张某文的亲子鉴定报告显示，张某文并非张某意的生物学父亲。高某某于 2018 年与杨某相识，2018 年至 2020 年二人一直保持交往，这期间多次发生性关系。高某某认为杨某与张某意之间具有亲子关系。高某某诉至法院，提出对杨某与张某意进行亲子鉴定的申请。四川某司法鉴定中心对此进行了鉴定，鉴定意见为：依据现有资料和 DNA 分析结果，在排除其他外源干扰的前提下，支持杨某是张某意的生物学父亲。而后张某意提起诉讼，请求杨某一次性支付非婚生子张某意生活费、普通公立教育费、医疗费 50 万元。

二 调解过程

"法官，孩子的抚养费一次性给完可以吗？"高某某问道。本案涉及亲子关系的认定和抚养费问题，亲子鉴定已证实杨某与张某意的亲子关系，然而双方就抚养费和给付方式始终无法达成一致意见。承办法官首先告知杨某，作为张某意的生物学父亲负有及时给付抚养费的义务。同时，法官也告知高某某，要求一次性给付 50 万元既没有法律依据，也难以得到对方认可。

为了让双方当事人更好地理解法律规定，法官从孩子学习、生活、健康成长等作为切入点，向杨某阐明对子女负有抚养的义务，不直接抚养非

---

* 王茂黎，成都市温江区人民法院和盛人民法庭庭长。

婚生子女的生父或者生母，应负担未成年子女或者不能独立生活的成年子女的抚养费。此外，法官还详细释明了亲子关系、抚养费的相关法律标准和计算方法。法官耐心地解释道："抚养费的支付是为了保障未成年子女的生活和教育需求，应当遵循子女利益最大化原则。一次性支付抚养费不利于保障孩子的长期利益。"调解过程中，法官始终关注未成年子女的隐私保护问题，提醒双方当事人在处理亲子关系和抚养费问题时，应尽量避免将子女暴露在公众视野中。同时，法官也借此机会对双方当事人进行了婚姻忠诚义务的教育。

经法官的劝调，双方当事人反思自己行为，以更加理性和务实的态度面对问题。最终双方达成一致意见：杨某自2023年12月起，每月30日前支付非婚生子张某意生活费800元至张某意独立生活之日止；张某意的普通公立教育费以及医疗费（社保报销后）凭票据由杨某承担一半。这一调解结果充分考虑了当事人的实际情况和子女的利益需求，也体现了法官在处理家庭纠纷时的人文关怀。

三 案例评析

非婚生子女也享有权益，非婚生的原因在于父母而不在于子女，故在法律地位上非婚生子女不应和婚生子女有所区别。在抚养、教育和保护方面，父母基于亲子关系对婚生子女和非婚生子女有相同的义务。另外，抚养费的范围包括生活费、教育费、医疗费等子女健康成长所需的费用，法官主要从未成年人利益角度出发，结合个案实际情况进行数额和履行方式的确定。

本案中，法官充分考虑未成年子女的合法权益最大化，极力说服当事人转变要求一次性支付抚养费的想法，从而为未成年子女成长成才争取到了强有力的保障。在调解过程中，法官努力为双方当事人提供舒适的调解环境，以父母的拳拳爱子之心为引劝诫双方当事人以保护未成年人身心健康为重，勿将其带上公堂，以免对未成年子女的成长造成不良影响。

四 法条链接

《民法典》第1071条规定："非婚生子女享有与婚生子女同等的权利，任何组织或者个人不得加以危害和歧视。不直接抚养非婚生子女的生父或者生母，应当负担未成年子女或者不能独立生活的成年子女的抚养费。"

　　《最高人民法院关于适用〈中华人民共和国民法典〉婚姻家庭编的解释（一）》第49条规定："抚养费的数额，可以根据子女的实际需要、父母双方的负担能力和当地的实际生活水平确定。有固定收入的，抚养费一般可以按其月总收入的百分之二十至三十的比例给付。负担两个以上子女抚养费的，比例可以适当提高，但一般不得超过月总收入的百分之五十。无固定收入的，抚养费的数额可以依据当年总收入或者同行业平均收入，参照上述比例确定。"

讲述传统典故　化解邻里矛盾

邓　奎*

一　案情简介

"你家漏水把我家阳台天花板浸湿得都长毛了，你要赔偿损失！""你家天花板长毛关我啥事，我是不可能赔偿的！"蒋某与崔某是上下楼邻居，2021年11月，蒋某发现自家阳台天花板漏水，经勘查初步断定是楼上崔某家养花积水所致，遂要求崔某对房屋损坏处进行维修，但在两次协商好进行维修后崔某均反悔不愿意施工，漏水问题一直没有得到妥善解决，双方因此发生纠纷。楼上漏水，楼下遭殃，原本和睦的邻里关系因此恶化，2022年1月，蒋某向温江法院提起诉讼，要求崔某限期修复房屋并赔偿9000余元。

二　调解过程

承办法官了解到双方是上下楼邻居，认为纠纷处理不当则可能激化邻里之间的矛盾进而导致当事人矛盾升级。调解更有利于问题的解决，通过释法明理和面对面调解或许还能拉近邻里关系。在前期调解过程中，由于双方的矛盾较深，调解未能成功。承办法官两次前往崔某家中了解房屋受损实情，并在"诉前调解　心安社区"调解室对二人进行面对面调解，向双方阐明了相关法律法规，并从情理角度引导双方换位思考。

承办法官从法理、情理、修复邻居关系的角度出发，给双方当事人细算"经济账"和"感情账"，从普及《民法典》相邻关系法条讲到传统典故"六尺巷"的故事，深入浅出地阐述相邻的法律关系和邻里文化，耐心

＊　邓奎，成都市温江区人民法院民事审判第一庭庭长。

释法明理。经过 2 小时的调解，双方达成共识：崔某对蒋某天花板渗水处进行维修并承诺以后有问题主动沟通，蒋某检验天花板维修合格后不再要求赔偿并撤回了起诉。"感谢法官解决了困扰我多年的漏水问题，了结了我的闹心事，也缓解了我们的邻里关系。"俗话说"远亲不如近邻"，在法官的努力下，这起邻里间的纠纷成功化解在了家门口。

三　案例评析

本案承办法官在接到案件的第一时间便归纳了案件的争议焦点，认识到产生纠纷的核心原因在于邻里矛盾。邻里矛盾往往起源于生活琐事，当事人碍于面子不愿妥协导致矛盾扩大化。考虑到解决邻里矛盾需要当事人参与，承办法官便采用上门调解的方式组织崔某与蒋某在调解室面对面沟通交流，从法理和情理两方面双管齐下，让崔某认识到自身行为的违法性。崔某最终同意对蒋某天花板渗水处进行维修，并承诺以后有问题主动沟通。"邻睦风亦暖，家和人自康。"邻里纠纷妥当化解可以促进邻里和睦，还可以促进基层社会和谐稳定。法院在解决邻里纠纷时需要坚持"司法为民"理念，用心用情办好邻里"小案件"，守护为民"大情怀"。

四　法条链接

《民法典》第 288 条规定："不动产的相邻权利人应当按照有利生产、方便生活、团结互助、公平合理的原则，正确处理相邻关系。"

《民法典》第 296 条规定："不动产权利人因用水、排水、通行、铺设管线等利用相邻不动产的，应当尽量避免对相邻的不动产权利人造成损害。"

招牌脱落致伤　律师协助调解

孙　怡[*]

一　基本案情

2022 年 6 月 28 日 19 时许，黄某某到陈某某、胡某某所经营的服装店选购衣服，走出服装店时，店招突然掉落，将黄某某砸倒在地。黄某某受伤后，陈某某、胡某某拨打 120 将其送往医院救治，出院诊断如下。①多发性胸腰椎骨折（T1-5、T10、L1）；②右足第 3、4 跖骨近端骨折。黄某某出院后因不能翻身和站立只能卧床休息，由其子女轮流护理。2022 年 8 月 10 日，在家人的帮助下，黄某某到成都某司法鉴定中心申请了司法鉴定。2022 年 8 月 17 日，成都某司法鉴定中心出具司法鉴定意见：①黄某某伤残等级鉴定为八级伤残；②黄某某护理期评定为 120 日，营养期评定为 120 日。出院后，黄某某家属多次找陈某某、胡某某协商赔偿事宜均未果。为维护自身的合法权益，黄某某诉至法院，请求判令陈某某、胡某某支付医疗费、住院伙食补助费、护理费、营养费、交通费、残疾赔偿金、鉴定费、残疾辅助器具费、精神损害抚慰金等共计人民币 132926.95 元。

二　调解过程

对于事故责任，被告辩称导致原告受伤的店招系前任承租人留下，被告曾要求重组店招，但相关负责人告知需要报批，所以没能及时重组，因此该店招不属于被告管理，黄某某的受伤属于意外事件，服装店不应当承担赔偿责任。一边是实际受伤的被侵权人，一边是不完全明确的侵权主体，案件审理一时使承办法官犯了难。

---

[*]　孙怡，成都市温江区人民法院天府人民法庭庭长。

为了充分保障被侵权人的合法权益，使黄某某尽快获得赔偿，承办法官坚持法理情结合，多次向被告耐心细致地阐释店招脱落、坠落的法律后果以及所有人、管理人、使用人的法律责任，引导被告积极主动履行赔偿责任。原被告律师从旁协助释明责任归属问题，被告对免责抗辩不再坚持。但被告同时提出，由于店招下方不是通行的道路，原告对自身因不谨慎受伤应承担一定责任，且原告残疾赔偿金应按十级伤残比例计算，其营养费、护理费、精神抚慰金等主张过高。法官又围绕此争议焦点耐心疏导，并结合司法鉴定意见等第三方意见，引导当事人更加理性地看待赔偿问题，并明确了各自应当承担的责任。最终在平等协商的基础上，当事人双方就赔偿金额达成了一致意见，并自愿签署调解协议。

三　案例评析

在调解过程中，法律从业者的参与至关重要，他们通过专业的法律知识和调解技巧，帮助当事人理清思路、平衡心态。在调解过程中，双方律师同样发挥了重要作用。他们协助释明责任归属问题，使被告对免责抗辩不再坚持。同时，双方也围绕争议焦点进行了深入的沟通和协商。在双方达成一致意见的过程中，法官的作用也不可忽视。法官在查明事实、分清是非的基础上，结合法律规定的"安全保障义务"进行了充分的说理。同时，法官还围绕争议焦点耐心疏导，促使双方进行平等协商、互相谅解、消除隔阂。

这种调解方式有助于双方当事人更加理性地看待问题，并明确各自应当承担的责任，不仅有助于解决纠纷，还有助于维护社会的和谐稳定。

四　法条链接

《民法典》第 1253 条规定："建筑物、构筑物或者其他设施及其搁置物、悬挂物发生脱落、坠落造成他人损害，所有人、管理人或者使用人不能证明自己没有过错的，应当承担侵权责任。所有人、管理人或者使用人赔偿后，有其他责任人的，有权向其他责任人追偿。"

《民法典》第 1254 条规定："禁止从建筑物中抛掷物品。从建筑物中抛掷物品或者从建筑物上坠落的物品造成他人损害的，由侵权人依法承担侵权责任；经调查难以确定具体侵权人的，除能够证明自己不是侵权人的外，由可能加害的建筑物使用人给予补偿。可能加害的建筑物使用人补偿后，有权向侵权人追偿。"

《民法典》第 1198 条规定："宾馆、商场、银行、车站、机场、体育场馆、娱乐场所等经营场所、公共场所的经营者、管理者或者群众性活动的组织者，未尽到安全保障义务，造成他人损害的，应当承担侵权责任。"

车辆受损停运　调解划定赔偿

黄　晖[*]

一　案情简介

2023 年 5 月 1 日 17 时许，被告王某某驾驶小型客车行驶至都江堰市成青路"猪圈咖啡"前路段时与原告成都某客运公司员工张某某驾驶的大型普通客车发生碰撞。2023 年 5 月 4 日都江堰市公安局交警大队出具的交通事故责任认定书认定，被告对上述事故承担全部责任，原告无责任。大型普通客车系登记在原告名下的营运车辆，事故发生后，原告该大型普通客车在停车场停放待事故处理以及维修合计花费 13 天，原告 13 天无法正常使用该车辆开展营运业务。现原告的修车费用已经由被告所投保的保险公司报销，但关于停运损失问题，双方一直无法达成一致意见。

二　调解过程

2023 年 11 月 13 日，法官通知成都某客运公司的代理人江某、被告王某某两位当事人来到和盛人民法庭调解。法官通过查看当事人提供的相关材料和交警大队出具的交通事故责任认定书，对事故有了详细的了解。在调解开始前，法官告知双方法律规定的权利和义务，以及调解原则。法官先向双方确认案发经过，见双方对案件的发生经过、责任认定并无争议后，对双方当事人进行了询问，了解双方调解诉求。成都某客运公司的代理人江某要求被告王某某承担停运损失费 20816.9 元。王某某认为赔偿金额过高，自己虽然应负全部责任，但目前资金周转困难，压力很大，希望对方降低赔偿金额。鉴于双方的期望金额差距较大，法官从法律出发，帮助当事人调整期望值。双

---

* 黄晖，成都市温江区人民法院和盛人民法庭员额法官。

方听完法官的法律分析，均表示认可。最终，经过法官耐心细致的调解，双方都愿意各退一步，王某某愿意一次性支付停运损失 9000 余元，成都某客运公司的代理人对此表示同意。

三 案例评析

在调解开始前，法官向双方当事人告知了法律规定的权利义务以及调解原则，有助于双方当事人在明确各自权利和义务的基础上理性地提出诉求。通过仔细审查相关材料和交警大队出具的交通事故责任认定书，法官对事故责任有了清晰的了解，确保了调解的公正性。

面对双方当事人期望金额差距较大的情况，法官从"法"与"理"的角度出发，进行了深入的法律分析，帮助当事人调整期望值。在这一过程中，法官不仅展现了对法律条款的熟练掌握，还体现了高超的调解技巧。通过"法"与"情"的结合，耐心细致的调解工作，法官成功地引导双方当事人达成了调解协议，解决了纠纷。

四 法条链接

《民法典》第 1179 条规定："侵害他人造成人身损害的，应当赔偿医疗费、护理费、交通费、营养费、住院伙食补助费等为治疗和康复支出的合理费用，以及因误工减少的收入。"

《民法典》第 1208 条规定："机动车发生交通事故造成损害的，依照道路交通安全法律和本法的有关规定承担赔偿责任。"

《民法典》第 1213 条规定："机动车发生交通事故造成损害，属于该机动车一方责任的，先由承保机动车强制保险的保险人在强制保险责任限额范围内予以赔偿；不足部分，由承保机动车商业保险的保险人按照保险合同的约定予以赔偿；仍然不足或者没有投保机动车商业保险的，由侵权人赔偿。"

《道路交通安全法》第 22 条规定："机动车驾驶人应当遵守道路交通安全法律、法规的规定，按照操作规范安全驾驶、文明驾驶。饮酒、服用国家管制的精神药品或者麻醉药品，或者患有妨碍安全驾驶机动车的疾病，或者过度疲劳影响安全驾驶的，不得驾驶机动车。"

调价基数引分歧 巧用函数解纠纷

舒 玲*

一 案情简介

原告某混凝土公司与被告某建筑公司签订"预拌（商品）混凝土供应合同"（下称"合同"）。合同约定原告向被告所在的项目地供应预拌（商品）混凝土，相关费用于每月 25 日前结算。合同签订后，原告开始陆续向被告项目地供应混凝土共计 3.4 万余方，被告支付部分货款。后因双方存在争议，无法完成结算，故原告诉至法院，要求被告支付欠付混凝土货款 810 余万元。

二 调解过程

庭前会议，固定焦点。庭前调解失败后，法官立即安排开庭，在庭前会议中，对双方争议的焦点进行固定。通过召开庭前会议，固定出双方无争议的事实为已签订合同和已付货款；归纳出双方的争议点为混凝土供应量和合同单价。

分析案情，找到突破口。根据合同约定，调价方法系通过计算混凝土 C30 同期市场信息价上涨或下跌幅度是否超过 5%，用于确定调价条件是否成立，且含税单价已包含价格浮动风险，只有在市场价格浮动过大时才进行调价。

鉴于双方对于混凝土供应量亦存在争议，故需通过司法鉴定予以确定。经原告某混凝土公司申请，本案启动鉴定程序，结合双方主张的计价方式，共计算出三种价格，以用于裁判参考。

---

* 舒玲，成都市温江区人民法院立案庭副庭长。

　　司法鉴定结论为：根据双方确认的鉴定方式和内容，经计算案涉项目正负零以上图算混凝土总量为 13453.93m³，正负零以下票据混凝土车载量为 20352.5m³（当事人双方达成一致），总量为 33806.43m³。据此，计算出三种单价情况下的总价：①按供货当月信息价计算单价，总价为 19131918 元；②按原告混凝土公司主张的单价计算方式，总价为 18163410 元；③按被告建筑公司主张的单价计算方式，总价为 16898388 元。

　　回归合同目的，引入函数分析。双方之所以在合同单价上存在分歧，主要在于对文字表述的调价方式存在理解差异。在对合同条款的理解出现差异时，如何理解合同争议条款，系本案的症结之所在。

　　《合同法》第 125 条第 1 款规定："当事人对合同条款的理解有争议的，应当按照合同所使用的词句、合同的有关条款、合同的目的、交易习惯以及诚实信用原则，确定该条款的真实意思。"（现已废止）本案中，双方约定当混凝土的市场价格出现较大波动时，合同执行的单价随行就市作出调整，即上涨达到一定幅度时，增加出卖人的收益，下跌达到一定幅度时，降低买受人的成本，从而兼顾合同双方的利益。

　　在认真分析原、被告双方主张的调价方法后，主办法官厘清了双方主张的计价方式（以混凝土 C30 为例）。

　　原告某混凝土公司主张：当同期市场信息价在"信息价×105%"至"信息价×95%"之间时，各标号混凝土单价按照合同第四条约定的含税单价计算；当同期市场信息价超过"信息价×105%"时，按照"505+同期市场信息价−505×105%"计算，其他标号的混凝土以各标号与 C30 在合同第四条约定的含税单价的价差对应计算。注：当同期市场信息价低于"信息价×95%"时，双方主张的上述对应调价部分计算公式为"同期市场信息价−505×95%"。

　　被告某建筑公司主张：当同期市场信息价在"信息价×105%"至"信息价×95%"之间时，各标号混凝土单价按照合同第四条约定的含税单价计算；当同期市场信息价超过"信息价×105%"时，各标号混凝土按照合同"对应标号的含税单价+（同期市场信息价−505×105%）"计算。注：当同期市场信息价低于"信息价×95%"时，双方主张的上述对应调价部分计算公式为"同期市场信息价−505×95%"。

　　以混凝土 C30 为例，设混凝土 C30 的市场价格为 x，调价后的价格为 y，

分别列出如下函数予以计算:

原告某混凝土公司主张:当 $x>530.25$ 时,$y=505+(x-530.25)$;当 $479.75 \leqslant x \leqslant 530.25$ 时,$y=455$;当 $x<479.75$ 时,$y=505+(x-479.75)$。

即,当 $x>530.25$ 时,$y=x-25.25$;

当 $479.75 \leqslant x \leqslant 530.25$ 时,$y=455$;

当 $x<479.75$ 时,$y=x+25.25$。

被告某建筑公司主张:当 $x>530.25$ 时,$y=455+(x-530.25)$;当 $479.75 \leqslant x \leqslant 530.25$ 时,$y=455$;当 $x<479.75$ 时,$y=455+(x-479.75)$。

即,当 $x>530.25$ 时,$y=x-75.25$;

当 $479.75 \leqslant x \leqslant 530.25$ 时,$y=455$;

当 $x<479.75$ 时,$y=x-24.75$。

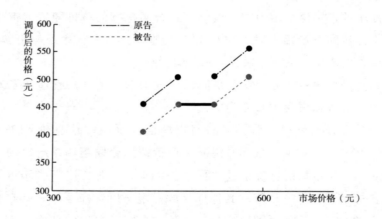

图1　原被告双方主张的调价

如图1所示,按照原告某混凝土公司主张的计算方式,将出现以下调价结果。①以混凝土C30为例,市场价格调价的上限为530.25元,此时其价格为含税单价455元,当市场价格略超过上限530.25元,如市场价格为531元时,经调价得出的价格为505.75元,即当市场价格仅上涨0.75元时,含税单价的上调金额高达50.75元;同样,市场价格调价的下限为479.75元,此时其价格仍为含税单价455元,当市场价格略低于下限479.75元,如市场价格为479元时,经调价得出的价格为504.25元,即当市场价格仅下降 0.75 元时，原含税单价反而上调 49.25 元；经计算，当 C30 市场价格下跌到 429.75 元至 479.75 元区间时，调价后得出的价格均比含税单价（455 元）高。②对比混凝土 C30 的含税单价（455 元），当出现调价情形时，直接在混凝土 C30 在 2018 年 3 月的市场信息价（505 元）上调整，价格会径直上调 50 元，而其他标号再行对应计算，即各标号混凝土含税单价亦全部上调 50 元。以上调价结果显然不符合常理，故原告某混凝土公司主张的计算方式无法达到随行就市调整价格进而平衡双方利益的合同目的。

从各方利益出发，促成调解。除了上述对合同条款的理解分歧以外，法官还发现，原告某混凝土公司在主张价款计算方式的过程中，存在诸多不符常理及无法自圆其说之处。

其一，双方在合同中并未约定除 C30 以外的各标号混凝土需根据各标号与 C30 在合同约定的含税单价的价差对应计算，原告混凝土公司亦没有提交足以证明除 C30 以外的各标号混凝土需根据各标号与 C30 的价差进行计算的交易习惯的证据。

其二，原告混凝土公司认为除 C30 以外的各标号与 C30 价差均是固定的，故其主张在出现调价情形时，应先计算 C30 价格，再根据价差计算其他标号的单价，经比对，双方在合同约定的各标号含税单价的价差与各标号同期市场信息价的价差并非完全一致，存在差异。

其三，结合双方公司提供的各自与案外公司的预拌（商品）混凝土供应合同的约定，当出现调价情形时，均是在原约定的单价基础上作调整，故原告某混凝土公司认为应当在混凝土 C30 在 2018 年 3 月的市场信息价上进行调价的主张，亦缺乏事实依据。

其四，原告某混凝土公司在第一次庭审举证的总结算表及调价明细表上明确载明，在未出现调价情形时，混凝土 C30 单价为 2018 年 3 月市场信息价，即 505 元；而在申请鉴定时，其变更计算方式为，在未出现调价情形时，各标号混凝土单价（包含 C30）为合同第四条约定的含税单价。原告作为买卖合同的收款方，对于应收价款前后主张明显矛盾，违反诚实信用原则。

其五，原告某混凝土公司认为按照某建筑公司主张的单价计算方式，当同期市场信息价上涨或下跌时，出卖人与买受人承担的风险不对等。经比对，双方在合同中约定的含税单价与原告某混凝土公司向被告某建筑公司提供的用于比选的报价完全一致，原告某混凝土公司作为供应商，在应当知晓该报价低于合同签订时同期市场信息价的情况下，仍与被告某建筑公司签订书面合同，说明双方对单价已经达成合意，故在市场信息价出现持续上涨的情形下，原告某混凝土公司无法完全按照市场信息价上涨的幅度取得相应的利益，是其在订立合同时应当预见的市场风险，且只要在合同单价的定价与调整基价不相等的情况下，必然导致调价时出现风险不对等的情况，而结合双方与案外公司签订的合同来看，合同单价与调整基价亦存在不完全一致的情形。因此，原告某混凝土公司主张被告某建筑公司单价计算方式显失公平，亦不能成立。

综合上述情况，法官将上述思路向原告某混凝土公司予以说明，最终原告某混凝土公司接受被告某建筑公司主张的计价方式。由于原、被告之间还存在其他垫资往来，为一并解决双方纠纷，应双方当事人的请求，法官促成双方同时达成诉中的调解协议以及庭外和解协议，圆满化解双方之间的全部经济纠纷，本次调解取得了良好的社会效果。

三　案例评析

本案中，承办法官接到案件指派后，详细分析当事人关注的焦点问题。在意识到原被告双方的分歧主要在于对合同标的调价计算方式的理解不同时，承办法官凭借自身的专业性，将原被告双方主张的调价方法分别转化为函数，绘制图表，使得双方能够通过函数图的变化直观地判断出何方主张的调价方法更合理。经过承办法官的耐心阐释，原告接受了被告主张的调价方法，与被告达成调解协议。司法专业化是保障司法公正的前提，本案的成功办理依托承办法官的专业性，承办法官根据自身长期积累的办案经验，在办案过程中展示出专业的案件事实认知和理解能力，发现并妥善适用和解释法律。调解方式的运用使得本案得以高效便捷解决，本案充分体现了调解在矛盾纠纷根本性化解方面的基础作用。

言讼，一场诉讼，反映的是诉讼参与者的较量：若本案的代理人从诉讼启动的时间、诉讼观点的选择和诉请的主张各个方面充分论证和准备，也不至于陷于被动。

言商，一个英明的公司决策者能给予企业更好的机会和前途，言必信，行必果，诚信者才能赢天下。

　　言案，司法专业化是保障司法公正的前提。调解方式的运用达到案结事了的效果，本案充分体现了调解在矛盾纠纷根本性化解方面的基础作用。

四　法条链接

　　《民法典》第 510 条规定："合同生效后，当事人就质量、价款或者报酬、履行地点等内容没有约定或者约定不明确的，可以协议补充；不能达成补充协议的，按照合同相关条款或者交易习惯确定。"

　　《民法典》第 595 条规定："买卖合同是出卖人转移标的物的所有权于买受人，买受人支付价款的合同。"

　　《民法典》第 626 条规定："买受人应当按照约定的数额和支付方式支付价款。对价款的数额和支付方式没有约定或者约定不明确的，适用本法第五百一十条、第五百一十一条第二项和第五项的规定。"

　　《民法典》第 628 条规定："买受人应当按照约定的时间支付价款。对支付时间没有约定或者约定不明确，依据本法第五百一十条的规定仍不能确定的，买受人应当在收到标的物或者提取标的物单证的同时支付。"

沟通代替催收　老人支付物业费用

马克西[*]

一　案情简介

陈某 90 岁，居住于成都市温江区某小区。该小区的前期物业服务合同为开发商与物业公司签订，且该小区至今尚未组建业主委员会，业主与物业的沟通存在信息偏差。陈某声称小区管理杂乱，拒绝按照物业服务合同支付 2700 余元物业管理费、垃圾清运费，物业催收无果之后，遂向温江法院提起诉讼。

二　调解过程

温江法院纵深完善"诉前调解　心安社区"多元化服务保障，在全市法院首推 18 项"诉讼保障提醒服务"，上线 9 项适老型诉讼服务，建立适老型诉讼指引。承办法官深入了解案情，为业主和物业搭建起沟通桥梁。陈某认为自己本身并未与物业签订物业服务合同，同时未享受到物业公司的服务，没有理由缴纳物业费。而物业公司向承办法官出具前期物业服务合同，并举证自己已经提供服务的照片，表示已经依约履行物业服务合同约定，向业主提供了物业服务。承办法官知悉双方矛盾后，采用"以法理入案，以情理出案"方式，向陈某解释前期物业服务合同为何具有法律效力，不交物业费会产生何种后果，同时督促物业公司调整服务方式。调解结束之后，陈某缴纳了拖欠的物业费，物业服务公司亦优化了自身的服务。

---

　　* 马克西，成都市温江区人民法院三级高级法官。

三　案例评析

2022 年 4 月 9 日，最高人民法院发布《关于为实施积极应对人口老龄化国家战略提供司法服务和保障的意见》，就涉老诉讼案件的起诉、立案、诉讼参与等方面指明了方向。温江法院据此探索建立适老型诉讼服务新机制，对 90 岁高龄的陈某提供全流程优先、优选、优待的适老型诉讼服务。在调解过程中，承办法官采用"以法理入案，以情理出案"方式，加强对老年人释法明理，重点阐释不履行物业合同的违约责任，从程序上充分保障老年人合法权益。此外，调解员还针对案件争议的焦点即物业公司的服务质量问题与陈某对于物业公司的需求，向物业公司提出整改方案。温江法院通过调解方式，消除了陈某与物业公司之间沟通的壁垒，促成了双方的相互理解，以高效方式化解了矛盾。

四　法条链接

《民法典》第 939 条规定："建设单位依法与物业服务人订立的前期物业服务合同，以及业主委员会与业主大会依法选聘的物业服务人订立的物业服务合同，对业主具有法律约束力。"

《民法典》第 944 条规定："业主应当按照约定向物业服务人支付物业费。物业服务人已经按照约定和有关规定提供服务的，业主不得以未接受或者无需接受相关物业服务为由拒绝支付物业费。业主违反约定逾期不支付物业费的，物业服务人可以催告其在合理期限内支付；合理期限届满仍不支付的，物业服务人可以提起诉讼或者申请仲裁。"

《物业管理条例》第 41 条规定："业主应当根据物业服务合同的约定交纳物业服务费用。业主与物业使用人约定由物业使用人交纳物业服务费用的，从其约定，业主负连带交纳责任。"

股东知情权被侵犯　释法明理化争端

舒　玲[*]

一　基本案情

2023 年的一天，李某某在天眼查 App 上翻阅到其担任法定代表人、股东、总经理的四川某生物科技有限公司已涉及多起诉讼，被数名债权人追索债务。李某某自 2021 年 8 月 23 日入股四川某生物科技有限公司后并未参与该公司实际经营与管理，为防止自己的合法权益受到损害，李某某当即向公司申请查阅 2021 年 8 月 23 日起至今的会计账簿（含总账、明细账、日记账、其他辅助性账簿）。李某某与公司最大股东及实际控制人郭某沟通，但郭某拒绝向其披露公司具体经营状况和财产情况，无奈之下，李某某诉至温江法院。

二　调解过程

2023 年 3 月某日，承办法官通知双方当事人来到温江法院进行调解。经询问，李某某表示："我作为公司的股东，已向公司申请查阅 2021 年 8 月 23 日起至今的会计账簿，但公司的大股东郭某却拒绝我查阅，也未告知拒绝查阅的理由，我要求公司立即向我提供会计账簿供我查阅。"郭某表示："李某某虽然是公司的股东，但占股比例仅为 5%，公司成立至今都是我一个人在经营管理，李某某从未参与过公司经营，之前他也从未向我了解过公司经营状况，现在他却突然要求查阅会计账簿。我认为他要求查阅的会计账簿属于公司商业秘密，且公司的会计账簿数量多，需要时间整理归纳，因此不能随意提供给他查阅，况且就算给他查阅，他也看不懂。"承办法官

---

[*]　舒玲，成都市温江区人民法院立案庭副庭长。

在充分了解双方争议焦点后，有针对性地开展调解工作，首先向双方阐明了调解原则、调解纪律和调解程序，并向双方指出："根据《公司法》的相关规定，股东知情权是李某某作为公司股东的合法权益，李某某作为公司股东有权查阅公司会计账簿；至于郭某所称李某某看不懂会计账簿这一问题，法律也规定，为了保障股东实现知情权，在股东在场的情况下，可以由会计师或律师等依法或依据执业规范负有保密义务的中介机构人员辅助查阅。所以，既然李某某向公司提出查阅会计账簿申请，公司有义务配合李某某及其委托的专业机构对公司会计账簿进行查阅，但李某某也应给予公司合理期限做相关准备工作。"经承办法官不懈努力，双方终于意识到各自的认识误区，都不再坚持自己的观点。最终，双方达成调解协议，由审计人员陪同李某某于 2023 年 4 月 23 日前往四川某生物科技有限公司查阅 2021 年 8 月 23 日至 2022 年 8 月 31 日的会计账簿（含总账、明细账、日记账、其他辅助性账簿），四川某生物科技有限公司应当予以配合。经调解，郭某表示："感谢法院的释法明理，让我充分认识到我作为公司的经营者，应当充分尊重和保障公司各股东的知情权，不能仅因李某某是公司小股东而剥夺其了解公司具体经营状况的权利。"李某某表示："感谢法院对我作为公司小股东权利的保障，今后我也会积极与郭某多沟通，及时了解公司经营状况。"承办官说："希望你们双方能够建立投资者和经营者的利益共同体，营造良好的营商环境。"

三　案例评析

承办法官受理案件后，首先仔细研读了案卷材料，并积极主动地向双方当事人深入了解情况，随后制定了具体的案件审理方案。本案法律关系相对简单，双方对身份事实无争议。换言之，本案调解是在双方承认对方的权利及法律地位的前提下进行的，争议焦点在于权利的实现与义务的履行。

考虑到前期掌握的情况特点，承办法官认为解决本案的关键在于解决信息不对称、沟通渠道不畅以及双方情绪控制不当等问题，法律仅提供了解决信息不对称问题的工具，但如何促使李某某股东知情权切实有效实现，还需要回归双方的有效沟通与情绪平抑。基于此，承办法官通过调解平台，为双方当事人创造了一个高效、平等的对话环境，这一平台不仅促进了双方信息的透明共享，还使得当事人能够在第三方的协助下寻求共识、减少误解，从而更有利于分歧的化解。

四　法条链接

《公司法》第 57 条规定："股东有权查阅、复制公司章程、股东名册、股东会会议记录、董事会会议决议、监事会会议决议和财务会计报告。股东可以要求查阅公司会计账簿、会计凭证。股东要求查阅公司会计账簿、会计凭证的，应当向公司提出书面请求，说明目的。公司有合理根据认为股东查阅会计账簿、会计凭证有不正当目的，可能损害公司合法利益的，可以拒绝提供查阅，并应当自股东提出书面请求之日起十五日内书面答复股东并说明理由。公司拒绝提供查阅的，股东可以向人民法院提起诉讼。"

鉴定专家出庭释明评估程序

孙　怡　景　涵[*]

一　基本案情

一场突如其来的事故引发了纠纷。2021 年 5 月，成都某科技有限公司（以下简称"科技公司"）与四川某机电设备安装工程有限公司（以下简称"安装公司"）签订"设备搬迁协议书"，约定由安装公司承运科技公司的各种设备，运输始发地为温江区某工业港，运输目的地为崇州市智能应用产业功能区。双方很快就达成合意签订了合同，合同签订后，安装公司积极履行合同，很快便启运设备。

2021 年 5 月 18 日，安装公司的运输车经过某路口时发生翻车事故，导致两台冲床严重损坏。事故发生后，科技公司多次与安装公司就维修和赔偿受损机器设备一事进行协商沟通，但安装公司均以各种理由推脱拖延，导致科技公司始终无法使用案涉设备开展正常生产经营，科技公司遂诉至成都市温江区人民法院。

二　调解过程

一次次互不妥协的争议导致"战火"的升级。本案中科技公司与安装公司存在的最大争议便是设备是否可以修复以及维修的具体费用，双方协商多次，始终无法达成统一意见。为了解决这一分歧，当前唯一的办法只有聘请第三方鉴定机构进行鉴定。可自从事故发生以来，双方关系已经僵化，就鉴定机构的选择一事仍然互不妥协，无法达成协商意见，最后均向

---

*　孙怡，成都市温江区人民法院天府人民法庭庭长；景涵，成都市温江区人民法庭永宁人民法庭（成都医学城人民法庭）法官助理。

法院提出了鉴定申请。但是因为运输设备不属于常见设备，法院系统中备选鉴定机构无法就设备的可修复性及所需维修费用给出专业意见。为了尽快解决解纷，法院允许由两家公司自行寻找合适的鉴定机构和维修服务商。最终安装公司找到了一家合适的鉴定机构，并向法院提交了相关材料，但是科技公司却对所选机构的资质存在异议，导致双方纠纷一直无法解决。

一场关怀备至的庭审迎来了转机。为了快速化解纠纷，帮助两家公司节约诉讼成本以及尽快投入生产运营之中，法官组织鉴定机构人员出庭，就评估资质、翻译来源、残值金额是否符合评估规程、是否考虑折旧等问题进行回应，充分打消科技公司对该鉴定机构的疑虑，为纠纷的化解打下了坚实的基础。就这样，双方开始专注于问题本身的解决，为纠纷的彻底解决带来了希望。最终承办法官竭力促成双方当事人形成调解方案，既避免了长期诉讼的消耗，也有助于修复双方的商业关系，真正做到了实质性化解矛盾纠纷，实现"案结、事了、人和"。

三　案例评析

本案是成都市温江区人民法院通过一站式多元解纷机制解决运输合同纠纷的典型案例。承办法官在受理案件后，厘清案件的争议焦点在于被损害的设备是否能够维修以及维修费用的具体数额。这需要专业的鉴定机构来确认，但双方当事人对于鉴定机构选择存在争议，承办法官遂通知鉴定机构人员出庭回应双方当事人关心的鉴定事宜，尽可能建立双方对鉴定机构的信任。庭后承办法官又多次与原、被告联系，告知双方的权利义务，强调诚信履约的重要性。

经过承办法官的耐心调解，双方以调解协议结束纠纷。本案的顺利化解体现了法院不断践行新时代"枫桥经验"，发挥诉中调解职能，且以审判作为托底保障，有效化解纠纷，切实提高了人民在司法活动中的获得感与满足感。

四　法条链接

《民法典》第 510 条规定："合同生效后，当事人就质量、价款或者报酬、履行地点等内容没有约定或者约定不明确的，可以协议补充；不能达成补充协议的，按照合同相关条款或者交易习惯确定。"

《民法典》第 832 条规定："承运人对运输过程中货物的毁损、灭失承担赔偿责任。但是，承运人证明货物的毁损、灭失是因不可抗力、货物本身的自然性质或者合理损耗以及托运人、收货人的过错造成的，不承担赔偿责任。"

《民法典》第 833 条规定："货物的毁损、灭失的赔偿额，当事人有约定的，按照其约定；没有约定或者约定不明确，依据本法第五百一十条的规定仍不能确定的，按照交付或者应当交付时货物到达地的市场价格计算。法律、行政法规对赔偿额的计算方法和赔偿限额另有规定的，依照其规定。"

劳务工作受伤致残　调解划分法律责任

薛晓娟*

一　基本案情

2021 年 3 月 13 日，宋某与成都某科技有限公司签订厂房搭建合同，合同约定由宋某搭建成都某科技有限公司的厂房。合同签订后，宋某雇佣人员开始从事搭建工作。2021 年 3 月 20 日，黄某某受宋某雇佣到宋某承包的成都某科技有限公司厂房搭建场地工作，工作时黄某某从搭建台坠下受伤。黄某某住院治疗 15 天，后经司法鉴定为术后九级伤残。黄某某诉至法院，请求宋某赔偿自己各项损失共计 205551 元，并请求判令成都某科技有限公司对宋某的赔偿承担连带责任。

二　调解过程

在本案中，宋某与成都某科技有限公司因厂房搭建合同产生纠纷，涉及黄某某受伤赔偿问题。承办法官在接手案件后，深入了解案情并查阅相关证据材料，厘清劳企双方的核心诉求和争执焦点——赔偿金额。在了解案情的基础上，结合黄某某提交的医疗证明、鉴定报告、工资流水等充分证据，法官进一步对本案法律关系予以明确，后将《民法典》中关于承揽关系和工伤赔偿的相关规定向双方当事人释明。法官指出，根据合同约定和法律规定，宋某作为承揽人应当承担主要赔偿责任，而成都某科技有限公司作为定作人，在选任承揽人和监督管理方面存在一定的过错，也应当承担相应的赔偿责任。法官始终引导双方当事人理性看待争议问题，探讨解决问题的方案。最终，双方当事人达成了调解协议：（1）宋某于 2022 年 7 月 15 日前向黄某某支付赔偿款 64000 元；（2）成都某科技有限公司于

---

*　薛晓娟，成都市温江区人民法院民事审判第二庭庭长。

2022 年 7 月 15 日前向黄某某支付赔偿款 10000 元（不含成都某科技有限公司已支付黄某某的医疗费 48200 元）。

三　案例评析

面对涉及承揽合同、雇佣关系以及工伤赔偿的复杂案件，法官通过深入了解案情、查阅证据材料，明确各方责任，引导双方理性协商，最终促成双方达成调解协议，既维护了法律公正，又有效化解了矛盾。在这个过程中，法官不仅维护了法律的尊严和公正，也充分考虑了当事人的实际情况和利益诉求。通过调解，既避免了诉讼的烦琐和耗时，又有效地化解了纠纷，维护了社会的和谐稳定。

此外，这个案例也提醒我们在签订合同时应当明确约定各方的权利和义务，避免出现纠纷时无法确定责任主体。同时，在雇佣关系中，雇主应当加强对雇员的安全管理和培训，避免发生工伤事故；如发生工伤事故，应当积极按照法律规定进行赔偿和处理，维护劳动者的合法权益。

四　法条链接

《民法典》第 465 条规定："依法成立的合同，受法律保护。依法成立的合同，仅对当事人具有法律约束力，但是法律另有规定的除外。"

《民法典》第 577 条规定："当事人一方不履行合同义务或者履行合同义务不符合约定的，应当承担继续履行、采取补救措施或者赔偿损失等违约责任。"

《民法典》第 1192 条规定："个人之间形成劳务关系，提供劳务一方因劳务造成他人损害的，由接受劳务一方承担侵权责任。接受劳务一方承担侵权责任后，可以向有故意或者重大过失的提供劳务一方追偿。提供劳务一方因劳务受到损害的，根据双方各自的过错承担相应的责任。提供劳务期间，因第三人的行为造成提供劳务一方损害的，提供劳务一方有权请求第三人承担侵权责任，也有权请求接受劳务一方给予补偿。接受劳务一方补偿后，可以向第三人追偿。"

《民法典》第 1179 条规定："侵害他人造成人身损害的，应当赔偿医疗费、护理费、交通费、营养费、住院伙食补助费等为治疗和康复支出的合理费用，以及因误工减少的收入。造成残疾的，还应当赔偿辅助器具费和残疾赔偿金；造成死亡的，还应当赔偿丧葬费和死亡赔偿金。"

上班遭遇交通事故　调解获得工伤赔偿

舒　玲[*]

一　案情介绍

66 岁的何大爷为补贴家用，与成都某物业管理有限公司温江分公司（下称物业公司）于 2023 年 1 月 9 日签订劳务合同。合同约定何大爷从事街道清洁工作，合同期限为 2023 年 1 月 9 日至 2024 年 1 月 9 日。

2023 年 3 月 18 日，何大爷和往常一样开始清扫路面，在横过道路扫地时与小型客车发生碰撞，造成左胫骨平台骨折。后经交警大队出具道路交通事故认定书认定何大爷承担事故全部责任，小型客车驾驶员无责任。经成都市第五人民医院治疗伤情稳定后，何大爷向人力资源和社会保障局申请认定工伤，人力资源和社会保障局于 2023 年 5 月 29 日出具工伤决定书。成都市劳动能力鉴定委员会于 2023 年 9 月 19 日出具鉴定结论书，认定何大爷为九级伤残。

"我是在扫街的时候受的伤，希望公司能帮着解决点。"何大爷找到了物业公司，物业公司的小李告诉何大爷，"我们不是不想管，而是何大爷您已经 66 岁了，过了退休年龄了，我们就不应该进行工伤赔偿了"。无奈之下，何大爷向法院起诉，请求法院判决物业公司支付工伤医疗费、停工留薪期工资、住院期间生活护理费、住院期间伙食补助费、劳动能力鉴定费、意外伤残鉴定费、一次性伤残补助金、一次性工伤医疗补助金、工伤康复期间营养费、辅助器具费、后续医疗费、住院期间及康复期间交通费共计 173436.14 元。

---

　　*　舒玲，成都市温江区人民法院立案庭副庭长。

二　调解过程

在法院受理此案后，调解员认真审核了原告诉讼请求中主张的工伤待遇赔偿标准及相关证据材料。在全面考虑"情、理、法"等各项因素后，调解员认为本案具备调解的可能性。在充分征求了被告的调解意见后，调解员认真梳理了原被告双方的矛盾焦点正在于何某与物业公司法律关系的定性。倘若依据被告主张将二者间的法律关系认定为劳务关系，则劳务关系中，物业公司是否应该承担工伤待遇赔偿尚有争议。为此，调解员综合运用了法条释明、情感沟通等多种方法，促使双方达成调解协议，在恢复法益的同时，提高了纠纷解决效率，高效地维护了社会秩序。

三　案例评析

本案中，调解员的调解体现了明显的阶段性特征。

调解的第一阶段是释明法理，调解员准确核准双方的法律地位与权义结构。依据《最高人民法院关于审理劳动争议案件适用法律问题的解释（一）》与《人力资源和社会保障部关于执行〈工伤保险条例〉若干问题的意见（二）》等规范性文件，本案中双方法律关系确定为劳务关系，而在这一关系下，何某已超过退休年龄且未依法享受城镇职工基本养老保险待遇，物业公司依法应当承担工伤保险责任。这是调解员开展工作、维护双方合法权益的底线与原则。

调解的第二阶段是以情入理。调解员充分认识到原告何某的弱势群体属性，何某已超过退休年龄，文化水平低，更没有任何法律意识。虽然在事故发生过程中交警大队确定何某负全责，但是考虑事故时间和工作场所的特殊性，调解员认为在情理上可以有所通融，况且在法律上仍然符合工伤认定的情形。

调解的第三阶段是维护正义、化解纠纷。在充分解释原告的困难与立场，并对相关法律做出了诠释后，双方已经能够充分卸下心防，敞开心扉，细算核对费用。最终，原告何某同意主动放弃不符合法律规定的诉讼请求，被告物业公司亦同意除法律责任以外，给予财务能力范围内最大的让步。最终双方握手言和，达成调解协议。

四　法条链接

《道路交通安全法》第 76 条规定："机动车发生交通事故造成人身伤亡、财产损失的，由保险公司在机动车第三者责任强制保险责任限额范围内予以赔偿。"

《工伤保险条例》第 14 条规定："职工有下列情形之一的，应当认定为工伤：（一）在工作时间和工作场所内，因工作原因受到事故伤害的；（二）工作时间前后在工作场所内，从事与工作有关的预备性或者收尾性工作受到事故伤害的；（三）在工作时间和工作场所内，因履行工作职责受到暴力等意外伤害的。"

《最高人民法院关于审理劳动争议案件适用法律问题的解释（一）》第 32 条规定："用人单位与其招用的已经依法享受养老保险待遇或者领取退休金的人员发生用工争议而提起诉讼的，人民法院应当按劳务关系处理。"

《人力资源和社会保障部关于执行〈工伤保险条例〉若干问题的意见（二）》第 2 条规定："达到或超过法定退休年龄，但未办理退休手续或者未依法享受城镇职工基本养老保险待遇，继续在原用人单位工作期间受到事故伤害或患职业病的，用人单位依法承担工伤保险责任。"

江某高空抛物案

陈 枫*

一 基本案情

江某租住在成都市温江区某小区四楼，2020年5月18日，因生活琐事与女友发生争吵，一时激愤将一个绿色行李箱（重8.32千克）从客厅窗户扔出，行李箱坠落至楼下街面人行道。附近过往群众见状立即报警。接到报警后，成都市公安局温江区分局民警立即赶往现场，在旅行箱坠落地点设置警戒线进行现场保护，同时部署现场勘验工作人员进行现场勘验检查。通过对嫌疑楼层住户逐一地走访排查，公安机关锁定了高空抛物的犯罪嫌疑人江某，于当晚在其租住的房间内将其抓获。江某到案后，对其为泄私愤而抛掷行李箱的行为供认不讳。由于江某的行为严重威胁过往行人及低层住户的生命财产安全，公安机关于当日以"以危险方法危害公共安全罪"刑事立案并对江某采取刑事强制措施。

2021年3月1日，《刑法修正案（十一）》生效施行。该修正案新增了法定刑相对更轻的高空抛物罪。依照从旧兼从轻的原则，从有利于犯罪嫌疑人的角度出发，公安机关将本案侦查罪名变更为高空抛物罪，并向成都市温江区人民检察院移送审查起诉。3月16日，成都市温江区人民检察院以被告人江某涉嫌犯高空抛物罪向成都市温江区人民法院提起公诉。被告人江某对公诉机关指控的事实、罪名及量刑建议无异议，认罪认罚并签字具结。

---

* 陈枫，原成都市温江区人民法院刑事审判庭庭长。

二 裁判结果

成都市温江区人民法院作出判决〔（2021）川 0115 刑初 69 号〕：被告人江某犯高空抛物罪，判处有期徒刑 6 个月，并处罚金人民币 3000 元。一审宣判后，被告人江某认罪伏法，未提出上诉，该判决已发生法律效力。

三 案例评析

本案作为《刑法修正案（十一）》生效后四川省办理的首例高空抛物入刑案，具有重大的案例评析价值。

一是体现"法不能向不法让步"的入刑价值。《刑法修正案（十一）》施行前，针对高空抛物行为，刑法并没有专门条款对其进行规制。实践证明，单纯依靠民事规制不能有效预防和杜绝高空抛物事件。对于高风险的高空抛物事件，即使没有造成实际损害，法律也要根据不同的法律机制，发挥其规制作用。《刑法修正案（十一）》的新规则将高空抛物单列成罪，并将其编列到刑法分则第六章第一节中，使之与以危险方法危害公共安全罪区分开，避免使以危险方法危害公共安全罪沦为"口袋罪名"，同时也给司法实践提供了更为明确的法律规范，契合罪刑法定的刑法基本原则。本案的成功办理为全省办理高空抛物等类似案件提供了可供参考借鉴的司法实践指引。高空抛物罪是新增罪名，此时在相关案件办理中应当如何收集固定证据、如何准确定罪量刑，在全省乃至全国都缺乏可以参照的先例。成都市温江区政法机关在前无先例的情况下，依法履行职责，积极研究探索，其侦查办理过程及定罪量刑意见无疑都给今后办理此类案件提供了可以参考和借鉴的样本。

二是强化"罪责刑相适应"的法律价值。法律的生命力在于实施，本案的成功办理体现了对法律的精准有效适用，实现了惩处犯罪和保障人权的有机统一。在本案中，虽然江某从四楼抛掷行李箱的行为未造成实际的财产损毁或人身伤害等后果，但是，涉案行李箱重达 8.32 千克，且抛掷时间为工作日下午，坠落地点系人行主干道。江某作为一个成年人，为发泄个人情绪而故意将行李箱从建筑物四楼往人行主干道抛掷，具有导致危害结果发生的高度可能性，已对不特定的公众的人身、财产安全造成了危险，属于情节严重的情形，应当予以刑罚处罚。一方面，高空抛物罪作为专门规制高空抛物行为的新罪名，其在构成要件上相对于以危险方法危害公共安全罪兜底罪名更加符合本案；另一方面，其法定刑为相对更轻的一年以下有期徒刑、拘役或者管制，处罚结果更加有利于被告人，用于评价本案中尚未造成实害结果的高空抛物行为也更加能体现罪责罚相适应。成都市温江区人民法院在办理本案过程中，严格依据法律规定准确适用新罪名，既有效评价并惩处了江某的犯罪行为，又维护了被告人的合法权益，从实质意义上体现了法律的公平正义。

三是打破"出了事才有事，不出事就没事"的观念，有着震慑警示价值。运用好每一个鲜活的案例，"引领法治、促进治理"则是司法办案的更高追求。虽然本案中被告人抛掷重达 8.32 千克行李箱的行为未造成他人的生命财产损失，但是小案最贴民心、最让群众有切肤之痛，案件生动诠释了"小案事不小，小案不小办"的司法为民宗旨。该案的宣判一是有效地向公众宣告了高空抛物行为不仅可能产生民事责任，还可能产生刑事责任，起到震慑预防犯罪的作用；二是警示人民群众高空抛物不再是"出了事才有事，不出事就没事"，从而让更多人产生敬畏，遏制潜在犯罪。成都市温江区人民法院严格依法办案，在审判过程中始终坚持法治原则，依法妥善处理高空抛物案件，体现了刑事司法领域对高空抛物治理的积极回应，对于有效防范、遏制高空抛物行为的发生、引领社会树立正向的社会价值观具有重要作用。判决生效后，成都市温江区人民法院于 2022 年以此案为题材、以未成年人为宣传对象，精心制作了《头顶上的安全》法治宣传片，该片获得全市普法创意短视频一等奖，并被省市法院微信公众号转发。该判决达到了"审理一案、教育一片"的良好效果。

"安全无小事，防范是关键。"高空抛物、坠物行为严重威胁人民群众的人身财产安全。高空抛物入刑为人民群众安居乐业和人民法院司法裁判提供了有力的法律保障，也有效发挥了预防警示和规范作用。同时，社会大众应杜绝高空抛物，共同守护"头顶上的安全"。

（2021）川 0115 刑初 69 号

王某某、明某某集资诈骗案

胡薇薇[*]

一 基本案情

2020 年 7 月，王某某注册成立四川某旅游服务有限公司，安排明某某等人以高额利息回报诱骗 82 名老年人投资。后王某某注册成立四川某旅游服务有限公司成都分公司，以高利息回报诱骗 42 人签订借款合同。通过以上手段，王某某共集资诈骗 389 余万元，明某某参与集资诈骗 129 余万元。

二 裁判结果

成都市温江区人民法院判决：第一，被告人王某某犯集资诈骗罪，判处有期徒刑八年六个月，并处罚金人民币 60 万元；第二，被告人明某某犯集资诈骗罪，判处有期徒刑三年，缓刑四年，并处罚金人民币 10 万元；第三，责令被告人王某某退赔集资诈骗金额人民币 3891890 元，发还给 124 名集资参与人，被告人明某某退缴违法所得人民币 40000 元，用于退赔 82 名集资诈骗被害人。

三 案例评析

本案系典型的集资诈骗。被告人王某某、明某某以非法占有为目的，虚构投资项目，采取散发传单、口口相传等公开宣传方式非法集资，且数额较大，其行为已构成集资诈骗罪，应当依法惩罚。被告人王某某、明某某系共同犯罪，在共同犯罪中被告人王某某起主要作用，是主犯；被告人明某某起次要、辅助作用，是从犯，应对被告人明某某依法减轻处罚。被

---

[*] 胡薇薇，成都市温江区人民法院刑事审判庭副庭长。

告人王某某、明某某共同实施集资诈骗行为给被害人造成了损失，被告人王某某作为主犯应当对所有集资诈骗被害人予以退赔，被告人明某某作为被告人王某某实施集资诈骗犯罪行为的从犯，应退缴违法所得用于退赔集资诈骗被害人。部分不法分子将自己的公司包装成合法机构，以"投资养老项目"等虚假项目为名，并以利息高、期限短为诱饵，吸引老年人等社会公众"投资"。实际上，犯罪分子将吸收资金用于支付利息和个人挥霍。老年人投资理财时，要树立理性投资理念，勿因贪图高利或者小恩小惠而投资于非法金融活动。老年人要注意了解不断迭代变化的新型诈骗手法，增强防范意识，守好自己的"养老钱"。

（2021）川 0115 刑初 331 号

陈某某、肖某、徐某某寻衅滋事案

杨　芳*

一　基本案情

2020 年 8 月 17 日 23 时许，被告人陈某某、肖某、徐某某等人在成都市温江区某 KTV 内喝酒，被告人徐某某醉酒后强行要求在该 KTV 消费的客人李某某到自己包间喝酒，被对方和其老板杨某拒绝后，被告人徐某某与陈某某、肖某对李某某和杨某实施殴打，在李某某的朋友王某等人前来劝架时，又将王某、李某、熊某某三人打伤。经鉴定，李某某、王某、李某、熊某某所受损伤均为轻微伤。2020 年 9 月 1 日 10 时许，被告人陈某某、肖某、徐某某主动到派出所投案，并如实供述了自己的犯罪事实。

庭审另查明：案发后，被告人肖某劝说被告人徐某某、陈某某投案自首，并于 2020 年 8 月下旬的一天与徐某某一起到派出所投案，后因办案民警不在而回家等待。2020 年 8 月 31 日，被告人肖某接到民警电话要求其到派出所投案自首，并让其联系另外两名嫌疑人一起到派出所。2020 年 9 月 1 日 10 时许，被告人肖某与陈某某、徐某某一起到公安机关投案，并如实供述了犯罪事实。

二　裁判结果

法院经审理认为，被告人陈某某、肖某、徐某某醉酒后在公共场所无事生非，随意殴打他人，情节恶劣，其行为已构成寻衅滋事罪，应当依法惩罚。被告人陈某某、肖某、徐某某系共同犯罪且均积极参与，不予区分主从。被告人陈某某、肖某曾因故意犯罪被判处有期徒刑，刑满释放后五

---

* 杨芳，成都市温江区人民法院刑事审判庭书记员。

年内再犯应当判处有期徒刑以上刑罚之罪，是累犯，依法从重处罚。被告人徐某某有故意犯罪前科，酌定从重处罚。被告人陈某某、肖某、徐某某自动投案并如实供述罪行，是自首，且被告人陈某某、徐某某自愿认罪认罚，依法从轻处罚。被告人肖某劝说同案犯投案，并按照民警的安排，通知同案犯投案，是立功，依法从轻处罚。根据本案的犯罪事实、情节，以及对社会的危害程度，依照《刑法》第293条、第25条第1款、第65条第1款、第67条第1款、第68条，《刑事诉讼法》第15条、第201条之规定，判决如下：第一，被告人陈某某犯寻衅滋事罪，判处有期徒刑一年三个月；第二，被告人肖某犯寻衅滋事罪，判处有期徒刑一年二个月；第三，被告人徐某某犯寻衅滋事罪，判处有期徒刑一年一个月。

三　案例评析

1998年《最高人民法院关于处理自首和立功具体应用法律若干问题的解释》（以下简称《解释》）对立功的构成作了具体规定："犯罪分子到案后有检举、揭发他人犯罪行为，包括共同犯罪案件中的犯罪分子揭发同案犯共同犯罪以外的其他犯罪，经查证属实；提供侦破其他案件的重要线索，经查证属实；阻止他人犯罪活动；协助司法机关抓捕其他犯罪嫌疑人（包括同案犯）；具有其他有利于国家和社会的突出表现的，应当认定为有立功表现。"上述五种情形都是对被告人或者犯罪嫌疑人提供侦破案件线索等有利于司法机关工作的情形予以积极的司法评价。

实践中，立功情形不仅仅包括揭发和提供重要线索，也包括其他有利于国家和社会并有突出表现的行为。公诉机关以行为人协助司法机关抓捕其他犯罪嫌疑人（包括同案犯）有立功表现的时间节点限于犯罪分子到案后，肖某在到案前劝说同案犯投案不符合立功时间条件为由对本案一审予以抗诉，属于对立功认定的狭隘理解。首先，本案中，被告人肖某的规劝行为不宜认定为"协助抓捕同案犯"，刑法中的"抓捕"是指侦查人员、被害人或者其他公民采用强制的方法依法抓获、捕捉犯罪分子的行为，司法机关及相关人员并没有对被劝说人徐某某、陈某某采取任何强制措施去抓获、捕捉，因此不存在被劝说人被"抓捕"的行为。规劝同案犯投案行为的价值一是节约了司法资源，二是给被劝说人创造了改过自新、减轻、从轻处罚的有利条件，应当属于《解释》第五条中"具有其他有利于国家和社会的突出表现的"情形。其次，立功的时间节点不能简单以犯罪分子是否到案作为限制。本案中，2020 年 8 月 17 日被害人已到公安机关报案，被告人肖某的劝说使两名本不愿意投案的同案犯产生了投案的想法，后肖某与同案犯徐某某在 8 月下旬共同前往公安机关投案，因非本人原因未归案。9 月 1 日被告人肖某接到公安机关电话后，再次联系两名同案犯并一同投案，说明被告人肖某在案发后未逃避自己的刑责，其劝说同案犯投案是为了主动接受处罚同时为自己减轻处罚，其行为节约了司法资源，促使同案犯及时认罪服法，符合立功的立法本意，应当予以肯定和鼓励，认定为有立功表现。

犯罪分子在到案前规劝同案犯投案，后又与同案犯一同投案的，此行为虽未在《最高人民法院关于处理自首和立功具体应用法律若干问题的解释》关于立功情形中列出，但符合刑法立功制度所体现的有益性本质属性，应认定为"其他有利于国家和社会的突出表现"，属于立功。

（2021）川 0115 刑初字 240 号

周某某重大安全责任事故案

徐榕梅[*]

一 基本案情

周某某在成都市温江区某建材厂担任装载机的驾驶员。2019 年 3 月起，某建材厂与成都某混凝土公司签订装载机租赁协议、安全管理协议书，某混凝土公司租赁某建材厂的两台装载机用于为砂石料仓上料，周某某等驾驶员具体进行装载机上料作业。2021 年 6 月 3 日 8 时 20 分左右，周某某明知某混凝土公司的普工田某某要进入料仓实施清理较大石块作业，因未掌握本职工作所需的安全生产知识，而在未确认田某某是否在料仓内的情况下冒险操作挖掘机实施上料作业，导致田某某被掩埋而受到挤压。这期间，某混凝土公司安全员发现料仓上有爬梯但未见普工，经确认于当日 8 时 50 分左右发现田某某，随即将田某某送医抢救，田某某因抢救无效于当日死亡。经鉴定，田某某死亡原因为挤压伤导致休克死亡。

二 裁判结果

成都市温江区人民法院经审理认为，周某某在生产、作业中违反有关安全管理的规定，因而发生致一人死亡的事故，其行为已构成重大责任事故罪，应当依法惩罚。周某某自动投案，并如实供述罪行，系自首，依法从轻处罚；自愿认罪认罚，依法从宽处罚。成都市温江区人民检察院指控周某某犯重大责任事故罪的事实清楚，证据经庭审质证确实、充分，罪名成立，法院予以支持。鉴于周某某已赔偿被害人家属，并取得谅解，酌情从轻处罚。公诉机关的量刑建议适当，法院予以采纳。根据本案的犯罪事

---

* 徐榕梅，成都市温江区人民法院审管办（研究室）法官助理。

实、情节以及对社会的危害程度，判决周某某犯重大责任事故罪，判处有期徒刑一年，缓刑一年。判决已发生法律效力。

三　案例评析

本案中，周某某因未掌握本职工作所需的安全生产知识，在未确认工友是否在料仓内的情况下冒险操作挖掘机实施上料作业，导致工友死亡。本次事故的发生是由于缺乏安全生产知识，未严格遵守安全操作规程。为了避免此类事件的发生，可以采取以下措施。一是加强培训。工程施工前，施工单位对参与本工程的全体职工进行安全生产培训，组织职工学习关于生产的法律法规，如《安全生产法》、《建设工程安全生产管理条例》或单位内部安全规定，并进行考核，尤其是对拖拉机、塔吊等特种作业人员，应着重培训与考核。二是严格落实安全生产责任制。在培训完后，各小组明确责任人，责任人把好安全生产关，上班前、工作时、下班后提醒、监督安全生产。三是常态教育，定期检查。认真做好安全生产教育，通过定期检查、随机抽查等方式对安全生产进行检查，排查问题、立即整改，不能整改的暂停生产，压实安全生产责任。四是加大宣传力度，提高安全生产意识。工地可以通过制作警示标语、摆放展板、张贴宣传挂图、现场讲解等多种方式向职工宣传安全生产常识。

（2023）川 0115 刑初 71 号

成都某老年病医院与韩某医疗损害责任纠纷案

赵　萍[*]

一　基本案情

　　韩某明系原告郑某某的丈夫、原告韩某的父亲。2020 年 6 月 28 日，韩某明因"二型糖尿病、原发性高血压病"入院，同日，某老年病医院与韩某签署医患沟通书，并与原告韩某进行了沟通，韩某表示"了解病情"。2020 年 7 月 6 日，被告电话建议原告自备人血白蛋白以治疗韩某明白蛋白低下等症状，被告于 2020 年 7 月 8 日将原告购买的人血白蛋白用于韩某明，当日韩某明出现血糖高的情形。2020 年 7 月 9 日 4 时 58 分，韩某明被发现情况危急，经抢救无效后于当日 5 时 38 分去世。2020 年 7 月 9 日，韩某明继孙女干某在尸体解剖同意书上签署"不同意尸检"。2020 年 9 月 14 日，原告以医疗损害责任纠纷诉至法院。审理中，原告向法院提交了医疗过错鉴定申请，法院委托成都联合司法鉴定中心进行鉴定，在鉴定过程中，原告对病历资料的真实性不予认可，鉴定终止。原告遂申请对病历资料的真实性进行鉴定，后因病历资料中多为电子病历，原告申请对电子病历的真实性进行鉴定。2021 年 8 月 23 日，四川中典司法鉴定所出具了司法鉴定意见。①韩某明电子病历中的病程记录存在多处数据形成日期（DXCRQ）、数据修改日期（DXGRQ）与病程记录显示的记录日期不相符的情况。②韩某明电子病历中的护理记录数据形成时间（DSJ），此数据库表中未发现存在记录修改时间的相关字段。③韩某明电子病历中的死亡记录中的数据记录日期（DJLRQ）为"2020-07-12 11：13"，此数据库表中未发现有记录修改时间的相关字段。本次鉴定产生鉴定费用 80000 元，由原告向鉴定人预

---

　　*　赵萍，成都市温江区人民法院刑事审判庭庭长。

交。双方申请鉴定人出庭，原告已向鉴定机构预交鉴定人出庭费用 1000 元。

二　裁判结果

成都市温江区人民法院判决：成都某老年病医院于本判决生效之日起 30 日内向韩某、郑某某支付赔偿款 261909.13 元。宣判后，双方均未上诉，该判决已生效。

三　案例评析

我国并未强制性规定医院是否采用电子病历系统，但电子病历系统的使用是医院等级评定的重要内容之一（如三级医院需实现电子病历信息化诊疗服务环节全覆盖）。由于电子病历系统自身的便捷性，使用电子病历系统的医院越来越多。而目前各医院的电子病历系统均是自行采购，系统不统一、信息技术标准不一致，部分医疗机构使用的系统实际不符合《电子病历应用管理规范（试行）》的标准和要求。

对电子病历的鉴定启动，我国目前持审慎的态度[①]，但对有充分证据证实医方有后台修改记录情形的认定，目前没有统一指导意见。

修改电子病历的行为是否认定为"伪造、篡改或者销毁病历资料"，目前没有达成共识。基于电子病历系统的市场化特征，本案裁判明确了医方对修改电子病历行为的合理性的举证责任和说明义务，以强化电子病历系统操作信息的可查询、可追溯的基本技术要求，促进医方对电子病历系统操作的规范管理。

（2020）川 0115 民初 4161 号

[①]　2019 年成都市法院民商事审判工作会会议纪要：鉴于目前成都市医疗机构尚未统一建立符合法律法规规定的规范性电子病历系统，故根据《病历书写基本规范》的要求，电脑记载的病历在打印后不能修改，故对此类案件应慎重对待。患者一方要求调取医院电脑病历后台记录的，如无充分的证据证实医方有篡改病历的情形，不轻易启动程序调取电脑病历的后台记录，亦不轻易以电脑病历后台修改记录否定打印病历的真实性。

刘某岭诉刘某明抚养费纠纷案

杜　琳[*]

一　基本案情

原告刘某岭系郑某某和被告刘某明的婚生子女。2016 年 5 月 3 日，郑某某、刘某明在成都市温江区民政局离婚，离婚协议写明，刘某岭的抚养权归女方，其随女方生活，一切费用由女方承担等。原告母亲郑某某于 2017 年 10 月 18 日再婚并生有一子，另外，郑某某的父亲患有脑梗瘫痪在床，每月医疗费用开销较大。鉴于此，郑某某提出其抚养刘某岭存在困难，要求被告承担抚养费用。经与被告商议无果，原告诉至法院，原告的法定代理人还提交了成都市温江区某镇某村村民委员会出具的家庭贫困证明。

二　裁判结果

成都市温江区人民法院依照《民法典》第 1085 条，《民事诉讼法》第 67 条、第 145 条、第 147 条之规定，判决如下：①被告刘某明从 2022 年 12 月 1 日起每月给付原告刘某岭生活费 500 元，直至原告刘某岭独立生活时止；②原告刘某岭从 2022 年 12 月 1 日起至其独立生活时止的普通教育费（凭票据）、医疗费（凭票据）由被告刘某明、原告刘某岭的法定代理人郑某某各承担 50%；③驳回原告刘某岭的其他诉讼请求。判决已生效。

三　案例评析

随着离婚率的增高，单亲家庭的孩子越来越多。相较于完整家庭，单亲家庭在经济上更容易陷入贫困，这使得生长在其中的未成年子女更容易

---

* 杜琳，成都市温江区人民法院行政审判庭员额法官。

受到经济因素的冲击与困扰。根据《民法典》及相关司法解释的相关规定，父母对子女有抚养教育的义务，父母不履行抚养义务时，未成年子女或不能独立生活的成年子女，有权要求父母给付抚养费。抚养费可根据子女的实际需要、父母双方负担能力和当地的实际生活水平确定。子女在如下情形可以提出增加抚养费："（一）原定抚养费数额不足以维持当地实际生活水平；（二）因子女患病、上学，实际需要已超过原定数额；（三）有其他正当理由应当增加。"

　　变更抚养费是基于实事求是原则，为了确保未成年子女能够健康茁壮成长，保证他们应该享受到的权益和权利不受侵犯而提出的诉讼请求，也只有这样才能够最大限度保证父母离婚后的子女在心理方面能够得到好的引导，进一步增强社会的安定性。本案从未成年人生活学习实际情况出发，结合直接抚养未成年人一方的实际生活条件的改变，及时作出判决，有力保障未成年人的合法权益，有较好的社会效果和法律效果。

（2022）川 0115 民初 7611 号

杨某等诉王某、周某妨碍老旧小区加装电梯案

孙　怡[*]

一　基本案情

成都市温江区的某小区建于 2004 年前后，仅有两栋居民楼（高 6 层），居民楼中无电梯。楼栋某单元内住户基于国家出台的老旧小区加装电梯的政策，决定协商加装电梯。经过投票表决，居民楼内全体 12 户业主均签字同意加装电梯。随后，小区对成都市既有住宅自主增设电梯项目相关业主协议书和电梯增设方案图等资料进行公示，在图纸设计、审查、单元主体结构安全性鉴定等系列程序后，属地住建机构正式出具既有住宅自主增设电梯告知书。后在某电梯公司施工过程中，1 楼住户王某、周某以电梯加装影响采光和房屋价值等为由反悔并阻碍施工。住户杨某等 4 人与王某、周某沟通无果，遂向法院起诉，请求王某、周某停止阻碍电梯安装施工行为，配合加装电梯合同的继续履行。

二　裁判结果

成都市温江区人民法院经审理认为，各方作为邻里，应当互让互谅、公平合理对待增设电梯事宜。加装电梯已经获得全体业主同意并经公示，其程序合法有效，王某、周某应予配合。遂判决王某、周某停止对电梯安装施工的阻挠和妨碍。

一审宣判后，二被告不服，提起上诉。成都市中级人民法院经审理认为，王某、周某已在相关手续中亲笔或通过授权签字，应视为其认可增设电梯事宜；二人阻挠安装施工，有违民事活动应当遵循的诚实信用原则，

---

*　孙怡，成都市温江区人民法院天府人民法庭庭长。

不具有正当性；杨某等人要求王某、周某停止阻挠电梯安装施工的理由正当，亦符合法律规定和政府关于既有住宅增设电梯的相关精神。于是，成都市中级人民法院判决驳回上诉，维持原判。该判决已发生法律效力。

三　案例评析

幸福生活需要良好的秩序，也需要良好的风尚。随着我国人口老龄化加剧，老旧小区老年居民的出行、居住不便等问题日益凸显，在老旧小区加装电梯成为适老化改造和无障碍环境建设的"刚需"。加快推进老旧小区改造，改善老旧小区居住条件，是提升老年居民居住和出行便利度、切实增进民生福祉、提高人民生活品质的重要举措。倡导既有住宅自主增设电梯，实施老旧小区加装电梯的暖心民生工程，已被多次写进政府工作报告，这也成为提高城市发展宜居水平的重要措施。

法律设置不动产相邻权，其目的是解决相邻各方因行使权利而发生的冲突，以使权利行使秩序不被破坏。《民法典》第7条、第278条分别就诚实守信和业主共同决定事项作出明确界定。本案中，老旧小区加装电梯事宜已获全体业主同意且经公示，王某、周某却在电梯安装施工期间无故反悔并阻挠施工，其行为不具有正当性，亦有违诚信原则。加装电梯对低层住户可能产生的通风、采光等利益影响也不容忽视，相邻各方应当友睦邻里、互让互谅，通过友好沟通和诚信行为消除对抗，但经过全体业主同意并公示的事宜也不得无故反悔。该案一审、二审法院在审理中坚持法理情的统一，依法支持加装电梯诉求，有利于提升老年居民"家门口"的幸福感，以"小案例"助力了老旧小区适老化改造"大工程"。该案的判决彰显了司法为民的价值理念，维护了社会公平正义，弘扬了和谐、诚信等社会主义核心价值观。

（2020）川 0115 民初 2985 号

某医药集团公司诉张某劳动争议纠纷案

徐榕梅[*]

一 基本案情

原告医药集团股份有限公司（下称某公司）诉称：被告于 2016 年 1 月 12 日入职原告处工作，任市场部商务总监。2017 年 7 月 5 日被告因涉嫌职务侵占罪被山南市公安局立案侦查。2017 年 9 月 22 日原告与被告解除劳动关系。在职期间，被告向原告申请借支款共计 1857635 元，截至起诉之日，尚有 988753 元未归还，经原告多次催告，被告至今未归还。被告在职期间，原告为其租赁房屋，因被告损坏房屋室内物品，导致原告损失押金 2500 元。原告请求判令被告归还借支款 988753 元及资金占用利息，赔偿押金损失 2500 元。

被告张某辩称：被告因涉嫌职务侵占，2017 年 7 月 5 日被立案侦查，此时原告就应知道双方存在劳动争议。2017 年 9 月，原告与被告解除了劳动合同，原告提出仲裁的最晚期限为 2018 年 9 月。成都市温江区劳动人事争议仲裁委员会发出的不予受理通知书证明了本案已经超过仲裁申请期限，且本案在西藏自治区山南市乃东区人民法院已经处理过，原告对一审判决未提出上诉。故本案已经超过仲裁申请期限，并且本案的诉请不属于劳动争议的范畴，其相关的纠纷已经处理过。

法院经审理查明：2016 年 1 月 12 日张某与某公司签订劳动合同，劳动合同期限为 2016 年 1 月 12 日至 2021 年 1 月 11 日，劳动合同约定张某担任业务类岗位。2017 年 9 月 22 日，某公司与张某解除劳动合同。某公司与张某解除劳动关系前后，多次向张某催收在职期间申请的借支款，2017 年以

---

[*] 徐榕梅，成都市温江区人民法院审管办（研究室）法官助理。

张某涉嫌职务侵占罪向公安机关提出控告（双方未提交证据证明此次控告是否完全包含案涉款项）；2018 年以民间借贷纠纷为由向法院提起诉讼（此次诉讼之款项与案涉款项一致），因法律关系错误被法院驳回诉讼请求；2020 年 1 月 19 日，以劳动争议为由就与 2018 年诉讼相同的法律事实向成都市温江区劳动人事争议仲裁委员会申请仲裁，同日，温江区劳动人事争议仲裁委员会发出不予受理通知书；2020 年 1 月 19 日，某公司就同一法律事实向温江区人民法院提起诉讼。

二　裁判结果

成都市温江区人民法院于 2020 年 8 月 14 日作出（2020）川 0115 民初 776 号民事判决书，判决如下：①张某于本判决生效之日起十日内返还某医药集团股份有限公司借支款 988254 元并支付资金占用利息；②驳回某医药集团股份有限公司其他诉讼请求。宣判后，张某提出上诉，成都市中级人民法院于 2020 年 11 月 24 日作出（2020）川 01 民终 15858 号判决：驳回上诉，维持原判。

三　案例评析

张某在某公司担任市场部商务总监期间向公司的挂账借款系直接用于公司业务，从属于劳动关系，但在双方劳动关系解除后，双方纠纷已无由公司内部财经制度解决的基础，属于劳动争议纠纷范畴，应受仲裁时效限制。2017 年 9 月 22 日某公司与张某解除劳动关系，2018 年某公司以民间借贷提起诉讼，虽对双方诉争之法律关系认识错误，但其诉争之法律事实与本案相同，故该起诉应具有仲裁时效中断的效力。

劳动争议的仲裁时效因当事人主张权利而中断，对于多次起诉是否可成为导致仲裁时效中断的事由，一般认为多次起诉可视为权利人及时有效地行使权利，因法律关系认识错误被驳回诉讼请求后，基于同一法律事实另行起诉的，前一次起诉具有仲裁时效中断的法律效力。

（2020）川 0115 民初 776 号

（2020）川 01 民终 15858 号

119 户购房者诉四川某置业公司房屋买卖合同纠纷案

徐榕梅　景　涵[*]

一　基本案情

2017 年以来，四川某置业公司作为出卖人陆续与 119 户买受人签订了四川省商品房买卖合同（预售），合同约定出卖人于 2019 年交付位于成都市温江区某街某社区的房屋，若出卖人未按照合同约定的时间向买受人交付商品房，需在商品房实际交付之日起三十日内向买受人支付违约金，合同继续履行。119 户购房者支付了案涉房屋全价，但至起诉之日该公司仍未按约交房，119 户买受人遂起诉至成都市温江区人民法院，要求该公司支付逾期交房违约金。

二　裁判结果

成都市温江区人民法院判决：四川某置业公司于本判决生效之日起十日内向贺某某等支付截至起诉之日的逾期交房违约金。判决已生效。

三　案例评析

在本次房屋买卖合同纠纷案处理中，温江法院用时仅 17 天，以明确"按日计付的逾期交房违约金买受人可以在房屋交付前主张"的司法观点，及时维护了商品房领域购房消费者的合法权益，助力营造公平有序的法治化市场环境。一是为商品房消费者维权和纠纷处理提供了借鉴。实践中关于"按日计付的逾期交房违约金买受人是否可以在房屋交付前主张"，存在

---

* 徐榕梅，成都市温江区人民法院审管办（研究室）法官助理；景涵，成都市温江区人民法院永宁人民法庭（成都医学城人民法庭）法官助理。

截然相反的观点。该案处理中，裁判者认为，案涉合同约定逾期交房违约金于房屋交付之日起三十日内才支付，但逾期交房违约金每天都是一个独立债权，可分段主张，交付房屋并不是购房者主张逾期交房违约金的先决条件，且目前交房时间无法确定，支持购房者诉请，能最大限度维护消费者的合法权益。该案裁判观点，即"若商品房买卖双方签订的合同合法有效，房地产公司未能在合同约定的期限内交付房屋，应承担违约责任，向买受人支付违约金。而合同中'商品房实际交付之日起三十日内向买受人支付违约金'的约定并非对违约金支付条件的约定，而是对违约金计算方法和支付时间的约定，加之违约金在性质上属于继续性债权，'违约金总额'与'个别数额'相对独立，故买受人有权在房屋交付前先行主张权利"，这为众多因开发商无法按期交房导致权益受损的消费者提供了要求开发商分段支付违约金的维权借鉴。二是适用小额诉讼程序实现消费者便捷高效维权。房地产停工项目导致的迟延交房，涉及"住有所居"的民生问题。因该案件事实清晰、证据充足、标的额小，温江法院适用小额诉讼程序快审快结，实现纠纷快速化解，大幅节约了当事人诉讼成本。三是及时妥善化解了辖区稳定风险。该案涉及居住问题，办案团队逐一梳理出每户房屋具体逾期天数、计算违约金数额并列明清单，积极与当事人沟通，有效化解了案涉楼盘涉及的信访、涉诉、维稳等社会风险，实现了办案政治效果、社会效果和法律效果的有机统一。

（2023）川 0115 民初 2335 号

成都某科技园公司与谭某某等纠纷系列诉讼案

汪　池[*]

一　基本案情

2013 年 4 月 11 日，成都某科技园投资有限公司（下称"某科技园公司"）将其开发的位于成都市温江区某路商品房登记备案到谭某某名下。2013 年 4 月 15 日，谭某某向成都某科技园商务有限公司（系某科技园公司的子公司，下称"某科技园商务公司"）转款 6500000 元，并备注该款项为借款。2018 年 4 月 23 日，温江法院裁定受理对某科技园公司破产清算，6 月 11 日，指定四川某律师事务所为某科技园公司管理人。

另查明，在温江区人民法院于 2019 年 5 月 7 日受理的某科技园公司诉谭某某对外追收债权纠纷一案中，温江区人民法院已作出（2019）川 0115 民初 2405 号民事判决书，认定谭某某与某科技园公司签订商品房买卖合同、交房协议、关于商品房买卖事宜的补充及担保协议，以及谭某某与某科技园商务公司签订物业授权经营管理协议的真实目的并不是获得案涉房屋，而是为 6500000 元借款进行担保。2019 年 7 月 1 日，某会计师事务所（特殊普通合伙）四川分所向某科技园公司管理人发出《关于成都某科技园商务有限公司与谭某某财务往来的情况说明》，该说明载明：2013 年 4 月 15 日，某科技园商务公司收到谭某某转款 6500000 元，某科技园商务公司记账凭证摘要为"代四川某置业有限责任公司收到谭某某借款"；2013 年 4 月 16 日，某科技园商务公司向四川某置业有限责任公司转款 27030000 元，某科技园商务公司记账凭证摘要为"代曹某某、李某某、黄某某、谭某某、李某国支付某置业借款"。谭某某不服该一审判决，提起上诉。成都市中级

---

* 汪池，成都市温江区人民法院审管办（研究室）法官助理。

313

人民法院审理后，于 2021 年 6 月 3 日作出（2021）川 01 民终 4603 号民事判决书，判决驳回上诉，维持原判。某科技园公司提出诉讼请求：①判令被告于判决生效后立即协助原告办理商品房买卖合同登记备案注销手续；②判令被告承担本案全部诉讼费用。

二　裁判结果

成都市温江区人民法院生效裁判认为，法律关系的性质应根据当事人的真实意思表示和合同的实质内容来认定。谭某某与某科技园公司签订商品房买卖合同、交房协议、关于商品房买卖事宜的补充及担保协议，与某科技园商务公司签订物业授权经营管理协议的真实目的并不是获得案涉房屋，而是为 6500000 元借款进行担保。谭某某与某科技园公司之间虽然有房屋买卖合同，但双方均未提供充分有效证据证明双方有缔结房屋买卖合同的真实合意，故温江区人民法院认为谭某某与某科技园公司并未形成真实的商品房买卖合同关系，某科技园公司有权要求注销案涉房屋备案登记。本案中，被告亦未提供向原告购买案涉房屋并支付购房款的相关证据，不能证明双方之间真实存在房屋买卖合同关系，结合前述已生效的民事判决书认定的事实，某科技园公司有权要求谭某某协助办理案涉房屋的登记备案注销手续。另外，法律对借款担保行为并未禁止，谭某某基于借款担保享有的权利可视具体情况另行主张。成都市温江区人民法院判决如下：谭某某于本判决生效之日起十日内协助成都某科技园投资有限公司办理备案号为×××的商品房买卖合同登记备案注销手续。判决已生效。

三　案例评析

温江区人民法院受理某科技园公司破产清算案后，指定四川某律师事务所为某科技园公司管理人，加强与管理人联动，指导管理人通过代表破产企业提起谭某某、曹某某等房屋买卖合同纠纷、对外追收债权纠纷系列诉讼，快速化解纠纷，释放某科技园公司 180 套房产，维护了破产企业财产价值，维护了债权人权益。

在审理系列纠纷案件中，温江区人民法院不只根据当事人自认或订立合同的名称认定案件的法律关系，还结合合同约定的具体内容、建立该法律关系前后所实施的具体民事法律行为、双方对合同的履行等情况综合判断双方的真实合同目的，认定谭某某签订商品房买卖合同的目的是为某科技园商务公司的借款进行担保。系列案件判决解除了登记在某科技园公司名下共计 180 套房屋的买卖合同备案，为相关房屋的处置、变价扫清了道路。

（2021）川 0115 民初 6077 号

白某诉某综合行政执法局撤销行政决定案

周冰洁[*]

一 基本案情

白某与钟某某签订出租协议，协议约定钟某某将其占地 1.5 余亩场所和土地出租给白某，出租期限为 15 年。后白某在案涉土地修建砖木结构房屋（约 300m²）并对相应地面进行硬化。经测绘，白某违法占地面积为 1.41 亩。某综合行政执法局于 2019 年 7 月对白某作出责令限期整改通知书并要求其整改，10 月对白某涉嫌破坏基本农田案予以立案。后某综合行政执法局经组织听证，认为白某不能提供土地变更材料并对违法事实予以认可，遂于 2021 年 10 月作出行政处罚决定书，责令白某限期拆除案涉土地上建筑物、恢复种植条件并处罚款 5 万余元。

二 裁判结果

成都市温江区人民法院经审理认为，某综合行政执法局具有作出行政处罚决定书的法定职权，其在听证结束后未经集体讨论、法制审核且超出法定期限作出行政处罚决定，程序违法。温江区人民法院判决撤销某综合行政执法局作出的行政处罚决定书并责令其重新作出。一审宣判后，双方当事人均未上诉，该判决现已发生法律效力。

三 案例评析

未经批准占用基本农田用于他途和毁坏耕地种植条件的行为应当依法受到处罚，但该处罚行为必须遵循法定程序。本案涉及重大社会公共利益

＊ 周冰洁，成都市温江区人民法院审管办（研究室）一级科员。

且情节复杂，某综合行政执法局作出行政处罚决定未经法制审核、负责人集体讨论决定等法定程序，客观上损害了白某的合法权益。温江区人民法院判决撤销行政处罚决定书并责令重新作出，既是人民法院坚持行政行为合法性审查的重要体现，也是督促行政执法部门规范执法的重要途径，对依法规范遏制占用耕地行为具有积极意义。

（2022）川 0115 行初 12 号

某咨询公司与李某劳动争议案

汪 池[*]

一 基本案情

李某于 2020 年 3 月 22 日进入某咨询公司工作，其工作岗位为市场经理，月工资标准为 2794 元。某咨询公司未为李某缴纳社会保险。2020 年 4 月 23 日 18 时 35 分许，案外人吴某驾驶重型自卸货车（空载）行驶至某路口与李某驾驶的共享电动车相撞并且发生碾压，造成车辆受损、李某受伤的道路交通事故。成都市某交通警察大队作出的道路交通事故认定书认定，李某承担本次事故的次要责任。李某受伤当日被送往成都某医院住院治疗，于 2020 年 6 月 25 日出院，住院 63 天，其出院诊断为骨盆开放性骨折、失血性休克等，出院医嘱要求休养 6 个月、继续康复理疗、院外需护理人员护理 6 个月、加强营养等。2020 年 6 月 25 日，李某到宜宾市某医院住院治疗，于 2020 年 6 月 29 日出院。

2022 年 2 月 8 日，成都市人力资源和社会保障局作出（2022）川 01-06 工认 043 号认定工伤决定书，认定李某受到的事故伤害为工伤。2022 年 3 月 22 日，成都市劳动能力鉴定委员会作出成劳鉴字〔2022〕04164 号初次（复查）鉴定结论书，鉴定结论为伤残八级。李某劳动能力鉴定及检查费 1500 元。

成都市温江区劳动人事争议仲裁委员会作出成温劳人仲委案〔2022〕864 号仲裁裁决书，裁决：①双方当事人的劳动关系自 2022 年 5 月 31 日起解除；②某咨询公司支付李某一次性伤残补助金、一次性工伤医疗补助金、一次性伤残就业补助金、住院护理费、住院伙食补助金、停工留薪期待遇、

---

[*] 汪池，成都市温江区人民法院审管办（研究室）法官助理。

劳动能力鉴定费七项合计 255502 元；③对李某的其他请求事项不予支持。

李某向法院起诉，要求：①某咨询公司和李某的劳动关系于 2022 年 5 月 31 日解除；②某咨询公司支付李某解除（终止）劳动合同的经济补偿金 8658 元；③某咨询公司支付李某工伤八级的护理费 37050 元、劳动能力鉴定和检查费 1500 元、停工留薪期工资 41556 元、一次性工伤医疗补助金 54280 元、一次性伤残补助金 38093 元、一次性伤残就业补助金 122130 元、医疗费 40000 元、住院伙食补助费 4020 元、交通费 2000 元。

二 裁判结果

李某本次交通事故系工伤，用人单位因未为李某缴纳工伤保险，不仅应当支付李某的住院伙食补助费和护理费，还要支付一次性伤残补助金、一次性工伤医疗补助金、一次性伤残就业补助金、停工留薪待遇、劳动能力鉴定费等费用。李某受伤部位被鉴定为八级伤残，按《工伤保险条例》，公司应从工伤保险基金中按伤残等级支付一次性伤残补助金，支付标准为 11 个月的本人工资，《工伤保险条例》还规定，"本人工资低于统筹地区职工平均工资 60% 的，按照统筹地区职工平均工资的 60% 计算"。李某月工资为 2794 元，李某的工资低于成都市职工月平均工资的 60% 即 3894.60 元，因此公司应支付李某一次性伤残补助金 42840.6 元。李某仅主张公司支付一次性伤残补助金 38093 元，法院予以支持。

职工因工致残被鉴定为七级至十级伤残，解除劳动（聘用）合同、终止工伤保险关系的，享受一次性工伤医疗补助金和一次性伤残就业补助金。标准以统筹地区上年度职工月平均工资为基数计算：一次性工伤医疗补助金标准为八级伤残 8 个月。一次性伤残就业补助金标准为八级伤残 18 个月，李某被鉴定为八级伤残。李某于 2022 年 5 月 31 日申请仲裁，请求确定原被告劳动关系解除。2021 年成都市月平均工资为 7654.75 元，某咨询公司应支付李某一次性工伤医疗补助金 61238 元，一次性伤残就业补助金 137785.5。李某仅主张公司支付一次性工伤医疗补助金 54280 元、一次性伤残就业补助金 122130 元，法院予以支持。

职工因工作遭受事故伤害或者患职业病需要暂停工作接受工伤医疗的，在停工留薪期内，原工资福利待遇不变，由所在单位按月支付。李某共住院 67 天，出院医嘱要求休养 6 个月、继续康复理疗、院外需护理人员护理

6个月等。公司应支付李某停工留薪期待遇 23003.93 元，劳动能力鉴定费 1500 元。综上所述，法院判决某咨询公司与李某之间的劳动关系自 2022 年 5 月 31 日起解除，某咨询公司向李某支付各项费用共计 270286.93 元。判决已发生效力。

三　案例评析

用人单位应当为本单位全体职工缴纳工伤保险费，因工伤事故受到人身损害的劳动者有权获得工伤保险赔偿、享受工伤待遇。因此，只要客观上存在工伤事故，就会在受伤劳动者和用人单位之间产生工伤保险赔偿关系，无论工伤事故是用人单位以外的第三人侵权所致，还是受伤职工本人的过失所致，都不影响受伤职工向用人单位主张工伤保险赔偿。工伤保险无论是对用人单位还是对劳动者个人，都是强大的保障。立法强制性规定用人单位缴纳工伤保险，不仅是为了保护劳动者合法权益、促进安全生产，也是为了减少用人单位用人成本、分担用工风险。用人单位应当增强法治意识，为劳动者缴纳工伤保险，否则发生工伤事故后，将由用人单位承担相关的工伤赔偿责任。

（2023）川 0115 民初 400 号

某科技公司与吴某确认劳动关系纠纷案

赵　明[*]

一　基本案情

四川某科技公司的经营范围包括一般项目和许可项目，包括各类医疗器械生产、销售等。吴某于 2023 年 4 月 19 日添加某科技公司人事微信，人事称"招募临时工"而将吴某拉入微信群，并在群里发布工作要求："1. 周一至周五晚上不能请假，因为缺一不可。2. 另外打码需按照要求进行装袋。3. 明天请稍早一些进行打码的操作培训。"吴某于 2023 年 4 月 20 日、21 日、22 日、23 日、24 日均在工作群参与接龙并于 2023 年 4 月 26 日前在某科技公司实际参加打码工作 5 次。在工作群接龙前，生产部主管李经理通过私信询问吴某是否参加当日夜班，至 26 日上午吴某私信确认参加。2023 年 4 月 26 日 17 时许，吴某驾驶青桔共享电动车在成都市某大道北段与案外人张某某驾驶的两轮轻便摩托车发生碰撞，吴某受伤，到成都市某医院住院治疗至 2023 年 5 月 11 日出院，后吴某未到被告处工作。

2023 年 6 月 8 日，吴某向成都市温江区劳动人事争议仲裁委员会申请仲裁，请求裁决其与被告存在劳动关系，确认被告承担用工主体责任。2023 年 6 月 19 日，成都市温江区劳动人事争议仲裁委员会以被告与本争议无利害关系为由作出成温劳人仲案（2023）219 号不予受理通知书。吴某不服，提起本案诉讼，请求确认自 2023 年 4 月 20 日至 2023 年 6 月 2 日吴某与四川某科技公司存在劳动关系。

---

[*]　赵明，成都市温江区人民法院行政审判庭庭长。

二　裁判结果

本案中，用人单位因实际生产需要，网络招募吴某等劳动者从事医疗业务的打码工作，虽然双方未签订书面劳动合同，但吴某等人从事该工作的时间、地点、具体操作等均受公司安排，符合劳动关系成立情形的规定。从案涉微信工作群的内容看，某科技公司生产部李经理安排吴某等人员的工作内容并提供工作培训，明确工资支付方式。吴某从 2023 年 4 月 20 日起按照前述工作群的安排实际从事了该项工作直至受伤当日，并获取了相应的报酬，符合劳动关系成立的要素。结合吴某 2023 年 4 月 26 日交通事故受伤、6 月 8 日申请劳动仲裁的事实，法院对吴某自 2023 年 4 月 20 日至 2023 年 6 月 2 日与某科技公司存在劳动关系予以确认。判决吴某与某科技公司自 2023 年 4 月 20 日起至 2023 年 6 月 2 日存在劳动关系。判决已发生效力。

三　案例评析

劳动者与用人单位是否存在劳动关系，应当结合以下几个特征予以认定：一是用人单位和劳动者是否为符合法律法规规定的主体资格；二是用人单位依法制定的各项劳动规章制度是否适用于劳动者，劳动者是否受用人单位的劳动管理，从事用人单位安排的有报酬的劳动；三是劳动者提供的劳动是否属于用人单位的业务组成部分。本案中，劳动者通过与用人单位协商一致成为用人单位的员工，接受用人单位管理，服从用人单位工作安排，遵守用人单位规章制度，向用人单位提供有报酬的劳动；用人单位向劳动者提供工作岗位和劳动保护、支付工资，对劳动者有惩戒权和指示命令权等。因此，应当认定劳动者与用人单位存在劳动关系，用人单位应当保护劳动者的合法权益。

（2023）川 0115 民初 400 号

成都某投资咨询有限公司破产重整案

薛晓娟　汪仁可　周　毅[*]

一　基本案情

成都某投资咨询有限公司（下称"某公司"）成立于 2009 年 4 月，温江区某楼盘是其开发的唯一项目。该项目占地 21.85 亩，规划住房 270 套、商铺 67 套、车位 420 个。2016 年，因公司资金链断裂、实际控制人死亡、大量资产被抵押查封等，楼盘项目停工烂尾，负债 4.8 亿元，账面资产 2.9 亿元，资产负债率高达 165.5%，续建成本需 8300 万元。由于资不抵债，2018 年 3 月，某公司向温江区人民法院申请破产清算。

2018 年 3 月，温江区人民法院裁定受理某公司破产清算申请，并指定四川某事务所担任管理人。案件受理后，经管理人审核和法院确认，某公司共涉及 345 名债权人、债务总额超过 4 亿元，考虑到温江区某楼盘项目的商业价值，管理人与法院认为某公司具有重整可能性。于是温江区人民法院指导管理人借鉴预重整制度，在清算过程中招募投资人，先后组织召开 4 次债权人会议、12 次债权人委员会工作会议、2 次投资人评审会，并分设债权组对重整计划进行讨论和表决，确保各债权主体利益最大化。

二　办案过程

2021 年 1 月，温江区人民法院根据项目实际情况，裁定某公司由破产清算转为破产重整。2021 年 2 月，温江区人民法院作出（2018）川 0115 破 3 号之六民事裁定书，裁定批准某公司重整计划草案。2021 年 4 月，温江区

---

　　*　薛晓娟，成都市温江区人民法院民事审判第二庭庭长；汪仁可，成都市温江区人民法院民事审判第二庭原庭长；周毅，成都市温江区人民法院民事审判第一庭员额法官。

人民法院联动温江区住建部门、司法部门等多方力量，引进新投资人，温江区某楼盘项目全面复工续建。2022 年 5 月，破产重整计划执行完毕，项目交房 270 套，工程债权、担保债权、职工债权、税款债权均全额清偿，实际施工人债权、小商铺购房债权和普通债权均按重整计划的规定获得清偿。

温江区人民法院认为，管理人在法定期限内提交了重整计划草案，债权人会议的召开形式、表决组设置及表决规则等方面，均符合法律规定。优先债权组、职工债权组、税款债权组、普通债权组均通过了重组计划草案。有财产担保债权在破产重整状态下可获得的清偿比例远高于破产清算状态下可获得的清偿比例，其担保权未受到实质性损害。根据审计报告，截至破产受理日，某公司净资产为 −53943499.99 元，公司无剩余资产向出资人分配，重整计划草案对出资人权益的调整公平、公正。债务人的经营方案亦具有可行性。

三　案例评析

近年来，因房地产项目停工烂尾引发的延迟交房办证、拖欠建设工程款等问题，不仅严重阻碍房地产市场经济平稳健康发展，更影响人民群众预期合法权益实现。温江区人民法院在某公司破产案件办理中，创新探索破产审判机制，深化府院联动，促成烂尾楼盘复工续建并圆满交房，挽救了地区房地产市场的经济损失，实现了"保交楼、保民生、保稳定"工作目标，保障了经济社会高质量发展。

一是深化府院联动，实现政治效果。该案办理中，温江区人民法院依托府院联动机制，加强与住建等部门协同配合，形成"市场化导向、差异化处置、专业化审理、机制化推进"的工作路径；指导资产管理人精准分析项目的投资价值和投资效益，充分利用市、区房地产协会的平台优势，邀请 12 家企业开展项目投资推介，同时加大对上争取力度，促成项目资产按"同时期、同地段、同品质"原则，调整房屋挂牌价格，提高市场价值。最终通过公开竞标，以超出竞标价 3000 万元的投资现金对价找到新投资人。

二是坚持司法为民，实现社会效果。温江区人民法院始终坚持以人民为中心，紧盯"保民生"工作目标，创新重整程序，指导管理人合理优化债权清偿方案。以"货币清偿和交付房屋择一"方式确保 180 余户购房户取得合同约定房屋，实现建设工程价款优先权、职工债权、税款债权 100%

清偿，大幅提高了普通债权的清偿比例。并且，促成优先受偿的担保债权人让渡 1800 万元资金以解决民工工资问题，引导业主定向补偿小商铺债权人，保障了各方合法债权利益最大化。

三是发挥审判职能，实现法律效果。破产程序通常受阻于项目建设中遗留的未决问题，如破产项目资料缺失、前期租赁费用、前施工方退场等，且在破产重整方案中往往缺乏明确约定。针对此类法律难题，温江区人民法院着眼于"实质性化解"推动破产重整，通过搭建债权人沟通平台、开展专项合规性梳理审计、协调减少诉讼费、协调外地法院解除项目查封等方式，清理不合法债权 64 户，审减住房 85 套，审减企业债务 6.64 亿元，确保投资人轻装上阵，实现项目顺利完工。

（2018）川 0115 破 3 号之六

成都某投资发展有限公司破产重整案

徐榕梅[*]

一 案情简介

成都某投资发展有限公司（以下简称"某公司"）所开发的某项目二期C区于2018年8月开工，2019年12月主体封顶。由于房地产市场下行、建设单位资金链断裂等，项目自2021年10月陷入停工困境，涉837户住宅购房业主、D区商业业主、金融机构等多方债权人主体利益。为精准识别重整价值，经某公司申请，温江区人民法院于2022年9月13日作出（2022）川0115破申11号民事裁定书，裁定受理某公司破产预重整申请，并指定四川某律师事务所、某会计师事务所（特殊普通合伙）成都分所为管理人。在预重整阶段，温江区人民法院指导管理人完成了债权登记、债权审查、意向投资人的招募等工作。通过预重整阶段的充分研判，决定在重整阶段采用引入共益债续建C区、同步招募D区市场投资人的方式整体化解项目困境。

2023年2月7日，温江区人民法院依法裁定该项目重整。2023年3月27日，本案第一次债权人会议召开。2023年4月28日，项目复工仪式举行，正式开启项目C区全面复工续建。

二 裁判结果

温江区人民法院在预重整阶段，通过审查某公司预重整管理人提交的预重整工作报告、意向投资协议、意向投资方案，结合债权人以及某公司出资人对某公司进入破产重整程序的意见等，认定某公司具备重整价值及重整可行性，通过重整程序有利于提升某公司现有资产价值，提高债务清

---

* 徐榕梅，成都市温江区人民法院审管办（研究室）法官助理。

偿能力，使债权人权益得到最大限度的保护。结合预重整期间市场招募情况，温江区人民法院决定采用"C区共益债续建+D区市场投资"两步走的重整模式，同时引入国有企业托底，转入重整程序后，快速召集债权人会议表决，现项目已全面复工续建。

三 案例评析

成都某投资发展有限公司预重整转重整案，是成都市温江区首例预重整案件，聚焦房地产项目停工等典型问题。该项目被纳入适用破产程序化解房地产停工项目第二批试点范围内，进入重整程序后仅2个月就实现复工续建。

本案通过预重整转重整，采取两步走的打法。"保民生"是前提是根本，首先保障购房人的生存权，先行实现停工楼栋的复工续建。"促发展"是方向是目标，整合同步开发大大提升了未开发土地的资产价值，为后续招商引资奠定良好的基础。该案中，管理人团队充分发挥专业优势和资源优势，多渠道招募有实力的投资人，并最终促成投资落地，逐步解决项目难点。

（一）充分发挥党委领导下的府院联动机制优势，扎实推进项目复工续建

本案进入预重整前，党委政府曾数次召开重点风险企业在蓉房地产项目问题处置化解专题会，并重点关注该项目的脱困路径。后区委政法委、区住建局、区规自局、区司法局、区税务局、辖区街道等从各自的职能职责角度深度参与研讨，并发表解决建议。会后，各部门主动落实且不断优化，深度参与。

进入预重整和重整程序后，政府和人民法院通过每周例行府院联动专题会听取管理人对案件的工作进度汇报以及面临的障碍，并给予管理人指导，对管理人履职进行监督。针对投资人招募困难等攻坚问题，党委政府多次组织意向投资人招募专题会议，阐明项目价值及未来发展趋势，成功助力投资落地。

（二）指导搭建债权人沟通平台，增效法治化破产审判

温江区人民法院面对该项目烂尾造成众多业主居住的难题，助力搭建债权人沟通平台，指导管理人积极调和债权人、业主等各方矛盾。积极对话、释法明理，做实风险预判，引导债权主体通过法律途径解决问题，稳

步重建债权人信任，引导以平和合法的方式传达诉求。

2023年2月7日，项目顺利转入重整程序。2023年3月27日，成功召开第一次债权人会议，高票表决通过了共益债借款、重大财产处分暨复工续建方案、债权人委员会设立方案、债权人会议议事规则等所有议案。2023年4月28日，项目举行复工仪式，正式开启全面复工。目前该项目已纳入适用破产程序化解房地产停工项目第二批试点。该项目从进入破产重整程序至通过法治化方式实现复工续建用时仅2个月，为停工17个月的楼盘复工按下快捷键。

（三）联动两国企携手纾困，落实共益债重整模式

温江区人民法院根据项目情况梳理化解方式与路径，依法适用破产预重整程序，采取国有企业托底，以共益债模式启动"C区共益债续建+D区市场投资"两步走的重整模式。将共益债借款、重大财产处置、复工续建有机合并形成整体方案，勉力招募合适市场投资人，引进成都两家国企作为续建资金的出借方与资产承接方。通过引入共益债的方式完成楼盘续建、借款与还款、资产形成与资产变现，一一对应、环环相扣、严进严出，化解了资金出借方与资产承接方所担忧的核心风险，迅速实现投资方案落地。法治化保障住宅购房业主居住期盼，为项目D区重整奠定良好基础，提高了项目整体债权清偿率，高效化解企业困境。

（四）形成多渠道协同机制，化解房地产烂尾纠纷

在该案办理过程中，温江区人民法院强化与国资、住建、市场监管、税务等部门多形式、多渠道联动，提升了府院联动的针对性和协同性。温江区人民法院分管副院长担任该项目府院联动工作组成员，在职责范围内协同支持，参与工作专题会议20余次，专题研究解决工作推进过程中遇到的困难梗阻。人民法院成立工作专班，组建包含3名审判经验丰富、专业能力强的法官的专业破产审判团队，确保重整各项事务在法律框架范围内进行，兼顾了司法效率与公平正义。为适用破产程序化解房地产烂尾纠纷，特别是针对投资人招募，党委政府、法院和管理人协同机制的设计增加了实践经验，为助力企业更生提供了可借鉴的模式。

（2022）川0115破申11号

成都某汽车有限责任公司破产清算案

马克西*

一 案情简介

位于温江区某科技产业开发园、面积为 47008.2m² 的土地登记使用权人为某汽车有限责任公司（下称"某汽车公司"）。2019 年 10 月 8 日，四川某资产评估有限公司出具的资产评估报告书［川中天正资评报字（2019）第×号］载明，某汽车公司资产总计 119405188.37 元，负债总计 204761851.27 元，净资产为 -85356662.9 元。该报告还载明"2015 年至今，某公司无主营业务收入，生产经营活动已基本停滞，仅有厂房租赁收入，以维持员工基本工资发放"。除位于温江区天府蓉台大道南段的土地使用权及厂房外，某汽车公司无其他有价值资产，且土地使用权及厂房已设定抵押、查封。

2021 年 1 月 25 日，温江区人民法院依法裁定受理该公司破产清算申请，并于 2021 年 3 月 4 日指定律师事务所、会计师事务所成都分所联合担任某汽车公司的管理人。

二 裁判结果

温江区人民法院受理案件后，督促管理人高效推进某公司资产及债权债务核查，鉴于某汽车公司已不具备开展正常经营活动条件，除土地使用权及厂房外，无其他有价值资产，故温江区人民法院指导管理人第一时间启动资产处置流程，通过公开拍卖方式处置某汽车公司名下土地使用权、房屋等资产，这些资产于 2022 年 4 月 5 日以溢价 40% 成交。法院在案件受

---

* 马克西，成都市温江区人民法院三级高级法官。

理仅三个月内即实现资产处置，通过破产程序快速实现闲置低效土地高效盘活。

三　案例评析

随着产业转型升级步伐不断加快，盘活闲置低效土地成为破解土地资源紧缺和低效利用土地的矛盾问题的重要举措。温江区人民法院主动融入区委区政府关于闲置低效工业用地再利用再开发、加快推动全区工业经济高质量发展的新格局，推动以产业园为代表的不动产领域的"去库存"，将破产审判工作与服务区域经济发展相结合，推动成都某汽车公司案件进入破产清算程序，通过破产程序释放闲置低效工业用地 70 余亩，从"土地存量"中找"发展增量"，在盘活低效闲置用地上拓展发展空间，服务保障温江经济高质量发展。

一是优化府院联动机制，协调解决重难点问题。温江区人民法院推动修订 2022 年《温江区健全企业破产处置府院联动工作机制》，新增企业破产专项资金保障、破产费用保障等 5 项联动保障机制。以府院联动机制为依托，强化法院与区国资局、住建局、市场监管局等部门联动，多形式、多渠道构建常态化沟通机制。针对成都某汽车公司破产案件中的税务征收问题，争取税务机关大力支持，高效解决房产税、城镇土地使用税及滞纳金的征收问题，简化破产财产过户手续，降低企业退出成本。同时促进破产财产买受人四川某味业有限公司尽快投产，推动规划联合工业园区进行同步开发，促进其产业化。四川某味业有限公司拟于 2023 年投资 3 亿元用于全新调味品全自动生产和预制菜生产加工，预计年产值超过 5 亿元，并积极在扩大企业规模的同时提供 100 余个就业岗位。

二是运用法治手段，有效调和各方矛盾。温江区人民法院引入破产管理人，指导管理人高效完成尽职调查、清资核产、审计评估、债权申报和审查等各项工作。编制某汽车公司破产清算案债权表，核查某汽车公司名下房屋、土地使用权、样品车辆、对外投资股权、商标使用权等破产财产，召开三次债权人会议，通过制定财产变价方案，为资产高效处置奠定基础。同时，温江区人民法院依法搭建债权人沟通平台，指导管理人积极对接某公司职工及已知的债权人，参与调和园区内各承租户等各方主体矛盾，释法明理，保障了各方主体权益，并且做实风险预判，引导各群体通过法律途径解决问题，将诉求表达行为稳控在合法范围，把矛盾吸附在当地。

三是遵循市场逻辑，高效处置现有资产。温江区人民法院遵循市场逻辑，积极开展项目投资推介，推进 7 家竞买人参与某汽车公司主要资产的网络拍卖，提高了债权人的清偿率，资产处置释放了闲置低效工业用地 70 余亩，提高了资源利用效率。

（2020）川 0115 破申 10 号

成都某实业有限责任公司破产清算案

薛晓娟[*]

一 基本案情

四川某实业有限责任公司（以下简称"某实业公司"）为主营木制卫浴用品的生产型企业，其名下位于温江区面积为 35617.58 平方米的工业用地于 2020 年 11 月 25 日经武侯法院司法拍卖，由成都某生物科技股份有限公司（下称"某生物公司"）（主营业务为新材料技术推广服务、食品销售、工程和技术研究和实验发展）竞得。之后某生物公司支付全部拍卖款 2640 万元，向税务部门缴付了交易相关税费、过往欠税共计 7569 万余元。该生物公司支付了土地拍卖款后，武侯法院称当地居民与某实业公司存在纠纷，因当地居民阻挠，未能向土地买受人交付土地。

二 裁判结果

2021 年 4 月 8 日，温江区人民法院裁定受理四川某实业公司破产清算，引导债权人积极参与债权申报，快速审查确认 10 笔债权共计 2785 万元，充分保障债权人权利。2021 年 12 月 6 日，温江区人民法院组织召开第一次债权人会议，会议表决通过了破产财产变价等方案。该案办理过程中，温江区人民法院指导管理人积极配合武侯法院完成土地交付，多次对土地现状、占用情况进行调查，并向相关权利人释法答疑，告知其可通过参与破产程序实现权利主张。现该拍卖土地已成功交付买受人，各相关权利人后续在破产程序中可依法实现权益。

---

[*] 薛晓娟，成都市温江区人民法院民事审判第二庭庭长。

三　案例评析

近年来，低效工业用地企业处置、出清成为推动产业转型升级的重中之重。当前低效工业用地企业难以适应市场化需求，极大程度上浪费了土地要素这一经济发展的基本要素及空间载体。温江区人民法院在办理本案中不仅努力保障破产审判机制的顺利运行，同时配合协助外地法院对涉案地块的完成执行，在实现低效工业用地顺利出清的同时保障了各位债权人的合法权益。

（一）　两地法院深化协同，积极化解社会争端

温江区人民法院作为该案件受理法院，积极主动和武侯法院强化协作，对不配合腾退的占用人释法说理，不仅多次为占用人详细解释破产程序运行机制，同时也告知占用人如何维护自身合法权益，积极引导占用人通过申报债权的行为维护自身利益。温江区人民法院通过法治途径解决低效用地问题，有效化解社会矛盾。

（二）　司法助力盘活低效用地，腾笼换鸟推动转型升级

温江区人民法院通过破产这一推动企业市场化退出的重要机制，帮助破产企业快速退出市场，及时腾挪土地资源，让受让土地的优质企业及时投入生产。除此之外，案涉地块买受人某生物公司为温江区本土企业，经营状态良好，受让土地后可及时投入建设，能够加快实现低效工业用地资源盘活。

（三）　府院联动助推产业发展，协力保障营商环境优化

相较于某实业公司传统的生产方式，某生物公司主营新材料技术研究和实验发展等，产业形态更优良。因此，本案通过府院联动，为某生物公司尽早利用土地提供了支持条件，促进了温江区产业优化，使具有市场竞争力的企业能够及时享受产业优待，为该类企业提供多种要素保障，这体现了温江区正不断优化、建设良好的营商环境。

成都某置业有限公司破产清算案

薛晓娟[*]

一 基本案情

成都某置业有限公司（下称"某置业公司"）开发建设的某大厦项目位于成都市温江区，占地约 50 亩，规划用地性质为商住用地。该项目规划建设住宅约 18.2 万 m²，公寓、办公、商业约 2.5 万 m²。项目于 2019 年 9 月取得施工许可开始建设，2021 年 8 月因资金链断裂停工，后通过施工单位垫资修建的方式争取到短暂复工，2022 年 5 月，项目最终停工。因大量住宅已销售未能交付，引发社会维稳问题。

二 办案过程

根据前期资料，某置业公司已具备破产条件，但对于该企业是否具有重整价值，是否可以通过市场化、法制化途径盘活项目尚无法确定，贸然进入破产程序存在较大风险和不确定性。根据司法实践经验和项目自身情况，法院建议通过"前期尽调+预重整+府院联动"方式盘活项目、依法逐步化解涉稳风险。

（一）开展外部专业尽调，摸清底数

由属地党委政府或债务人，根据项目实际需要，委托有关法律、审计、评估、工程造价等专业机构，对项目资产负债情况进行全面尽调清理，梳理财务账册、资金流向，完成项目已完工程造价鉴定、后续剩余工程造价鉴定，为党委政府、法院、债权人、投资人了解项目状况、作出决策提供事实和数据支撑。

---

[*]　薛晓娟，成都市温江区人民法院民事审判第二庭庭长。

（二）启动预重整，做好进入破产前筹备工作

在完成上述尽调的基础上，由债务人某置业公司向人民法院申请重整，同时提交预重整申请，由行业主管部门、债务人、债权人联合推荐管理人，实质推进预重整程序。预重整主要优势如下：一是具有法定权威性。预重整程序是准司法程序，程序公开、公平，债权人认可度高，可以彻底清理债务、合法处理债权，投资人信赖司法程序和专业机构清产核资，有利于吸引有实力的复工续建投资人。二是化解效率更高。预重整程序通常耗时3至5个月，在推进这一程序过程中可以边清产核资，边招募投资人。三是管理人能力有保障。预重整程序可以指定能力更强的管理人参与，而该案情况复杂，预重整程序对管理人专业能力要求高，其直接决定化解效果。

（三）实质化运行府院联动，着力推动保交楼

依托府院联动小组，完成项目竣工验收交房，清偿各类债权，妥善化解涉稳风险。在党委政府指导下，建立法院与政府职能部门联动机制，对某置业公司预重整过程中所涉招商引资、资产盘活、信访维稳、竣工验收、产权办理、税费减免等事项给予支持，推动复工续建、清偿各类债权，推动项目所涉矛盾实质性化解。

三 案例评析

该项目系问题楼盘，因停工不能交房，引发了激烈的社会矛盾。项目问题爆发以来，温江区人民法院主动作为，通过鱼凫工作室，深入项目现场走访调查，对案件提前研判分析，寻求最优解决路径。针对该项目特点，法院组织多方研判最终确定了以"前期尽调+预重整+府院联动"方式盘活项目，通过推进预重整程序、强化府院联动、拓宽投资人招募途径方式提前补齐资金缺口，化解破产矛盾，推动"保交楼"民生任务完成。

目前，该项目已通过预重整程序引入共益债投资人，停工项目正在复工续建，本案的处理取得了良好的司法和社会效果。

成都某投资置业有限公司破产清算案

刘帅彬[*]

一　基本案情

成都某投资置业有限公司（下称"某置业公司"）投资开发温江区某商住一体小区项目（该项目分三期建设），由于项目车位等资产销售状况不佳，该公司现金流陷入短缺。自 2023 年起，项目参建单位、贷款银行、购房人等多个主体纷纷提起对某置业公司的强制执行与破产申请，诉求涉及投标保证金、质保金、开发贷款、包销返租、产证办理等。彼时因该公司账户被保全，且全部未售资产均被抵押，项目陷入"逾期偿债—多方执行—加剧困境—逾期偿债"的死循环。

二　办案过程

（一）实质化精细审查，全面梳理企业症结

收到债权人破产申请后，温江区人民法院对相关主体提交的资料及企业经营情况进行全面调查。发现某置业公司在从原开发商处收购该商住一体小区项目时，该项目已经负担大额负债，且项目整体开发方向已无从修正。现项目已全部开发建设完毕，破产重整无实际价值与可行性，只能进行破产清算。而项目业主的主要诉求为办理产权证，因部分维修基金尚未缴纳暂未实现。但广大群体所诉求的维修基金在破产实务中的性质与受偿顺位存在一定争议，且项目本身尚有大量未收资产，一破了之并非妥善化解矛盾的最优解。

　刘帅彬，北京大成（成都）律师事务所律师，四川省法学会破产法学研究会理事。

（二） 诉前调解促和解止纷争

经充分审查、综合论证，本案最终引导贷款发放行与某置业公司达成庭外和解协议：银行释放部分抵押资产用于销售，销售回款按比例清偿银行债权与缴纳维修基金，剩余部分用于某置业公司的经营；另以部分未售资产进行出租，出租收益直接由银行收取偿债。因营销策略制定与资产释放节奏得当，销售情况好于预期，资金充分回笼，有效化解了项目困局。

三　案例评析

破产作为困境企业退出市场的途径，是对"诚实而不幸"的经营主体的有效救济手段。在我国经济转向高质量发展阶段，房地产市场正在经历阵痛，而购房人是房地产开发企业的最广大债权人群体，对其权益的保护除要考虑法治公平外，亦要充分尊重我国广大群众对安居乐业的追求与渴望。在此背景下，面对房地产开发企业的破产申请，除依法公正外，更要深挖案件，以"如我在诉"意识贯彻司法为民观念，切实解决债权人的急难愁盼问题。本案在充分挖掘企业历史及现状情况的基础上寻求破局最优解，切实化解了社会矛盾，是化解矛盾纠纷的一典型范例。

成都某生物科技有限公司破产清算案

陈俊文 [*]

一　基本案情

成都某生物科技有限公司占地约 100 亩，在 2019 年陷入经营困难，其所占土地资源并未得到有效利用。针对该企业的困境，温江区人民法院主动作为，提前介入。通过府院联动，为企业解纷止困提供司法保障，引导企业通过内部手段开展自救并通过主动寻求投资、债务重组、引入第三方担保等形式增强企业资产实力，最终化解债务危机。2022 年，温江区人民法院聚焦产业园区司法保障新需求，形成"破产+科研"工作模式，重点从府院优化、低效工业用地剖析研判。

二　办案过程

（一）组建专业审判团队，深入了解企业情况

2022 年，成都市温江区成立促进低效工业用地企业提质增效工作领导小组，温江区人民法院党组书记、院长担任领导小组副组长。温江区人民法院随即成立工作专班，由 6 名审判经验丰富、专业能力强的法官组成。工作专班深入调查企业此前的涉诉情况，明确了企业被列为失信被执行人、公司股权存在质押情形等情况，这为法院进一步研判企业的案件特点提供依据，有力推进低效工业用地提质增效的相关工作开展。

---

[*]　陈俊文，四川省法学会破产法学研究会秘书处秘书。

（二）以企业快速出清为导向，提升府院联动产出率

破产审判涉及企业资产处置回收、企业职工债权保护、债权债务审查确认、税收个案处理、企业信用修复等多方面工作协调，政府应主动作为，完善破产程序中有关工商注销、税务申报等多项行政工作流程，打造政务中心破产窗口，精准施策，推进"府院联动"制度化、高效化、高质化发展，实现企业出清、拯救工作"快、好、准"。法院在此案审理开展前，强化与区国资局、住建局、市场监管局、税务局等部门联动，搭建了畅通的沟通桥梁，从而确保政府、法院、行政职能部门、产业园区等各方信息互通、资源共享，定期排查审判、执行中涉及闲置低效工业用地的相关情况。涉案企业的情况调查，通过完善的府院联动机制得以顺利开展；此案进入审判阶段后，完善的府院联动机制还能保障法院推进企业的工商注销、税务申报等工作。

（三）引入首席法律专家，助力企业纾困

温江区人民法院引入四川省首席法律咨询专家、成都理工大学破产法与企业保护研究中心主任刘宁教授为处于困境的企业把脉。刘宁教授带领其专家团队，围绕"温江区部分涉诉低效用地提质增效暨办理破产、优化营商环境"主题，走访成都医学城，调研园区管委会、多家企业，与法院、政府开展座谈，研判了低效闲置工业用地的基本情况、困境，以"加快盘活闲置低效工业用地，构建提高土地利用效率长效机制"为目标，提出了提质增效、强链补链、分类施策、一企一策的精准对策建议。建议方案提出综合运用行政、市场、司法等多种力量，充分调动政府、法院、企业、投资人积极性，以法治化、市场化路径实现低效工业用地提质增效，优化温江营商环境。

三 案例评析

"土地要素"作为社会经济发展的空间载体和基本要素，是城乡建设发展最重要的资源之一。随着我国经济转向高质量发展阶段，国家对节约集约用地要求更加严格。工业园区肩负着支持科技创新、助力实体经济转型与发展的重大使命，在设立之初便展开大规模招商引资，然而先期规划不

其合理、企业经营陷入困境以及产业转型失败等导致现已出现大量低效、闲置工业用地且难以有效盘活，各类问题逐渐凸显。盘活低效工业用地是提高土地资源要素配置效率和产出效益的重要保障，是缓解重大项目土地供需矛盾的重要举措。近年来，温江区人民法院以"加快盘活闲置低效工业用地，构建提高土地利用效率长效机制"为目标，聚焦产业园区司法保障新需求，通过抓前端、治未病，助力低效工业用地企业提质增效。

第四编

制度机制

关于充分发挥人民调解基础性作用推进诉源
治理的意见（节选）*

（2023 年 9 月 27 日）

为深入贯彻落实习近平总书记关于调解工作的重要指示精神和党中央决策部署，坚持把非诉讼纠纷解决机制挺在前面，抓前端、治未病，充分发挥人民调解在矛盾纠纷预防化解中的基础性作用，深入推进诉源治理，从源头上减少诉讼增量，提出以下意见。

……

二　夯实人民调解"第一道防线"

（一）加强矛盾纠纷排查预防。切实把矛盾纠纷排查作为一项基础性、日常性工作，采取普遍排查与重点排查、日常排查与集中排查相结合等方式，不断提高矛盾纠纷排查的针对性、有效性。加强与网格员、平安志愿者等群防群治力量和派出所、综治中心等基层维稳单位的信息共享、联排联动，做到排查全覆盖、无盲区。聚焦矛盾纠纷易发多发的重点地区、重点领域、重点人群、重点时段，开展有针对性的重点排查。围绕服务乡村振兴等国家重大战略，围绕开展重大活动、应对重大事件等，组织开展形式多样的矛盾纠纷专项排查。对排查出的矛盾纠纷风险隐患，建立工作台账，分类梳理，采取相应的防范处置措施，努力做到早发现、早报告、早控制、早解决。

（二）加强基层矛盾纠纷化解。加强乡镇（街道）、村（社区）人民调

---

* 参见《最高人民法院 司法部关于印发〈关于充分发挥人民调解基础性作用推进诉源治理的意见〉的通知》（司发〔2023〕1 号），https：//www.gov.cn/zhengce/zhengceku/202310/content_ 6908700. htm。

解组织规范化建设，做到依法普遍设立、人员充实、制度健全、工作规范、保障有力。完善覆盖县乡村组的人民调解组织网络，推进形式多样的个人、特色调解工作室建设，探索创设更多契合需要的新型人民调解组织。加大对婚姻家事、邻里、房屋宅基地、山林土地等基层常见多发的矛盾纠纷调解力度，坚持抓早抓小、应调尽调、法理情相结合，防止因调解不及时、不到位引发"民转刑""刑转命"等恶性案件。对可能激化的矛盾纠纷，要在稳定事态的基础上及时报告，协助党委、政府和有关部门化解。

（三）加强重点领域矛盾纠纷化解。以社会需求为导向，对矛盾纠纷易发多发的重点领域，鼓励社会团体或其他组织依法设立行业性专业性人民调解组织。已经设立行业性专业性人民调解组织的，要在司法行政机关的指导下，全面加强规范化建设，确保中立性、公正性，防止商业化、行政化。进一步加强医疗、道路交通、劳动争议、物业等领域人民调解工作，积极向消费、旅游、金融、保险、知识产权等领域拓展。加强新业态领域矛盾纠纷化解，切实维护灵活就业和新就业形态劳动者合法权益。针对重点领域矛盾纠纷特点规律，建立完善人民调解咨询专家库，注重运用专业知识、借助专业力量化解矛盾纠纷，提高调解工作的权威性和公信力。

（四）加强重大疑难复杂矛盾纠纷化解。依托现有的公共法律服务中心，整合人民调解、律师调解、商事调解、行业调解、行政调解等力量，设立市、县两级"一站式"非诉讼纠纷化解中心（或矛盾纠纷调解中心），统筹律师、基层法律服务、公证、法律援助、司法鉴定等法律服务资源，联动仲裁、行政复议等非诉讼纠纷化解方式，合力化解市、县域范围内重大疑难复杂矛盾纠纷。

三　加强诉调对接工作

（一）加强诉前引导。在诉讼服务、法治宣传等工作中提供非诉讼纠纷解决方式指引，增强当事人及律师等法律服务工作者非诉讼纠纷解决意识。人民法院加强诉前引导，对诉至人民法院的案件，适宜通过人民调解解决的，向当事人释明人民调解的特点优势，引导当事人向属地或相关人民调解组织申请调解。经释明后当事人仍不同意调解的，及时登记立案。

（二）及时分流案件。人民法院对适宜通过人民调解方式解决的案件，在征得双方当事人同意后，可以先行在立案前委派或诉中委托人民调解。

委派委托的人民调解组织，可以由当事人在司法行政机关公布的人民调解组织名册中选定，也可以由人民法院在特邀调解组织名册中指定。对基层矛盾纠纷，充分发挥村（社区）、乡镇（街道）人民调解委员会作用，及时就地予以化解。对行业专业领域矛盾纠纷，注重发挥相关行业性专业性人民调解组织优势，提升专业化解水平。鼓励非诉讼纠纷化解中心（或矛盾纠纷调解中心）与人民法院诉讼服务中心实行直接对接，统一接收人民法院委派委托调解的案件，组织、协调、督促辖区内人民调解组织开展调解。

（三）依法受理调解。人民调解组织收到委派委托调解的案件后，应当按照《中华人民共和国人民调解法》和《全国人民调解工作规范》要求及时受理调解。经调解达成协议的，人民调解组织可以制作调解协议书，督促双方当事人按约履行，并向人民法院反馈调解结果。双方当事人认为有必要的，可以共同向有管辖权的人民法院申请司法确认。经调解不能达成调解协议的，人民调解组织应当及时办理调解终结手续，将案件材料退回委派委托的人民法院。人民法院接收案件材料后，应当及时登记立案或者恢复审理。对各方当事人同意用书面形式记载的调解过程中没有争议的事实，在诉讼程序中，除涉及国家利益、社会公共利益和他人合法权益的外，当事人无需举证。

四　强化调解工作保障

（一）加强人民调解员队伍建设。注重吸纳律师、公证员、仲裁员、基层法律服务工作者、心理咨询师、医生、教师、专家学者等社会专业人士和退休政法干警以及信访、工会、妇联等部门群众工作经验丰富的退休人员担任人民调解员，不断壮大人民调解员队伍，优化人员结构。大力加强专职人民调解员队伍建设，行业性专业性人民调解委员会应当配备3名以上专职人民调解员，乡镇（街道）人民调解委员会和派驻有关单位和部门的人民调解工作室应当配备2名以上专职人民调解员，有条件的村（社区）和企（事）业单位人民调解委员会可以配备1名以上专职人民调解员。建立青年律师参与人民调解机制，组织青年律师特别是新入职律师到司法所、公共法律服务中心等机构锻炼，充分发挥律师精通法律的专业优势，广泛参与矛盾纠纷排查预防、基层矛盾纠纷化解、行业专业领域矛盾纠纷化解等工作，提升矛盾纠纷化解专业化水平。落实以县级司法行政机关为主的培训制度，采取集中授课、交流研讨、案例评析、现场观摩、旁听庭审、实训演练等灵活多样、生动有效的形式，加强对人民调解员的培训，不断提高人民调解员化解新形势下矛盾纠纷的能力和水平。

（二）加强经费保障。推动落实将人民调解工作指导经费、人民调解委员会补助经费、人民调解员补贴经费、专职人民调解员聘用经费、人民调解办案补贴和专家咨询费等列入同级财政预算足额保障。加强与财政部门沟通协调，建立人民调解工作经费动态增长机制，加大政府购买人民调解服务力度，用足用好中央和省级转移支付资金，补充人民调解工作经费不足。人民调解组织的设立单位和相关行业主管部门应当提供场所、设施等办公条件和必要的工作经费。探索建立相关基金会，鼓励为人民调解组织提供捐赠资助等，多渠道保障人民调解工作有效开展。

（三）强化信息化平台对接。最高人民法院与司法部建立"总对总"对接机制，司法部加快推进矛盾纠纷非诉化解平台建设，实现与最高人民法院的业务协同和数据共享，确保纠纷案件网上流转顺畅，信息数据互通共享。人民调解信息化平台依托司法部矛盾纠纷非诉化解平台，实现与最高人民法院相关系统平台的对接，开展矛盾纠纷在线咨询、在线分流、在线调解、在线反馈、在线司法确认。积极运用大数据、云计算、人工智能等信息化手段，通过信息化平台对接汇聚纠纷数据，实现对矛盾风险的动态感知、精准分析，提高预测预警预防风险的能力，为党委、政府科学研判社会矛盾纠纷形势提供参考依据。

　　……

最高人民法院关于深化人民法院一站式多元解纷机制建设　推动矛盾纠纷源头化解的实施意见（节选）[*]

（2021 年 9 月 9 日）

为深入贯彻落实《关于加强诉源治理推动矛盾纠纷源头化解的意见》，推动构建源头防控、排查梳理、纠纷化解、应急处置的社会矛盾综合治理机制，促进基层治理体系和治理能力现代化，建设更高水平的平安中国，现就深化人民法院一站式多元解纷机制建设，推动矛盾纠纷源头化解工作提出如下意见。

一　总体要求

（一）指导思想。以习近平新时代中国特色社会主义思想为指导，全面贯彻党的十九大和十九届二中、三中、四中、五中全会精神，深入贯彻习近平法治思想，主动适应社会主要矛盾新变化，紧盯矛盾纠纷产生、发展、演变三个阶段，突出源头预防、前端化解、关口把控重点环节，加强部门联动和统筹协调，促进人民法院工作重心前移、力量下沉、内外衔接，从源头上减少矛盾纠纷产生，减少衍生诉讼案件发生，切实维护社会稳定和安全。

（二）工作原则。坚持党的全面领导，把党的领导贯穿人民法院源头预防和多元化解矛盾纠纷全过程。坚持以人民为中心，充分满足人民群众多层次、多样化的司法需求。坚持和发展新时代"枫桥经验"，促进基层社会治理从化讼止争向少讼无讼转变。坚持系统治理、依法治理、综合治理、源头治理，重塑人民法院前端纠纷解决格局。坚持把非诉讼纠纷解决机制

---

[*]　参见《最高人民法院关于深化人民法院一站式多元解纷机制建设推动矛盾纠纷源头化解的实施意见》（法发〔2021〕25 号），http：//cdchfy.scssfw.gov.cn/article/detail/2021/11/id/6403252.shtml。

挺在前面，完善诉讼与非诉讼衔接机制，发挥司法在多元化纠纷解决机制中的引领、推动和保障作用。坚持面向实际，因地制宜，分类建设，形成适合地区实际的诉源治理模式。

（三）工作要求。在深化一站式多元解纷机制建设中准确把握人民法院职能定位，既积极参与、主动融入党委领导下的诉源治理工作，发挥专业优势，为非诉讼方式解决纠纷提供司法保障；又认真把好案件"入口关"，对起诉到人民法院的纠纷，发挥主导作用，促进纠纷一站式多元化解。按照自愿、合法原则做好纠纷化解方式引导，对于当事人不同意非诉讼方式解决的，严格落实立案登记制要求，对依法应该受理的案件，有案必立，有诉必理，切实保障当事人诉权。

（四）工作目标。推动人民法院一站式多元解纷向基层延伸，向社会延伸，向网上延伸，向重点行业领域延伸，健全预防在先、分层递进、专群结合、衔接配套、全面覆盖、线上线下的一站式多元解纷机制，做到矛盾纠纷村村可解、多元化解、一网通调，推动将民事、行政案件万人起诉率稳步下降至合理区间。

二　完善人民法院源头化解矛盾纠纷工作格局

（五）建立分类分级预防化解矛盾纠纷路径。深入分析社会矛盾纠纷成因特点，结合市域、乡村、民族、侨乡、边境等地域特点，以及重点行业领域风险点，将人民法院预防化解职能精准延伸到纠纷产生的初始源头、讼争源头，因地制宜、分门别类建立递进式预防化解工作路径，确保矛盾纠纷有效分流、源头化解。

（六）强化人民法院分流对接功能。以诉讼服务中心、人民法院调解平台作为人民法院参与诉源治理、开展分流对接总枢纽，与基层、重点行业领域形成预防化解链条，对起诉到人民法院的纠纷，开展分流引导、诉非衔接、调裁对接、登记立案、繁简分流等工作。

（七）建立健全基层解纷服务体系。在党委领导下，按照"基层预防调处优先、法院提供政策指引、法律指导、资源经验支持、诉讼服务和司法保障"工作思路，构建以基层人民法院及人民法庭为主体，纵向延伸至乡镇（街道）、村（社区），横向对接基层治理单位、基层党组织、公共法律服务中心（站）等，群众广泛参与的多元解纷和诉讼服务体系，形成村

（社区）——乡镇（街道）——基层人民法院及人民法庭三级路径，及时就地预防化解纠纷，就近或者上门提供诉讼服务。创新基层人民法院及人民法庭对村（社区）人民调解的业务指导，强化乡村司法保障。

（八）推动重点行业领域矛盾纠纷预防化解工作。对金融、建筑、教育、物业、环境、消费、房地产、互联网、交通运输、医疗卫生等行业领域多发易发纠纷，积极会同行业主管部门研究源头治理举措，建立信息共享、业务协同和诉非衔接机制，统一类型化纠纷赔偿标准、证据规则等，预防和减少纠纷产生。完善各类调解联动工作体系，形成内部和解、协商先行，行业性专业性调解、仲裁等非诉方式挺前、诉讼托底的分级化解模式。加强行政争议预防化解工作，在党委政法委领导下，与政府职能部门开展制度共建、治理协同、联防联控，多元化解行政争议。合力推进商会调解，支持工商联、商协会调解组织化解涉企纠纷。建立吸纳军地机关共同参与的军民融合发展纠纷协调处理机制。推动退役军人矛盾纠纷预防调处和多元化解工作。

（九）发挥社会各方力量协同作用。拓宽与政府部门对接途径，加大与人民调解、行业专业调解、行政调解、律师调解、仲裁、公证等衔接，邀请人大代表、政协委员、专家学者等社会第三方参与调解、化解，并将符合条件的组织和人员纳入人民法院特邀调解名册。完善群众参与源头预防和多元化解的制度化渠道，创新互联网时代群众参与机制，充分发挥社会力量在释明多元解纷优势、引导诉前调解、宣传调解平台方面作用。

三　创新人民法院源头化解矛盾纠纷方法路径

（十）推动人民法院调解平台进乡村、进社区、进网格。深化"互联网+枫桥经验"实践，通过在线方式集约集成基层解纷力量，促进矛盾纠纷在基层得到实质性化解。基层人民法院及人民法庭邀请本辖区街道党政领导、派出所、司法所、村（社区）等单位负责人、人民调解员、网格员、五老乡贤、村（社区）法律顾问等入驻人民法院调解平台，对适宜在乡镇（街道）、村（社区）处理的纠纷，通过平台逐级分流至基层组织或人员进行化解、调解，并提供法律指导、在线司法确认、在线立案等服务。乡镇（街道）、村（社区）需要人民法院指导处理的纠纷，可以通过人民法院调解平台在线提出申请，由人民法院协同做好疏导化解和联合调解工作。

（十一）积极入驻一站式社会矛盾纠纷调处化解中心。参与党委政府牵头的一站式社会矛盾纠纷调处化解中心建设，根据中心工作部署及法院职能作用，因地制宜指派诉讼服务、速裁快审团队或者人员入驻中心，指导调解，进行司法确认，开展速裁快审，并提供相配套的便民诉讼服务。

（十二）增强诉讼服务中心多元解纷能力。充分尊重群众到人民法院解决纠纷的意愿，深化"分调裁审"机制改革，在诉讼服务中心设立调解速裁区，配备速裁团队，建立类型化调解工作室或者综合调解室，邀请调解组织或者调解员入驻人民法院，为人民群众诉前调解提供更多选择，方便在一个地方就能解决全部诉讼事项。

（十三）创新密切联系群众有效载体。参与创建无讼村（社区、连队），在乡村街道、企业园区等需求集中的地方建立诉讼服务站点，推广"群众说事、法官说法""法官进网格""吹哨报到""五链共治"等有益做法，加强社会主义法治文化建设，完善示范裁判机制，送法上门，做到办理一案、化解类案、教育一片。健全中级、基层人民法院领导干部与辖区内基层单位挂钩联系、定期下访、包案化解等制度，加强巡回审判，及时就地化解矛盾纠纷。

四　健全人民法院源头化解矛盾纠纷工作机制

（十四）完善司法建议运用机制。深度应用司法大数据，并与其他信息数据资源开展对接，加强对诉讼高发领域、新类型纠纷、涉诉信访案件，以及社会治理动态和热点问题的分析研判，对发现的普遍性、倾向性、趋势性问题提出司法建议，并向有关部门提供大数据分析报告，督促有关部门和企业主动承担出台政策、完善规则、风险评估、合规审查、安全生产等责任。各级人民法院对于本院作出的司法建议，应当进行编号管理，做好落实情况的跟踪指导和效果评估。及时发布类型化纠纷典型案例，以案释法，提高人民群众对纠纷化解结果的预判能力。

（十五）完善矛盾纠纷排查梳理和风险评估机制。主动加强与基层网格、专属网格的网格员沟通联系，有针对性开展排查梳理、纠纷化解等工作，减少涉诉矛盾隐患，预防民事纠纷转为刑事案件。在出台重大司法政策、办理重大敏感案件时，坚持把风险评估作为前置环节，有效预防纠纷，第一时间解决问题、控制事态。

（十六）完善诉讼与非诉讼实质性对接机制。以人民法院调解平台为依托，强化非诉讼与诉讼的平台对接、机制对接、人员对接和保障对接，加强对非诉讼解纷力量的法律指引和业务指导。强化诉前调解与诉前鉴定评估工作对接，打通人民法院调解平台与委托鉴定平台，明确在诉前调解过程中开展鉴定评估的工作流程。进一步完善调解与诉讼材料衔接机制，对特邀调解组织或者特邀调解员在调解过程中形成的送达地址确认、无争议事实等材料，以及关于当事人调解意愿的评价，可以在诉讼阶段使用。规范调解案号编立、使用工作，实现对诉非分流、委派案件全程在线管理。创新诉前调解衍生案件单独管理模式，对诉前调解成功，需要进行司法确认或者出具调解书的案件，以"诉前调确""诉前调书"号出具法律文书。

（十七）优化联动调解机制。与相关单位建立工作协调和信息共享机制，用足用好最高人民法院"总对总"在线诉调对接调解资源库，加大"道交一体化"平台应用力度，针对道路交通、劳动争议、医疗纠纷、银行保险、证券期货、涉企纠纷、知识产权、教育管理、消费者权益保护、价格争议、国际商事、涉侨涉外等领域纠纷，征得当事人同意后，在线推送各单位调解组织或者调解员进行调解。进一步扩大各地区特邀调解资源库，将更多符合条件的人民调解员、行业性专业性调解组织、律师纳入特邀调解名册。在涉外及涉港澳台民商事案件中，邀请符合条件的外国人或者香港、澳门特别行政区和台湾地区同胞参与调解。建立健全行政争议诉前调解化解机制，鼓励开展先行调解。推动轻微刑事案件诉前和解和第三方化解工作，加强与刑事速裁程序衔接。在商事等领域探索开展市场化调解，推动建立公益性调解与市场化调解并行模式。

（十八）完善诉前辅导分流机制。对到诉讼服务大厅现场或者通过网上立案系统提交诉状或者申请书的当事人，先行通过人工服务或者智能设备评估等方式，开展辅导分流、中立评估、解释疏导等工作。能够通过行政裁决解决的，在登记立案前指引通过行政裁决化解纠纷。适宜调解、和解的，告知诉前调解、刑事和解优势特点，鼓励当事人调解、和解；当事人同意诉前委派调解的，通过人民法院调解平台指派调解组织或者调解员，提供"菜单式"调解服务。案件不适宜调解、当事人已经调解但无法达成调解协议的，依法登记立案，并告知当事人。

（十九）建立健全衍生诉讼案件预防机制。完善调解协议履行保障机制，在诉前调解时加强对当事人履行能力评估，更加注重调解内容可履行性。对促成协议自动履行的调解员，在绩效考评、以案定补等方面给予倾斜。建立健全自动履行正向激励机制，在诉前调解、立案等环节向当事人发放自动履行告知书，探索与有关部门建立诚信履行激励机制。加强立审执各环节释明疏导和调解化解工作，提高审判执行质效，强化涉诉信访源头治理、综合治理，减少上诉、再审和申诉信访案件。

（二十）建立健全虚假诉讼防范和惩治机制。全面应用立案辅助系统，加强对虚假诉讼的精准识别和提前预警。强化民事诉讼中防范惩治虚假诉讼的审判指引，明确民间借贷、买卖合同、执行案件等虚假诉讼多发领域案件的甄别要点、证据审查重点和防范处理措施。对认定存在虚假诉讼行为的，根据情节轻重采取相应强制措施，并向参与实施虚假诉讼的诉讼代理人、鉴定、公证、仲裁等相关组织或人员的主管部门、行业协会或所在单位通报情况，提出依法惩处司法建议。加强与公安、检察机关协作配合，建立线索移送、结果反馈机制，依法合力严惩虚假诉讼。及时发布虚假诉讼惩戒典型案件，引导当事人依法行使诉权。

（二十一）完善诚信诉讼保障机制。建立诚信诉讼承诺制度，引导当事人在诉前调解或者登记立案前填写诚信诉讼承诺。对滥用诉权以及恶意拖延调解、故意不履行调解协议、无正当理由否定已经记载的无争议事实等不诚信行为，探索通过律师费转付、诉讼费用合理分担、赔偿无过错方诉前调解额外支出等方式进行规制。加强对调解员培训指导，提高防范虚假调解能力水平。

五　加强重点领域矛盾纠纷源头化解工作

（二十二）加强疫情等重大突发事件引发矛盾纠纷预防化解工作。做好涉疫情矛盾纠纷源头预防和排查预警工作，针对合同、侵权、劳动争议、医疗损害赔偿、涉外海事海商、涉外商事等受疫情影响较大领域纠纷，在诉前开展多元化解。高度关注就业、教育、社会保障、医疗卫生、食品安全、安全生产、社会治安、住房市场调控等领域因重大突发事件可能引发的诉讼，积极开展预判应对和前端化解工作。

（二十三）加强金融领域矛盾纠纷源头化解工作。高度关注金融借款合同、信用卡、融资租赁、保险、委托理财等金融领域纠纷，会同金融管理

部门、金融机构等加强信息共享和数据联通，运用司法大数据为识别合格
投资者、建立健全金融产品或服务全流程管控机制等提供支持。建立示范
调解机制，鼓励当事人平等协商，自行和解。加大对行业主管部门、行业
协会商会等开展金融纠纷集中调解、先行调解的司法保障力度，促进纠纷
在诉前批量化解。

（二十四）加强劳动争议源头化解工作。针对劳动争议先行仲裁的特
点，加强调解、仲裁与诉讼衔接，依托人民法院调解平台，对接人力资源
社会保障相关调解仲裁信息系统，建立调裁诉一体化在线解纷机制，实现
劳动争议仲裁前调解与诉前调解的数据资源共享，统一案件处理标准，推
动更多调解力量在仲裁前开展调解工作。建立全国性、区域性专家调解资
源库，参与化解重大疑难复杂劳动争议。会同工会、人力资源社会保障部
门加强对用工企业、劳动者普法宣传，制定推广劳动合同示范文本。

（二十五）加强婚恋家庭矛盾纠纷源头化解工作。与共青团、妇联、公
安、民政等部门加强协作，完善婚恋家庭矛盾纠纷信息共享和通报机制，
联合开展矛盾排查、普法宣传和以案释法工作。建立婚恋家庭纠纷分级预
警化解模式，推动调解前置，加强心理疏导和危机干预，避免矛盾激化升
级。建立诉后跟踪机制，预防"民转刑"案件。加大反家暴延伸服务力度，
健全家庭暴力受害人人身保护令实施机制。

（二十六）加强知识产权矛盾纠纷源头化解工作。会同知识产权部门，
系统分析本地区知识产权领域多发易发纠纷成因特点，推动完善预防性法
律法规，加强示范性裁判指引。建立健全知识产权纠纷诉非联动机制，进
一步扩大专业性行业性调解队伍，提高在线多元化解质效。创新工作方式
方法，推广建立正版图库交易平台等做法，从源头上预防化解互联网著作
权等涉网知识产权纠纷。

（二十七）加强互联网纠纷源头治理工作。针对网络金融活动、网络购
物等引发的纠纷，会同相关主管部门，构建符合互联网特点的源头治理模
式，指导互联网平台建立务实有效的纠纷解决机制，切实降低成诉率。运
用区块链技术，将裁判规则、交易规范等嵌入互联网平台，实现风险预警
和自动提示，督促诚信履约。加快与互联网平台在线诉非对接，推进源头
治理进平台、进网络，形成互联网纠纷分层递进解决机制。

　　……

关于建立健全诉源治理机制　加强矛盾纠纷源头预防和前端化解的指导意见（节选）*

（2020 年 5 月 7 日）

为深入贯彻中央和省委关于加强和创新社会治理决策部署，完善社会矛盾纠纷多元预防调处化解综合机制，把非诉讼纠纷解决机制挺在前面，推动从源头上减少诉讼增量，现就建立健全诉源治理机制、加强矛盾纠纷源头预防和前端化解提出如下指导意见。

一　加强矛盾纠纷源头化解

（一）筑牢矛盾纠纷风险防控工作基础。各地要加强矛盾纠纷预防和化解能力建设，推动各类纠纷化解组织发展，督促有关部门落实矛盾纠纷化解职责，整合乡镇（街道）、村（社区）基层力量，促进纠纷就地受理、就地化解。各有关部门要按照职责建立健全矛盾纠纷排查调解处理等制度，强化社会矛盾纠纷多元预防调处化解综合机制的源头治理作用。推动社会矛盾纠纷风险防控与经济社会发展同步规划、同步实施，完善重大决策社会稳定风险评估机制，推动矛盾纠纷风险防控贯穿规划、决策、执行、监管各领域各环节。加强司法建议工作，针对经济社会发展、社会管理创新和社会矛盾纠纷化解中的重大问题，以及司法实践中发现的具有一定普遍性或可能导致群体性矛盾的问题，积极向有关部门提出意见建议。充分发挥信访的社情民意晴雨表作用，深入分析信访数据，强化普遍性、趋势性问题综合研判，为社会矛盾纠纷风险防控提供参考。加快公共安全风险监测预警体系建设，加大对新技术新业态的监管力度，建立"互联网十网格"

＊　中共四川省委办公厅、四川省人民政府办公厅印发，见川委办〔2020〕10 号文件。

管理服务模式，推进"雪亮工程"建设。

（二）加强基层公共法律服务体系建设。推进公共法律服务标准化规范化，加快整合律师、调解、仲裁、公证、司法鉴定等法律服务资源，努力建设全面覆盖城乡的普惠均等、便捷高效、智能精准的法律服务供给体系，大力推行一村（社区）一（辅）警、一村（社区）一法律顾问机制，完善城镇社区和农村网格服务体系，加强工作力量，及时排查预防各类矛盾纠纷，引导群众依法表达诉求、维护权益。人民法庭、检察室、公安派出所、司法所等要与基层群众性自治组织、基层调解组织等建立法治指导关系，推行重要会议列席制度，提供决策法律咨询和矛盾纠纷预防化解意见。支持工会、共青团、妇联、工商联、法学会、律协及商（协）会等组织参与诉源治理，培育公益性基层法律服务社会组织。

（三）加强社会自治规范建设。深化基层组织依法治理，支持社会主体进行自我约束、自我管理。依法建立各领域社会组织，重点培育、优先发展行业协会商会类、科技类、公益慈善类、城乡社区服务类社会组织。完善多层次多领域社会规范，健全村规民约、居民公约、行业规章、社会组织章程等社会规范体系。加强对社会规范制定和实施情况的审查监督，制定推广示范文本。

（四）加强社会道德诚信建设。弘扬社会主义核心价值观，推进社会公德、职业道德建设，深入开展家庭美德、个人品德教育。强化政策引领，促进企业诚实守信、合法经营，营造更好履行社会责任的良好环境。加快推进社会信用体系建设，建立健全贯穿市场主体全生命周期，衔接事前、事中、事后全监管环节的新型监管机制；做好信用承诺、信用修复、失信联合惩戒、信用大数据开发利用等重点工作。强化全社会网络法治、网络素养和网络道德教育，发展积极向上的网络文化，营造风清气正的网络环境。

（五）持续加强法治宣传教育。全面落实"谁执法谁普法"普法责任制，深入推进法官、检察官、行政执法人员等以案释法，开展示范诉讼、示范办案、示范执法活动。加强典型案例的整理、研究和发布工作，充分发挥典型案例的引导、规范和教育功能。深入基层开展法律法规学习宣传教育，充分发挥法律服务队伍重要作用。健全媒体公益普法机制，壮大普法志愿者队伍。以"法律七进"为重要载体，强重点群体法治宣传教育，增强妇女群众法治意识，健全青少年参与法治实践机制，进一步突出法治宣传教育系统性、针对性和实效性。

二　推进矛盾纠纷前端化解

（一）加强前端治理基层网络建设。建立健全纵向覆盖省、市（州）、县（市、区）、乡镇（街道）、村（社区），横向辐射社会治理各个领域的矛盾纠纷治理网络，依托现有资源，加强矛盾纠纷多元化解协调中心和村（社区）调解室规范化建设。健全矛盾纠纷源头信息"一张网"综合管理制度，加强对调解、行政裁决、行政复议、仲裁、公证、信访、诉讼等信息资源的融合共享，完善矛盾纠纷分级、分类、分流化解制度。研究建立矛盾纠纷预测、预警、预防、预置工作机制，完善突发事件应急处置机制和覆盖基层的社会治安防控体系。重点加强对涉众涉稳、重大敏感纠纷的分析研判及稳控化解，把源头排查和一般性民间纠纷就地及时解决的责任落实到位。

（二）加快完善非诉讼纠纷解决机制。加强对调解、行政裁决、行政复议、仲裁、公证等非诉讼纠纷解决机制的资源配置，推动非诉讼纠纷解决组织发展壮大。重点加强行业性、专业性调解工作，培育壮大行业性、专业性调解组织，引导行业内部有效化解矛盾纠纷；发挥律师在调解中的作用，探索建立律师接受委托代理时告知当事人选择非诉讼方式解决纠纷的制度；完善政府购买公共服务机制和评估办法，引导社会组织在解决矛盾纠纷中发挥更大作用。加强行政裁决工作，促进快速解决与行政管理活动密切相关的民事纠纷。加强商事纠纷、农村土地承包经营纠纷、劳动人事争议仲裁工作；推动仲裁改革发展，支持仲裁融入基层社会治理，通过仲裁妥善处理人民群众在日常生产生活中涉及财产权益的各类民事纠纷。支持公证机构在家事、商事等领域开展公证活动或调解服务，探索发展互联网公证。

（三）完善非诉讼纠纷解决效力衔接保障机制。加强司法与调解、行政复议、仲裁、公证的有效衔接，完善行政裁决救济程序衔接机制，畅通与有关社会组织的对接渠道。支持公证机构对债权债务合同及具有给付内容的和解协议、调解协议办理债权文书公证。支持人民法院健全开放共享、多元共治的诉讼前端纠纷解决机制，建立多元纠纷解决机制告知程序，为当事人提供纠纷解决方式、诉讼常识、心理咨询等方面的辅导；完善委派调解机制，建立诉前调解自动履行正向激励机制，促进当事人主动履行、当场执行调解协议；健全诉非衔接机制，实现司法确认快速立案、快速办理，依法保障调解协议的法律效力和强制执行力。建立健全虚假调解预防和制裁机制。

（四）加强"一站式"矛盾纠纷解决平台建设。加强在线矛盾纠纷多元化解平台建设。推广建立婚姻家庭、道路交通、劳动人事争议、房产物业、消费维权、价格争议、医疗卫生、扶贫开发、征地拆迁、环境保护及其他跨地域、纠纷多发易发领域的矛盾纠纷联动化解工作平台，完善平台实体化运行机制，提供"一站式"矛盾纠纷解决服务。加强各部门矛盾纠纷解决平台的系统对接和数据共享，完善在线诉非衔接机制，实现网上"一站式"矛盾纠纷解决。

……

关于健全诉源治理机制　深入推进矛盾纠纷源头预防和前端化解的实施意见（节选）[*]

（2020 年 11 月 23 日）

为深入贯彻中央和省委关于加强和创新社会治理的决策部署，认真落实省委办公厅、省政府办公厅印发的《关于建立健全诉源治理机制加强矛盾纠纷源头预防和前端化解的指导意见》（川委办〔2020〕10 号），完善社会矛盾纠纷多元预防调处化解联动机制，深入推进矛盾纠纷源头预防和前端化解，加快推进市域社会治理现代化，全面提升超大城市治理体系和治理能力现代化水平，结合我市实际，提出如下实施意见。

一　总体要求

（一）指导思想。坚持以习近平新时代中国特色社会主义思想为指导，深入学习贯彻习近平总书记对四川及成都工作系列重要指示精神，贯彻落实中央和省委、市委有关决策部署，坚持和发展新时代"枫桥经验"，紧紧围绕全市工作大局，着眼社情民意和群众诉求，从源头上和体制机制上推动纠纷止于未发、解于萌芽，助推建设践行新发展理念的公园城市示范区现代治理体系，为加快建设高质量发展增长极和动力源提供强有力治理保障。

（二）基本原则。

——坚持党委主抓。坚持"共治共赢、全程全域、多方多元"理念，完善党委领导、政府负责、民主协商、社会协同、公众参与、法治保障、科技支撑的社会治理体系，聚力实现矛盾纠纷防范在先、发现在早、处置在小。

---

[*]　中共成都市委办公厅、成都市人民政府办公厅印发，成委办〔2020〕13 号文件。

358

——坚持人民中心。深入践行以人民为中心的发展思想，坚持以民为本、便民利民，加快完善线下线上非诉讼纠纷解决机制，引导当事人依法理性选择成本较低、效率较高、对抗性较弱、有利于修复社会关系的方式预防和化解纠纷。

——坚持法治保障。构建完善党组织领导下的自治、法治、德治相结合的城乡基层治理体系，优化在法律框架内灵活运用社会规范、道德文化等解决纠纷的路径，坚持把非诉讼纠纷解决机制挺在前面，实现矛盾纠纷依法依规合情合理解决。

——坚持基层为主。发挥镇（街道）政法委员作用，充分整合基层社会治理力量，因地制宜探索完善城市"陌生社区"和乡村"熟人社区"的诉源治理模式，持续强化基层公共法律服务供给，构建覆盖城乡社区的立体化、精细化、智能化自治体系。

（三）工作目标。构建党委领导下多方协同、权责明晰、运行规范、高效联动的诉源治理工作机制，健全分层递进、衔接配合、司法保障的社会矛盾纠纷一站式、全链条、一次性化解体系，实现更多矛盾隐患通过源头防控体系消解在萌芽状态，大量纠纷以非诉讼方式前端化解，打造具有全国影响力的诉源治理典范城市。

二 深入推进基层治理"三治融合"，止纠纷于源头

（四）构建诉源治理基础工作格局。建立纠纷预防化解工作领导责任制，建立健全多层次、全覆盖、分工明确、协调一致的社会矛盾纠纷多元预防调处化解工作责任体系，健全相关职能部门依职责分工进行风险预防、排查分析、依法化解制度机制。推动将社会矛盾纠纷风险防控与经济社会发展同步规划、同步实施，完善重大决策社会稳定风险评估机制，切实将矛盾纠纷风险防控贯穿规划、决策、执行、监管各领域各环节。加快公共安全风险监测预警体系建设，构建"互联网＋网格"管理服务模式，健全"大联动·微治理"机制，加大对新技术新业态的监管力度。坚持诉源治理体系集成运行，有效整合基层网格员、人民调解员、五老乡贤、村（社区）法律顾问、基层信访代理员、劳动人事争议调解员、兼职仲裁员、劳动关系协调员（师）等基层力量，推动实现基层矛盾纠纷调处化解工作队伍全覆盖，夯实纠纷就地受理、就地化解的"第一道防线"基础。

（五）健全多元参与自治机制。健全村规民约、居民公约、习惯规范，完善村（居）民议事会、村（居）务监督委员会制度，畅通村（居）民参与治理渠道，培育发展城乡社区服务类社会组织，提高社区自治能力。推进行业规范自治，重点培育发展房产物业、交通物流、信息技术、金融、农业等行业协会商会类社会组织，指导完善行业规章，推广行业交易示范文本，加快组建和发展行业调解队伍，推动自主化解行业内纠纷。推进商事主体自治建设，引导企业积极履行治理责任，完善规章制度，建立健全经营风险防控机制和企业内部纠纷预防调处机制，维护好职工、股东和企业合法权益。

（六）深化基层法治建设。推进公共法律服务标准化、规范化、实体化和信息化建设，构建覆盖城乡、普惠均等、便捷高效、智能精准的公共法律服务供给体系，全面落实一村（社区）一辅警、一村（社区）一法律顾问制度，提升"12348"法律服务平台线上指引和线下处置功能，推广社区公共法律服务移动端"司法通"应用。完善镇（街道）政法委员统筹协调工作机制，建立健全基层法治指导员制度，推动人民法庭、检察室、公安派出所、司法所与辖区内的基层群众性自治组织和调解组织建立法治指导关系。支持工会、共青团、妇联、工商联、法学会、律协及商（协）会等组织参与诉源治理，培育公益性基层法律服务社会组织。全面落实"谁执法谁普法"普法责任制，深入开展"法治七进"活动，推进法官、检察官、行政执法人员、律师等法律工作者参与村（社区）法律服务工作，满足基层群众多元法律需求。

（七）创新开展德治工作。弘扬社会主义核心价值观，加强社会公德、职业道德、个人品德和心理健康教育，培育自尊自信、理性平和、积极向上的社会心态。推进社区"无讼公约""说事评理"等德治建设活动，推广"无讼社区""家和促进单元"等成熟模式。强化全社会网络道德教育，发展积极向上的网络文化，营造风清气正的网络环境。加快社会信用数据的互联共享，形成贯穿市民和市场主体全生命周期的新型监管机制，构建覆盖信用评价、信用激励、失信惩戒、信用修复、信用大数据的智慧信用体系。

三　深入发展多元化纠纷解决机制，解纠纷于前端

（八）加强前端纠纷多元化解网络建设。统筹设置矛盾纠纷多元化解协调中心和村（社区）调解室，建立健全纵向覆盖市、区（市）县、镇（街道）、村（社区），横向辐射社会各领域的矛盾纠纷多元化解网络。依托"大联动·微治理"体系，建立健全矛盾纠纷源头信息"一张网"综合管理制度，完善矛盾纠纷分级、分类、分流化解制度，推动基层常发多发纠纷通过组（小区）、村（社区）、镇（街道）三级平台分层逐级调处，推动基层不能解决的纠纷有序向行政裁决、行政复议、仲裁、公证、信访、诉讼等渠道分流。重点加强对涉众涉稳、重大敏感纠纷的分析研判及稳控化解，把社会稳定风险源头排查和一般性民间纠纷就地及时解决责任落实到位。

（九）加快完善纠纷多发领域非诉讼纠纷解决机制。道路交通、物流运输、劳动人事、房产物业、征地拆迁、农业农村、扶贫开发、生态环境保护、卫生健康、婚姻家事、知识产权、金融借贷等相关部门，要依法落实纠纷多元化解工作责任，牵头推动行业性调解组织建设。农业、林业、草原、人力资源和社会保障等部门要加强对农村土地承包经营纠纷仲裁、劳动人事争议仲裁的指导。司法行政机关要加强对行政裁决、行政复议和人民调解、行政调解、行业调解的协调与指导，推动与行政管理有关的各类矛盾纠纷在行政职权范围内有效化解。

（十）大力发展商事领域非诉讼纠纷解决机制。聚焦国际化、市场化、法治化、便利化营商环境建设、自贸试验区建设和"一带一路"经贸合作等发展需求，大力培育发展商事调解组织，完善商事调解机制，拓展商事纠纷调解渠道。推动商事仲裁制度与国际接轨，加快报批建立"一带一路"国际商事互联网仲裁院。推动新基建、房地产开发、金融借贷、企业经营、国际商贸、文化旅游等重要领域商事纠纷更多适用仲裁程序，引导市场主体优先选择仲裁程序解决争议，探索发展互联网仲裁，提高仲裁效率。支持公证机构在金融债权等领域开展公证活动或调解服务，发展互联网公证，提高解决非诉讼纠纷的便利化水平。

（十一）支持诉讼前端多元化纠纷解决机制建设。支持和保障镇（街道）政法委员依法推动和加强基层平安建设、法治建设工作，支持和保障人民法院建设多元化纠纷解决平台。深入落实全国民事诉讼程序繁简分流

改革试点工作要求，加快实施"特邀调解倍增计划"，完善诉前委派调解程序，推动实现调解效能倍增和前端实质解纷目标。深化完善律师调解制度，探索建立律师接受委托代理时告知和引导当事人选择多元化方式解决纠纷的制度，拓展律师参与诉前调解引导、诉讼辅导等职能。

（十二）健全非诉讼纠纷解决效力保障机制。全面加强司法与调解、行政复议、仲裁、公证的有效衔接，完善行政裁决救济程序。优化调解协议司法确认程序，建立司法确认程序与公调对接、检调对接、访调对接、行调对接的衔接机制，增强司法确认对人民调解、行政调解、行业调解、商事调解、律师调解等非诉讼调解机制的效力保障。加大对生效仲裁裁决及仲裁调解书的执行力度，加强裁审衔接，统一裁审法律适用标准，进一步保障仲裁机制的公信力和强制执行力。支持公证机构对债权债务合同及具有给付内容的和解协议、调解协议办理债权文书公证，依法保障被赋予强制执行效力的公证债权文书和公证调解书的执行力。建立健全利用虚假调解协议申请司法确认或者起诉，利用虚假仲裁裁决书或调解书、公证债权文书等申请执行的预防和制裁机制，严厉打击虚假涉诉行为。

四　深入推动诉非联动协同，化纠纷于平台

（十三）建立健全纵横结合的矛盾纠纷"呼叫—响应"预防化解平台。依托"大联动·微治理"体系和群众工作之家，建立诉源治理前端与后端良性互动机制。镇（街道）、村（社区）等前端治理主体发现或处理矛盾纠纷时发出需求"呼叫"，区（市）县有关职能部门要及时"响应"，推动有效解决纠纷。司法机关和信访部门要在职责范围内定期分析研究违法犯罪、审判执行、信访等矛盾纠纷后端数据，及时就经济社会发展中的重大问题以及具有普遍性或趋势性的问题"呼叫"有关职能部门，从源头上、制度上提出预防和化解纠纷的意见建议，有关职能部门应当及时"响应"并妥善处理。（责任单位：市委政法委、市委社治委、市法院、市检察院、市公安局、市司法局、市信访局）

（十四）构建类型化纠纷专业化"一站式"联动化解平台。道路交通、劳动人事、房产物业、卫生健康、消费者权益、知识产权、扶贫开发、征地拆迁、生态环境保护、婚姻家事及其他类型化纠纷领域的主要职能部门应增强主体意识，配置优势解纷力量、优化联动解纷机制、凝聚高效解纷

合力，整合专业化纠纷解决资源，逐步建立涵盖从前端人民调解、行业调解、行政调解或行政裁决到后端司法确认、强制执行程序的类型化纠纷"一站式"联动化解工作平台。持续深化人民法院"衍生案件"治理，推动减少二审案件、执行案件和涉诉涉法信访案件。

（十五）推广应用"和合智解"智慧解纷平台。以"和合智解"e调解平台为主要载体，吸纳整合全市人民调解、行政调解、行业调解、商事调解组织和专家学者、律师、仲裁员、公证员、"五老"调解员、退休法官等优质解纷资源，共建共享"和合智解"e调解智库，共推共用在线咨询辅导、在线调解和在线诉调对接等功能。全面推进"和合智解"e调解平台进社区，积极引导社区群众通过"天府市民云"当中的"和合智解"e调解平台在线咨询、解决纠纷，支持有条件的社区试点建设"和合智解"e调解空间，让群众足不出户体验高效便捷的在线解纷服务。

……

成都市中级人民法院关于践行"公正与效率" 推动诉源治理和衍生案件治理效能再提升的实施意见[*]

（2023 年 7 月 17 日）

为持续深入贯彻落实中央、省委、市委及上级法院关于诉源治理的部署要求，充分发挥人民法院在诉源治理工作中的引领、推动和保障作用，全力补齐短板弱项，齐心推进诉源治理机制更完善、效能再提升、效果可持续，为全市法院抓实抓好"公正与效率"实现高质量发展提供坚实保障，提出如下实施意见。

一　总体目标

始终保持"不进则退、慢进亦退"的危机感，紧扣"公正与效率"主题，对标对表中央、省委、市委和上级法院关于加强诉源治理的部署要求，再添措施再发力，高位求进，实现诉源治理在更宽领域、更广范围、更深程度上推进。时刻保持"问题不解决不撒手、短板未补齐不松劲"的责任感，大力解决制约全市法院诉源治理效能提升的认识不统一、地域不平衡、重点不突出、协同不到位、衔接不顺畅、考核不完善等瓶颈问题，以诉源治理引领"双提速"工程，形成思想同心、行动同步、目标同向集中精力抓落实的工作局面，保持诉讼案件数量继续往下降、办案质效持续向上升的良好态势，确保在新征程上取得新业绩。

二　工作任务

（一）坚持"党政主抓、法院主推"，做实源头减量工程

1. 加强请示汇报争取党政支持。各法院要对照中央、省、市诉源治理

＊　见成中法发〔2023〕49 号文件。

专题文件要求,积极推动党政设立诉源治理工作机构,分解诉源治理工作任务,明确责任分工,建立考核机制,督促各职能部门落实纠纷化解职责,增强诉源治理实效。诉源治理工作情况要定期向同级党委汇报,争取党委对诉源治理工作的重视和支持,原则上每半年应当专题报告1次。对于工作中遇到的突出问题和困难,应当及时报告党委协调解决,充分借势借力,推动诉源治理各项措施落地生根、抓实见效。

2. 加强司法建议推动综合治理。坚持能动司法,针对审判中发现的苗头性、共性问题,及时发出司法建议,促进有关单位科学决策、完善管理、消除隐患、改进工作、规范行为,预防和减少社会矛盾纠纷。向外联动依法治市办、检察院联合制定司法建议、检察建议工作管理办法,推动将司法建议回复率纳入依法治市年度目标考核;对内加强自我规范,制定工作细则,建立备案和通报机制。创新探索向党委部门发送司法建议的工作模式,提升司法建议促进综合治理的效果,充分实现"审理一案,治理一片"的作用。

3. 加强法治宣传弘扬法治精神。将法治宣传与司法实践相结合,针对多发易发频发纠纷及时发布典型案例,以案释法,提高人民群众对纠纷化解结果的预判能力。充分发挥全市"豌豆荚"法官工作室、法治宣讲团的作用,深入家庭、学校、社区开展多种形式法治宣讲,通过法官说法、法官讲故事等方式生动讲解,配合精品图文、漫画等丰富的表现形式,引导群众在法律框架内主张权利、解决纷争,主动将遵法守信内化为行动准则,自觉以违反法律、践踏契约、制造纠纷为耻,为诉源治理创造良好的社会环境。

4. 加强群体性纠纷协同治理。针对就业、教育、社会保障、医疗卫生、食品安全、安全生产、社会治安、住房市场等民生领域因政策调控、社会环境变化影响集中爆发的群体性纠纷,广泛收集信息掌握情况,主动靠前与有关部门和单位共同落实好矛盾纠纷多元化解责任,除了积极参与党委政府召开的协调会外,还应当选派专业法官具体参与调解工作,依靠党委政府尽力在诉讼前端实质化解纠纷。对于前端确实无法化解的,要用好群体性纠纷示范诉讼机制、共同诉讼程序灵活处理,避免全部导入诉讼审理。

（二）坚持"力量下沉，服务前倾"，做实固本强基工程

5. 提质培优社区诉源治理品牌。加强对各法院创新打造的"五老调解""说事评理""法治诊所""家和共促""无讼社区"以及搭建的各类社区小微联调平台等既有社区诉源治理品牌的总结评估，对成效不显的，由市法院指导进行升级改造。对于尚无社区诉源治理品牌的法院，要牢固树立"一盘棋"意识，积极参与本地党委部门、政府部门的社区诉源治理品牌创建工作，培塑一批典型意义强、成效突出的社区诉源治理品牌点位。

6. 推动法治指导员实质开展工作。积极推动法治指导员全覆盖工作融入市委主抓的"微网实格"治理体系，在实现全覆盖的基础上，规范法治指导员名册管理，建立法治指导员参与普法宣传、调解指导、业务培训、巡回审判、信访维稳、风控咨询工作台账，完善法治指导员与基层组织对接机制，确保法治指导员派的出、干得好、有成效。各法院做好法治指导员工作开展情况的信息汇总、问题研判和经验总结，按季度向当地党委和市中院报告法治指导员工作开展情况。

7. 建强诉源治理实体服务场所。加强向党委政府汇报沟通，统筹推动街道（乡）、区（市、县）、市三级矛盾纠纷调处化解中心（诉源治理中心）建设，集聚整合各部门分散运行的解纷资源和平台，实现调解、仲裁、诉讼服务平台有机衔接。统一纠纷解决入口，将矛盾纠纷先行引导至矛调（诉源治理）中心进行解决，突显前端化解、一站解纷、源头治理的基本功能，给群众提供一个便捷、集约服务的空间场所。有条件的法院可以先行先试，推动诉服中心成建制入驻。

8. 建立法官参与的诉前调解模式。制定建立法官参与诉前调解的工作规程，明确将诉中调解案件前移至诉前调解，在当事人提起诉讼编立诉前调解案号后即将案件分至员额法官处理，倒逼法官主导诉前调解，将后端相关诉讼程序工作前移至诉前调解阶段，指导调解人员开展起诉状副本、应诉通知书、证据等送达诉讼文书和材料工作，依法组织交换证据、质证、鉴定等，归纳双方无争议的证据，为诉前调解不成功案件进入审理程序，做好充分庭前准备工作，缩短审理和纠纷在院时间。

9. 加强对非诉调解的培训指导。依托法治指导员全覆盖工作，加强对人民调解员、网格员、社区干部等基层解纷力量的法律指导，支持和规范

基层解纷力量在法治轨道上开展纠纷预防化解工作，提升基层社会治理法治化水平。加强对纳入法院特邀调解名册的调解员调解业务指导，提供法律规则和示范裁判指引支持，制作常见案件类型调解指引，推送指导性案例以及类型化、规范化的文书模板，并将调解协议司法确认结果及时反馈给相关解纷主体，助力提升调解质效。

（三）坚持"联调联控，共治共享"，做实多元增效工程

10. 推动婚姻家事纠纷"减量降位"。继续深化家事纠纷源头预防和多元化解机制，联合属地妇联、民政、司法等部门组建专业婚姻家事基层调解组织，推动家事纠纷在萌芽阶段化解。加强与民政部门的对接，通过在婚姻登记处设立婚姻家庭辅导室、入驻"豌豆荚"法官工作室等方式，加强婚姻法治宣传、提供家事纠纷化解指导。加强教育指导，针对问题家长，依法制发家庭教育指导令，联合妇联，依托社区家长学校、中小学校，积极协助开展家庭教育指导。

11. 推动道交、医疗、消费者权益保护领域纠纷"减量降位"。巩固深化道交纠纷"一站式"联调解纷工作成效，加强经验总结和宣传推广。加强与市场监管、消费者委员会的对接，借鉴道交联调成功模式，开展消费者权益保护"一站式"多元解纷平台试点。联动卫健委健全医疗行业调解制度，培育医疗纠纷专业调解组织。充分发挥司法建议作用，规范医美机构管理和运行。加强与卫生行政部门、医学会的对接，畅通医疗损害责任诉前鉴定渠道，为诉前化解创造条件。

12. 推动劳动争议"减量降位"。选派业务骨干以"法律讲堂""线上直播"等宣传方式将劳资矛盾"发现在早、解决在小"。在大中产业园区、重点企业内部挂牌建立"多元解纷工作站"，鼓励依托企业工会组织和基层社会组织共同调处企业劳动争议纠纷，开辟"便捷式"调执通道，建立回访督促制度，不断提升非诉解纷方式吸引力和认可度。精准排查重点行业、重点企业劳资矛盾隐患，完善《企业常见劳动用工法律问题解答》《民营企业法律实务操作》等实用劳动普法手册，提升企业规范用工水平。

13. 推动房地产、建工领域纠纷"减量降位"。建立以"专业法官会议+集团案件专人办理+示范诉讼"房地产、建工领域诉源治理工作机制，以专业法官会议强化审判规则提炼和供给，以集团案件专人办理提升集团诉讼

案件审理专业化精细化程度，通过示范诉讼机制全链条程序保障实现"一揽子"解决多个纠纷。及时总结分析大型建筑企业及房地产企业合规管理风险，帮助涉诉较多的重点企业分析问题原因，查找管理漏洞，完善防范措施。落实建设领域民事司法与行政执法衔接联动工作，有序开展违法线索梳理移送，规范辖区建筑、房地产、交通运输行业市场秩序。

14. 推动知识产权纠纷"减量降位"。结合具体领域加强与有关部门的实质对接，构建知识产权"大保护格局"。与省市场监督管理局会签《专利协同保护合作框架协议》，搭建实体联调平台，形成治理合力。与市检察院、市公安局联合会签《关于办理商标侵权类知识产权刑事案件的证据指引》，建立跨部门知识产权执法协作常态化机制。与市市场监管局（市知识产权局）签订知识产权协同保护框架协议，整合前端解纷资源分类匹配，优化知识产权纠纷联调平台。

15. 推动买卖合同、民间借贷纠纷"减量降位"。系统分析区域内买卖合同、民间借贷纠纷多发易发纠纷成因特点，推动完善预防性法律法规，加强示范性裁判、典型案例指引。用活用好督促程序，在部分案件中开展加强督促程序适用试点，围绕当事人是否选择督促程序以及在督促程序过程中是否存在滥用诉讼权利的行为，设定有梯度的法律后果，引导债权人愿意选择督促程序、规制债务人滥用异议权。强化民间借贷、买卖合同纠纷虚假诉讼惩治防范，完善甄别要点、证据审查重点和防范处理措施。

16. 推动商事领域纠纷"减量降位"。构建企业问需服务机制，定期召开企业座谈会，发布企业经营法律风险提示，根据大中小型企业、中外企业的特点，精准服务企业需求，从源头上预防涉企纠纷。坚持审研结合，以开展天府中央法务区涉外法治服务水平路径研究课题调研为契机，为国际商事纠纷多元化解等提出具有建设性的意见。优化国际商事纠纷一站式解决机制，落实与调解机构合作协议，推动在天府中央法务区引入国内外知名国际商事仲裁机构。

17. 推动物业纠纷"减量降位"。以党建引领小区治理三年攻坚行动为契机，推动将物业纠纷诉讼增长率纳入党委政府目标考核，构建物业纠纷联动治理大格局。立足司法审判职能强化对小区治理领域违法履职等行为审查力度，源头减少自治组织履职不到位导致的小区矛盾纠纷。充分融合司法、行政、行业协会、街道、社区等纠纷调解主体职能作用，构建院落

（小区）和解、社区化解、街道调解、联调中心多元化解、法院诉前调解物
业纠纷五级调处机制。

18. 推动行政争议"减量降位"。深化府院联席会议、行政诉讼司法审
查白皮书、行政机关负责人出庭应诉"三项机制"建设，健全府院联席
"总对总""点对点""专业对专业"沟通模式，提升白皮书"针对性""专
业性""时效性"，强化司法与行政良性互动。深化开展出庭应诉、协调和
解、规范执法"一案三建议"活动，同步推动依法治市办优化回复率考核
指标，有效降低行政纠纷成讼率及行政机关败诉率，实质推动行政争议实
质化解从法院主推上升为党委主抓，增强党委领导下执法、复议、司法共
同参与促成行政争议实质化解的工作力度。

19. 加强执前和解督促。用好"执诉前调""执前督"案号，积极开展
立案前的执行和解、督促随案执行工作。加大诉讼保全力度，对金钱给付
类的小标的额案件，应保尽保，以保全促调解、促履行。对于执行异议成
立的涉众案件，协调相关部门，创新解封、解冻手段，灵活采取多部门会
签的形式确定意见后，直接向相关部门发函解除查封、冻结。针对金融机
构为了取得终本裁定提请不良核销作为依据而提起大量小额金融借款合同
纠纷和信用卡纠纷诉讼，建立健全"预查废"机制，金融机构可以依据该
证明直接作为不良核销依据，从而避免重复诉讼和执行。

（四）坚持"案结事了，实质解纷"，做实衍生案件治理工程

20. 坚持准确裁判。树立能动司法理念，为当事人提供合理的证据负
担、引导证据收集，精准把握证明标准，准确认定各项证据，切实履行中
基层法院准确查明案件事实的职能职责。正确适用法律规范，树立要件审
判思维，运用归纳推理、类比推理等方法，确保在个案适用中所需的法律
规定查找完全、查找准确，完成一般的法律规范向特定裁判规范的转化。
强化法官在庭审中对阶段性认定的释法说理和裁判文书充分说理，加强裁
判文书质量检查，提升裁判文书司法公信力。在立案、庭审、裁判各环节
加强识别与防范，有效阻断当事人恶意、虚构、重复起诉。

21. 加强程序保障。强化诉讼经济原则适用，区分不同类型案件特点，
针对性采取措施激活程序潜能，尽可能用最少的程序解决当事人的诉求。
构建梯度型民事分层过滤机制，激活非讼程序运行，扩大小额诉讼适用范

围，探索客观预备合并之诉，完善诉的抵销制度，善用示范诉讼等解决群体性纠纷。精准适用刑事诉讼程序，积极适用恢复性司法程序，科学评价和适用刑事强制措施，进一步推动定罪、量刑规范化，加大认罪认罚从宽适用。强化司法与行政之间的良性互动，充分发挥行政诉讼白皮书作用，落实行政机关负责人出庭制度，减少行政程序空转。加强执行"衍生案件"治理，正向激励自动履行，严格落实首执案件财产处置到位，执行异议前端处理，探索执行异议一裁终审，健全规范恢复执行启动程序，探索"执行不能"案件退出通道。

22. 优化监督管理。充分运用管理工具破解"程序空转"，强化审判监督管理，提升案件办理质效。健全完善以"案件-纠纷比"为核心、服判息诉、督促履行等指标为辅助的实质解纷综合评价指标体系，将随案执行、判后答疑等工作情况纳入法官个人业绩及工作量考核。加强案件质量管控，充分发挥审判委员会、专业法官会议总结审判经验、统一裁判标准的作用，加大类案和关联案件检索运用，全面落实"四类案件"监管，创新开展案件质量评查工作。充分发挥业务指导功能，建立常态化改发指导机制，有效落实案件请示汇报制度，扩大片区会指导作用。落实改发案件判前沟通机制，探索建立改发案件监管平台，对发回重审、改判、指令再审案件严格管理，充分保障判前沟通环节中下级法院反馈异议权。

23. 增强立审执联动。坚持全链条实质解纷，做优全程司法服务，努力实现司法效能最大化。把牢立案关口，甄别当事人诉求，严格限制以被告不明、以诉讼请求不明、民行交叉为由简单驳回起诉。建立裁判文书可执行性审查机制，多措并举明确执行依据并予以执行，及时引导确实无法执行的当事人通过其他途径解决纠纷，防止"执行空转"。持续推动司法释明中心实质化运行，加强判后答疑，治理"衍生案件"防复发。

关于健全诉源治理机制　深入推进矛盾纠纷源头预防
和前端化解的考核办法（试行）[*]

（2023 年 9 月 5 日）

为认真落实《关于建立健全诉源治理机制　加强矛盾纠纷源头预防和前端化解的指导意见》（川委办〔2020〕10 号）、《关于建立健全诉源治理机制　加强矛盾纠纷源头预防和前端化解的实施意见》（成委办〔2020〕13 号）和《关于深化社区"诉源治理"推进高品质和谐宜居生活社区建设的实施办法》（温委办〔2019〕56 号）文件精神，确保完善社会矛盾纠纷多元预防调处化解联动机制和深入推进矛盾纠纷源头预防及前端化解更加"姓温有据"，助力心安之区建设，特制定本考核办法。

一　指导思想

坚持以习近平新时代中国特色社会主义思想为指导，深入学习贯彻党的二十大精神和习近平总书记对四川及成都工作系列重要指示精神，全面落实省委十二届二次、三次全会和市委十四届二次、三次全会决策部署，坚持和发展新时代"枫桥经验"，紧紧围绕全区工作大局，着眼社情民意和群众诉求，从源头上和体制机制上推动纠纷止于未发、解于萌芽，为奋力建设"幸福温江·美好之城"提供坚强保障。

二　工作目标

构建党委领导下多方协同，属地责任明确，运行规范、联动高效的诉源治理工作机制，健全分层递进、衔接配合、司法保障的社会矛盾纠纷一

---

[*]　平安温江建设领导小组办公室印发，见平安温江办〔2023〕4 号文件。

站式、全链条、一次性化解体系，实现更多矛盾隐患通过源头防控体系消解在萌芽状态，大量纠纷以非诉讼方式前端化解，逐步建立起以矛盾纠纷增长率和化解率、社区居民满意率、重大群体性事件发生数量、万人起诉率等为考核指标的法治化建设评价体系。

三　考核对象

各镇（街道）、矛盾纠纷多发领域牵头部门。

四　考核内容

（一）健全矛盾纠纷前端化解网络体系。紧盯体系建设，实行综治中心、矛盾纠纷多元化解中心和"诉源治理中心""多中心合一"，规范运行机制，依托"大联动·微治理"体系，健全落实信息采集共享制度，规范矛盾纠纷基础信息类别划分、采集标准、来源渠道、共享方式、调解流程，推动常发多发纠纷通过组（小区）、村（社区）、镇（街道）三级平台分层逐级调处，推动基层不能解决的纠纷有序分流。重点加强对涉众涉稳、重大敏感纠纷的分析研判及稳控化解，落实社会稳定风险源头排查和一般性民间纠纷就地及时解决责任。

（二）推动纠纷多发领域非诉讼化解纠纷。紧盯重点难点，在区住建局牵头的物业管理和房地产，在区妇联牵头的婚姻家庭，在区公安分局牵头的道路交通，在区人社局牵头的劳动人事争议，在区卫健局牵头的医疗纠纷等矛盾纠纷多发领域，充分运用"诉调对接""访调对接""公调对接""交调对接""检调对接"等多元调解模式，积极推动矛盾纠纷在法庭外解决。

（三）推动商事领域非诉讼化解纠纷。紧跟时代步伐，聚焦国际化、市场化、法治化、便利化营商环境建设，自贸试验区建设、"一带一路"经贸合作和成渝地区双城经济圈建设等发展需求，大力培育发展商事调解组织，完善商事调解机制，拓展商事纠纷调解渠道，推动商事仲裁制度与国际接轨。在区法院指导下，积极引导辖区内新基建、房地产开发、金融借贷、企业经营、国际商贸、文化旅游等领域市场主体的商事纠纷，优先选择仲裁程序解决争议，探索发展互联网仲裁，提高仲裁效率。

（四）构筑诉讼前端多元化解格局。紧盯诉前调解，充分运用诉讼前端多元化纠纷解决平台，加快实施"特邀调解倍增计划"，完善诉前委派调解程序，推动实现调解效能倍增和前端实质解纷目标。深化完善律师调解制度，探索建立律师接受委托代理时告知和引导当事人选择多元化方式解决纠纷的制度，拓展律师参与诉前调解引导、诉讼辅导等职能。持续深化"衍生案件"治理，推动减少二审案件、执行案件和涉诉涉法信访案件。

五　考核标准

依据区法院提供受理对应类型矛盾纠纷和纠纷发生地前三年案件数的平均值为基准数，经过区委政法委审核，各镇（街道）和矛盾纠纷多发领域牵头部门复核后实施。

六　结果运用

区委政法委将此项工作纳入政法年度目标考核并实行减分制度，受理案件数较基准数上升 10%（含 10%）以内，不扣分；受理案件数较基准数上升 10%（不含 10%）至 20%（含 20%），扣综合目标绩效考评总分目标分 0.1 分；受理案件数较基准数上升 20%（不含 20%）以上，扣综合目标绩效考评总分目标分 0.2 分。由区法院提供数据，每半年开展一次考核，对工作成效显著和实战应用取得突出成绩的，进行通报表扬；对工作不力的及时督促整改，确保矛盾纠纷"小事不出村（社区）、大事不出镇（街道）、矛盾不上交"。

关于健全诉源治理机制 深入推进物管领域矛盾纠纷诉前调解的实施办法（试行）*

（2023 年 9 月 15 日）

为认真落实《关于建立健全诉源治理机制 加强矛盾纠纷源头预防和前端化解的指导意见》（川委办〔2020〕10 号）、《关于建立健全诉源治理机制 加强矛盾纠纷源头预防和前端化解的实施意见》（成委办〔2020〕13 号）和《关于深化社区"诉源治理"推进高品质和谐宜居生活社区建设的实施办法》（温委办〔2019〕56 号）文件精神，完善物管领域矛盾纠纷多元预防调处化解联动机制，深入推进矛盾纠纷源头预防及前端化解，切实提高心安之区建设水平，特制定本办法。

一 指导思想

坚持以习近平新时代中国特色社会主义思想为指导，深入学习贯彻党的二十大精神和习近平总书记对四川及成都工作系列重要指示精神，全面落实省委十二届二次、三次全会和市委十四届二次、三次全会决策部署，坚持和发展新时代"枫桥经验"，紧紧围绕全区工作大局，着眼社情民意和群众诉求，推动实现调解效能倍增和前端实质解纷目标，为奋力建设"幸福温江·美好之城"提供坚强保障。

二 工作目标

构建党委领导下多方协同，属地责任明确，运行规范，联动高效的诉源治理工作机制，健全诉讼前端多元化纠纷解决平台，完善诉前委派调解程序，

* 参见平安温江建设领导小组办公室文件（平安温江办〔2023〕6 号）。

构建物管领域矛盾纠纷诉前调解统一受理、统一分派、统一协调、统一监管、统一反馈、统一考核全链条流转，实现大量纠纷以非诉讼方式前端化解。

三　诉前调解流程

（一）上报

区法院通过"温江区微网实格社会治理平台"将需要进行诉前调解的物管领域矛盾纠纷上报至区综治中心，并提供纠纷基本情况、双方当事人联系方式和建议牵头调处镇（街道）。

（二）分派

区综治中心收到诉前调解请求后，立即进行综合研判分析，通过"温江区微网实格社会治理平台"指派具体镇（街道）负责矛盾纠纷的调解。

（三）调解

镇（街道）收到调解任务后，协同区住建局，在 30 日内组织相关人员进行调解，调解成功则上传调解协议书并反馈至区综治中心；调解不成功则上传调解过程的基本情况并附上调解照片、签到簿等过程性佐证资料。

（四）反馈

区综治中心收到镇（街道）任务反馈和相关佐证资料后，通过"温江区微网实格社会治理平台"及时反馈给区法院进行后续处理。

（五）归档

区法院收到区综治中心反馈后，对调解成功的矛盾纠纷依法申请司法确认或依据《中华人民共和国民事诉讼法》的规定，按程序进行撤诉处理；对调解不成功的及时进入司法程序，并做好相关矛盾纠纷的归档工作。

四　职责分工

（一）区委政法委要落实牵头协调作用，切实做好矛盾纠纷调处安排部署、督促指导和目标考核。

（二）区法院要落实司法指导职能，做好矛盾纠纷诉前调解分流、指导、司法确认和进入司法程序等工作。

（三）区住建局要落实行业监管职能，积极指导镇（街道）做好矛盾纠纷调处。

（四）镇（街道）要落实属地责任，在区级部门指导下积极开展矛盾纠纷调处化解。

五　工作保障

（一）加强工作考核。依据《关于健全诉源治理机制深入推进矛盾纠纷源头预防和前端化解的考核办法（试行）》（平安温江办〔2023〕4号）文件要求，区委政法委将此项工作纳入政法年度目标考核，形成分层递进、衔接配合、司法保障的物管领域矛盾纠纷一站式、全链条、一次性化解工作格局。

（二）健全整改机制。各镇（街道）、区级有关部门也要强化属地和部门工作责任，区法院每半年通报一次物管领域矛盾纠纷调处化解联动工作结果，限期整改，逐步健全以矛盾纠纷增长率和化解率、万人起诉率、"诉非协同"成功率等指标为标准的整改机制。

（三）加强经验推广。每年开展一次案例评选，积极推广典型经验做法，努力打造"姓温有据"的温江特色矛盾纠纷调解模式。

温江区深化以结果为导向的诉源治理机制工作方案

（2023 年 11 月 6 日）*

为贯彻落实《关于建立健全诉源治理机制加强矛盾纠纷源头预防和前端化解的指导意见》（川委办〔2020〕10 号）、《关于建立健全诉源治理机制加强矛盾纠纷源头预防和前端化解的实施意见》（成委办〔2020〕13 号）和《关于深化社区"诉源治理"推进高品质和谐宜居生活社区建设的实施办法》（温委办〔2019〕56 号）文件精神，不断深化以结果为导向的诉源治理机制，全力保障加快构建"姓温有据"的"3＋6"现代化产业体系建设，特制定本工作方案。

一　指导思想

坚持以习近平新时代中国特色社会主义思想为指导，深入贯彻习近平总书记"坚持把非诉讼纠纷解决机制挺在前面"重要指示精神，坚持和发展新时代"枫桥经验"，坚持走好新时代党的群众路线，坚持法治思维，从源头上减少诉讼增量，推动更多法治力量向引导和疏导端用力，紧紧围绕全区中心工作，提升矛盾纠纷预防化解法治化水平，从源头上和体制机制上推动纠纷止于未发、解于萌芽，积极助力"温江一家亲"和心安之区建设。

二　工作目标

构建党委领导下多方协同，属地责任明确，运行规范、联动高效的诉源治理工作机制，健全分层递进、衔接配合、司法保障的社会矛盾纠纷一站式、全链条、一次性化解体系，实现更多矛盾隐患通过源头防控体系消

＊　平安温江建设领导小组办公室印发，见平安温江办〔2023〕9 号文件。

解在萌芽状态，大量纠纷以非诉讼方式前端化解。

三　工作原则

（一）以党委领导为核心，高位推进诉源治理工作。由区委政法委牵头成立工作专班，区法院、区司法局、区人社局、区住建局、区妇联积极主动靠前一步参与行专矛盾纠纷调处化解，各镇（街道）积极主动超前一步将一般性矛盾纠纷排查化解在萌芽状态。

（二）以实战平台为关键，扎实推进诉源治理工作。通过司法建议等方式依法有序推动诉源治理，以区法院多元解纷诉调对接中心与区司法局矛盾纠纷多元调解中心为载体，派驻各级调解力量，积极开展纠纷预防研判、指导调解、示范性判决、普法宣传等工作，形成"横到边、纵到底"的矛盾纠纷多元化解工作格局。

（三）以深度融合为手段，系统推进诉源治理工作。以非诉调解为基础，探索法官全程指导、人民调解程序与司法确认程序无缝对接机制，将传统司法确认中的申请、受理、指定审查、司法审查、司法确认等五个环节，浓缩为"一站式"办理，形成联动高效的诉源治理工作机制。

四　工作任务

（一）打造一个实体运行平台

一是重置功能布局。在区法院新院区重置诉服中心功能布局，进门左侧为人民调解区、中间为引导区和立案区、右侧为司法确认区，并在大厅后面设置 4 个调解室。〔责任单位：区法院，区委政法委、区司法局。逗号前的部门为牵头部门，下同〕

二是优化调整诉服流程。按照"先调解后诉讼"的原则，先引导当事人进入人民调解区进行案件登记、调解，调解成功后进入司法确认区，调解失败后进入立案区。

三是快速进行司法确认。对非诉调解或诉前调解成功并达成调解协议的纠纷，诉服中心原则上在收到材料之日起一个工作日内，完成"一站式"司法确认，特殊情况不超过三日。

四是形成闭环式调解流程。通过前台后场方式，打通非诉纠纷"引导、分流、化解、联动、处置"各环节，形成引导分流、纠纷调解、司法确认的链条式闭环。

（二） 创新两类调解对接模式

一是积极开展非诉调解。线上区法院通过"微网实格社会治理平台"推送调解任务，线下区司法局选派专职调解团队入驻区法院诉服中心，按照"养事不养人"标准，对调解成功的矛盾纠纷根据类别和难易程度给予个案奖补。

二是积极开展诉前调解。对非诉调解不成功的纠纷立案后，区法院可采取购买调解服务或与社会调解组织（中心）合作等方式，通过线上调解、线下驻场调解的方式开展诉前调解工作。按照"养事不养人"标准，配套个案奖补经费，在区法院自有调解经费外产生的调解案件进行奖补。

（三） 开展一批重点领域治理

一是探索类案示范审理。探索示范诉讼＋支付令的方式处理批量集团案件，对前端化解失败的集团案件，选取具有典型性、代表性的案件一至两件作为示范案件，快审快结；对物业纠纷、金融借款纠纷、信用卡纠纷等量多量大，但案情简单，争议较小，标的确定的民事纠纷，可以灵活采取向债务人发送支付令的方式处理纠纷，以降低案件量，实现"一案化解多案止纷"。

二是开展物管领域重点整治。成立由区委政法委分管副书记，区法院、区住建局和各镇（街道）分管负责同志为成员的专班，拟召开全区物业经理座谈会，明确纠纷调解的法律依据和要求；建立预约登记立案制，物业类案件不走诉服中心立案通道，走专班绿色立案通道，对信息不全，案由不充分的案件要求补全后方能立案，从制度上将案件倒逼入诉前调解流程。

三是开展劳动争议领域集中整治。坚持问题导向，深耕前线建设，区人社局要贴近源头，就近服务，加大普法宣传，精准解决企业用工隐患；加强联席会议，坚持重点发力，对前端调解失败的案件选取典型先裁并引导当事人先诉，依据诉讼结果再对其他案件进行调解，最大限度让纠纷解决在诉外。

五　工作保障

一是完善统筹协调工作机制。区委政法委牵头，协调区级相关部门，督促各镇（街道）落实属地责任，在行业部门指导下积极开展矛盾纠纷诉源治理工作，从源头上推动矛盾纠纷止于未发、解于萌芽。

二是完善队伍建设工作机制。发挥区、镇（街道）、村（社区）三级人民调解组织和人民调解员的桥梁和纽带作用，着重吸纳退休的政法工作人员、村（社区）两委干部、婚姻家庭行业领域内的专业人才，组建全区性的骨干调解员队伍，并加强矛盾纠纷调解组织培育，更好服务全区产业发展、重点项目建设。

三是完善示范引领工作机制。将"诉源治理·鱼凫心安社区"从"普通社区"延伸至成都医学城"产业社区"，将治理重心持续下沉扩展到辖区医学城社区，联合区委社治委、区检察院、区司法局等部门，持续提档升级社区法律服务。

四是完善目标考核工作机制。将诉源治理工作纳入目标考核，制定相应考核办法，逐步建立起以矛盾纠纷增长率和化解率、社区居民满意率、重大群体性事件发生数量、万人起诉率等为考核指标的评价体系，实现大量纠纷以非诉讼方式前端化解。

成都市温江区委政法委员会等6部门《关于"建社区法律服务圈 强司法保障供应链 为'心安社区'建设提供法治保障"实施意见》[*]

（2022年4月19日）

为全面落实中央全面依法治国工作会议精神、党的十九大和十九届历次全会及中央、省委、市委、区委经济工作会议精神，深入贯彻落实区第十五次党代会精神，围绕"幸福温江·美好之城"奋斗目标和"三个之区"发展目标，结合《关于健全诉源治理机制 深入推进矛盾纠纷源头预防和前端化解的实施方案》《市域社会治理现代化试点任务清单》等相关任务，特制定如下实施意见。

一 指导思想

坚持以习近平新时代中国特色社会主义思想为指导，深入学习贯彻习近平法治思想，全面落实中央全面依法治国工作会议精神、党的十九大和十九届历次全会及中央、省委、市委、区委经济工作会议精神，围绕"幸福温江·美好之城"奋斗目标和"三个之区"发展目标，坚持把非诉讼纠纷解决机制挺在前面，以践行新发展理念的公园城市示范先行区建设为引领、产业建圈强链为突破、"心安社区"建设为抓手，通过"建社区法律服务圈，强司法保障供应链"，统筹推进诉源治理、市域治理能力现代化、乡村振兴等，实现"矛盾不上交，风险不外溢"，促进人民群众获得感、幸福感、安全感持续提升。

---

* 见成温法〔2022〕34号文件。

二　基本目标

（一）实现"心安社区""八无"

1. 无讼

2. 无黑恶

3. 无毒害

4. 无邪教

5. 无命案

6. 无不良影响的安全事件

7. 无群体性事件

8. 无网络电信诈骗

（二）实现"心安社区""七有"

1. 有"群防群治力量"

2. 有"专业人民调解员队伍"

3. 有"公共法律服务站"

4. 有"信息化社会治安防控体系"

5. 有"'豌豆荚·蓉城少家'温江护航""亮晶晶+温江启航"维权保障平台

6. 有"社区巡回法庭"

7. 有"法治文化阵地建设"

（三）实现"心安社区""八好"

1. 社会治安环境好

2. 矛盾纠纷化解好

3. 法律服务供给好

4. 群体权益保障好

5. 网格化服务管理好

6. 生态环境保护好

7. 城乡发展格局好

8. 人民群众体验感好

三　基本原则：坚持"五治共育、多方融合"

（一）坚持"政治引领"：深入学习贯彻习近平法治思想，坚持党对"心安社区"建设的集中统一领导，努力构建"党委领导、政府负责、社会协同、公众参与、法治保障"的体制机制。

（二）坚持"法治保障"：树立依法治理理念，强化法律在诉源治理、市域治理、营商环境法治化建设、乡村振兴等方面的权威地位。增强干部队伍法治观念、依法为民意识，将"心安社区"建设工作纳入法治化轨道。

（三）坚持"自治强基"：以社区群众自我管理、自我服务、自我教育为基础，健全和创新基层党组织领导的充满活力的自治机制，激发社区发展新活力。

（四）坚持"德治教化"：将德治融入"心安社区"建设各个方面，强化道德教化作用，为自治和法治赢得情感支持和社会认同。

（五）坚持"智治支撑"：搭建"1+N"（一个中心、N个社区智库平台）信息网络，依托"信息化社会治安防控体系"等共建单位信息化平台建设，将其作为"心安社区"建设的重要抓手，着力构建汇聚融通的数据共享体系、精准高效的风险防控体系、持续优化的法律服务供给体系，形成社区治理现代化信息化新格局。

四　工作措施

建设"913""心安社区"可视化、规范化、标准化项目，在公平街道花都社区、寿安镇吴家场社区、永宁街道杏林社区、金马街道友福社区、天府街道天府家园社区、柳城街道大学城社区、和盛镇东宫寺社区、万春镇春江路社区、涌泉街道瑞泉馨城社区等9个社区，金马街道1个街道办，物业、房地产、妇联等3个行业调解组织开展试点工作，坚持发挥试点示范引领作用，以点到面、分层分类推进"心安社区"司法保障建设工作。

（一）健全诉源治理机制，深入推进矛盾纠纷源头预防和前端化解

1. 强化党建引领作用。将诉源治理工作、社会治理现代化列入党委（组）重要议事日程。加强工作统筹、政策指导，构建问题联治、工作联

动、平安联创工作格局。健全区级诉源治理工作、平安建设（综治工作）考核评价体系，强化考评结果运用。完善平安建设表彰奖励政策。落实通报、约谈、挂牌督办、一票否决等制度。

2. 构建源头预防工作格局。聚焦矛盾纠纷多发易发重点领域、重点群体，坚持开展社区稳定风险评估和矛盾纠纷跟踪排查。建立社区重大敏感、涉稳涉众纠纷调解机制，深化信息首报制，第一时间向党委政府、上级综治中心和相关职能部门报送预警信息，推动相关部门和专业调解力量提前介入。推动社区有效承接和运用党委政府及相关部门下沉的法治资源，推进"诉源治理"向小区、楼栋、住户延伸。扩大"红色业委会""红色物管"覆盖面，打造业委会、物业服务企业、业主共同建设治理体系、共同实施治理活动、共同分享治理成果的工作格局。

3. 完善基层法治服务。加强基层法律服务队伍建设，整合人民调解、行政调解、行业调解、商事调解、律师调解、公证仲裁等力量，在住房建设、婚姻家庭、市场消费、劳动人事、卫生健康等矛盾纠纷多发领域，建立覆盖社区的矛盾纠纷多元化解法治资源库。依托村（社区）综治中心，推动法治资源下沉，落实社区民警实岗制，完善基层法庭、基层检察室对社区的法治指导和法律服务关系，实现"一村（社区）一辅警、一村（社区）一法律顾问"全覆盖。全面落实"谁执法谁普法"普法责任制，深入开展"法律七进"活动，推进法官、检察官、行政执法人员、律师等法律工作者参与村（社区）法律服务工作，满足基层群众多元法律需求。

4. 健全专兼职人民调解员队伍。采取政府购买服务方式，广泛吸纳各行业领域专业人士担任人民调解员，推动实现基层矛盾纠纷调处化解工作队伍全覆盖。

5. 加强人民调解员、人民监督员队伍培训管理。完善人民调解员、人民监督员队伍管理制度，推动管理使用制度化、规范化。落实培训责任，探索设立调解员、监督员培训学校，与高校、社会培训机构建立合作关系，设置专业精品培训课程，开发培训教材丰富培训内容、创新培新方式，分批次、分层次轮训人民调解员、人民监督员。建立"党建+人民调解"工作机制和党建工作联络员制度，支持具备条件的人民调解委员会建立党组织，在人民调解员中积极发展党员，充分发挥基层党组织战斗堡垒作用和党员先锋模范作用。

6. 引导多元参与自治。指导村（社区）发挥"两委"主体作用和基层人民调解委员会作用，深挖社区内部资源，培育自治力量，健全"五老乡贤"等社会调解组织和力量，积极参与矛盾纠纷多元化解。完善村（居）民议事会、村（居）务监督委员会制度，畅通群众参与纠纷预防和化解渠道。

7. 树立睦邻和谐风尚。深入推进"好家风好家训""五好家庭"等系列评选活动，形成崇德向善的浓厚氛围。积极引导社区推出《无讼公约》《社区自治公约》等，在教化社区居民、调解邻里纠纷、维护公共秩序等方面发挥重要的引导职能。开展"社区好人评价"，从见义勇为、助人为乐、诚实守信、孝老爱亲等方面予以综合评选，推动形成向上向善、共建共享的社会主义文明新风尚。

8. 健全矛盾纠纷前端化解网络体系。实行社区综治中心、矛盾纠纷多元化解中心和诉源治理中心"三中心合一"，规范运行机制，依托"大联动·微治理"体系，健全落实信息采集共享制度，规范矛盾纠纷基础信息类别划分、采集标准、来源渠道、共享方式、调解流程，推动基层常发多发纠纷通过组（小区）、村（社区）、镇（街道）三级平台分层逐级调处，推动基层不能解决的纠纷有序分流。重点加强对涉众涉稳、重大敏感纠纷的分析研判及稳控化解，落实社会稳定风险源头排查和一般性民间纠纷就地及时解决责任。

9. 健全"呼叫响应"纠纷化解平台。依托"大联动·微治理"体系和群众工作之家，以镇（街道）综治中心为平台，镇（街道）、村（社区）向有关部门发出需求"呼叫"，有关部门"响应"。各职能部门根据镇（街道）、村（社区）的需求，下沉优势资源，选派专门人员深入社区参与治理或解决纠纷，对发现的突出问题开展调查研究，帮助基层堵漏补缺。各责任部门要在职责范围内定期分析研究违法犯罪、审判执行、信访等矛盾纠纷后端数据，从源头上、制度上提出预防和化解纠纷的意见建议。

10. 完善纠纷多发领域非诉讼纠纷解决机制。积极开展"诉调""访调""公调""交调""检调"五调对接及"住调""劳调""消调""家调"等调解工作，不断深化政法赋能，推动矛盾纠纷在法庭外解决。司法行政机关要加强协调与指导，婚姻家庭、卫生健康、劳动人事、住房建设和市场消费领域要根据需要建立人民调解委员会，推动矛盾纠纷在行业内解决。

11. 完善矛盾纠纷多元化解机制。加快实施"特邀调解倍增计划",完善诉前委派调解程序,推动实现调解效能实质解纷目标。深化完善律师调解制度,探索建立律师接受委托代理时告知和引导当事人选择多元化方式解决纠纷的制度,拓展律师参与诉前调解引导、诉讼辅导等职能。持续深化法院"衍生案件"治理,提高生效裁判文书自动履行率,推动减少上诉案件、涉诉涉法信访案件。

12. 健全非诉讼纠纷解决效力保障机制。全面加强司法与调解、行政复议、仲裁、公证的有效衔接,完善行政裁决救济程序。优化调解协议司法确认程序,建立司法确认程序与多元调解的衔接机制,增强司法确认对人民调解、行政调解、行业调解、商事调解、律师调解等非诉讼调解机制的效力保障。加大对生效仲裁裁决及仲裁调解书的执行力度,加强裁审衔接,统一裁审法律适用标准,进一步保障仲裁机制的公信力和强制执行力。支持公证机构对债权债务合同及具有给付内容的和解协议、调解协议办理债权文书公证,依法保障被赋予强制执行效力的公证债权文书和公证调解书的执行力。严厉打击虚假诉讼行为。

13. 构建"一站式"联动纠纷化解平台。已建立的区劳动纠纷"一站式"多元化解联动处置中心、"妇女儿童'一站式'维权服务中心""道路交通事故联调联动中心"相关职能部门要加强工作指导,配置优势资源,积极推进实战化、实体化运行。还未建立"一站式"联动化解平台的住房建设、卫生健康、市场消费等类型化纠纷领域主要职能部门要积极推进"一站式"矛盾纠纷联动化解平台建设。区委政法委要依托区信访接待中心,推进矛盾纠纷任务流转、化解督导和目标考核,借鉴浙江省安吉县社会矛盾纠纷调处化解中心建设经验,适时推进区级矛盾纠纷"一站式"多元化解中心实战化、实体化建设。

14. 推进"互联网+多元化解"。推动矛盾纠纷多元化解信息系统、"雪亮工程"视频监控平台、"和合智解"e调解平台等信息化平台的互联互通,在试点街道和社区推行预约调解、网上调解、视频调解。加强智慧解纷平台的终端建设,整合天府市民云App、"和合智解"e调解App、"温江警网红"等"两微一端",与12368司法服务热线、12348公共法律服务热线等线上资源有机结合,为群众提供现代便捷的线上解纷服务。

（二）提升市域社会治理现代化水平

15. 创新双线融合的推进机制。强化党委领导和社治委统筹协调功能，深化平安温江、法治温江建设，筑牢社会综合治理防风险、促法治、保平安底线。

16. 强化政府社会治理功能。按照社会治理和平安建设"十四五"规划相关要求，制定市域社会治理规划，明确可量化、可评价的阶段性目标。持续推进智慧平安小区、"三车智防"等一批市域社会治理重点项目实施。持续推进社会治安重点地区整治。

17. 完善社会力量协同机制。推动行业性专业性调解组织、企事业单位及园区等开展平安创建工作，鼓励引导行业性专业性调解组织、企业参与城乡社会治理。

18. 强化群众自治。推进社会工作人才队伍与网格员、人民调解员等队伍融合发展。通过以奖代补激发群众参与社会治理积极性。深化互联网+"警网红"伞形网格化专群联动体系，发展各类群体成为"红袖套"，全区实名登记群防群治力量超过 1.5 万人。

19. 发挥市域社会治理实战化平台作用。全面推进综治中心规范化建设，整合"大联动·微治理"、综治视联网、矛盾纠纷多元化解等系统平台进入综治中心，建立指挥调度中枢，配备相应工作人员，实现三中心合一、一体化、实战化运行。

20. 推动扫黑除恶专项斗争长效常治。按市扫黑办统一安排部署，深入推进 10 个重点行业乱点乱象整治，持续开展"市霸""行霸""地下钱庄""非法传销"和信息网络黑恶犯罪等专项打击行动。巩固完善"一案三查""一线双核""两个一律""提前介入""提级管辖"等成熟制度机制，不断完善发动群众、破案攻坚、打伞破网、打财断血新机制，建立以人民群众获得感、幸福感、安全感为导向的评价体系。

21. 全面落实"禁毒十条"。深入开展"集群打零"等系列专项行动，切实有效净化社会环境。常态开展宣传培训。柳城街道、涌泉街道和寿安镇对禁毒工作站提能升级，按照"禁毒宣传阵地+戒毒康复工作站"的思路，打造 6·26 服务中心。

22. 健全帮扶体系和综合干预措施。加强社区矫正对象、吸毒人员、严重精神障碍患者、刑满释放人员四类特殊人群网格化服务管理。

23. 发挥智治支撑作用。深挖一批民生服务数据，打通水电气讯等数据通道，及时分析、研判、预警，提前防范处置各类事件。探索"雪亮工程+"等城乡公共安全视频监控场景应用。结合智慧小区建设加快重点区域、单位、场所智能终端设备建设。

24. 推进未成年人司法保护社会支持体系建设。开展"青少年零犯罪零受害社区（村）"创建活动。开展"'豌豆荚·蓉城少家'温江护航""亮晶晶+温江启航"维权保障平台建设，将其纳入市域社会治理、平安温江建设重要内容予以推动。对侵害未成年人犯罪保持高压态势，重拳打击拐卖、暴力、虐待、性侵、遗弃等侵害未成年人权益犯罪。强化社区及周边综合治理，建立未成年人法律服务"绿色通道"，为未成年人健康成长创造良好的社会环境。

25. 完善社会治安防控体系。深入开展社会治安重点地区整治，聚焦城乡接合部、流动人口聚居区、农民集中居住区等重点区域，紧盯群众反映强烈、社会舆论关注的治安突出问题，对重点区域实行分级分色挂牌整治，确保热点持续降温、乱点持续改善。

26. 完善网络社会综合防控体系。加强政法网军建制机制体制建设。建设网络文明志愿者队伍。

27. 提升网上群众服务能力。开发完善"温江政法"微信公众号有奖爆料、联动查等功能，探索网民诉求处理程序及反馈机制，建立相应的诉求收集、解决、回应机制。

（三）加快打造稳定公平可及的营商环境

28. 建设知识产权保护高地。助力全区建设中国（成都）知识产权保护中心，开展知识产权快速协同保护工作。建立健全知识产权不起诉案件移送行政处罚机制，将知识产权案件审判中发现的违法线索移送行政机关查处，深入推进专门协作机制建设。开展温江区检察机关"企业知识产权法律体检"服务。

29. 强化破产办理，推动法治化、市场化营商环境建设。建立办理破产信息共享机制，对国有投资中的"僵尸企业"以及因有关部门行政执法责令关闭、市场监管部门吊销营业执照等形成的"僵尸企业"，按照归口管理原则，分行业、分领域进行专项排查，破产企业涉及的吊销、清理信息，应以便利公众查询的方式及时公开公示。加大对破产管理人依法履职支持力度。对破产案件办理过程中侵犯破产企业财产的行为，公安机关等应当及时处理，排除管理人依法接管财产障碍。

30. 提升执行合同质效。建立企业法律文书送达地址先行确认及承诺制。推进小额诉讼"立审执监"一体化，制定"立审执监"一体化工作指南，开展小额诉讼"立审执监"一体化工作。按规定提高小额诉讼及简式文书适用比例，深化"要素式、令状式、表格式"的裁判文书简化模式，实现小额诉讼程序简式文书适用率不低于 50%、简易程序简式文书适用率不低于 25%。优化公证服务，加快推进高频公证服务事项"一网通办"，实现申请受理、身份认证、材料提交和缴费等事项"全程网办"。

31. 强化保护中小投资者。加强中小投资者保护宣传力度，利用线上线下多形式开展投资者权益保护宣传活动，扩大法制宣传的范围和深度。优化案件调查令制度。优化中小投资者取证渠道。健全律师民事诉讼调查令制度，支持投资者代理律师依法行使调查权，提高投资者取证能力。推动银行、市场监管等单位依法履行投资者及其代理律师取证的协助义务。依法慎用羁押性强制措施和查封、扣押、冻结等措施，禁止超范围、超标的保全。及时公正甄别纠正侵犯民营企业和企业家人身财产权的冤错案件。

32. 开展诉讼保障 18 项提醒服务。聚焦企业全生命周期和市民生命周期，按照提醒服务事项清单开展提醒服务，通过集中提醒、智能提醒、现场提醒等 3 种提醒方式，设立成渝通办、特殊群体集约提醒、低效能复苏提醒等 3 种特殊群体提醒，为企业、市民提供精准高效的诉讼服务事项办理，提升"一站式"诉讼服务行动力。

33. 优化线上司法服务体系。完善"蓉易诉"电子诉讼平台，优化在线立案、立案缴费、在线庭审、电子送达、"5G 参审室"预约等功能，群众足不出户即可在线办理诉讼。优化司法确认程序，发挥司法确认保障效力。优化公证服务，加快推进高频公证服务事项"一网通办"，实现申请受理、身份认证、材料提交和缴费等事项"全程网办"。

（四）振兴北林美丽乡村

34. 助推农村土地制度改革。妥善审理农村土地承包经营权纠纷、开发利用集体经营性建设用地纠纷等案件，正确处理好法律、行政法规与政策、体制机制创新之间的关系，保证法律效果与社会效果的高度统一。在坚持农村土地集体所有、耕地红线不突破、农民权益不受损"三条底线"的基础上，注重盘活农村土地资源、激发资源活力。

35. 司法护航农业关键核心技术。为推进种源等农业关键核心技术攻关提供坚强司法保障。贯彻落实种子法，强化种业知识产权保护，依法严厉打击套牌侵权等违法犯罪。

36. 加强环境资源司法保护力度。区法院、区公安分局、区检察院探索建立和环境资源保护相关部门的执法协调联动机制，努力实现对乡村自然生态系统的全方位保护。依法妥善审理涉及农村土壤、水源污染等环境侵权案件，严格追究民事责任。持续推进环境资源案件"三审合一"集中审判机制、农村环境执法协调机制、农村生态保护制度和生态补偿机制的全面建立。以公益诉讼作为服务大局的着力点，在国有财产保护、国有土地使用权出让领域办好案。

37. 维护农村金融市场、社会环境稳定。开展农村交通、消防、安全生产、自然灾害、食品药品安全等领域风险隐患排查和专项治理，依法严厉打击农村制售假冒伪劣农资、非法集资、电信诈骗等违法犯罪行为。

38. 推进更高水平的平安法治乡村建设。全面强化法庭、派出所、司法所基础及配套设施，立足特色优势，创建一批"枫桥式公安派出所""枫桥式人民法庭"。

39. 强化乡村人民调解力量。广泛吸收乡村贤达、村社干部等在当地有德望的人员加入人民调解队伍，充分发挥农村各类先进典型的示范带动作用和乡规民约、善良民俗的引导规劝作用化解纠纷。加强对基层调解组织的业务指导，强化对人民调解员的培训力度，不断提高基层调解组织预防和化解纠纷的能力，充分发挥其在共建共治共享的社会治理格局建设中的作用。

40. 完善司法服务保障站点布局。根据社区、街道实际需求，优化、调整诉讼服务站、警务室、公共法律服务站、检察官室的布局，做好硬件维护和软件升级，推进和完善其标准化建设、实质化运行和规范化服务，为居民提供普惠均等、便捷高效、智能精准的法律服务。

41. 持续加强普法宣传。探索拓展普法新媒体矩阵，开通"法韵温江"

微信视频号,推动形成全媒体法治传播体系。推动法官、检察官、警官、律师等群体积极开展"以案释法"活动。注重加强对村镇干部、社区网格员和农民集中居住区物业管理人员等的法治培训,不断提升其法治观念和管理水平。深入挖掘并积极发布涉农村土地改革、环境资源保护以及赡养、抚养纠纷等典型案例,加大巡回法庭审判力度,强化典型案例审理的溢出效应。

42. 不断完善法律援助机制。依法扩大法律援助的范围,完善法律之家、法律援助工作站的建设,为确有法律需求的农村群众提供精准援助,切实回应困难群众的司法需求。

43. 推送社区、农村涉疫情防控的刑事、民事、行政、公益诉讼典型案例,引导社区群众在自觉遵守疫情防控相关要求的同时,强化遵守法律法规意识。

五　工作要求

(一)加强组织领导。各部门要以"心安社区"建设试点工作为契机,以为"心安社区"建设提供法治保障为抓手,强化统筹协调、督促指导,及时研究、协调、解决工作中遇到的问题,并逐步发动镇(街)、村(社区)、各部门、各行业积极参与。

(二)强化目标考核。落实各项考核制度,将"心安社区"建设工作纳入政法委、社治委、司法局目标考核,完善通报机制、约谈机制、目标考核机制,强调突出单项表彰、凸显奖优罚劣,确保各项工作落到实处。

(三)积极营造氛围。加强宣传发动、氛围营造,运用传统媒体和新兴媒体,开展全方位、多角度、立体化宣传,不断提高群众知晓率、参与度,广泛凝聚多元主体参与共识,树立一批先进典型,推广一批有益经验。

成都市温江区人民法院　成都市温江区司法局关于进一步加强诉调对接工作　深化"心安社区"建设实施意见[*]

（2022 年 4 月 25 日）

第一条　（目的依据）为贯彻落实平安中国建设协调小组《关于加强诉源治理推动矛盾纠纷源头化解的意见》，按照成都中院"一站式"多元解纷要求和区委"三区建设"目标，为人民群众提供更多可供选择的纠纷解决方式，维护社会和谐稳定，促进乡村振兴，优化营商环境，推进温暖如家，共担共享"心安之区"建设，结合我区实际，制定本实施意见。

第二条　（诉调对接定义）本意见所指诉调对接工作是指人民法院对于经审查符合立案条件，且可以调解的案件，在征求当事人意见后，于立案前先行委派，或立案后委托给人民调解委员会等调解组织（以下统称人民调解委员会）进行调解的一项工作机制，即立案前委派调解和立案后委托调解。

第三条　（委派调解案件范围）下列纠纷，应当引导当事人选择立案前委派调解：

（一）家事纠纷；

（二）相邻关系纠纷；

（三）劳动争议纠纷；

（四）交通事故赔偿纠纷；

（五）医疗纠纷；

（六）物业纠纷；

（七）消费者权益纠纷；

---

[*]　成温法〔2022〕36 号。

（八）供用水、电、气、热力纠纷；

（九）小额债务纠纷；

（十）行政赔偿、补偿以及行政机关行使法律法规规定的自由裁量权的纠纷；

（十一）当事人在合同中约定发生纠纷应当先行协商，协商不成可向人民法院起诉的，在起诉前未经人民调解委员会调解的纠纷；

（十二）其他可以调解的纠纷。

第四条 （委托调解案件范围）可以调解的纠纷，人民法院立案后应当引导当事人选择委托调解。

当事人选择委托调解的，案件中止审理或者进入庭外和解。

第五条 （例外情形）存在下列情形的纠纷，不得委派或者委托调解：

（一）所涉法律关系依法规定不能调解的；

（二）起诉前已经人民调解委员会调解不成的，但当事人书面同意委派调解的除外；

（三）当事人下落不明，需要公告送达的；

（四）当事人在国外或者境外，且无法通过电话、传真、网络等方式进行调解的；

（五）属于《中华人民共和国民事诉讼法》第一百二十七条规定情形的；

（六）其他无法调解的情形。

第六条 （对接机制）在区委政法委的统一指导下，建立区人民法院与区司法局的诉调对接联系制度，区人民法院诉调对接中心对诉至人民法院的案件进行适当分流，对可以调解的，引导当事人选择调解等非诉讼方式解决，以委托方式分流至区司法局人民调解指导中心。区人民法院强化对调解工作的指导，推动诉调对接程序、效力确认等方面的有机衔接。

区人民调解指导中心是在司法行政部门指导下设立的区级层面枢纽性工作平台，为人民调解、律师调解等各类人民调解委员会及其他调解力量开展工作提供统一服务，有效实现各类资源整合和信息共享。

第七条 （在线对接）依托大数据、人工智能等信息技术，人民法院与司法行政部门通过各自线上平台对接，为当事人提供线上"一站式"多元化纠纷解决服务。

当事人起诉到人民法院的案件，符合委派或委托调解规定的，人民法院可以通过人民调解平台在线委派或委托人民调解委员会进行调解。

第八条　（案件登记）人民法院对当事人提供的符合法律规定的诉状和材料进行扫描登记，对不符合要求的诉状和材料，应当一次性书面告知在指定期限内补正。

适用委派调解的案件，人民法院应当在收到当事人的诉讼材料后及时登记，编立"诉前调"案号。

当事人同意直接至人民调解委员会进行先行调解的，人民法院也可以不予登记。

第九条　（案件分流）委派调解的案件，人民法院可以通过人民调解平台及时送达《委派调解函》，将《委派调解函》及相关案件材料送达人民调解指导中心，人民调解指导中心在签收案件材料后三日内审查是否属于调解纠纷范围或是否可以接受委托调解。可以调解的，及时移送相关人民调解委员会调解，并向当事人送达《委托调解告知书》；认为不可以调解的，应在签收后六日内退还案件材料。

第十条　（确定调解员）人民调解委员会收到人民法院移送的案件材料后，应于三日内指定一名或者数名调解员进行调解，也可以由当事人从该人民调解委员会调解员名册中选择调解员进行调解。调解开始前，由当事人填写《调解申请书》。

人民调解指导中心应当建立调解员名册，并向社会公开。

第十一条　（委派调解期限）委派调解的案件，调解期限为三十日，自人民调解委员会或调解员签收法院移交材料之日起算。但双方当事人同意延长调解期限的，不在此限。

第十二条　（确认送达地址）调解员在调解过程中应当指导当事人填写《送达地址确认书》，并向当事人释明《送达地址确认书》的效力。

第十三条　（记录争议焦点及无争议事实）各方当事人在委派调解期限内经调解未能达成调解协议的，视为调解不成。调解员在征得各方当事人同意后，可以书面记录案件争议焦点及各方无争议的事实，并由当事人签字确认。

在诉讼程序中，除涉及国家利益、社会公共利益和他人合法权益的之外，当事人无需对调解过程中已确认的无争议事实举证。

委派调解过程中，当事人为达成协议作出妥协而认可的事实，在调解不成进入诉讼后，不得作为对其不利的证据，但法律另有规定或者当事人均同意的除外。

第十四条　（委托审计、评估、鉴定）经各方当事人同意，人民法院可以在先行调解阶段开展委托审计、评估、鉴定工作。但应加强管理，主动沟通，有效监督相关机构及时完成委托事项。

委托审计、评估、鉴定事项复杂、疑难、争议较大的，应及时转入审判程序。审计、评估、鉴定期间可不计入委派调解期限。

第十五条　（第三人参加）调解员可以经各方当事人同意，通知与调解案件有利害关系的第三人参加调解。

第十六条　（调解程序终结）有下列情形之一的，委派调解程序终结：

（一）当事人达成调解协议的；

（二）委派调解期限届满，当事人未达成调解协议，且不同意延长调解期限的；

（三）调解期间当事人明确表示不同意继续调解的；

（四）调解员发现纠纷存在本规定第五条规定情形的；

（五）调解员发现纠纷存在虚假可能的；

（六）其他符合终结条件的。

第十七条　（调解结果反馈）人民调解委员会应当通过人民调解指导中心在调解终结后三日内以《调解结果反馈函》等形式将调解结果反馈委派调解的人民法院诉调对接中心，由人民法院诉调对接中心工作人员在人民法院调解平台办理终结手续。

第十八条　（信息录入与归档）调解成功的案件，调解员应当及时将案件信息录入司法行政部门相关信息化平台，按照统一的文书格式和"一案一卷"的要求，将案件统一归档。立卷归档材料应当包括：《委派调解函》、《调解申请书》、当事人诉状、调查记录、调解笔录、调解协议、《调解结果反馈函》等。

第十九条　（调解协议效力）经调解达成的协议，依法对当事人具有法律约束力，当事人应当按照约定履行。人民调解委员会应当对调解协议的履行情况进行监督，督促当事人履行约定的义务。人民法院可以根据调解协议的具体内容作如下处理：

（一）即时结清或没有需要执行内容的，人民法院可不再立案；

（二）有需要执行内容的，各方当事人认为有必要的，可以自调解协议生效之日起三十日内，共同向非诉调解组织所在地的基层人民法院或者人民法庭申请司法确认，人民法院应在三日内决定是否受理，并自受理之日起十五日内作出是否确认的决定；

（三）调解协议具有给付内容的，当事人可以按照《中华人民共和国公证法》等规定申请公证机构依法赋予调解协议强制执行效力，债务人不履行或者不适当履行具有强制执行效力债权文书的，债权人可以依法向有管辖权的人民法院申请强制执行；

（四）调解协议具有金钱或者有价证券给付内容的，债权人依据民事诉讼法及其司法解释的规定，向有管辖权的基层人民法院申请支付令的，人民法院应当依法发出支付令。债务人未在法定期限内提出书面异议且逾期不履行支付令的，经权利人申请，人民法院可以强制执行；

（五）当事人持已经生效的调解协议向人民法院起诉的，人民法院应当依照相关法律规定进行审查，依法确认调解协议的效力或作出相应的裁判。

第二十条　（委托调解期限）人民法院委托非诉调解组织的案件调解期限为三十日。经当事人申请，并征得人民法院同意的，可以适当延长。调解期间和延长调解期间不计入审理期限。

第二十一条　（委托调解结果处理）案件委托非诉调解组织调解达成调解协议的，非诉调解组织应当向人民法院提交调解协议，由人民法院审查并制作调解书结案。

达成调解协议后，当事人申请撤诉的，人民法院依法作出撤诉裁定。

委托调解未达成调解协议的，应当及时转入审判程序审理。

第二十二条　（参照委派调解的规定）委托调解没有规定的，可参照本意见委派调解的有关规定。

第二十三条　（业务培训）人民法院与司法行政部门定期对参加诉调对接工作的非诉调解组织调解员进行业务培训，提高调解员的业务能力和调解工作质量。

第二十四条　（经费保障）人民法院主动争取党委和政府支持，将纠纷解决经费纳入财政专项预算，积极探索以购买服务等方式将纠纷解决委托给社会力量承担。

区司法局、行业性专业性人民调解委员会行政主管部门会同区委政法委积极培育社会组织参与矛盾纠纷的调处，通过政府购买人民调解服务等方式推动矛盾纠纷化解的多元性。

第二十五条　（诉讼费用减免）经委托调解成功后，当事人向人民法院申请撤诉，人民法院裁定准予撤诉的，免收案件受理费。当事人接受法院委托调解的，人民法院可以适当减免诉讼费用。

重庆市巴南区人民法院 成都市温江区人民法院
开展司法协作服务保障成渝地区双城经济
圈建设框架协议（节选）

（2020 年 9 月 25 日）

（一）开展双城经济圈建设中重点领域司法协作。双方紧紧围绕推动成渝地区双城经济圈建设，统筹推进区域协调发展，聚焦优化法治化营商环境、助力国家城乡融合发展试验区建设以及助推特色工业园区建设等方面，充分发挥两地法院司法协作效能，助力两地民营企业高质量发展，推进乡村振兴战略实施，为巴南和温江两地经济社会稳定发展提供司法服务和保障。

（二）开展诉讼服务协作。强化"一站式诉讼服务中心"建设工作经验交流，进一步完善跨域立案诉讼服务机制，积极探索开辟跨域诉讼服务专窗，为两地群众互相提供异地一站式诉讼服务。依托信息化平台，实现网上诉讼服务中心有效对接，在网上立案、网上交费、电子票据打印、材料收转、关联案件查询等方面加强协作。加强委托办理诉讼事项协作平台建设，建立委托事项协作机制，凡协作法院间委托保全、调查、询问及送达等事项予以优先办理，为两地法院执行公务和当事人参与诉讼提供便利，努力实现诉讼服务事项两地通办。

（三）开展执行联动协作。打造全方位立体化跨域执行协作平台，推动两地法院执行系统的横向联网。在执行委托、协调和协助、执行信息共享、财产查控处置等方面加强配合，有效遏制跨区域转移财产、规避执行等行为，实现两地法院执行办案的"同城效应"。深化落实失信被执行人联合信用监督、警示、惩戒机制和力度，推动形成让失信主体"一处失信、处处受限"的信用惩戒大格局。加强统筹协调，整合和引入两地法院内外各种

力量和社会资源，形成多部门、多行业、多领域、多手段共同推动的纠纷
多元执行机制，推动综合治理解决执行难。分享交流执行改革、智慧执行
等方面的经验和做法。

（四）开展多元纠纷解决机制协作。践行新时代"枫桥经验"，发挥司
法在多元化纠纷解决机制中的引领、推动和保障作用，加强"一站式多元
解纷机制"建设经验交流，共同完善矛盾纠纷"一体化"司法确认机制，
尽力实现两地在线调解联动和多元化解。探索共建共享运行规范的诉调对
接平台，促进两地解纷资源科学合理配置，发挥最大效果。

（五）开展司法体制综合配套改革协作。双方深入推进司法体制综合配
套改革方面的合作研究，相互借鉴落实推进改革的经验做法，加强协作交
流，围绕司法服务及保障成渝地区双城经济圈建设等内容，共同开展司法
体制改革课题调研，共同破解制约司法体制改革工作的难题。

（六）开展智慧法院建设协作。以需求为导向，以机制为支撑，根据实
际情况和财力加强平台建设、软件开发、数据管理等方面的交流与合作。
加强双方线上办案合作机制，在案件信息、电子送达、律师服务等方面加
强信息共享，在诉讼服务、远程调解和庭审等方面强化工作协同，努力实
现两地群众诉讼"零跑腿"。共同探索人工智能、大数据、区块链的深度应
用，推进智慧法院建设。

（七）开展法律适用交流协作。通过多种形式，加强两地法律适用标准
的沟通协调。建立法律适用信息常态化共享机制，加强审判执行信息互通，
及时传递两地高院法律适用规范性文件，及时通报涉两地重大影响案件、
关联案件。促进司法资源共享互鉴，通过在线方式列席有关专业法官会议
或审判委员会，不定期进行法学理论和审判执行业务研讨，法律适用问题
联合沟通，对疑难、复杂和新类型案件法律适用开展分析。

（八）开展司法信息宣传调研和代表委员联络协作。加强对审判执行工
作、队伍建设、政务管理、目标管理等各项工作的信息和经验交流，相互
寄送工作简报、信息、工作动态和自办刊物、调研文集等有关资料，通过
官方微信、微博等新媒体平台进行互动，建立内外门户网站的友好链接，
相互在对方的信息宣传、调研平台上开设两地司法协作专栏，发表干警相
关文章和心得体会，促进相互学习，共同提高。做好两地全国人大代表和
政协委员联络工作，适时通报两地司法协作事宜。

（九）开展人才培养锻炼协作。促进两地法院干部间的学习与交流，适时组织干警进行友好法院间的参观考察学习，并相互提供必要的方便和服务。建立两地法院人才库，按照有利于工作开展和年轻后备干部培养成长的原则，探索互派业务骨干到对方法院交流锻炼，推行人才交叉培养协作机制，实现人才资源互通互融，共同建设革命化、正规化、专业化、职业化法院队伍。

（十）开展法院文化建设协作。充分发挥两地与两院的特有的"巴蜀"历史文化资源优势，进行文化方面的深层次交流，共同推进法院文化实质化建设，助推铸造忠诚干净担当有为的法院队伍。联合举办司法实务研究论坛、文化沙龙等多形式的文化交流活动，共同提升法院文化底蕴，形成积极向上、催人奋进的人文环境，推动各项工作全面进步。

重庆市巴南区人民法院木洞人民法庭　成都市温江区人民法院永宁人民法庭（成都医学城人民法庭）司法协作协议（节选）

（2023 年 9 月）

……

（一）共建营商环境，发挥司法保障功能

1. 服务产业建圈强链。广泛收集涉区域协作的司法需求，分析研判产业功能区发展能级提升的项目风险，共同研提一批专项司法建议和法治手段处置意见，每年联合召开一次交流座谈会，共同规范引导产业集群高质量发展。

2. 聚焦双城经济圈司法协作。围绕法庭辐射范围内重点工作和重大项目，推动创新区域司法协同机制，通过专项调研报告等形式，向党委政府提出社会治理、转型升级、矛盾化解等方面的意见建议，服务保障政府决策部署。

3. 助力产业园区高质量发展。紧密关注产业功能区和企业，特别是民营企业司法需求，每年联合开展一次专项课题研究，准确把握共性问题，及时提出法律分析对策建议，回应两地产业园区管理机构和企业司法需求。

（二）共治突出问题，优化基层社会治理格局

4. 联动推进以社区治理为抓手的诉源治理机制。共同推进诉源治理，抓实以社区治理为载体的诉源治理机制，推广巴南法院"一体化在线司法确认"和温江法院"诉源治理·鱼凫心安社区"工作经验，定期组织法官进社区，共同指导建立类型纠纷调解机制，提升矛盾纠纷前端化解实效。

5. 共同增强专业化人民法庭职能。以推动人民法庭专业化建设为契机，强化人民法庭"末梢"担当，立足产业司法保障，持续打造专业审判团队，共同推动知识产权、金融、破产案件专业化审判改革，全面强化知识产权诉源治理、涉企破产案件审理。定期组织知识产权、破产等专业审判团队互派交流学习，联合发布一批类型化案件办理指南和典型案例。

6. 建立跨区域案件审理协作机制。加强民商事案件协作，在审理跨区域公司、金融、合同等商事纠纷案件中，就企业经营状况、法人代表情况、股权变动情况、债权债务情况等委托调查取证。

7. 共同开展跨区域专业法官会议。在两地法院专业法官交流会议机制下挖掘、研判、通报典型案件，适时召开跨域专业法官会议，发挥各自在审判领域内的经验和智慧。明确类案识别标准，推进两地法院建立类案合作研究机制，及时总结交流类案受理、裁判、执行等方面情况，共同研判类案解决方法，将类案检索工作由形式检索向类案同判实质延伸。共同研究出台区域类案判决白皮书，争取类案司法裁判理念和尺度的统一。

（三）共享优势资源，筑起司法互助空间

8. 以党建带队建促审判。开展支部党建结对活动，轮流开展具有各自特色的主题党日活动，实现党建学习资源共享。

9. 共推智慧法庭建设。拓展智慧法庭在审判领域的科技支撑，加大区块链、大数据等前沿技术与司法审判的结合。通过信息跨区域网上交换流转，为区域诉讼服务、重大案件会商、远程庭审、在线调解、电子送达、执行协作、社会信用体系建设提供数据支撑和技术保障，为法院审判工作减负增效。

10. 增强司法经验动态交流。每年轮流牵头举办学术沙龙、法官讲坛、读书分享会、青年干警座谈会、知识竞赛等灵活多样的交流学习活动，交流类型化案件审判技巧、疑难复杂新类型案件办理经验、学术调研思考、司法审判职业感悟等。

11. 增强司法研讨协作。加强两地联合开展重大课题研究和重大创新项目，调研区域协调发展司法保障问题，为服务大局工作提供司法理论保障。适时联合召开专家咨询会，围绕分析司法协作实践情况及如何完善司法协作实践机制展开讨论交流。

12. 强化创新成果总结推广。加强司法协作工作创新做法与经验的对外宣传与对上报送，逐步形成完善的重大信息、重要成果联合发布和协同推广机制。依托两地法院新媒体，积极推出视频、图文、直播等多种形式的宣传，形成重要工作信息交流互通。

　　……

广州市南沙区人民法院（广东自由贸易区南沙片区人民法院） 成都市温江区人民法院司法协作框架协议（节选）

（2023 年 4 月 18 日）

一　总体要求

坚持以习近平新时代中国特色社会主义思想为指导，深入贯彻落实党的二十大精神，增强"四个意识"、坚定"四个自信"、做到"两个维护"，牢牢把握服务大局、司法为民、公正司法工作主线，结合粤港澳大湾区建设、成渝双城经济圈建设，紧紧围绕营商环境共建、突出问题共治、司法资源共享等方面深入开展协作，更高效、更专业、更有力地推进两地法院司法协作，充分发挥司法对构建沿海城市与内地城市联动发展格局新范式的服务保障作用，以高质量司法服务保障两地经济社会高质量发展。

二　协作内容

（一）营商环境共建，发挥司法保障功能

1. 树立支持实体经济为本、制造业当家的司法导向。深刻把握产业融合化、集群化、生态化发展趋势，关注电子信息产业与生物医药、都市现代农业、制造业、数字经济等重点，强化专项司法建议规范报送，广泛收集涉区域协作的司法需求，对产业发展能级提升的风险纠纷进行分析研判，共同研提一批专项司法建议和意见，引导企业健康发展。加强涉产业发展能级提升的项目风险研判，依法判断涉产业发展各类交易模式和交易结构创新中的合法合规问题，帮助市场主体预判风险和提前预警。

2. 聚焦粤港澳大湾区和成渝地区双城经济圈建设。围绕建设高新技术企业集群、生物医药与大健康全产业链等重点工作和重大项目，积极发挥区域司法协同作用、创新区域司法协同机制、强化区域司法协同联动。通过审判白皮书、专项调研报告、司法建议等形式，向地方党委政府提出意见建议，为地方党委政府决策部署提供参考，为南沙与温江建好"经济圈"、提质"幸福城"提供一流的司法服务和保障。

3. 助力法治化营商环境建设。以市场主体需求为导向，紧密关注辖区企业法治需求，及时开展送法进企业等活动，积极进行创新课题和专题研究，促进企业健康规范发展。依法平等保护各类市场主体合法权益，强化立案、审判、执行全过程司法协同，为营造更加公开透明、稳定可期的营商环境提供有力司法服务和保障。

（二）突出问题共治，提升能动司法水平

4. 联动推进以社区治理为抓手的诉源治理机制。深化诉源治理改革，统筹推进诉源治理、市域治理能力现代化，充分发挥"和谐南沙"和"诉源治理 心安社区"建设优势经验，加强互鉴互促，加强法官下基层、进企业、入社区等活动，引导社会主体运用法治思维和法治方式解决矛盾纠纷，强化与当事人及法律共同体沟通，共建共治共享实现"矛盾不上交、风险不外溢"。

5. 完善矛盾纠纷多元化解机制。积极践行新时代"枫桥经验"，优化配置各院解纷资源，积极构建多元解纷联动衔接机制，制定排查预警、联动化解、信息共享等制度。建立特邀调解组织（员）共享名册，加大案件委派、委托调解力度，整合人民调解、专业调解、行业调解、行政调解、司法调解等各类资源，充分运用线上解纷平台，共同推进矛盾纠纷在线多元化解。探索建立司法确认联动工作机制，对凡属于各院管辖的司法确认案件，任一法院可直接受理申请，初步审核材料并转交至相应法院。

6. 助推枫桥式人民法庭建设。以加强人民法庭建设为契机，强化人民法庭"末梢"担当，充分发挥人民法庭在基层社会治理中的作用，推动建立共建共治共享社会治理格局。立足产业司法保障，深化人民法庭建设，探索人民法庭品牌共建，强化诉源治理工作交流，共同打造新时代枫桥式人民法庭，以优质司法服务乡村振兴。

7. 加速畅通专业化审判合作。共同推动知识产权、金融案件等专业化审判改革，全面强化涉医药知识产权案件、民商事案件等审理，助力医药、金融等产业共兴协同健康发展。组织专业审判团队相互交流学习，及时总结疑难、复杂、新类型案件审判经验，适时共同发布司法协作、重大案件和法律适用等方面的典型案例和相关指引。

8. 建立跨区域立案服务对接工作机制。为避免重复立案，建立立案信息共享和联络员对接机制，在倡导当事人通过互联网自助立案的基础上，推进跨区域立案服务改革举措。对属于协作法院管辖的案件，当事人可以选择向就近的基层人民法院法庭提交立案申请，各法院联络员负责对当事人提起的一审案件、强制执行等申请提供区域立案服务。

9. 深化诉讼事务委托互助。优化在线诉讼服务，加强网上立案、网上缴费、电子票据打印、材料收转、关联案件查询等诉讼服务的对接协作。探索建立区域间财产保全、调查取证、联合调解、委托鉴定及文书送达等诉讼事项委托办理机制，明确委托办理的时限、结果反馈、材料移交等具体事项，实现委托办理事项有效衔接。

10. 建立跨区域重大案件审理协作机制。加强刑事案件协作，联合防范、打击涉黑涉恶、非法吸收公众存款、集资诈骗、电信诈骗等重大涉众型犯罪，协助做好"打财断血"、深挖彻查、财产查控、社区矫正等工作；加强民事案件协作，重点关注、惩治侵犯知识产权、侵吞和挪用企业资金、劳动争议、涉农民工工资等经济犯罪，对跨区域当事人身份信息、居住情况、婚姻登记情况、纠纷成因以及不动产登记，行政机关执法卷宗，医疗、保险档案信息等内容，相互开展委托调查取证、提取和现场勘验；加强商事案件协作，在审理跨区域公司、金融、合同等商事纠纷案件中，就企业经营状况、法人代表情况、股权变动情况、债权债务情况等委托调查取证。

11. 建立跨区域专业法官会议机制。建立运行南沙—温江专业法官交流会议机制，各法院及时通报交叉辖区案件，对各自均有管辖权的关联案件，及时通报情况，适时召开跨域专业法官会议共同研判，发挥各自在审判领域内的经验和智慧。明确类案识别标准，建立类案合作研究机制，及时总结交流类案的协议管辖、受理、裁判、执行等方面情况，共同研判类案解决方法，将类案检索工作由形式检索向类案同判实质延伸。共同研究出台区域类案审判白皮书，争取类案司法裁判理念和尺度的统一。

12. 强化执行工作联动。推进区域执行立案、执行委托、线上执行查控、线下执行协助等方面协作配合，在确保债权实现的情况下，采取适度、合理、必要的执行措施，尽量降低对债务人的不利影响。简化区域异地执行手续，对于异地扣押、腾退、拘留的，各协作法院应当指派专人予以协助，提升协助执行和异地应急处置能力。探索建立失信被执行人联合信用监督、警示、惩戒机制，推进一体化示范区社会诚信体系建设。

（三）优势资源共享，筑起司法互助空间

13. 突出以党建带队建促审判。开展协作法院支部党建结对活动，轮流开展具有各自特色的主题党日活动，实现党建学习资源共享。在督查工作机制建设、廉政工作等方面开展交流，展示党建成果经验，切实发挥党建引领作用。联合举办教育倡廉主题党日活动，运用干部违纪违法案件反面教材，以案说法、以案析理，为干警敲响警示钟，营造崇廉尚廉氛围。

14. 共推智慧法院建设。加强智慧法院建设经验交流，积极拓展区块链、大数据、人工智能等前沿技术在审判领域的深度应用。依托信息技术为区域诉讼服务、重大案件会商、远程庭审、在线调解、电子送达、执行协作等提供数据支撑和技术保障，为法院审判工作减负增效。

15. 探索建立跨域司法人才动态交流培养机制。探索建立干警人员互派学习机制，拟定南沙—温江交流学习、动态培养机制；适时选派业务骨干驻点学习交流。共同开展"南沙—温江"法院联合培训、集训项目，特别是针对副处级以上领导干部和四级高级法官、四级调研员以上干警，联合办班到国内一流高校开展高质量培训。适时举办线上学术沙龙、资深/卓越法官讲坛、读书分享会、青年干警座谈会、知识竞赛等灵活多样的交流学习活动，交流案例发掘协作、审判技巧与经验、思想感悟、个人成长计划等，营造良好的队伍建设氛围。

16. 增强学术研讨协作和司法智库参谋。共享专家资源，共建区域法治人才智库。联合召开专家咨询会，邀请知名专家、学者和业内人员参会，围绕分析司法协作实践情况及如何完善司法协作实践机制展开讨论交流。加强与高等院校、研究机构的合作，联合开展重大课题研究和重大创新项目，共同深入调研区域协调发展法律问题，适时联合发布专业化的司法建议，为服务大局工作提供司法理论保障。

17. 强化加强创新成果总结推广。两地法院共同加强司法协作工作创新
做法与经验的对外宣传与对上报送，逐步形成完善的重大信息、重要成果
联合发布和协同推广机制。充分整合联动两地法院传统媒体资源，把握正
确舆论导向，形成内外互动、区域联动的宣传格局。以新媒体平台优势互
补为重点，积极推出视频、图文、直播等多种形式的宣传，形成日常信息、
简报、专报等的交流互通。

成都市温江区人民法院工作报告（2021 年）（节选）*

一　坚持党的全面领导，忠实履行审判职责

一是依法打击刑事犯罪。受理刑事案件 485 件，结案 465 件，判处罪犯 487 人。作出"高空抛物罪"入刑后的四川首例判决，守护好市民"头顶上的安全"，该案被央视新闻、人民日报等 10 余家媒体报道，引起社会广泛关注和肯定。

二是妥善调处民商事纠纷。受理民商事案件 9883 件，结案 8733 件，标的额 29 亿余元。妥善审理我区某老旧小区加装电梯案，让广大市民"一键"直达、幸福回家的愿望落地落实，该案入选全省法院 2021 年度十大典型案例。

三是实质化解行政争议。有效监督依法行政，审理崇州市行政诉讼案件 125 件，审理我区行政非诉执行案件 14 件，裁定准予执行 6 件、准予撤回 6 件、不予执行 2 件。深化"府院联动"，向区委报送温江区行政案件司法审查情况，向成都市人社局等行政机关发出 4 份司法建议。与崇州市政府建立行政争议调处中心并实质化运行，积极推动行政机关负责人出庭应诉，确保群众能"见官问政"，更能"信官息诉"。

四是切实解决执行难。受理执行案件 5549 件，执结 5286 件，执行到位 3.18 亿元，在实际执结率等执行工作的三项核心指标上居全市法院前四位。对被执行人 239 件财产启动网络评估拍卖程序，成交 84 件 2.14 亿元。发布失信被执行人黑名单 1290 人（次），限制高消费 2981 人（次），司法拘留 8 人，罚款 16 人，向区公安分局移送拒执线索 7 条，向市中院等移送执转破案件 17 件。在区委政法委的牵头部署下，召开我区执行工作联席会议，22 个区级有关部门、各镇（街道）参加，进一步夯实执行联动，合力解决"执行难"。

---

*　选编目 2021 年 12 月 16 日成都市温江区第十九届人民代表大会第一次会议法院工作报告。

二　围绕中心大局，服务经济社会高质量发展

一是营造法治化营商环境。依法维护民营企业和企业家合法权益，深化执行合同举措，着力破产审判团队建设，提升破产审判效能，促进企业"换血再造"。助推成渝地区双城经济圈建设，从诉讼服务、执行联动等 10 个方面深化与重庆巴南法院的司法协作。加强知识产权司法保护。联合区市场监管局设立温江区知识产权维权工作站，做优知识产权诉前调解和诉非衔接。

二是护航产业功能区发展。深挖产业发展司法需求，先后开展 5 次企业、园区需求座谈会议，到成都医学城问询产业发展规划、驻地企业司法需求，提出法律意见。

三是积极参与基层社会治理。深化诉源治理，组建覆盖全区的特邀调解队伍，增聘特邀调解员 32 名，诉前化解纠纷 643 件。深挖新时代"枫桥经验"，在永宁法庭建立"3+3+1"调解模式，与辖区司法所等部门形成解纷合力，入选全市首批"枫桥法庭"候选集体。深耕衍生案件治理，成立司法释明中心并实质化运行，涵盖诉讼辅导、判后释疑等十余项功能。

三　切实为群众办实事，深入践行司法为民

一是提升现代化诉讼服务水平。出台诉讼服务便民利民"十条措施"，全面提升诉讼服务品质，实现立案、保全、委托鉴定等多项诉讼服务"一站式全办"。提档升级"互联网+诉讼公共服务"体系，实现以"四川微法院""蓉易诉"等 App 为主体的"指尖便利"诉讼。

二是织密民生司法保障网。深入"三联系"社区倾听群众之声，解决现实需求。通过社区巡回审判、校园模拟法庭等方式，加快在金马友福社区、温江东辰外国语学校等设立的 5 个"'豌豆荚'未成年人保护法官工作室·温江站"建设，做好对未成年人的法治引导和呵护。优化温江区妇女儿童"一站式"维权服务中心、劳动争议"一站式"联调中心功能。

三是强化典型案件对社会公众的价值引领。利用新媒体平台发布典型案例 12 件，进入成都七中实验学校、西南财经大学等校园、社区开展法治宣传活动 10 次；加大司法公开力度。

四　不断深化改革创新，全面提升司法动能

一是推进以审判为中心的诉讼制度改革。深化刑事庭审实质化改革，坚持认罪认罚从宽制度。推进行政审判优化审改革，行政案件优化审适用率达100%。推进民事诉讼程序繁简分流改革试点，深化"5+3+N"的改革模式，完善诉前调解与速裁审判无缝对接。

二是创新开展"脊梁"队伍建设。结合"卓越法官"培养计划、"青蓝工程"部署，实施"英蓓计划"，将31名中青年干警纳入首批"英蓓"人才库，以提升干警审判科研综合能力为抓手，加强干部队伍梯次培养。

三是启动四级法院审级职能改革试点。按照上级法院部署安排，制定《关于完善四级法院审级职能改革试点方案》，明确改革试点工作阶段性目标任务和具体联络员；形成"8（主体改革任务）+6（配套改革任务）+1（自主改革项目）"工作机制，全力确保诉讼制度改革、人民法庭精准化司法服务保障改革等各项改革同轨高效运行。

成都市温江区人民法院工作报告（2022年）（节选）[*]

一 2022年工作回顾

（一）坚持党的全面领导，抓实审执主责主业

强化刑事审判守护社会安定有序。审结全市首例由全国扫黑办挂牌督办的付某某、龚某等27人犯敲诈勒索、强迫交易、非法采矿、行贿罪的恶势力犯罪集团案，高质量完成扫黑除恶"打财断血""打早打小"工作任务。强化民事审判保障群众安居乐业。发出人身保护令3份、家庭教育指导令11份、安全教育令2份。创新民事诉讼令状式、简式法律文书并成为推广样本。强化商事审判助力营商环境建设。向金融机构、行业协会发出完善金融合同条款司法建议2条。促进企业有序退出、重生再造，审理公司清算等破产程序案件15件。依法适用破产重整、借力府院联动，推动实现"丽阳星座"270户业主圆满收房，化解多年烂尾难题，该案被纳入全省法院破产审判十大典型案例。强化行政审判促进法治政府建设。召开府院联席会4次，发送司法审查白皮书2份，实现行政机关负责人出庭应诉率连续两年100%，前端非诉化解温江区行政纠纷20余件。审结温江首例非法捕捞水产品刑事附带民事公益诉讼案。

（二）创新司法保障品牌培塑，助力建圈强链

一是抓实"鱼凫·破产重生"工作室建设，服务保障经济高质量发展。以破产审判为抓手，成立工作专班、组建跨部门审判团队，深化府院联动，会同住建等职能部门，推动"置信逸都城"停工楼盘进入破产预重整程序，并成功招募投资人。对涉诉低效工业用地提质增效，以审判科研为抓手，

---

* 选编自2023年2月14日成都市温江区第十九届人民代表大会第三次会议法院工作报告。

借力省法学会，会同成都医学城管委会，对 9 宗低效工业用地提出法律分析及处置建议。二是抓实"鱼凫·'中医药'知识产权纠纷诉源治理"，服务保障科技创新。区法院与成都中医药大学共建"诉源治理·中医药司法保护中心""中医药知识产权咨询评估工作室"，与律师事务所建立"鱼凫'中医药'知识产权保护特邀律师调解工作室"，召开 4 期"鱼凫·中医药知识产权司法保护沙龙"，走访 11 家企业，汇集典型案例 4 个，收集司法保护需求 35 条。三是抓实"诉前调解　心安社区"建设，主动融入基层社会治理。精准建强"一站式"诉讼保障、分层递进多元解纷，构建党委+机关+社区+群众共建共治共享的基层社会治理新模式。"诉前调解　心安社区"首个可视化阵地在金马街道友福社区建成。诉前非诉多元化解社区纠纷 127件，发布多元解纷"心安故事"15 个。与色达县法院共建共治"鱼凫·心安社区"和"色达·安康社区"。四是抓实以人民为中心的诉讼保障服务。上线 9 项适老型诉讼服务；在全市法院率先推出《女性权益保护 12 项关爱目录》；深化"豌豆荚·蓉城少家——温江法院护航工作站"，组建 12 个法治指导团队覆盖各镇街。开展未成年人保护法治宣传 18 次。在全市法院首推 18 项"诉讼保障提醒服务"。

（三）坚持守正创新思维，推进司法体制机制改革

推进司法供应链管理改革 2.0。深化静默化监管体系，对法官办案过程中的 183 个工作节点和 68 个监控节点进行动态管控，实现"三评查一质检"4 个 100%全覆盖。深化法律适用分歧解决机制，严格落实类案检索、关联案件 100%。

推进执行"一体化"改革。建立"立审执监破"协调运行机制，构建24 小时、48 小时、72 小时分层办案机制。加强随案执行，全覆盖送达拒不履行义务风险告知书，2022 年民商事案件自动履行率提升到 63.43%。完善联动协调机制，向金融系统发送查控账户申请 4000 余次，查控资金超 1.26亿元。

二　2023 年工作思路

聚焦司法办案，在聚力提升审判质效上出真招。加强刑事审判，常态化开展扫黑除恶斗争，筑牢社会安定"防火墙"。加强民商事审判，妥善调

处民生纠纷，优化办理破产、执行合同、保护中小企业投资者 3 大指标，助力营商环境高质量发展。加强行政审判，促进行政机关依法行政，深化环境资源审判，围绕"鱼凫"生态修复基地开展恢复性司法实践。加强执行工作，凝聚打击拒执合力，不断提升执行到位率群众满意度。

聚焦中心大局，在丰富司法品牌内涵上再加劲。优质运行"鱼凫·破产重生"工作室，推动低效工业用地提质增效，加大"预重整""执转破"等审判程序适用。升级"鱼凫·'中医药'知识产权纠纷诉源治理"机制，加快构建企业"全生命周期"司法服务保障体系。深化"诉前调解 心安社区"共担共享基层治理机制，提升基层治理法治化水平。

聚焦初心使命，在巩固司法为民成效上下深水。不断擦亮"豌豆荚·蓉城少家——温江法院护航工作站"品牌，强化对妇女儿童、老年人、残疾人等群体的司法保护。扎实推进"法治指导员"全覆盖，以"巡回审判""模拟法庭"等沉浸式普法持续讲好温江法治故事。

聚焦队伍建设，在从严锤炼法院铁军上不懈怠。推进"卓越法官"培养二期工程、"青蓝工程"，持续实施"英蓓计划"。

成都市温江区人民法院工作报告（2023年）（节选）[*]

一　2023年工作回顾

（一）坚持党的全面领导，狠抓审执主责主业

强化刑事审判守护社会安定，提升群众安全感。温江法院审理的黄某等3人侵犯公民个人信息罪、帮助信息网络犯罪活动罪一案，入选"四川法院2023年打击治理电信网络诈骗犯罪十大典型案例"。强化民事审判保障民生福祉，提升群众幸福感。抓实"豌豆荚·鱼凫少家暖心驿站"家事审判。强化商事审判护航营商环境，提升群众满意度。审结省法院挂牌督办的成都东创公司破产清算转重整案，温江区人民法院获评全市法院破产案件长期未结案化解工作先进集体。强化行政审判支持依法行政，助力法治政府建设。开展"示范观摩庭+研讨会"活动，进一步推动法律职业共同体"同台练兵、同堂培训、同步提升"三同机制落地落实。推进行政执法与司法审判良性互动，召开工作联席会、发布行政审判白皮书、发送各类司法建议12份，有力推动行政机关依法行政。

强化执行工作兑现胜诉权益，提升群众获得感。开展涉民生、小额、群体性集中兑付系列行动2次，执行到位金额2431.65万元。启动网络评估拍卖程序，处置被执行人财产368件，成交金额1.29亿元，同比提升48.28%。严惩拒执违法犯罪行为，开展"蓉执雷霆"系列专项活动3次，发布失信被执行人黑名单1872人（次），限制高消费3591人，罚款398人，司法拘留39人，判处拒执犯罪2人。

---

* 选编自2024年1月17日成都市温江区第十九届人民代表大会第五次会议法院工作报告。

（二）培塑司法保障品牌，助力产业高质量发展

强化"鱼凫·破产重生"工作室品牌建设，培塑"姓温有据"司法保障。以破产审判为抓手，深化府院联动，推进问题楼盘矛盾纠纷化解。围绕区委区政府低效工业用地企业提质增效"两年攻坚行动计划"，释放低效工业用地168.66亩。

深化"鱼凫·知识产权纠纷诉源治理"，助推产业创新动能释放。开展"鱼凫·知识产权诉源治理司法保护沙龙"，举办"职务科技成果法律风险等知识产权诉源治理"主题讲座，主办"高新技术产业走廊建设·知识产权司法保护在行动"专题研讨会。

抓实"诉前调解　心安社区"扩面增效，助力基层治理共建共治共享。深化"微网实格"治理，加速打造可视可感司法服务网络。2023年"诉前调解　心安社区"陆续挂牌8个社区。推动"诉调对接+司法确认"机制落地落实，诉前成功化解纠纷案件1504件，办结民商事司法确认案件1328件，线上发布"心安故事荟"25期。与重庆巴南法院签订跨域司法协作协议，与甘孜色达法院联合挂牌运行"鱼凫·心安社区"——"石榴籽·安康社区"，共同打造诉源治理协同中心。

优化以人民为中心的诉讼服务保障，切实守护民生权益，提供普惠均等诉讼服务。持续完善财产保全中心、商事调解中心、司法确认中心和司法释明中心一体运行的诉讼服务大格局，实现"调立审保执"一站式全流程办理，办理财产保全2370件，实现100%诉前保全48小时内作出裁定，调处商事纠纷1133件，开展判后释明1826次，案件服判息诉率81.76%。三是强化特殊困难当事人司法救助。审结司法救助案件8件，实施救助10人，发放救助金31.84万元。

（三）坚持守正创新思维，推进司法体制机制综合配套改革

推动"案件审理时间、纠纷在院时间"双提速工程。一是联合区检察院创新危险驾驶罪刑事速裁案件"集中受理、集中审理、集中执行"办案机制，制定《关于危险驾驶罪刑事速裁案件集中移交审理操作办法（试行）》，实现案件的一站式快诉、快审、快执和延伸治理。二是加大案件财产保全力度，提升诉前调解成功率。三是推动建工领域纠纷诉前鉴定工作，

提升诉前调解成功率，降低当事人诉讼成本。

二　2024 年工作思路

2024 年，温江法院立足本职工作，为区委"加快构建'姓温有据'的'3+6'现代化产业体系"提供坚强司法保障，努力以基层审判工作现代化护航"幸福温江·美好之城"建设迈出新步伐。

坚持以司法办案为根本抓保障，常态化推进"扫黑除恶"，平等保护市场主体合法权益，营造规范有序的市场环境；妥善审理与民生密切相关的案件，营造高效透明的政务环境；围绕"鱼凫"生态修复基地开展恢复性司法实践，力促群众合法权益兑现为"真金白银"。

坚持以改革创新为驱动提实效。培塑"豌豆荚·鱼凫少家暖心驿站"司法品牌；深化"鱼凫·破产重生"审判工作，持续深化"鱼凫·知识产权纠纷诉源治理"，深化"诉前调解　心安社区"建设。

坚持以群众需求为指引优服务，强化司法为民理念，加大民生领域案件审判和"一老一少"弱势群体权益保护力度；加速线上线下融合诉讼服务体系建设，为群众提供更加多元的解纷方式和高效便捷诉讼服务；不断挖掘人民法庭综合性、专业性潜能，争创"枫桥式人民法庭"，促进人民法庭与基层治理的统筹发展。

坚持以问题为导向扎实推进队伍建设，持续培塑"岷江而来·鱼凫温江"法院文化品牌，以文化传承赋能区法院审判工作现代化发展。坚持全过程人民民主强监督，全面接受社会各界监督，坚持以公开促公正、立公信。

后 记

党的十八届四中全会审议通过的《中共中央关于全面推进依法治国若干重大问题的决定》提出，要"健全社会矛盾纠纷预防化解机制，完善调解、仲裁、行政裁决、行政复议、诉讼等有机衔接、相互协调的多元化纠纷解决机制"。

2015 年 10 月，习近平总书记主持召开中央全面深化改革领导小组第十七次会议，会议审议通过了《关于完善矛盾纠纷多元化解机制的意见》。

党的十九大和十九届四中全会再次强调，要完善社会矛盾纠纷多元预防调处化解综合机制，推进矛盾纠纷就地化解，确保矛盾不转移、不上交。四川是人口大省、经济大省、民族工作大省，社会矛盾纠纷量大面宽、交织叠加、错综复杂，各地各相关部门都在积极探索纠纷化解的办法措施。

成都市温江区人民法院全面落实中央、省委、市委、区委全会和经济工作会议精神，紧紧围绕区委中心工作，将"诉前调解 心安社区"建设扎根基层，走进群众服务民生，并逐步完善"1+3+N"工作体系。在上级法院的指导下，扎实履行审判职责，全面提升服务中心大局工作能力，持续输出有力量、有温度的司法案例，为加快建设幸福温江提供更加有力的司法保障。

成都市温江区人民法院紧紧围绕温江区委"心安之区"建设重要工作，深度融入基层社会治理，拓展深化多元解纷温江样本，以着力构建"心安社区"法治保障为抓手，建社区法律服务圈，强司法保障供应链，让人民群众切实感受到公平正义就在身边。同时聚焦健全多元解纷机制，提升市域社会治理现代化水平，打造稳定公平可及的营商环境，为经济社会高质量发展保驾护航。

《诉前调解 心安社区》一书由成都市温江区人民法院编著，记录和展示了温江区人民法院"诉前调解 心安社区"机制建设的过程和成果。全书共设社会治理、实践探索、典型案例、制度机制四编，将温江区人民法院的相关经验做法展示出来，供政法委、基层法院、广大法律工作者等参考借鉴。由于时间和水平有限，不足之处敬请读者批评指正。

本书编委会

二〇二四年八月

图书在版编目(CIP)数据

诉前调解 心安社区 / 四川省成都市温江区人民法院编著. -- 北京：社会科学文献出版社，2024.11.
ISBN 978-7-5228-4215-8

Ⅰ. D927. 714. 511. 44

中国国家版本馆 CIP 数据核字第 2024C9Q777 号

诉前调解 心安社区

编　　著／四川省成都市温江区人民法院

出　版　人／冀祥德
责任编辑／曹长香
文稿编辑／周浩杰
责任印制／王京美

出　　版／社会科学文献出版社（010）59367162
　　　　　地址：北京市北三环中路甲 29 号院华龙大厦　邮编：100029
　　　　　网址：www. ssap. com. cn
发　　行／社会科学文献出版社（010）59367028
印　　装／三河市龙林印务有限公司

规　　格／开　本：787mm×1092mm　1/16
　　　　　印　张：27.5　字　数：445 千字
版　　次／2024 年 11 月第 1 版　2024 年 11 月第 1 次印刷
书　　号／ISBN 978-7-5228-4215-8
定　　价／119.00 元

读者服务电话：4008918866